史記今註

（六）

中華文化復興運動推行委員會(國家文化總會)
國立編譯館中華叢書編審委員會 主編

馬持盈 註

臺灣商務印書館

目次

【第六冊】

附錄

卷一百零五　扁鵲、倉公列傳第四十五

此傳是講醫學技術的，應與其他技藝之道如龜策、日者諸傳相次列，不宜列於此間。

扁鵲者㊀，勃海郡鄭人也㊁，姓秦氏，名越人。少時為人舍長㊂。舍客長桑君過，扁鵲獨奇之，常謹遇之。長桑君亦知扁鵲非常人也。出入十餘年，乃呼扁鵲私坐，閒與語曰㊃：「我有禁方㊄，年老，欲傳與公，公毋泄。」扁鵲曰：「敬諾。」乃出其懷中藥予扁鵲：「飲是以上池之水，三十日當知物矣㊅。」乃悉取其禁方書盡與扁鵲。忽然不見，殆非人也㊆。扁鵲以其言飲藥三十日，視見垣一方人㊇。以此視病，盡見五藏癥結㊈，特以診脈為名耳㊉。為醫或在齊，或在趙。在趙者名扁鵲。

【註】㊀正義謂：《黃帝八十一難・序》云：「秦越人與軒轅時扁鵲相類，仍號之為扁鵲。又家於盧國，因命之曰盧醫也。」㊁索隱謂：「勃海無鄭縣，當作鄚縣。今屬河間。」鄚：音莫。㊂舍長：劉氏云：「守客館之帥」。㊃閒：秘密的。㊄禁方：秘密的醫方。㊅上池水：謂水未至地，以器物承接露水，取之以和藥，服之三十日，當能看見鬼物。㊆殆：大概。㊇看見牆垣那一邊的

人，即言其隔牆能看見物體。方：邊也。㊈五臟：心、肝、脾、肺、腎。癥結：腹中之堅結積塊。

㊉特：但，不過是……。

當晉昭公時，諸大夫彊而公族弱㊀，趙簡子為大夫，專國事。簡子疾，五日不知人㊁，大夫皆懼，於是召扁鵲。扁鵲入視病，出，董安于問扁鵲，扁鵲曰：「血脈治也，而何怪㊂？昔秦穆公嘗如此，七日而寤。寤之日，告公孫支與子輿曰：『我之帝所甚樂㊃。吾所以久者，適有所學也㊄。帝告我：「晉國且大亂㊅，五世不安。其後將霸，未老而死。霸者之子且令而㊆國男女無別。」』公孫支書而藏之，秦策於是出。夫獻公之亂，文公之霸，而襄公敗秦師於殽而歸縱淫，此子之所聞。今主君之病與之同，不出三日必閒㊇，閒必有言也。」

【註】㊀大夫：諸侯所任用之武臣或文官。公族：諸侯之直系血屬。㊁五日不認識人。㊂治：同「滯」字，言血脈運行發生阻滯。而：同「爾」，你。㊃之：往。㊄正是因為有所受教命。㊅且：將。㊆而：同「爾」，你。㊇閒：病見輕。

居二日半，簡子寤㊀，語諸大夫曰：「我之㊁帝所甚樂，與百神游於鈞天㊂，廣樂九奏萬舞㊃，不類三代之樂，其聲動心。有一熊欲援我㊄，帝命我射之，中熊，熊死。有羆來，我又射之，中羆，羆死。帝甚喜，賜我二笥，皆有副㊅。吾見兒在帝側，帝屬我一翟犬㊆，曰：『及而子之壯也以賜之㊇。』帝告我：『晉國且世衰，七世而亡㊈。嬴姓將大敗周人於范魁之西㊉，而亦不能有也。』」董安于受言，書而藏之。以扁鵲言告簡子，簡子賜扁鵲田四萬畝。

【註】㊀寤：醒過來。㊁之：往。㊂鈞天：《呂覽》謂：「中央曰鈞天」。注云：「鈞，平也，為四方主，故曰鈞天。」㊃廣樂：大的音樂。萬舞：執干而舞。㊄援：攀附。㊅箱笥皆有飾物。㊆屬：給與。翟犬：即狄犬，狄種之犬。㊇而：同「爾」，你。㊈晉國將要一世不如一世的衰敗下去，到七世的時候就要亡國。㊉正義謂：「嬴，趙氏本姓也。周人，謂衞也。晉亡之後，趙成侯三年，伐衞，取鄉邑七十三，是也。」賈逵云：「小阜，曰魁。」

其後扁鵲過虢㊀，虢太子死，扁鵲至虢宮門下，問中庶子喜方者㊁曰：「太子何病，國中治穰㊂過於眾事？」中庶子曰：「太子病血氣不時，交錯而不得泄，暴發於外，則為中害。精神不能止邪氣，邪氣畜積而不得泄，是以陽緩而陰急，故暴蹷而死㊃。」扁鵲曰：「其死何如時？」曰：「雞鳴至今。」曰：「收乎㊄？」曰：「未也，其死未能半日也。」「言臣齊勃海秦越人也，家在於鄭，未嘗得望精光侍謁於前也。聞太子不幸而死，臣能生之。」中庶子曰：「先生得無誕之乎？何以言太子可生也！臣聞上古之時，醫有俞跗㊅，治病不以湯液醴灑㊆，鑱石撟引㊇，案扤毒熨㊈，一撥見病之應㊉，因五藏之輸⑪，乃割皮解肌，訣脈結筋，搦髓腦，揲荒爪幕，湔浣腸胃，漱滌五藏，練精易形⑫。先生之方能若是，則太子可生也；不能若是而欲生之，曾不可以告咳嬰之兒⑬。」終日⑭，扁鵲仰天歎曰：「夫子之為方也，若以管窺天，以郄視文⑮。越人之為方也，不待切脈望色聽聲寫形，言病之所在⑯。聞病之陽，論得其陰；聞病之陰，論得其陽。病應見於大表⑰，不出千里，決者至眾，不可曲止也㊇。子以吾言為不誠，試入診太子，當聞其耳鳴而鼻張，循其兩股以至於陰，當尚溫也㊈。」

【註】㊀虢（ㄍㄨㄛˊ）：在今河南省陝縣東南。㊁中庶子：古官名。喜方：喜好方術者。㊂穰：同「禳」，祈禱，禳災祈福。㊃暴蹷：突然之間，氣逆上而昏仆。㊄收：納入棺中。㊅俞跗：黃帝時人。㊆醴灑：同醴釃，酒也。釃，音斯（ㄙ），以筐濾酒。㊇鑱石：石針。鑱，音蟬（ㄔㄢˊ），鋒銳的。撟引：以按摩的方法治病。撟，音叫（ㄐㄧㄠˋ），伸出。㊈案抏：按摩身體而使血脈調和。抏，音玩（ㄨㄢˊ）。毒熨：以藥物熨貼於病毒之處。熨，音運（ㄩㄣˋ），以熱藥貼於患處。㊉指頭一彈就可以發現病的症候。⑪利用五臟的轉動。⑫於是就進行複雜的外科手術，割開皮膚，解剖肌肉，診斷血脈，結紮筋條，把捉髓腦，摺疊膏肓，再以手爪抓開隔膜，清刷腸胃，洗滌五臟，最後，再予以補練其精神，改易其形貌，使病人變成為一個完全新生的人。這是最高明的神醫。搦：把捉。音諾（ㄋㄨㄛˋ）。揲：摺疊。音舌（ㄕㄜˊ）。荒：同「肓」，人身的器官，在心之下，鬲之上。幕：闌幕，隔膜。湔浣：洗滌，清洗。湔，音兼（ㄐㄧㄢ）。浣，音碗（ㄨㄢˇ）。⑬先生的醫道若是能夠像這種樣子，你才可以把太子救活；如果不能這樣而想救活太子，那簡直連兩三歲的嬰孩也騙不過。⑭終日：即日終。⑮扁鵲仰天而歎，說道：「中庶先生的比方，就好像是以細管而窺測天空之廣大，從小洞而觀看五色之文采，所見者實在是太小了。⑯至於越人（扁鵲自稱）的醫術，不必等

待按脈、觀色、聽聲、寫形，就能夠判斷病之所在。㈦只要一聽說有關於病情在外表的情況，就可以判斷病情在內臟的情況；同樣的，只要一聽說有關於病情在內臟的情況，也就可以判斷病情在外表的情況，病情的症候都可以見之於大體的表象。㈧不遠千里的範圍，訣脈的醫生，非常之多，但是永遠沒有人能夠達到像我這樣曲盡其妙，「神乎其技」的境界。㈨假定你以為我的話是妄自吹牛，我們現在可以進去診視太子的病，就可以知道他的耳朵正在嘈鳴，而他的鼻子正在大張，順著他的兩腿往陰部去摸，他的溫度應當還是保存著的。」（把這一大段翻譯之後，現在再回頭講解有關單字的意義。管：竹管。郄：同「隙」，小洞孔。文：五色的文采。切脈：按脈。望色：觀察氣色。聽聲：聽病人的聲音。寫形：描寫病人的情況。古醫論病，非常之注重陰陽二氣，故有病陽、病陰之理。應：症候。決者：即「訣者」，訣脈的醫生。曲：微妙，神乎其技。止：最高境界，即《大學》所謂「止於至善」之「止」。）

中庶子聞扁鵲言，目眩然而不瞚㈠，舌撟然而不下㈡，乃以扁鵲言入報虢君。虢君聞之大驚，出見扁鵲於中闕㈢，曰：「竊聞高義之日久矣，然未嘗得拜謁於前也。先生過小國，幸而舉之㈣，偏國寡臣㈤幸甚。有先生則活，無先生則弃捐填溝壑，長終而不得反。」言未卒，因噓唏服臆㈥，魂精泄橫㈦，流涕長潸㈧，忽忽承睞㊈，悲不能自止，容貌變更㊉。扁鵲曰：「若太子病，所謂『尸蹷』者也㊁。夫以陽入陰中㊂，動胃繵緣㊃，中經維絡㊄，別下於三焦、膀胱㊄，是以陽脈下遂㊅，陰脈上爭㊆，會氣閉而不通㊇，陰上而陽內行㊈，下內鼓而不起㊉，上外絕而不為使㊁，上有絕陽之絡㊂，下有破陰之紐㊂，破陰絕陽㊃，色廢脈亂㊄，故形靜如死狀㊅。太子未死也㊆。夫以陽入陰支蘭藏者生㊇，以陰入陽支蘭藏者死㊈。凡此數事，皆五藏蹷中之時暴作也㊉。良工取之㊀，拙者疑殆㊁。」

【註】㊀眩：眼花。瞋：同「瞬」，目轉動。㊁撟：音叫（ㄐㄧㄠˋ），舉起。㊂闕：門觀也，謂為二臺於門外，作樓觀於上，中央闕而為道，故謂之闕。㊃舉：起也，起死回生。㊄偏僻之國，寡陋之我。（臣：我之自稱。古人常謙稱自我為「臣」，並非君臣之「臣」的意義。）㊅噓唏：歎惜。服臆：臆：胸口。服：存於。即謂胸口噓唏而歎惜。㊆精神頹喪。㊇潸：音（ㄕㄢ），流淚不止。㊈睞：同「睫」，眼淚不停的直流以接於睫毛也。忽忽：急遽的樣子。㊉臉上的顏色變得很淒慘的樣子。㊀尸蹷：就是寒氣的逆行，陰陽之氣交錯揉雜不能通順所造成的病狀。㊁陽氣暴發，迸入於陰氣之中。㊂繵緣：繵：同「纏」字。繵緣：即纏繞也。（傷動了胃氣，脈道纏繞胃部。）㊃中間

經過了陽維和陰維的絡脈。㉕三焦：《難經・三十一難》謂：「三焦者，水穀之道路，氣之所終始也。上焦在胃上口，主納而不出；中焦在胃中脘，不上不下，主腐熟水穀；下焦當膀胱上口，分別清濁，主出而不納。」（陽氣下行到三焦和膀胱的部位。）㉖下遂：向下進行。遂，行也。或解「遂」為「墜」，下落也。亦可通。（於是陽脈向下進行。）㉗逆：倒行。（陰脈向上倒行。）㉘會：《難經・八十一難》謂：「腑會，太倉；臟會，季脇；筋會，陽陵泉；髓會，絕骨；血會，膈俞；骨會，大杼；脈會，大淵，氣會，三焦。此謂八會也。」（腹內各機構的行氣都閉塞而不能通順。）㉙陰氣應當下行而偏上行，陽氣應當外行而偏入內下行。㉚陽氣在下部內部，徒徒鼓動，但是不能發出於上。㉛陽氣下行與上部外部相隔絕，而不為陰氣所使用。㉜陽脈不能通行於上面外面，所以上面和外面，就沒有陽絡了。㉝下部和內部應該有陰氣存在，但是被赤脈把陰絡破壞了。（紐：赤脈也。）㉞陰絡受了破壞，陽絡受了隔絕。㉟於是乎形色為之呆癡，血脈為之敗亂。㊱所以其形態之靜，就如同死人之狀。㊲實在來說，太子並不是真正的死啊！㊳支蘭：《史記正義》引《素問》云：「支者，順節。蘭者，橫節。陰支蘭，膽臟也。」（凡陽絡行於陰絡的順節或橫節，都可以救得活。）㊴如果陰絡行在陽絡的順節或橫節，即無法救活了。㊵以上所講的諸種事理，都是五臟暴發蹷逆時的情形。㊶只有深通醫道的良醫，纔能瞭解。㊷至於笨拙的醫生，對於我所說的事理，只存著懷疑的心情而已。

扁鵲乃使弟子子陽厲鍼砥石㊀，以取外三陽五會㊁。有閒，太子蘇㊂。乃使子豹為五分之熨㊃，以八減之齊㊄和煑之㊅，以更熨兩脅下㊆。太子起坐㊇。更適陰陽㊈，但服湯二旬而復故㊉。故天下盡以扁鵲為能生死人。扁鵲曰：「越人非能生死人也，此自當生者，越人能使之起耳㊁。」

【註】㊀厲鍼：即磨利其針。砥石：砥，磨也。磨刀石也。砥，音旨（ㄓˇ）。㊁三陽：《史記正義》引《素問》云：「手足各有三陰三陽。太陰，少陰，厥陰。太陽，少陽，陽明。五會：謂百會，胸會，聽會，氣會，臑會也。孫詒讓曰：「三陽，五會，韓詩外傳卷十，說苑辨物篇，竝作三陽五輸。五輸者，當係「五俞」之借字，《素問．痺論篇》云：「五臟有俞。注云：『肝之俞，曰太衝；心之俞，曰太陵；脾之俞，曰太白；肺之俞，曰太淵；腎之俞，曰太谿，皆經脈之所注也。與史記五會，文異而義兩通。」（扁鵲乃使其弟子名子陽者，把針石都磨得鋒利，以針刺三陽五會的穴位）。㊂有閒：稍微過了一會兒。蘇：活過來。㊃熨：音運（ㄩㄣˋ），以熱藥貼於患處，其藥貼大小之面積，約為五分，故曰五分之熨。㊄齊：同「劑」，藥劑也。將各種藥物減少為八成，故曰八減之劑。㊅和煑之：混和在一起而煑之。㊆煑成以後，就用這種藥，貼在兩脇之下，或以這種熱藥之氣在兩脇之下交替薰炙。㊇施行這種藥術之後，太子就能起身而坐了。㊈然後又設法為他調整其陰陽乖錯

之氣。⑩結果，只吃了兩旬的湯藥，而太子恢復健康如往日。㈡扁鵲告訴人們說：「我並不是能把死去的人救活，我不過是能把那些有病而不至於死的人救活而已！」

扁鵲過齊，齊桓侯客之㈠。入朝見，曰：「君有疾在腠理㈡，不治將深。」桓侯曰：「寡人無疾。」扁鵲出，桓侯謂左右曰：「醫之好利也，欲以不疾者為功㈢。」後五日，扁鵲復見，曰：「君有疾在血脈，不治恐深。」桓侯曰：「寡人無疾。」扁鵲出，桓侯不悅。後五日，扁鵲復見，曰：「君有疾在腸胃閒，不治將深。」桓侯不應。扁鵲出，桓侯不悅，後五日，扁鵲復見，望見桓侯而退走。桓侯使人問其故。扁鵲曰：「疾之居腠理也，湯熨之所及也；在血脈，鍼石之所及也；其在腸胃，酒醪之所及也；其在骨髓，雖司命無柰之何㈣。今在骨髓，臣是以無請也。」後五日，桓侯體病，使人召扁鵲，扁鵲已逃去。桓侯遂死。

【註】㈠裴駰云：「齊侯田和之子桓公午也。」㈡腠理：皮膚之間。腠，音湊（ㄘㄡˋ）。㈢不疾者：沒有病的人。㈣司命：能掌人生死，輔天行化，誅惡護善。

使聖人預知微，能使良醫得蚤從事，則疾可已，身可活也㈠。人之所病，病疾多；而醫之所病，病道少㈡。故病有六不治：驕恣不論於理，一不治也㈢；輕身重財，二不治也㈣；衣食不能適，三不治也㈤；陰陽幷，藏氣不定，四不治也㈥；形羸不能服藥，五不治也㈦；信巫不信醫，六不治也㈧。有此一者，則重難治也㈨。

【註】㈠假使聰明的人在剛剛稍微有點病兆的時候，能夠預先覺察，早一天請醫生從事治療，那麼，疾病就可以停止，而生命也就可以活下去了。㈡普通人之所患（病），患在疾病複雜；而醫生之所患，患在醫道缺乏。㈢所以病有六種不治的情形：驕傲任性，不相信醫學的道理，這是第一種的不治；㈣輕視生命，重視金錢，有了病，捨不得花錢就醫，這是第二種的不治；㈤衣食不適度，生活不規律，這是第三種的不治；㈥陰陽交攻，中氣不定，這是第四種的不治；㈦身體過於虛弱，不能夠服食藥物，這是第五種的不治；㈧迷信巫婆鬼神，不相信醫師，這是第六種的不治。㈨六種之中，如有其一，就會使病症格外難治了。（這些話，都是很合於醫學原理的，故譯之以見扁鵲之名不虛傳。）

扁鵲名聞天下。過邯鄲，聞貴婦人㈠，即為帶下醫㈡；過雒陽，聞周人愛老人，即為耳目痹醫㈢，來入咸陽，聞秦人愛小兒，即為小兒醫：隨俗為變。秦太醫令李醯㈣自知伎不如扁鵲也，使人刺殺之。至今天下言脈者，由扁鵲也。

【註】㈠聽說邯鄲以婦人為貴。㈡帶下：婦人通患之白帶病也。患者自陰道漏濃液，其色白者謂之白帶；色赤者謂之赤帶。如帶下過多，即致全體虛弱。日本謂之慢性膣炎。㈢痹：部分器官麻痹不靈之病。痹，音蔽（ㄅㄧˋ）。㈣醯：音西（ㄒㄧ）。這一段故事很有趣，譯之如下：扁鵲的名氣，傳聞於天下，他到邯鄲的地方，知道當地的人們很貴重婦女，所以他就掛起婦科的招牌，專門醫治多數的婦女所最常發生的白帶疾。他到了洛陽，聽說周地的人們都很尊敬老人，所以他就掛起醫治耳眼科的招牌，來醫治老年人所經常發生的耳科病及風濕病。他到了咸陽，聽說秦地的人們都很疼愛小孩，所以他就掛起小兒科的招牌，專一為小兒們治病。他的招牌，隨時隨地隨俗而變更。

文帝四年中，人上書言意㈠，以刑罪當傳西之長安㈡。意有五女，隨而泣。意怒，罵曰：「生子不生男，緩急無可使者㈢！」於是少女緹縈傷父之言㈣，乃隨父西。上書曰：「妾父為吏，齊中稱其廉平，今坐法當刑，妾切痛死者不可復生，而刑者不可復續，雖欲改過自新，其道莫由，終不可得。妾願入身為官婢㈤，以贖父刑罪，使得改行自新也。」書聞，上悲其意，此歲中亦除肉刑法㈥。

【註】㈠有人上書控告淳于意。㈡被判以罪刑，當乘傳車（一驛轉送一驛）西往長安受刑。㈢緩急：緊急需要之時。㈣緹縈：歷史上有名之孝女，緹，音啼。縈，音營。㈤自願沒入為官奴婢。㈥肉刑：墨刑，劓刑，刖刑。涅字於額，曰墨刑。割去其鼻，曰劓刑。斷去其左右趾，曰刖刑。

意家居，詔召問所為治病死生驗者幾何人也，主名為誰。

詔問故太倉長臣意：「方伎所長，及所能治病者？有其書無有？皆安受學？受學幾何歲？嘗有所驗，何縣里人也？何病？醫藥已其病之狀皆何如？具悉而對。」臣意對曰：

『自意少時，喜醫藥，醫藥方試之多不驗者。至高后八年，得見師臨菑元里公乘陽慶。慶年七十餘，意得見事之。謂意曰：「盡去而方書，非是也。慶有古先道遺傳黃帝、扁鵲之脈書，五色診病，知人生死，決嫌疑，定可治，及藥論書，甚精。我家給富，心愛公，欲盡以我禁方書悉教公。」臣意即曰：「幸甚，非意之所敢望也。」臣意即避席再拜謁㊀，受其脈書上下經、五色診、奇咳術㊁、揆度陰陽外變、藥論、石神、接陰陽禁書，受讀解驗之，可一年所㊂。明歲即驗之，有驗，然尚未精也。要事之三年所，即嘗已為人治，診病決死生，有驗，精良。今慶已死十年所，臣意年盡三年，年三十九歲也。

【註】㊀避席：古人鋪席於地，各有一席以坐，有所敬，則起立避原位，謂之「避席」。㊁奇咳術：奇秘非常之術，陰陽奇秘之要。《漢書》作「奇胲」。㊂所：大概之詞，大概有一年的時間。

齊侍御史成自言病頭痛，臣意診其脈，告曰：「君之病惡，不可言也。」即出，獨告成弟昌曰：「此病疽㊀也，內發於腸胃之閒，後五日當臃腫㊁，後八日嘔膿死。」成之病得之飲酒且內㊂。成即如期死。所以知成之病者，臣意切其脈，得肝氣。肝氣濁而靜，此內關之病也㊃。脈法曰「脈長而弦，不得代四時者㈤，其病主在於肝。和即經主病也㈥，代則絡脈有過㈦。」經主病和者，其病得之筋髓裏。其代絕而脈賁者，病得之酒且內。所以知其後五日而癰腫，八日嘔膿死者，切其脈時，少陽初代㈧。代者經病，病去過人，人則去㈨。絡脈主病，當其時，少陽初關一分，故中熱而膿未發也，及五分，則至少陽之界，及八日，則嘔膿死，故上二分而膿發，至界而癰腫㈩盡泄而死。熱上則熏陽明㈡，爛流絡，流絡動則脈結發，脈結發則爛解㈢，故絡交。熱氣已上行，至頭而動，故頭痛。

【註】㈠疽：毒瘡。由血行不良，毒質淤積而生。初起時，患處赤腫作痛，後化膿。其旁皮色帶青赤，或生細小之膿疹。疽，音居（ㄐㄩ）。㈡癰：即「臃」（ㄩㄥ），臃腫。㈢酒且內：酗酒而且好女色。㈣內關：正義引《八十一難》云：「關隧入尺澤為內關。」呂廣云：「脈從關至尺澤，為內關也。」《申鑒》云：「鄰臍三寸謂之關」。尺澤：即尺脈，脈之部位，分為寸、關、尺，三部，診脈時第三指所按之處也。㈤正義引王叔和《脈經》云：「來數而中止，不能自還因而復動者，名曰代，代者死。」《素問》曰：「病在心，愈在夏，甚於冬；病在脾，愈在秋，甚於春；病在肺，愈在冬，甚於夏；病在腎，愈在春，甚於夏；病在肝，愈在夏，甚於秋也。」㈥王叔和《脈經》云：

「脈長而弦，病在肝也。」《素問》云：「得病於筋，肝之和也。」㊆《素問》云：「脈有不及，有太過，有經，有絡。和即經主病，代則絡有過也。」《八十一難》云：「關之前者，陽之動也，脈當見九分而浮。過者法曰太過，減者法曰不及。遂上魚際為溢，為外關內格，此陰乘之脈也。關以後者，陰之動也，脈當見一寸而沈。過者法曰太過，減者法曰不及。遂入尺為覆，為內關外格，此陽乘之脈也。故曰覆溢，是其真藏之脈，人不病而死也。」呂廣云：「過九分，出一寸，各名太過也。不及九分，至二分或四分五分，此太過。不滿一寸，見八分或五分六分，此不及。」㊇少陽：人體經脈之名，膽經也。其脈起於目銳眥從耳後入耳中，挾咽出頤頷。病在少陽者，常口苦、咽乾、目眩。㊈「病去過人，人則去」，此數字疑有錯，不可強解。㊉徐廣曰：「界，一作『分』。下章曰：『肝與心相去五分，故曰五日盡也。』」王叔和《脈經》云：「分別三門境界脈候所主，云從魚際至高骨，却行一寸，其中名曰寸口；其自高骨從寸至尺，名曰尺澤，故曰尺。寸後尺前，名曰關。陽出陰主，以關為界，陽出三分，故曰三陰三陽。陽生於尺，動於寸；陰生於寸，動於尺。寸主射上焦，出頭及皮毛，竟手。關主射中焦，腹及於腰。尺主射下焦，少腹至足也。」㊁陽明：經脈名，舊醫學分人體經脈為十二支，以手陽明為大腸脈，足陽明為胃脈。㊂爛解：糜爛而離散。

齊王中子諸嬰兒小子病，召臣意診切其脈，告曰：「氣鬲病㊀。病使人煩懣，食不下，時嘔沫。病得之心憂㊁，數忔食飲㊂。」

臣意即為之作下氣湯以飲之，一日氣下，二日能食，三日即病愈。所以知小子之病者，診其脈，心氣也，濁㊃躁而經也，此絡陽病也。脈法曰「脈來數疾去難而不一者，病主在心。」周身熱，脈盛者，為重陽。重陽者，逿心主㊄。故煩懣食不下則絡脈有過，絡脈有過則血上出，血上出者死。此悲心所生也，病得之憂也。

【註】㊀氣鬲：即氣隔。㊁病由於心中憂愁而得。㊂常常不欲飲食。㊃徐廣曰：「濁」，一作眊，又作猛。㊄徐廣曰：「逿，音唐，逿者，盪也。謂病盪心者，猶刺其心。」《八十一難》云：「手心主中宮，在中部。」楊玄操云：「手心主胞絡也，自臍以上至帶鬲為中焦也。」

齊郎中令循病，眾醫皆以為蹷入中㊀，而刺之。臣意診之，曰：「湧疝也㊁，令人不得前後溲㊂。」循曰：「不得前後溲三日矣。」臣意飲以火齊湯㊃，一飲得前〔後〕溲，再飲大溲，三飲而疾愈。病得之內。所以知循病者，切其脈時，右口氣急㊄，脈無五藏氣，右口脈大而數。數者中下熱而湧，左為下，右為上，皆無五藏應，故曰湧疝。中熱，故溺赤也㊅。

【註】㊀蹷：音厥（ㄐㄩㄝˊ），氣逆上而眩仆。㊁疝：音扇（ㄕㄢˋ），腰腹疼痛之病，大多由於平滑筋構成之器官，有物阻礙，則筋肉收縮頻數，遂至急張痙攣而發劇痛，如腸胃、膽汁管、輸尿管等，皆有之。㊂溲：音叟（ㄙㄡˇ），前溲，謂小便。後溲，謂大便。㊃火齊湯：清火之藥劑，韓非〈喻老篇〉：「病在腸胃，火劑之所及也。」㊄王叔和《脈經》云：「右手寸口乃氣口也。」㊅溺赤：俗謂尿血。

齊中御府長信病，臣意入診其脈，告曰：「熱病氣也。然暑汗，脈少衰，不死。」曰：「此病得之當浴流水而寒甚，已則熱。」信曰：「唯，然！往冬時，為王使於楚，至莒縣㊀陽周水，而莒橋梁頗壞，信則擥㊁車轅未欲渡也，馬驚，即墮，信身入水中，幾死，吏即來救信，出之水中，衣盡濡，有閒而身寒㊂，已熱如火㊃，至今不可以見寒㊄。」臣意即為之液湯火齊逐熱，一飲汗盡，再飲熱去，三飲病已。即使服藥，出入二十日，身無病者。所以知信之病者，切其脈時，幷陰㊅。脈法曰

「熱病陰陽交者死」。切之不交，幷陰。幷陰者，脈順清而愈，其熱雖未盡，猶活也。腎氣有時閒濁，在太陰脈口而希，是水氣也。腎固主水，故以此知之。失治一時，即轉為寒熱。

【註】㊀山東莒縣。㊁擥：音覽（ㄌㄢˇ），把持。㊂有閒：稍停。㊃已：既而，隨後。㊄見寒：觸冒寒氣。㊅幷陰：熱邪去陽歸陰，專在裏，謂之幷陰。

齊王太后病，召臣意入診脈，曰：「風癉客脬㊀，難於大小溲，溺赤。」臣意飲以火齊湯，一飲即前後溲，再飲病已，溺如故。病得之流汗出滫㊁。滫者，去衣而汗晞也㊂。所以知齊王太后病者，臣意診其脈，切其太陰之口，溼然風氣也。脈法曰「沈之而大堅㊃，浮之而大緊者㊄，病主在腎。」腎切之而相反也，脈大而躁。大者，膀胱氣也；躁者，中有熱而溺赤。

【註】㊀風癉：風病。癉：音擔（ㄉㄢˋ），病也。客脬：脬，音拋（ㄆㄠ），膀胱。謂風病客居於膀胱。㊁滫：音旬（ㄒㄩㄣˊ），流的樣子。㊂晞：音希（ㄒㄧ），乾也。㊃王叔和《脈經》云：「脈大而堅，病出於腎也。」㊄《素問》云：「脈短實而數，有似切繩，名曰緊也。」

齊章武里曹山跗病，臣意診其脈，曰：「肺消癉也，加以寒熱㊀。」即告其人曰：「死，不治。適其共養，此不當醫治㊁。」法曰「後三日而當狂，妄起行，欲走；後五日死㊂。」即如期死㊃。山跗病得之盛怒而以接內㊄。所以知山跗之病者，臣意切其脈，肺氣熱也㊅。脈法曰「不平不鼓，形獘。」此五藏高之遠數以經病也㊆，故切之時不平而代。不平者，血不居其處；代者，時參擊並至，乍躁乍大也㊇。此兩絡脈絕，故死不治㊈。所以加寒熱者，言其人尸奪㊉。尸奪者，形獘；形獘者，不當關灸鑱石及飲毒藥也㊀。臣意未往診時，齊太醫先診山跗病，灸其足少陽脈口，而飲之半夏丸，病者即泄注，腹中虛；又灸其少陰脈，是壞肝剛絕深，如是重損病者氣，以故加寒熱㊁。所以後三日而當狂者，肝一絡連屬結絕乳下陽明，故絡絕，開陽明脈，陽明脈傷，即當狂走㊂。後五日死者，肝與心相去五分，故曰五日盡，盡即死矣㊃。

【註】㊀癉：音旦（ㄉㄢˋ），因勞致病也。肺消癉：肺部因勞而力氣微弱之病。㊁不當醫治：此病

是死症，不可能治活，應該給他以舒適的供養，等他自己死去，不應當再醫治了。㊂後五日死：按醫理（法）來說，這種病，三天後就會有發狂、亂走動的病態，再過五天就會死去。㊃山跗果然如我的診斷，五日後死掉了。㊄盛怒而接內：山跗所以致病之原因，是由於他在盛怒之下而與女人有性交活動（內：女色）。㊅肺氣熱：我所以能夠知道山跗的病者，是因為診脈的結果，斷定他是肺部氣熱。㊆數以經病：按醫理來說：凡是脈的跳動不平衡、不穩定（鼓），而且形體敗壞者，那就表明他的肺部與肝部，曾經屢次的發生過毛病。（高謂肺部，遠謂肝部，數者，屢次也。）㊇乍躁乍大：所以切脈的時候，發現他的脈氣，既不平衡而又動盪不定。所謂「不平」者，是血脈不居其應居之處；所謂「代」者，是上下左右之脈氣，時而互相衝擊，忽而暴躁，忽而粗大。㊈這兩絡（肺與肝）的脈氣失去作用，所以必死而無救。㊉尸奪：形肉脫而如尸，故曰「尸奪」。（其所以怕寒怕熱者，就是說他已經是形肉脫而如死屍了。）㊁「尸奪」者，就是形體敗壞，治這種形體敗壞的病，就不應該用熱氣來灼灸（關灸），也不應該用針石來刺割（鑱石），也不應該喝有毒性的湯藥。㊂少陽：醫學上三焦、膽兩經之代名詞。《素問・陰陽離合論》謂：「厥陰之表，名曰少陽，少陽根起於竅陰，名曰陰中之少陽。」注謂：「少陽主初生之氣，故名陰中之少陽。」少陰：醫學上心腎兩經之代名詞。《素問・陰陽離合論》謂：「太陰之後，名曰少陰，少陰根起於湧泉，名曰陰中之少陰」注謂：「少陰乃一陰初生之氣，故為陰中之少陰。」（在我未去看山跗的病以前，已經有一位齊國內廷的醫官看過山跗的病了。他使用熱氣去灼灸山跗的足少陽膽脈的部位，又給他喝下半夏丸的湯藥，病人受熱氣的灼灸，又受瀉藥的刺激，於是乎就瀉肚如注，瀉肚後，腹中自然空虛。他再用熱氣灼灸少陰腎脈的部位，致使肝臟的剛強力量，受了極大的損傷；又用灼灸及毒劑的攻擊，以致加倍的損傷了病者的元氣，他之所以怕寒怕熱者，正是此種原因。㊂我所以斷定他後三日而當狂走亂動者，是因為肝的絡脈，是與乳下的胃脈，連結在一起的，肝絡已經敗壞，就影響胃的絡脈。胃的絡脈（陽明脈）受傷，就要發生狂走亂動的病象。㊃我所以斷定他後五日而必死者，就是因為肝與心相距離只有五分，所以說：五日而盡，日盡之後，就必然要死了。

齊中尉潘滿如病少腹痛㊀。臣意診其脈曰：「遺積瘕也㊁。」臣意即謂齊太僕臣饒，內史臣繇曰：「中尉不復自止於內，則三十日死㊂。」後二十餘日溲血死，病得之酒且內㊃。所以知潘滿如病者，臣意切其脈，深小弱，其卒然合㊄，合也，是脾氣也㊅。右脈口氣至緊小，見瘕氣也㊅。以次相乘，故三十日死㊆。三陰俱摶者，如法㊇；不俱摶者，決在急期㊈；一摶一代者，近也㊉。故其三陰摶，溲血如前止㊁。

【註】㊀少腹：即小腹。㊁遺積瘕：腹中蟲脹之病。瘕，音嘉（ㄐㄧㄚ），腹中病也。㊂自止於內：自動的停止與婦女性交活動。㊃其得病的原因，是由於飲酒過度並且過於接近女色。㊄我按他

的脈時，覺其脈沉小而且微弱，又忽然有臟內陰陽合氣的脈象。㈥合也，是脾氣也：脈象小弱，是脾氣合於胃氣，故生病。《史記正義》引《素問》云：「疾病之生，生於五臟；五臟之合，合於六府，肝合氣於膽，心合氣於小腸，脾合氣於胃，肺合氣於大腸，腎合氣於膀胱。」㈦以次相乘：右手寸口的脈緊小，是腹中蠱脹的瘕氣。照陰陽的次序，彼此脈氣，交相欺陵，（相乘），所以斷其三十天必死。㈧三陰：《素問》云：「左脈口曰少陰，少陰之前曰厥陰，右脈口曰太陰，此三陰之脈也。」摶：音團（ㄊㄨㄢˊ），凝聚也。言三陰脈完全凝聚的脈象，亦會使病人致死，按醫法而斷，三十日之內當死（如法）。㈨不俱摶：不是完全凝聚者，必定發生急病。㈩如果是忽而凝聚，忽而停止，那便在近期內即死。㈡所以三陰凝聚，便發生尿血的病象，如前例之所示，三十日必死。（止：死也。）

陽虛侯相趙章病，召臣意。眾醫皆以為寒中㈠，臣意診其脈曰：「迵風㈡」。迵風者，飲食下嗌而輒出不留㈢。法曰「五日死」，而後十日乃死㈣。病得之酒㈤。所以知趙章之病者，臣意切其脈，脈來滑，是內風氣也㈥。飲食下嗌而輒出不留者，法五日死，皆為前分界法㈦。後十日乃死，所以過期者，其人嗜粥，故中藏實，中藏實故過期㈧。師言曰：「安穀者過期，不安穀者不及期㈨。」

【註】㊀寒中：寒氣直衝入內府的病。㊁迵風：風邪鑽入五臟之內。《史記索隱》曰：「風疾洞徹五臟，故曰迵風。迵者，洞也，洞徹也。㊂患迵風病的人，飲食入喉即吐出。㊃按醫理（法）而論，應該是五日便死，但是他竟然過了十日而死。㊄其所以致病之原因，是由於飲酒過度。㊅脈滑：言其氣脈，往來進退，流利輾轉，難於控制。滑脈是患了血實風壅的毛病。㊆前分界法：凡每一部位，五分之，以是知死期，謂之前分界法。㊇按醫理判斷，他該是五天而死，但是，他所以能挨過十天而死者，是因為他喜歡喝粥，喝粥能使他中臟氣力充足，中臟氣力充足，所以能挨過時間。㊈我的老師曾說：「凡生病的人，能夠食穀的，就可以延長時間；不能食穀的，就會提早死亡。」

濟北王病，召臣意診其脈，曰：「風蹶胸滿㊀。」即為藥酒，盡三石，病已㊁。得之汗出伏地㊂。所以知濟北王病者，臣意切其脈時，風氣也，心脈濁㊃。病法「過入其陽，陽氣盡而陰氣入。」陰氣入張，則寒氣上而熱氣下，故胸滿㊄。汗出伏地者，切其脈，氣陰。陰氣者，病必入中，出及瀺水也㊅。

【註】㊀風蹶：陰寒逆行的氣病。《素問・評熱病論》曰：「帝曰：『有病身熱汗出，煩滿，不為汗解，此為何病？』歧伯曰：『汗出而身熱者，風也；汗出，煩滿不解者，厥也。病名曰「風厥」』。」胸滿：胸口覺得脹滿。㊁我就為濟北王配了藥酒，喝完了三百升之後而病停止。㊂其所

以招致了這種病的原因，是由於流汗之後，伏在地上，受了陰邪的氣所侵襲。㊃我所以能知濟北王之病者，是由於在為他切脈的時候，他的脈象，顯示出陰氣逆行的風氣病，而且他的心脈不清。㊄按醫理（病法）來講，風氣的病，衝入陽絡，陽氣消盡，轉變為陰氣衝入；陰氣入內，風邪必擴張增強。於是乎寒氣上逆，就變為高熱；熱氣下行，就成為胸部脹滿。㊅我所以知道他的病是由於汗出伏地者，是切他的脈，覺得陰氣很重。凡是陰寒的邪氣侵入人身的內部，手足都會有汗液流出。瀺：音讒（ㄔㄢˊ），手足液也。

齊北宮司空命婦㊀出於㊁病，眾醫皆以為風入中，病主在肺㊂，刺其足少陽脈㊃。臣意診其脈，曰：「病氣疝，客於膀胱，難於前後溲，而溺赤。病見寒氣則遺溺，使人腹腫㊄。」出於病得之欲溺不得，因以接內㊅。所以知出於病者，切其脈大而實，其來難，是蹶陰之動也㊆。脈來難者，疝氣之客於膀胱也㊇。腹之所以腫者，言蹶陰之絡結小腹也㊈。蹶陰有過則脈結動，動則腹腫㊉。臣意即灸其足蹶陰之脈，左右各一所，即不遺溺而溲清，小腹痛止㊁。即更為火齊湯以飲之，三日而疝氣散，即愈㊂。

【註】㊀命婦：婦人之爵名，婦人無爵，從夫命之爵也。㊁出於：命婦之名。㊂病主在肺：許多

醫生都認為是風邪直接侵入內臟的病，認定病的主因是在肺部。㊃於是就用針刺足少陰（腎）的部位，以治其病。㊄疝：音扇（ㄕㄢˋ），腰腹疼痛的病。客於：佔居於。前後溲：前溲是小便，後溲是大便。溺赤：尿有血色。遺溺：遺尿。（我診了她的脈，認為是患了小腹痛的氣症。這氣症的病，佔居在膀胱的部位，所以不得大小便，小便帶赤色。如果感受寒氣，就會遺尿及腹部腫脹。㊅出於的病是由於想撒尿而撒不出來，再加之以男女間的性行為。㊆我所以能夠知道出於之病者，是因為切他的脈，其脈粗大而堅實，跳動（來）滯難，這是蹶陰肝脈的動亂。㊇脈之所以來路滯難者，是由於疝氣佔居在膀胱部位的緣故。㊈小腹之所以腫疼者，是由於蹶陰的絡脈，集結在小腹的緣故。㊉蹶陰脈有病，則肝脈便結於小腹而動亂；這樣動亂的結果，便造成腹腫。㊁於是我即以熱氣灼灸他的足部蹶陰之脈，在左右各一處的部位，因而他的遺尿症便好了，小便也不赤了，小腹也不疼痛了。㊂然後，我又給他服下「火劑湯」藥，經過三天，疝氣就散開，病就痊愈了。

故濟北王阿母㊀自言足熱而懣㊁，臣意告曰：「熱蹶也㊂。」則刺其足心各三所㊃，案之㊄無出血㊅，病旋已㊆。病得之飲酒大醉㊇。

【註】㊀阿母：乳母。㊁足熱而懣：腳下發熱，心中煩悶。㊂熱蹶：寒氣逆行的熱病。㊃三所：三處也。㊄案：以手指緊捺。㊅無出血：無，同「勿」，不可也，言不可使其出血也。㊆旋已：

旋，轉旋之間，言很快的，病便止住了。㈧所以得此病者，是由於飲酒大醉。

濟北王召臣意診脈諸女子侍者㈠，至女子豎，豎無病㈡。臣意告永巷長㈢曰：「豎傷脾，不可勞，法當春嘔血死㈣。」臣意言王曰：「才人女子豎何能㈤？」王曰：「是好為方，多伎能，為所是案法新，往年市之民所，四百七十萬，曹偶四人㈥。」王曰：「得毋有病乎㈦？」臣意對曰：「豎病重，在死法中㈧。」王召視之，其顏色不變，以為不然，不賣諸侯所㈨。至春，豎奉劍從王之廁，王去，豎後，王令人召之，即仆於廁，嘔血死㈩。病得之流汗㈡。流汗者，（同）法病內重㈢，毛髮而色澤，脈不衰，此亦（關）內〔關〕之病也㈢。

【註】㈠為諸女子侍者診脈。㈡豎自言他沒有什麼病。㈢永巷：宮女所住之長巷。管理永巷之人，曰永巷長。㈣「豎害了脾病，不可使他過於勞作，按醫理（法）來說，到了春天，她便要嘔血而死。」㈤我又問濟北王說：「豎是才人女子，她有什麼本事？」㈥濟北王說：「她喜歡表演方術，伎能很多，她常能玩出新花樣。往年，我花了四百七十萬錢，從老百姓那裡買得她們同行四人。」㈦濟北王接著便問我說：「她不會有什麼病吧？」㈧我就對他說：「豎有重病，按醫理，她是難有

活命的。」㊈濟北王就把豎喚來，當面看見豎的顏色還是照樣的健康，以為我的判斷不對，不把豎賣於別的諸侯。㊉到了春天，豎帶著劍跟從王到厠所去，王離開厠所，豎在後邊。王派人叫她，她已經倒在厠旁，嘔血而死去了。㊁她之所以致病，是由於流汗後受了邪氣的侵襲。㊂流汗後受邪氣侵襲的病，比之內部發生重大傷害的病，是同樣的危險。㊂雖然在外表的顏色上還很潤澤，脈象上也不衰弱，其實，這正是關元內衰的病啊。

齊中大夫病齲齒㊀，臣意灸其左大陽明脈㊁，即為苦參湯㊂，日嗽三升，出入五六日，病已㊃。得之風，及臥開口，食而不嗽㊄。

【註】㊀齲：音取（ㄑㄩˇ），蛀牙。牙被蟲齧。㊁我用熱氣灼灸他左邊陽明脈（胃脈）的部位。㊂並給他「苦參湯」漱口。㊃每天漱三升，過了五、六天，病便好了。㊄所以招致這種病的原因，是由於感受邪氣，睡覺的時候，張著口，吃了東西之後不漱口。

菑川王美人懷子而不乳㊀，來召臣意。臣意往，飲以莨𦶎藥一撮㊁，以酒飲之，旋乳㊂。臣意復診其脈，而脈躁。躁者有餘病，即飲以消石一齊㊃，出血，血如豆比五六枚㊄。

【註】㊀生下了孩子而沒有奶水給孩子吃。㊁莨𦶎：莨，音郎（ㄌㄤˊ）。𦶎，音蕩（ㄉㄤˋ）。莨

碭，即莨菪，藥草名，一名天仙子，一撮：很少的容量。㊂旋乳：很快，便有奶汁下來了。㊃消石：藥名，主清積熱，利小便，治五淋。一齊：即「一劑」。㊄比：近也，大概。言血如豆大的，大概有五六個。

齊丞相舍人奴從朝入宮㊀，臣意見之食閨門外，望其色有病氣㊁。臣意即告宦者平。平好為脈，學臣意所㊂，臣意即示之舍人奴病，告之曰：「此傷脾氣也，當至春鬲塞不通，不能食飲，法至夏泄血死㊃。」宦者平即往告相曰：「君之舍人奴有病，病重，死期有日㊄。」相君曰：「卿何以知之㊅？」曰：「君朝時入宮，君之舍人奴盡食閨門外，平與倉公立，即示平曰，病如是者死㊆。」相即召舍人而謂之曰：「公奴有病不㊇？」舍人曰：「奴無病，身無痛者㊈。」至春果病，至四月，泄血死㊉。所以知奴病者，脾氣周乘五藏，傷部而交，故傷脾之色也，望之殺然黃，察之如死青之茲⑪。眾醫不知，以為大蟲，不知傷脾⑫。所以至春死病者，胃氣黃，黃者土氣也，土不勝木，故至春死⑬。所以至夏死者，脈法曰「病重而脈順清者曰內關」，內關之病，人不知其所痛，心急然無苦⑭。若加以一病，死中春；一愈順，及一時⑮。其所以四月死者，診其人時愈順。愈順者，人尚肥也⑯。奴之病得之流汗數出，（灸）〔炙〕於火而以出見大風也⑰。」

【註】㈠齊國丞相之舍人的家奴，跟從丞相來朝，入宮。（舍人：左右侍從之官。）㈡我（淳于意上報告之自稱）看見他在王城內的小門外吃飯，望見他的顏色帶著病態。㈢我即時告訴宦者平說。平喜歡學習看脈，常到我家學習。㈣我即指示平以舍人之奴的病狀，告訴他說：「這是脾氣受傷的病，到了春天，便會有隔塞不通，不能飲食的病發生。照醫理來說，到夏天，就會瀉血，以致死掉。」㈤宦者平就去報告丞相，說：「你的舍人之奴有病，而且病得很重，大概在不遠的將來，就會死去。」㈥丞相問平道：「你怎麼知道？」㈦平答道：「你早晨入宮的時候，舍人之奴在王城內小門外吃飯，我和倉公（即太倉令淳于意）站在門外的地方，倉公指著舍人之奴告訴我說：「像舍人之奴那樣的氣色，就必定要死亡。」」㈧於是丞相即召舍人而問他道：「你的僕人有沒有病？」㈨舍人回答道：「我的僕人沒有病，身子半點疼痛就沒有。」㈩但是，到了春天，果然病了，到了四月，便瀉血而死。⑪我（淳于意自稱）所以知道舍人家奴之病者，是因為他的脾氣傷及五臟，而與五臟互相侵害，所以他的面部便呈現一種慘黃色（殺然黃），仔細觀察，又好像是青而帶白的死草之色（死青之茲）。

㊂許多醫生們不瞭解這種病例，以為是有大蟲（蚘蟲）在腹內吸血，不知道這是脾病。㊂為什麼我說他到春天便會死呢？因為患脾胃病的人，面色必定發黃，黃色是土氣的顏色，土氣不能勝過木氣，春天木氣旺，能尅制土氣，土氣絕了，也就是脾胃氣絕了，就活不成了。㊃為什麼拖到夏天，他才死呢？按脈理上說，患重病的脈，能夠不逆而清順，叫做「內關」，內關就是下部氣閉，小便不通暢，患病的人，不知有苦痛，心情雖然急躁，但是並沒有什麼苦痛。㊄這種病，若是身子很快的瘦下去，那麼，中春便會死去；若是身子仍然肥胖，那麼，便會拖到一個時令。㊅他之所以能夠拖到四月而死者，就是他的身子當時仍然肥胖之故。㊆舍人家奴之病，是由於頻頻的流汗，醫生用熱氣灼灸治療，灸了之後，出門又遭受了風邪的侵襲。

菑川王病，召臣意診脈，曰：「蹶上為重㊀，頭痛身熱，使人煩懣。」臣意即以寒水拊其頭㊁，刺足陽明脈㊂，左右各三所，病旋已㊃。病得之沐髮未乾而臥㊄。診如前，所以蹶，頭熱至肩㊅。

【註】㊀蹶上：寒氣逆上。為重：為累也。重讀崇（ㄔㄨㄥˊ）。㊁拊：拍撫。用冷水拍撫其頭。㊂陽明脈：用針刺其足陽明胃脈的部位。㊃左右各三處，他的病很快的（旋）就好了。㊄他所以得了這種病，是由於洗頭後，未曾將頭髮擦乾就去睡覺。㊅因此，患了寒氣逆上，致有頭痛發熱至肩的病。

齊王黃姬兄黃長卿家有酒召客，召臣意㊀。諸客坐，未上食。臣意望見王后弟宋建，告曰：「君有病，往四五日，君要脅痛不可俛仰，又不得小溲㊁，不亟治，病即入濡腎㊂。及其未舍五藏，急治之㊃。病方今客腎濡，此所謂『腎痺』也㊄。」宋建曰：「然，建故有要脊痛。往四五日，天雨，黃氏諸倩見建家京下方石，即弄之，建亦欲效之，效之不能起，即復置之㊅。暮，要脊痛，不得溺，至今不愈㊆。」建病得之好持重㊇。所以知建病者，臣意見其色，太陽色乾，腎部上及界要以下者枯四分所，故以往四五日知其發也㊈。臣意即為柔湯使服之，十八日所而病愈㊉。

【註】㊀齊王黃姬的兄長黃長卿，在家中設宴請客，我（淳于意自稱）也是被請者之一。㊁各位客人入座，還未上菜的時候，我看見王后之弟宋建，告訴他說：「你有病，過去四、五日前，你的腰部脅下疼痛得至於不可俯仰，想小便，也排泄不出來。㊂如果不趕快醫治，病就要深入而淹溺腎部（濡腎）。㊃現在應該趁著病還沒有深居（舍）五臟的時候，趕快治療。㊄病現在正要淹溺腎部，這叫作『腎部麻痺』的病。」㊅宋建說：「對的！我本來就有腰脊疼痛的病。在四、五日前，天下雨，

黃家的幾個女婿（倩），看見我家正在用石頭壘築倉庫，所以他們也來搬弄石頭，我也學他們搬石頭，一塊很大的石頭，我用力搬，搬不起來，於是乎就不再搬了。㈦到了傍晚的時候，就覺著腰脊疼痛不堪，想小便，也排泄不出來。以至於今，病還沒有好。」㈧宋建所以得病的原因，是由於他好拿重的東西。㈨所以能知道宋建是有病者，因為我看見他的氣色不好，太陽膀胱的部位，發現有乾枯的樣子，腎部及腰圍以下，已有四分乾枯的現象，所以就知道他在四、五日前就患了病。㈩我就給他一種「柔湯」藥劑，叫他一連喝了十八天，才把病治好。

濟北王侍者韓女病要背痛，寒熱㈠，眾醫皆以為寒熱也㈡。臣意診脈，曰：「內寒，月事不下也㈢。」即竄以藥，旋下，病已㈣。病得之欲男子而不可得也㈤。所以知韓女之病者，診其脈時，切之，腎脈也，嗇而不屬。嗇而不屬者，其來難，堅㈥，故曰月不下㈦。肝脈弦，出左口，故曰欲男子不可得也㈧。

【註】㈠濟北王的侍女韓姑娘，患了腰背疼痛又怕寒怕熱的病。㈡各位醫生都認為是寒熱病。㈢我診她的脈，認為是內部有寒氣，以致月經（月事）不能下來。㈣我就開藥，叫她用藥氣燻，一會兒，月經便下來了，病也就好了。㈤她所以得這種病，是由於她需要男性而得不到。㈥我所以知道韓姑娘之病者，是因為在診脈時，發現她的腎脈濇滯而不連續，脈來氣盛，而脈形堅固。㈦由於濇滯而

不連續，所以月經之來很困難；由於脈形堅固，所以月經不下；㈧再由於她的肝脈，浮而不緊（弦），按之不移，發現在左手的寸口上，所以知道她是需要男性而得不到，才害此病。

臨菑氾里女子薄吾病甚㈠，眾醫皆以為寒熱篤，當死，不治㈡。臣意診其脈，曰：「蟯瘕㈢。」蟯瘕為病，腹大，上膚黃麤，循之戚戚然㈣。臣意飲以芫華一撮，即出蟯可數升，病已，三十日如故㈤。病蟯得之於寒溼，寒溼氣宛篤不發，化為蟲㈥。臣意所以知薄吾病者，切其脈，循其尺，其尺索刺麤㈦，而毛美奉髮，是蟲氣也㈧。其色澤者，中藏無邪氣及重病㈨。

【註】㈠臨菑氾里的地方，有女子名薄吾，她病得很厲害。㈡許多醫生皆斷為寒熱病，現在已經太嚴重（篤）了，是沒有方法可以治好的。㈢我診她的脈，知道她是患了腹內有寸白蟲蠱脹（蟯瘕：蟯，音饒（ㄖㄠˊ），人腹中短蟲，即寸白蟲。瘕，音佳（ㄐㄧㄚ），腹中病）的病。㈣腹內蠱脹的病，外表上看，可以見到腹部的脹大，上部的皮膚有黃色而且粗厚，撫摩起來，好像是會縮小（戚，同「蹙」，縮也）了一點似的。㈤我就給她很少量（一撮）的「芫華」藥（主治殺蟲），叫她喝下，不一會，就瀉出了數升寸白蟲，病好了，三十天之後，健康完全恢復。㈥其所以得了蟯瘕病的原因，是由於寒濕氣的鬱積（宛，同「鬱」）太厲害，不能發洩，所以就變化而為蟲。㈦我所以能夠知道

薄吾的病者，是給她切脈的時候，撫摩她尺部之脈，發覺其脈粗大刺指。㈧而她的毛髮卻很美麗，這就是蟲氣的徵象。（奉：同「捧」，言美麗的毛，支持其頭髮。）㈨她的顏色光潤，正是表示其五臟中沒有邪氣和重大的疾病。

齊淳于司馬病，臣意切其脈，告曰：「當病迵風。迵風之狀，飲食下嗌輒後之㈠。病得之飽食而疾走㈡。」淳于司馬曰：「我之王家食馬肝，食飽甚，見酒來，即走去，驅疾至舍，即泄數十出㈢。」臣意告曰：「為火齊米汁飲之，七八日而當愈㈣。」時醫秦信在旁，臣意去，信謂左右閣都尉曰：「意以淳于司馬病為何㈤？」曰：「以為迵風，可治㈥。」信即笑曰：「是不知也。淳于司馬病，法當後九日死㈦。」即後九日不死，其家復召臣意。臣意往問之，盡如意診。臣即為一火齊米汁，使服之，七八日病已㈧。所以知之者，診其脈時，切之，盡如法。其病順，故不死㈨。

【註】㈠齊國淳于司馬有病，我切了他的脈，告訴他說：「你是患了風邪穿入五臟之病。患此病者，食物一下嚥之後，不久就又大便出來，（後，肛門也）。㈡此種病，得之於吃得很飽之後，跑步而

走。」㊂淳于司馬說：「有一次，我到王家去吃馬肝，吃得太飽，在侍者端酒來之後，我便離開，跑步而回家，之後，一連瀉肚，瀉了數十次。」㊃我就告訴他：「用『火劑』藥，和米汁飲下，七八天就可以痊癒。」㊄當時有另外一個醫生秦信在旁，我走了以後，他問左右閤都尉說：「淳于意認為淳于司馬的病怎麼樣？」㊅都尉說：「淳于意認為是風邪侵入五臟之病，可以治好。」㊆秦信就笑著說：「這是他不知道病情，淳于司馬的病，按醫理上來說，九天以後就要死去。」㊇過了九天以後，並沒有死去，所以他家就又叫我去看病。我去詳細一問，完全與我的診斷相同，我就給他以一劑「火劑」藥，使和米汁飲之，喝了七八天，病便好了。㊈我所以知道淳于司馬的病者，是因為診脈的時候，完全依醫理而進行，他的脈理很順，所以斷定他決不至於死。

齊中郎破石病，臣意診其脈，告曰：「肺傷，不治，當後十日丁亥溲血死㊀。」即後十一日，溲血而死㊁。破石之病，得之墮馬僵石上㊂。所以知破石之病者，切其脈，得肺陰氣，其來散，數道至而不一也㊃。色又乘之㊄。所以知其墮馬者㊅，切之得番陰脈㊆。番陰脈入虛裏，乘肺脈㊇。肺脈散者，固色變也乘之㊈。所以不中期死者，師言曰「病者安穀即過期，不安穀則不及期㊉。」其人嗜黍，黍主肺，故過期⑪。所以溲血者，診脈法曰「病養喜陰處者順死，養喜陽處者逆死⑫」。其人喜自靜，不躁，又久安坐，伏几而寐，故血下泄⑬。

【註】㈠齊國中郎官破石有病，我去診他的脈，告訴他說：「你這是肺傷，傷勢嚴重，不能治好的。大概在十天之後，會因便血死掉。」㈡果然，在十一天的時候，便血而死。㈢破石的病，得之於從馬上跌下來，恰好跌到僵石之上。㈣所以能知道破石之病者，是由於切他的脈，知道他患了陰氣侵肺之病，脈動之來非常散漫，數路並至而無規律。㈤面上的氣色，有尅伐健康的跡象。㈥怎麼判斷他是從馬上跌下來的呢？㈦切他的脈，察知他是患了翻陰脈（番，同「翻」）。㈧什麼叫做「翻陰脈」呢？翻陰脈是陰脈翻入虛裏裏加害肺氣的名稱。㈨由於肺脈散漫，所以在他的面色上就表現出來健康被尅伐的樣子。㈩為什麼不如期而死，又挨過一天而死呢？我的老師說：「凡有病的人，能飲食穀氣的就可以拖延時間；不能納受穀氣的，就會提前死亡。」⑪破石喜歡食黍子，黍子能補益肺氣，所以能多挨時間。⑫為什麼能夠斷定他會便血而死呢？按診脈的道理來說：「凡是在養病的人，若是喜歡過著安靜的生活，多能平順的死掉；如果喜歡過著好動的生活，便會逆常的死掉。」⑬破石病後的生活，喜歡安靜無躁，又常常安靜的坐著，或是伏在桌几上睡著，所以知道他會瀉血而死。

齊王侍醫遂病，自練五石服之㊀。臣意往過之，遂謂意曰：「不肖有病，幸診遂也㊁。」臣意即診之，告曰：「公病中熱㊂。論曰『中熱不溲者，不可服五石㊃』。石之為藥精悍，公服之不得數溲，亟勿服。色將發臃㊄。」遂曰：「扁鵲曰『陰石以治陰病，陽石以治陽病』。夫藥石者有陰陽水火之齊，故中熱，即為陰石柔齊治之；中寒，即為陽石剛齊治之㊅。」臣意曰：「公所論遠矣。扁鵲雖言若是，然必審診，起度量，立規矩，稱權衡，合色脈表裏有餘不足順逆之法，參其人動靜與息相應，乃可以論㊆。論曰『陽疾處內，陰形應外者，不加悍藥及鑱石』。夫悍藥入中，則邪氣辟矣，而宛氣愈深㊇。診法曰『二陰應外，一陽接內者，不可以剛藥㊈』。剛藥入則動陽，陰病益衰，陽病益箸，邪氣流行，為重困於俞，忿發為疽㊉。」意告之後百餘日，果為疽發乳上，入缺盆，死⑪。此謂論之大體也，必有經紀⑫。拙工有一不習，文理陰陽失矣⑬。

【註】㊀齊王的侍從醫生，名遂，他患了病，自己練製了五種石，來自療其病。㊁有一天，我去看

他，他說：「不才的我有病了，多謝你，請給我診斷一下。」㊂我就給他診脈，告訴他說：「你是患了熱病」。㊃病理上說：「受了熱毒而大小便不通順者，不可以服用五石之藥。」㊄因為石之為藥，其性非常的猛悍，你吃了之後，所以大小便不通。應該趕快停止服用。你的氣色，已經呈現出將要有臃腫的病發生。㊅遂還和我辯論著說：「古昔名醫扁鵲曾經說過：『陰石以治陰病，陽石以治陽病（恐係有誤，想為：陰石以治陽病，陽石以治陰病）』。大凡藥石都有陰陽水火的配合（齊），所以遭受（中）熱症，就要用陰石柔劑來治療；遭受寒症，就要用陽石剛劑來治療，這有什麼不可以呢？」㊆我就駁斥他道：「你的見解真是太疏遠了，扁鵲雖然有這樣的說法，但是，必須詳細診脈，計算長短的度量，立定方圓的規矩，估量輕重的權衡，綜合病人的氣色、血脈、外部、內部、有餘、或不足、順氣、或逆氣等等條件，並且還要參考病人的性情好動或者好靜以及他的生活習慣（息），各種資料都互相應合了，然後，才可以下論斷。並不是單憑著空洞的原則，就可以治病的。」㊇醫理上說：「患了陽氣潛入內臟，或是陰氣顯露在外，就不可以服用猛悍的藥，或用針石刺砭的治療方法。」要知道：猛悍的藥力一進入內臟，就會驅使邪氣橫行（辟：同「闢」，開擴其勢力也），而鬱氣（宛，同「鬱」）就越發深重了。㊈按診脈的法則來說：「二陰顯露於外，一陽接入於內者，不可以用剛猛之藥。」㊉因為剛猛的藥力進入內臟，就會激動陽氣，於是陰病就更見衰微，陽病就越發增加，邪氣就流行於各部位，而脊骨第十椎下面的腧穴之部位（俞），便更受累害，忿怒之氣發作而成為毒瘡以致皮膚腫爛而死。㊁我和他談話以後，過了一百多天，果然在他的乳房上之缺盆穴，發生皮膚腫爛的毒瘡，因以死去。㊂以上所論，是大體的原則，至於因病施方，對症下藥，就必須根據其各種條件，經紀而貫通之。㊂一般庸拙的醫生，只要有一點顧及不到，就會使文理的法則與陰陽的妙道，完全陷於錯誤。（在這裡來講，「文」就是醫事的條例，「理」就是醫事的法則。）

齊王故為陽虛侯時，病甚，眾醫皆以為蹷㊀。臣意診脈，以為痺㊁，根在右脅下，大如覆杯，令人喘，逆氣不能食㊂。臣意即以火齊粥且飲，六日氣下；即令更服丸藥，出入六日，病已㊃。病得之內。診之時不能識其經解，大識其病所在。

【註】㊀齊王在以前為陽虛侯的時候，病得很厲害，許多醫生都認為是陰氣蹷逆的病。㊁我給他診脈，認為是患了身上有一部分失去感覺的痳痺症。㊂發生這種病的根源，是在身體右邊的脅下，病塊的大小，猶如覆著的杯子那樣的大小，致使病人發喘，氣逆行而不能進食。㊃我即以「火劑」藥來煮稀飯給他吃，吃了六天，喘氣就平順了。另外，又給他丸藥吃，再過了六天，病就痊癒了。㊄齊王這次的病，是由於女色。當初醫生診治的時候，不能認識其要領，所以就把握不到病根之所在。（大識其病所在，「識」字恐為「失」字之誤，即大失其病所在。）

臣意嘗診安陽武都里成開方，開方自言以為不病㊀，臣意謂之病苦沓風㈡，三歲四支不能自用，使人瘖，瘖即死㈢。今聞其四支不能用，瘖而未死也㈣。病得之數飲酒以見大風氣㈤。所以知成開方病者，診之，其脈法奇咳言曰「藏氣相反者死」。切之，得腎反肺㈥，法曰「三歲死」也㈦。

【註】㈠我曾為安陽武都里的成開方診脈，開方自己說他沒有病。㈡我告訴他說，他的病叫做「沓風病」。〔沓，音榻（ㄊㄚˋ），沓風病，即風邪病。〕㈢這種病，過了三年，四肢就會失去了自由活動的能力；又使人口啞（瘖，音因ㄧㄣ）不能說話。到了口啞的程度，就會死去。㈣現在我聽說他的四肢已經失去了自由活動的能力，而且已經到了口啞的程度，但是還沒有死去。㈤他的病是得之於常常的喝酒，在酒後又受了大風的邪氣之侵襲。㈥我所以能夠知道開方的病者，是依據奇侅術（奇侅術者，言其術之非常也）上所說：「脈氣與臟氣相反者，就必定會死。」我切他的脈，察知他的腎脈與肺脈是互相倒置的跳動。㈦照醫理來說，三年之內，必然會死去。

安陵阪里公乘項處病，臣意診脈，曰：「牡疝㈠。」牡疝在鬲下，上連肺㈡。病得之內㈢。臣意謂之：「慎毋為勞力事，為勞力事則必嘔血死㈣。」處後蹴踘，要蹷寒，汗出多，即嘔血㈤。

臣意復診之，曰：「當旦日日夕死。」即死㈥。病得之內㈦。所以知項處病者，切其脈得番陽。番陽入虛裏，處旦日死㈧。一番一絡者，牡疝也㈨。

【註】㈠安陵阪里有一位公乘之官，姓項名處者，生了病。我診了他的脈氣之後，斷定他是患了「牡疝」病。㈡牡疝的病狀，是在隔膜下面的腹痛牽連到肺部。㈢這種病是由於接近女色（內）得來的。㈣我曾囑咐項處不要操持勞力的工作；如果操持勞力的工作，必會發生嘔血以至於死亡。㈤後來，項處因為蹀球，腰部著了寒氣，又出汗太多，即時嘔血。㈥我又給他診脈，斷定他在第二日傍晚的時候，就會死掉。果然，第二日傍晚就死了。㈦其病，得之於貪女色。㈧我之所以能知項處之病者，由於切他的脈，發現他的陽脈翻入虛裏，陽脈飛動，入於真氣不足的地方，所以斷定他在第二天死掉。㈨一次更代的脈，來時結滯不順，這就是牡疝的脈象。（絡：徐廣曰：「當作『結』」。）

臣意曰：他所診期決死生，及所治已病眾多㈠，久頗忘之，不能盡識㈡，不敢以對。

【註】㈠以上是淳于意向皇帝報告他學醫及為人治病之諸多故事。㈠已病：治好了的病。㈡識：同「誌」，記憶。

問臣意：「所診治病，病名多同而診異，或死或不死，何也㈠？」對曰：「病名多相類，不可知，故古聖人為之脈法，以起度量，立規矩，縣權衡，案繩墨，調陰陽，別人之脈各名之㈡，與天地相應，參合於人，故乃別百病以異之㈢，有數者能異之，無數者同之㈣。然脈法不可勝驗，診疾人以度異之，乃可別同名，命病主在所居㈤。今臣意所診者，皆有診籍㈥。所以別之者，臣意所受師方適成，師死㈦，以故表籍所診，期決死生，觀所失所得者合脈法㈧，以故至今知之㈨。」

【註】從此段起，是漢文帝親自問淳于意關於醫道的話，由淳于意一一答覆。㈠皇帝問我（淳于意自稱）：「你給人看病，聽你說來，有許多病名相同，但是，你的診斷和你的治法，多不相同；有的斷定會死，有的斷定不會死，這是什麼緣故呢？」㈡我就答覆，說道：「病名有很多相類似的，本來就不容易判斷，所以古昔的聖人就創制了脈法的理論，以計算長短的度量，確立方圓的規矩，評量輕重的權衡，依據曲直的繩墨，調節陰陽的變化，分別各人的脈理，使各得正確的名稱。㈢此外，還要瞭解天地的剛柔、陰陽，來參合人體氣血的盛衰、順逆，所以纔能分別出百種病症的不同。㈣這只有術數精通的人，纔能分別出來，至於一般庸拙無術的人，就把許多相類似而其實不同的病症，糊糊

塗塗的混為一同了。㊄但是，脈法極為複雜，驗之不勝其驗，全在於醫生們能夠診察病者的情況，根據法度的啟示，再運用自己的思考，然後纔能把同名的病，分別其不同之處，然後纔能確有把握的指出病症的癥結所在。㊅現在我所診斷的病人，都有診斷的記錄。㊆為什麼我要分門別類的把這些診斷都登記下來呢？因為自從我接受我的老師所傳授之醫方，正在告一段落的時候，我的老師便死去了。㊇所以凡是我所診斷的病，我都要一一登記，對於病人生期死期的決斷，也都同樣的有案可查。借著這些記錄資料，以檢討我之所作所為是否正確或錯誤，是不是合乎脈法的指示？㊈由於這些過去的紀錄資料，所以到現在我還能把醫案說出來。

問臣意曰：「所期病決死生，或不應期，何故㊀？」對曰：「此皆飲食喜怒不節，或不當飲藥，或不當鍼灸，以故不中期死也㊁。」

【註】㊀皇帝問我：「你所斷定的某人於某期必死，但是，有些應驗，有些不應驗，這是什麼原故呢？」㊁我就對答道：「這都是由於飲食沒有節制，喜怒不能控抑，或者是不當飲藥而亂飲，不當針灸而亂針，所以纔有不合乎判斷時間的死亡發生。」

問臣意：「意方能知病死生，論藥用所宜，諸侯王大臣有嘗問意者不？及文王病時，不求意診治，何故㈠？」對曰：「趙王、膠西王、濟南王、吳王皆使人來召臣意，臣意不敢往㈡。文王病時，臣意家貧，欲為人治病，誠恐吏以除拘臣意也，故移名數左右㈢不脩家生，出行游國中，問善為方數者事之久矣㈣，見事數師，悉受其要事，盡其方書意，及解論之㈤。身居陽虛侯國，因事侯。侯入朝，臣意從之長安，以故得診安陵項處等病也㈥。」

【註】㈠皇帝問我：「你的醫術能夠知道病人的生死，又知道如何善於用藥，那麼，各國諸侯及王公大臣有沒有請你治過病的？並且齊文王病的時候為什麼不請你去診治呢？」㈡我就答覆道：「趙王、膠西王、濟南王、吳王，都曾經派人來請我去給他們治病，我都沒有敢去。㈢齊文王病的時候，當時我因為家中貧窮，需要為人治病，賺一點錢，貼補家用，惟恐怕王公大臣們給我一官半職，反而拘束我行醫的自由，所以我就把我的戶籍，遷寄在親戚左右們的名下，他們也就難以找到我。㈣我生平不喜歡經營家人生計，只願雲遊四方，訪求天下之名醫良師而事之，以償我很久的宿願。㈤我曾經領教過幾位老師，他們都把最真實的道理，及各人所有的異方秘書，一切的精義和法則，都講解給我聽。㈥後來我住在陽虛侯的境內，因而服事王侯，恰好碰到侯王來朝，所以我也就跟隨侯王來

到長安，故而得為安陵項處診病。」

問臣意：「知文王所以得病不起之狀㈠？」臣意對曰：「不見文王病，然竊聞文王病喘，頭痛，目不明㈡。臣意心論之，以為非病也。以為肥而蓄精，身體不得搖，骨肉不相任，故喘㈢，不當醫治㈣。脈法曰『年二十脈氣當趨，年三十當疾步，年四十當安坐，年五十當安臥，年六十已上氣當大董㈤。』文王年未滿二十，方脈氣之趨也而徐之，不應天道四時㈥。後聞醫灸之即篤，此論病之過也㈦。臣意論之，以為神氣爭而邪氣入，非年少所能復之也，以故死㈧。所謂氣者，當調飲食，擇晏日，車步廣志，以適筋骨肉血脈，以瀉氣㈨。故年二十，是謂『易貿』，法不當砭灸，砭灸至氣逐㈩。」

【註】㈠皇帝問我：「知道不知道齊文王為什麼一得病就竟然死去的情狀？」㈡我就答覆道：「我沒有親眼看到文王的病狀，但是，我私下的聽說，他得的病是氣喘，頭痛，眼睛昏惚。㈢我心裏的推想，認為這並不算是病，乃是由於營養太過，只注意蓄積精氣，卻缺乏適當運動，所以過分的肥胖，身體難於活動，骨肉不相配稱，因而，就造成了喘病。㈣這種病，只能從生活上著手，不應當

用醫藥治療。㈤按脈理上來說『人到二十歲的時候，每天應該有跑步運動，以調整脈氣；三十歲後，應該有快步或跑步的運動；四十歲後，就要安定多坐，不要勞動身體；五十歲後，就要多躺臥；六十歲以後，就要使脈氣深藏。』（大董：大加固藏。）㈥文王未滿二十歲的時候，正是脈氣方剛，應該每天作跑步的運動，他反而珊珊其行，緩緩其動，這就與上天化育之道，四時變動之節，不相應合。㈦後來，又聽說醫生用熱氣灼灸的方法，來給他治療喘氣病，這樣一來，更糟糕了，病情就急轉直下的惡化（篤）。這完全是診斷與治療的錯誤所造成。㈧依我的見解，人的元氣，不可以受到邪氣的干擾，如果元氣與邪氣相爭，元氣若不能剋制邪氣，以致邪氣深入，那就不是少年人所能容易恢復的了。這就是文王所以一病不起之由。㈨至於人的元氣應該怎樣來保護呢？主要的條件，是要調節飲食，選擇清明的天氣，來做駕車或步行的運動，以開闊心情，使筋骨舒適，血脈流通，消散一切鬱結之氣。㈩所以人在二十歲之年，叫作『易貿』（貿，同貿，形氣變易也），正是形氣變易之時，有病時，決不可以用針灸來治療，用針灸即等於驅逐元氣。」

問臣意：「師慶安受之？聞於齊諸侯不㈠？」對曰：「不知慶所師受。慶家富，善為醫，不肯為人治病，當以此故不聞㈡。慶又告臣意曰：『慎毋令我子孫知若學我方也』㈢。」

【註】㈠皇帝問我：「你的老師陽慶，是從那一位學的醫術？齊國的諸侯知不知道他的大名？」㈡我

回答道：「我不知道陽慶的師父是那一位，我只知道慶家很富有，善於醫術，但是，並不願為人治病，大概就是由於此種原故，所以不大聞名於諸侯。㊂慶又囑咐我說：「千萬不要使我的子孫們知道你跟我學醫之事。」

問臣意：「師慶何見於意而愛意，欲悉教意方㊀？」對曰：「臣意不聞師慶為方善也。意所以知慶者，意少時好諸方事，臣意試其方，皆多驗，精良㊁。臣意聞菑川唐里公孫光善為古傳方，臣意即往謁之。得見事之，受方化陰陽及傳語法㊂，臣意悉受書之㊃。臣意欲盡受他精方，公孫光曰：『吾方盡矣，不為愛公所。吾身已衰，無所復事之。是吾年少所受妙方也，悉與公，毋以教人㊄。』臣意曰：「得見事侍公前，悉得禁方，幸甚。意死不敢妄傳人㊅。』居有閒，公孫光閒處，臣意深論方，見言百世為之精也㊆。師光喜曰：「公必為國工。吾有所善者皆疏，同產處臨菑，善為方，吾不若，其方甚奇，非世之所聞也㊇。」吾年中時，嘗欲受其方，楊中倩不肯，曰『若非其人也』。胥與公往見之，當知公喜方也。其人亦老矣，其家給富。時者未往㊈，會慶子男殷來獻馬，因師光奏馬王所，意以故得與殷善⊜。光又屬意於殷曰：『意好數，公必謹遇之，其人聖儒⊜。』即為書以意屬陽慶⊜，以故知慶。臣意事慶謹，以故愛意也⊜。」

【註】㊀皇帝問我說：「你的老師陽慶，他賞識（見）你什麼而喜歡你，並且更把全部的秘法傳授於你？」㊁我就回答說：「我本來不曾聽說我的老師陽慶醫術的高明。我所以知道老師陽慶者，是因為我少年之時，喜好研究醫術之事，我用他的方法來試驗，都有效，而且很精良。㊂我聽說菑川唐里的地方，有一位公孫光先生，善於傳授古人的醫術，所以我就去晉見他，很幸運的蒙他接見，於是我就拜他為老師，從他那裡，我接受了陰陽變化之學及口頭傳授的有關醫學的各種法則。㊃我就用心學習而且一條一條的筆記下來。㊄我還想全部的學習其他的精良方法，公孫老師就告訴我說：「我的方法完全教給你了，我對於你毫無保留（愛：吝惜，保留）。我現在年事已衰，再也用不著它了。這都是我少年時代所學習的各種妙方，全部的教給你了，希望你不要再傳授別人。」㊅我就對老師說：「我能夠有機會奉侍於師座之前，並且學得了全部的秘密醫方，這是我最大的榮幸。我至死不敢輕易的傳授於他人！」㊆過了一些時候，在公孫先生閒暇無事之時，我與他暢談醫學之道，自覺我們的見解是百代的精華。㊇老師公孫先生很高興的對我說：「你將來必定是國家的醫科專家，我有幾個志同道合的好朋友，無奈他們的醫技都很粗疏，只有我的同母兄弟，他住在臨菑，善於醫

術，我還趕不上他，他的醫術，非常之奇妙，非世人所能夠聽得到的。」㊈我到了中年時節，嘗想找我老師的同母兄弟（即指慶）去學習其醫術，我的朋友楊仲倩不肯，他說：「你不是他的心目中之人，你一個人，他未必肯接見。等著我有時間，我陪你見他，他一定會知道你是為醫術而來的。這個人也已經老了，他的家很富有。」話說過之後，我並沒有即時去見陽慶先生。㊉適逢慶的兒子殷來獻馬，藉著老師光的關係，進馬於王家，我因此有機會能夠與殷相熟識。㊁老師光又為我的事情對殷囑咐道：『淳于意很喜歡研究醫術，你一定要好好待他，他是個心地聖善的儒醫。』㊂於是老師光就寫了一封信，為我的事拜託陽慶。㊂這就是我和老師陽慶認識的開始。我事奉陽慶老師非常之恭順，所以陽慶老師很愛護我。」

問臣意曰：「吏民嘗有事學意方，及畢盡得意方不？何縣里人㊀？」對曰：「臨菑人宋邑。邑學，臣意教以五診，歲餘㊁。濟北王遣太醫高期、王禹學，臣意教以經脈高下及奇絡結㊂，當論俞所居，及氣當上下出入邪〔正〕逆順，以宜鑱石，定砭灸處，歲餘㊃。菑川王時遣太倉馬長馮信正方，臣意教以案法逆順，論藥法，定五味及和齊湯法㊄。高永侯家丞杜信，喜脈，來學，臣意教以上下經脈五診，二歲餘㊅。臨菑召里唐安來學，臣意教以五診上下經脈，奇咳，四時應陰陽重，未成，除為齊王侍醫㈦。」

【註】㈠皇帝問我道：「一般官民人等有沒有向你學醫的？是否有人完全學得了你的醫術？他們都是何縣何鄉的人？」㈡我就答覆道：「有臨菑人宋邑者，向我學醫，我教他以診察五臟脈氣之法。他學了一年多。㈢濟北王派遣他內宮的醫官高期、王禹二人來學，我教他們以經脈高下，及奇絡脈與結脈之學（奇絡脈：即奇靜脈，在胸椎之右側，收容肋骨間之靜脈血，而歸於上大靜脈。其在左側者，名「半奇靜脈」。結脈：此脈主陰盛之病，其來遲緩，或中止復來，來時結滯不順，故謂之結脈。）㈣又常（當字，應作為「常」字）和他們討論身上的穴位（俞）所在之地方，以及氣的上下出入與邪正逆順的情況，以判定什麼病應該用針石來治療，什麼病應該針灸在什麼穴位。他們也學了一年多。㈤菑川王的時候，也派遣太倉馬長馮信來就正醫術，我教他以案脈方法的逆順，又給他講解藥法，五味的評定，以及配製湯藥的方法。㈥又有高永侯的家人杜信，喜歡學習脈理，我就教他以瞭解奇經八脈，及診察五臟的方法。他學習了兩年多。㈦又有臨淄召里的人唐安來學，我教他以五臟的診斷方法，奇經八脈的診察，奇胲（陰陽奇密之術）之術，及四時的配合，陰陽的變化。尚未學成，齊王就派他充任內庭的侍醫。

問臣意：「診病決死生，能全無失乎㈠？」臣意對曰：「意治病人，必先切其脈，乃治之。敗逆者不可治，其順者乃治之㊁。心不精脈，所期死生視可治，時時失之，臣意不能全也㊂。」

【註】㊀皇帝又問：「你診斷病理，決定生死，能夠完完全全的沒有錯誤嗎？」㊁我答覆道：「我治病人，一定要先切其脈，然後纔治。如果發現敗逆的脈，我就不給他治；如果是順脈，我纔給他治。㊂如果心不精細去考察脈理，或預斷病人的生死，認以為是可治的病，但是往往也會發生偏差，所以我不敢說我所診斷的就完全沒有錯誤。」

太史公曰：女無美惡，居宮見妒；士無賢不肖，入朝見疑㊀。故扁鵲以其伎見殃，倉公乃匿迹自隱而當刑㊁。緹縈通尺牘，父得以後寧㊂。故老子曰「美好者不祥之器」，豈謂扁鵲等邪？若倉公者，可謂近之矣㊃。

【註】㊀太史公說：「女人不論是美麗或醜陋，只要一入宮，便會被人忌妬；士子不論是賢能或不肖，只要一入朝，便會被人懷疑。㊁扁鵲因為伎能太高了而被禍，倉公於是遁匿形跡，自隱而拒避（當，抵拒）刑罰。㊂緹縈上書於皇帝，願為婢而贖父，終於使其父親得以安全。㊃所以老子說：「美好乃是不吉祥之器物」，豈不就是指扁鵲等而言嗎？若是像倉公這樣，可以說是近於「明哲保身」的人了！

卷一百零六　吳王濞列傳第四十六

吳王濞者，高帝兄劉仲之子也。高帝已定天下七年，立劉仲為代王。而匈奴攻代，劉仲不能堅守，弃國亡，閒行㈠走雒陽，自歸天子。天子為骨肉故，不忍致法，廢以為郃陽侯㈡。高帝十一年秋，淮南王英布反，東幷荊地，劫其國兵，西度淮，擊楚，高帝自將往誅之。劉仲子沛侯濞年二十，有氣力，以騎將從破布軍蘄西，會甀㈢，布走。荊王劉賈為布所殺，無後。上患吳、會稽輕悍，無壯王以填之㈣，諸子少，乃立濞於沛為吳王，王三郡五十三城。已拜受印，高帝召濞相之，謂曰：「若狀有反相㈤。」心獨悔，業已拜，因拊其背㈥，告曰：「漢後五十年東南有亂者，豈若邪？然天下同姓為一家也，慎無反㈦！」濞頓首曰：「不敢。」

【註】㈠閒行：單獨從他道逃走。㈡郃陽：縣名，在陝西省。㈢甀：音錘（ㄔㄨㄟˊ），地名在蘄縣之西。㈣填：同「鎮」，鎮壓。高帝十二年立濞為吳王。㈤你的骨相有造反的樣子。㈥拍其背。

㈦漢家為帝五十年之後，東南有造亂的，難道就是你嗎？但是現在的天下就是我們劉家一姓的天下，你可千萬不要造反啊！

會孝惠、高后時，天下初定，郡國諸侯各務自拊循其民。吳有豫章郡銅山㈠，濞則招致天下亡命者，益鑄錢，煑海水為鹽，以故無賦，國用富饒㈡。

【註】㈠豫章郡：應為鄣郡，領有江蘇舊江寧府，安徽舊寧國、徽州、池州、廣德諸府州，及浙江之舊湖州、嚴州二府之地。其轄地揚州有銅山，即吳王濞鑄錢之處。㈡吳王招致天下亡命之人，大量的鑄錢，並且煑海水為鹽，可證明他自己經營工商金融事業，發展經濟，所以不必徵收田賦而財政富饒。如淳的解釋很對。《史記正義》謂是人民盜鑄錢，根本錯誤，因上面明白寫著是吳王招致天下亡命而益鑄錢，是吳王政府自己經營。

孝文時，吳太子入見，得侍皇太子飲博。吳太子師傅皆楚人，輕悍，又素驕，博，爭道，不恭，皇太子引博局㈠提吳太子，殺之。於是遣其喪歸葬。至吳，吳王慍㈡曰：「天下同宗，死長安即葬長安，何必來葬為！」復遣喪之長安葬。吳王由此稍失藩臣之禮㊂，稱病不朝。京師知其以子故稱病不朝，驗問實不病，諸吳使來，輒繫責治之㊃。吳王恐，為謀滋甚㊄。及後使人為秋請㊅，上復責問吳使者，使者對曰：「王實不病，漢繫治使者數輩，以故遂稱病。且夫『察見淵中魚，不祥㊆』。今王始詐病，及覺，見責急，愈益閉，恐上誅之，計乃無聊㊇。唯上弃之而與更始㊈。」於是天子乃赦吳使者歸之，而賜吳王几杖，老，不朝。吳得釋其罪，謀亦益解㊉。然其居國以銅鹽故，百姓無賦。卒踐更，輒與平賈⑪。歲時存問茂材⑫，賞賜閭里。佗郡國吏欲來捕亡人者，訟共禁弗予⑬。如此者四十餘年，以故能使其眾。

【註】㊀棋盤。㊁慍：音運（ㄩㄣˋ），怨恨。㊂藩臣：屏藩中央的大國諸侯。㊃繫：拘留。㊄造反的企圖更為厲害。㊅孟康曰：「律：春曰朝，秋曰請，如古諸侯朝聘也。」可見就是吳王派代表秋天來朝聘。㊆「眼睛過於明亮能看見深淵裏邊的魚，是不吉祥的。」這話的意思就比喻人君對於臣下，不可過分的偵察其私事。過於明察，反而使臣下不安，容易逼致變亂。㊇所以才產生了許多無賴的計謀。㊈懇求天子舍棄其罪而給他以重新作人的機會。㊉吳王得了天子的寬恕，所以造反的計謀，也就一天一天的消散了。⑪漢時，人民對國家有戍守及勞役的責任，謂之「徭戍」，服徭戍

之人，即曰「更卒」，自行為卒，謂之「踐更」，政府不給以金錢待遇。但是吳王為了取得民心，對於服役的更卒，都給以公平的代價，金錢的待遇，人民當然樂為之用了。平賈：即「平價」。㊂ 一年四季慰問那些茂材奇能之士。㊂ 其他郡國官吏想來拘捕逃亡於吳國之人，容許（訟）大家一致禁止不給他們。

鼂錯為太子家令㊀，得幸太子，數從容言吳過可削㊁。數上書說孝文帝，文帝寬，不忍罰，以此吳日益橫。及孝景帝即位，錯為御史大夫㊂，說上曰：「昔高帝初定天下，昆弟少，諸子弱，大封同姓，故王孽子悼惠王王齊七十餘城㊃，庶弟元王王楚四十餘城，兄子濞王吳五十餘城：封三庶孽，分天下半。今吳王前有太子之郄㊄，詐稱病不朝，於古法當誅，文帝弗忍，因賜几杖。德至厚，當改過自新。乃益驕溢，即山鑄錢㊅，煑海水為鹽，誘天下亡人，謀作亂。今削之亦反，不削之亦反。削之，其反亟㊆，禍小；不削，反遲，禍大。」三年冬，楚王朝，鼂錯因言楚王戊往年為薄太后服，私姦服舍㊇，請誅之。詔赦，罰削東海郡㊈。因削吳之豫章郡、會稽郡。及前二年趙王有罪，削其河間郡㈩。膠西王印以賣爵有姦，削其六縣。

【註】㈠鼂錯：潁川（河南禹縣）人，研究申子、商鞅之學說，文帝時為太子（即日後之景帝）家令，以才辯得幸，太子家稱為「智囊」。景帝即位，益貴幸用事，主張削減諸侯封地以集權中央，因而逼成吳楚七國之反，以誅錯為名而興師。景帝終於用袁盎之建議，殺錯以緩和七國之兵。鼂：音潮。㈡言吳王有過，可以削滅其封地。㈢御史大夫：副丞相。㈣庶孽：妾所生之子，及非嫡系之子嗣。㈤郄：同「隙」，仇怨。㈥即：就，利用，憑藉。利用銅山而鑄錢。㈦亟：同「急」。㈧為薄太后來服喪，在服喪的房舍姦淫宮女。㈨東海郡：包括今山東兗州府東南至江蘇邳縣以東至海之地。㈩河間郡：《漢書》作常山郡。

漢廷臣方議削吳。吳王濞恐削地無已，因以此發謀，欲舉事。念諸侯無足與計謀者，聞膠西王勇㈠，好氣，喜兵，諸齊皆憚畏，於是乃使中大夫應高誂㈡膠西王。無文書，口報曰：「吳王不肖，有宿夕之憂㈢，不敢自外，使喻其驩心。」王曰：「何以教之？」高曰：「今者主上興於姦㈣，飾於邪臣㈤，好小善，聽讒賊，擅變更律令，侵奪諸侯之地，徵求滋多，誅罰良善，日以益甚。里語(六)有之，『舐糠及米(七)。』吳與膠西，知名諸侯也，一時見察(八)，恐不得安肆矣。吳王身有內病，不能朝請二十餘年，嘗患見疑，無以自白，今脅肩累足(九)，猶懼不見釋。竊聞大王以爵事有適(一〇)，所聞諸侯削地，罪不至此，此恐不得削地而已(一一)。」王曰：「然，有之。子將柰何？」高曰：「同惡相助，同好相留，同情相成，同欲相趨，同利相死。今吳王自以為與大王同憂，願因時循理，弃軀(一二)以除患害於天下，億亦可乎(一三)？」王瞿然駭曰(一四)：「寡人何敢如是？今主上雖急，固有死耳，安得不戴？」高曰：「御史大夫鼂錯，熒惑天子(一五)，侵奪諸侯，蔽忠塞賢，朝廷疾怨，諸侯皆有倍畔之意(一六)，人事極矣。彗星出，蝗蟲數起，此萬世一時，而愁勞聖人之所以起也(一七)。故吳王欲內以鼂錯為討，外隨大王後車，彷徉天下(一八)，所鄉者降(一九)，所指者下，天下莫敢不服。大王誠幸而許之一言，則吳王率楚王略函谷關(二〇)，守滎陽敖倉之粟，距漢兵。治次舍，須大王(二一)。大王有幸而臨之，則天下可幷，兩主分割，不亦可乎？」王曰：「善。」高歸報吳王，吳王猶恐其不與，乃身自為使，使於膠西，面結之㈢。

【註】㈠原來是齊國的封地，後被分裂為膠西、膠東、濟北諸國，而以膠西為最強，故諸齊皆畏之。㈡誂：音挑（ㄊㄧㄠˇ），挑撥，以微言引誘之。㈢宿夕之憂：言時機緊急，不出一夜，必有危難。㈣興於姦：興，喜也，對之有興趣也，即言喜歡姦臣。㈤飾於邪臣：獎飾邪臣。㈥里語：即「俚語」，俗話，俗諺。㈦舐糠及米：糠在外，米在內，糠與米緊緊相連，舌頭掠著了糠，也就吃著米了。此即「唇亡齒寒」「兔死狐悲」「物傷其類」之意。㈧一時見察：萬一被注意。㈨兩肩聳立，兩足累站，形容其被逼無立身之地而恐怖也。㈩適：同讁，被罪責。⑪不得：不僅。⑫弃軀：犧牲自身。⑬億：料想，推猜是不是可以呢？⑭瞿然：立刻表示驚懼的樣子。瞿，音句（ㄐㄩˋ）。⑮熒惑：迷惑。熒，音營（ㄧㄥˊ）。⑯倍畔：即「背叛」。⑰殷憂所以啟聖人也。⑱彷徉天下：即翺翔天下，馳驅天下，縱橫天下之意。⑲鄉：同「向」。⑳略：奪取。㉑須：等候。㉒兩人當面結約。

膠西羣臣或聞王謀，諫曰：「承一帝㈠，至樂也。今大王與吳西鄉㈡，弟令事成㈢，兩主分爭，患乃始結。諸侯之地不足為漢郡什二，而為畔逆以憂太后，非長策也。」王弗聽。遂發使約齊、菑川、膠東、濟南、濟北，皆許諾，而曰「城陽景王有義㈣，攻諸呂，勿與㊄事定分之耳。」

【註】㊀奉承一個皇帝。㊁鄉：同「向」。㊂即使事情能夠成功。弟：但也，即也。㊃城陽景王：乃景帝之子，此次發難，乃反景帝，故不使參加。㊄勿與：不必約他參加。

諸侯既新削罰，振恐㊀，多怨鼂錯。及削吳會稽、豫章郡書至，則吳王先起兵，膠西正月丙午誅漢吏二千石以下，膠東、菑川、濟南、楚、趙亦然，遂發兵西。齊王後悔，飲藥自殺，畔㊁約。濟北王城壞未完，其郎中令劫守其王，不得發兵。膠西為渠率㊂，膠東、菑川、濟南共攻圍臨菑。趙王遂亦反，陰使匈奴與連兵㊃。

【註】㊀振恐：即「震恐」。㊁畔：同「叛」。㊂發動叛亂的首領。㊃暗地勾結匈奴聯合起兵。

七國之發也，吳王悉其士卒㊀，下令國中曰：「寡人年六十二，身自將㊁。少子年十四，亦為士卒先。諸年上與寡人比，下與少子等者，皆發㊂。」發二十餘萬人。南使閩越、東越，東越亦發兵從㊃。

【註】㊀吳王全部動員其軍隊。㊁親身領導作戰。㊂年齡在六十二歲以下十四歲以上者皆出發。㊃福建、廣東、浙江、江蘇皆出兵。

孝景帝三年正月甲子，初起兵於廣陵㊀。西涉淮，因幷楚兵。發使遺諸侯書曰：「吳王劉濞敬問膠西王、膠東王、菑川王、濟南王、趙王、楚王、淮南王、衡山王、廬江王、故長沙王子：幸教寡人！以漢有賊臣，無功天下，侵奪諸侯地，使吏劾繫訊治，以僇辱之為故㊁，不以諸侯人君禮遇劉氏骨肉，絕先帝功臣，進任姦宄，詿亂天下㊂，欲危社稷。陛下多病志失，不能省察。欲舉兵誅之，謹聞教。敝國雖狹，地方三千里；人雖少，精兵可具五十萬。寡人素事南越三十餘年，其王君皆不辭分其卒以隨寡人，又可得三十餘萬。寡人雖不肖，願以身從諸王。越直長沙者，因王子定長沙以北，西走蜀、漢中㊃。告越、楚王、淮南三王，與寡人西面㊄；齊諸王與趙王定河間、河內，或入臨晉關，或與寡人會雒陽(六)；燕王、趙王固與胡王有約，燕王北定代、雲中，摶胡眾入蕭關，走長安(七)，匡正天子，以安高廟。願王勉之。楚元王子、淮南三王或不沐洗十餘年，怨入骨髓，欲一有所出之久矣(八)，寡人未得諸王之意，未敢聽。今諸王苟能存亡繼絕，振弱伐暴，以安劉氏，社稷之所願也。敝國雖貧，寡人節衣食之用，積金錢，脩兵革，聚穀食，夜以繼日，三十餘年矣。凡為此，願諸王勉用之。能斬捕大將者，賜金五千斤，封萬戶；列將(九)，三千斤，封五千戶；裨將(一〇)，二千斤，封二千戶；二千石，千斤，封千戶；千石，五百斤，封五百戶：皆為列侯。其以軍若城邑降者，卒萬人，邑萬戶，如得大將；人戶五千，如得列將；人戶三千，如得裨將；人戶千，如得二千石；其小吏皆以差次受爵金。佗封賜皆倍軍法。其有故爵邑者，更益勿因(一一)。願諸王明以令士大夫，弗敢欺也。寡人金錢在天下者往往而有，非必取於吳，諸王日夜用之弗能盡。有當賜者告寡人，寡人且往遺之。敬以聞。」

【註】㊀孝景帝三年正月甲子（西曆紀元前一五四年）吳楚七國反，由揚州向西進軍。㊁以僇辱諸侯為習慣（故事）。㊂詿：音卦（ㄍㄨㄚˋ），誤也，欺也。㊃下面就是分路向長安進攻的軍事配備：廣東與長沙相接的軍隊，歸長沙王子領導，平定長沙以北之地，再向西進攻四川、漢中。㊄東越王、楚王、淮南三王（淮南王、衡山王、廬江王）與寡人（吳王自稱），聯合大軍向西進攻。㊅齊諸王與趙王平定河北、河南北部，進入山西，攻入臨晉關（大慶關，在陝西朝邑縣東），或與寡人會師洛陽。㊆燕王、趙王本來就與胡王（匈奴王）有約合，北邊平定代郡、雲中，團結匈奴之眾，進入蕭關（甘肅平涼縣界），直指長安。㊇久矣就想一有機會得以發洩其怨氣。㊈列將：將軍。㊉裨將：大將之助手。⑪更增加其爵邑，不以因襲原有之爵邑為限。

七國反書聞天子，天子乃遣太尉條侯周亞夫將三十六將軍，往擊吳楚；遣曲周侯酈寄擊趙；將軍欒布擊齊；大將軍竇嬰屯滎陽，監齊趙兵㊀。

吳楚反書聞，兵未發，竇嬰未行，言故吳相袁盎。盎時家居，詔召入見。上方與鼂錯調兵笇軍食㊁，上問袁盎曰：「君嘗為吳相，知吳臣田祿伯為人乎？今吳楚反，於公何如？」對曰：「不足憂也，今破矣。」上曰：「吳王即山鑄錢，煑海水為鹽，誘天下豪桀，白頭舉事。若此，其計不百全，豈發乎？何以言其無能為也？」袁盎對曰：「吳有銅鹽利則有之，安得豪桀而誘之！誠令吳得豪桀，亦且輔王為義，不反矣。吳所誘皆無賴子弟，亡命鑄錢姦人，故相率以反。」鼂錯曰：「袁盎策之善。」上問曰：「計安出？」盎對曰：「願屏左右。」上屏人，獨錯在。盎曰：「臣所言，人臣不得知也。」乃屏錯。錯趨避東廂，恨甚。上卒問盎，盎對曰：「吳楚相遺書，曰『高帝王子弟各有分地，今賊臣鼂錯擅適過諸侯㊂，削奪之地。』故以反為名，西共誅鼂錯，復故地而罷。方今計獨斬鼂錯，發使赦吳楚七國，復其故削地，則兵可無血刃而俱罷。」於是上嘿然㊃良久，曰：「顧誠何如，吾不愛一人以謝天下㊄。」盎曰：「臣愚計無出此，願上孰計之。」乃拜盎為太常㊅，吳王弟子德侯為宗正。盎裝治行。後十餘日，上使中尉召錯，紿載行東市㊆。錯衣朝衣斬東市。則遣袁盎奉宗廟，宗正輔親戚㊇，使告吳如盎策。至吳，吳楚兵已攻梁壁矣㊈。宗正以親故，先入見，諭吳王使拜受詔。

吳王聞袁盎來，亦知其欲說己，笑而應曰：「我已為東帝，尚何誰拜？」不肯見盎而留之軍中，欲劫使將。盎不肯，使人圍守，且殺之，盎得夜出，步亡去㈩，走梁軍，遂歸報。

【註】 ㈠監視齊趙之兵。㈡竿：即「算」字。計算。㈢適：同「謫」，音宅，罪責。㈣嘿然：即「默然」。㈤但看實際的情形是怎麼樣，如果真是這樣（殺鼂錯），我就決不會愛惜一個人以謝於天下。㈥拜盎為太常，以表示係奉宗廟之旨意。㈦紿：音代（ㄉㄞˋ），欺騙。㈧宗正以親戚之誼，輔漢訓諭。㈨壁：軍壘。㈩亡去：逃走。

條侯將，乘六乘傳㈠，會兵滎陽。至雒陽，見劇孟，喜曰：「七國反，吾乘傳至此，不自意全㈡。又以為諸侯已得劇孟，劇孟今無動。吾據滎陽，以東無足憂者。」至淮陽，問父絳侯故客鄧都尉曰：「策安出？」客曰：「吳兵銳甚，難與爭鋒㈢。楚兵輕㈣，不能久。方今為將軍計，莫若引兵東北壁昌邑㈤，以梁委吳㈥，吳必盡銳攻之。將軍深溝高壘，使輕兵絕淮泗口，塞吳饟道㈦。彼吳梁相敝而糧食竭㈧，乃以全彊制其罷極㈨，破吳必矣。」條侯曰：「善。」從其策，遂堅壁昌邑南，輕兵絕吳饟道。

【註】㊀乘著六匹馬的傳車。㊁自己意料不到能夠安全到此。㊂難與爭前鋒之戰。㊃楚軍輕率，不能持久。㊄堅守昌邑：在山東金鄉縣西北。㊅委棄梁國，故意使吳國以全力攻打梁國。㊆輕裝而不帶輜重的軍隊。斷絕淮水、泗水的渡口，阻塞吳國的運糧之路。㊇吳國攻打梁國，兩敗俱傷。㊈以全強的兵力制服精疲力竭的敵人。

吳王之初發也，吳臣田祿伯為大將軍。田祿伯曰：「兵屯聚而西，無佗奇道，難以就功。臣願得五萬人，別循江淮而上，收淮南、長沙，入武關㊀，與大王會，此亦一奇也。」吳王太子諫曰：「王以反為名，此兵難以藉人，藉人亦且反王，柰何㊁？且擅兵而別，多佗利害，未可知也，徒自損耳。」吳王即不許田祿伯。

【註】㊀武關：在陝西商縣之東。由武關攻長安，這是一項奇兵。㊁王以反抗為名而動兵，這種兵權就難以假手於人；如果把兵權交於他人，他人亦同樣用來反抗，王將怎麼辦呢？

吳少將桓將軍說王曰：「吳多步兵，步兵利險；漢多車騎，車騎利平地。願大王所過城邑不下，直弃去，疾西據雒陽武庫㊀，食敖倉粟，阻山河之險以令諸侯，雖毋入關㊁，天下固已定矣。即大王徐行㊂，留下城邑，漢軍車騎至，馳入梁楚之郊，事敗矣。」吳王問諸老將，老將曰：「此少年推鋒之計可耳㊃，安知大慮乎！」於是王不用桓將軍計㊄。

【註】㊀趕快的向西進兵，佔據洛陽武器倉庫。㊁毋：不。㊂即：如果。㊃推鋒：衝鋒直前。㊄吳王既不用田祿伯以奇兵出武關之計，又不用桓將軍以快速部隊取洛陽之計，而膠著戰於江蘇、山東、河南邊區，使漢軍得以從容佈置，此即吳王軍事失敗的主因。

吳王專并將其兵，未度淮，諸賓客皆得為將、校尉、候、司馬，獨周丘不得用。周丘者，下邳人，亡命吳，酤酒無行㊀，吳王濞薄之，弗任。周丘上謁，說王曰：「臣以無能，不得待罪行閒㊁。臣非敢求有所將，願得王一漢節，必有以報王。」王乃予之。周丘得節，夜馳入下邳。下邳時聞吳反，皆城守。至傳舍㊂，召令。令入戶，使從者以罪斬令。遂召昆弟所善豪吏告曰：「吳反兵且至，至，屠下邳不過食頃。今先下㊃，家室必完，能者封侯矣。」出乃相告，下邳皆下。周丘一夜得三萬人，使人報吳王，遂將其兵北略城邑。比至城陽㊄，兵十餘萬，破城陽中尉軍。聞吳王敗走，自度無與共成功，即引兵歸下邳。未至，疽發背死㊅。

【註】㊀酤：賣酒。㊁供職於軍伍。㊂傳舍：驛舍。㊃先下：先降服。㊄城陽：山東莒縣。㊅疽：疔瘡。

二月中，吳王兵既破，敗走，於是天子制詔將軍曰：「蓋聞為善者，天報之以福；為非者，天報之以殃。高皇帝親表功德，建立諸侯，幽王、悼惠王絕無後，孝文皇帝哀憐加惠，王幽王子遂、悼惠王子卬等，令奉其先王宗廟，為漢藩國，德配天地，明幷日月。吳王濞倍㊀德反義，誘受天下亡命辠人，亂天下幣㊁，稱病不朝二十餘年，有司數請濞罪，孝文皇帝寬之，欲其改行為善。今乃與楚王戊、趙王遂、膠西王印、濟南王辟光、菑川王賢、膠東王雄渠約從反㊂，為逆無道，起兵以危宗廟，賊殺大臣及漢使者，迫劫萬民，夭殺無罪，燒殘民家，掘其丘冢，甚為暴虐。今印等又重逆無道，燒宗廟，鹵御物㊃，朕甚痛之，朕素服㊄避正殿。將軍其勸士大夫擊反虜，擊反虜者，深入多殺為功，斬首捕虜比三百石以上者，皆殺之，無有所置㊅。敢有議詔及不如詔者㊆，皆要斬㊇。」

【註】㊀倍：同「背」。㊁吳王自己鑄錢，混亂了天下幣制。㊂約從：即「約縱」，聯合反抗中央。㊃鹵：抄掠。御物：宗廟在郡縣之物。㊄素服：喪服。㊅置：赦，釋放。㊆議詔：對於詔令有不同的議論。㊇要斬：即「腰斬」。

初，吳王之度淮㊀，與楚王遂西敗棘壁㊁，乘勝前，銳甚。梁孝王恐，遣六將軍擊吳，又敗梁兩將，士卒皆還走梁。梁數使使報條侯求救，條侯不許。又使使惡條侯於上，上使人告條侯救梁，復守便宜不行㊂。梁使韓安國及楚死事相弟張羽為將軍㊃，乃得頗敗吳兵。吳兵欲西，梁城守堅，不敢西，即走條侯軍㊄，會下邑㊅。欲戰，條侯壁㊆，不肯戰。吳糧絕，卒飢，數挑戰，遂夜犇條侯壁，驚東南。條侯使備西北，果從西北入。吳大敗，士卒多飢死，乃畔散㊇。於是吳王乃與其麾下壯士數千人夜亡去，度江走丹徒㊈，保東越㊉。東越兵可萬餘人，乃使人收聚亡卒。漢使人以利啗東越⑪，東越即紿吳王⑫，吳王出勞軍，即使人鏦殺吳王⑬，盛其頭，馳傳以聞⑭。吳王子子華、子駒亡走閩越。吳王之弃其軍亡也，軍遂潰，往往稍降太尉、梁軍。楚王戊軍敗，自殺。

【註】㊀度：同「渡」。㊁棘壁：在河南寧陵縣西南七十里。㊂將在外，君命有所不受，以其為戰地而有行便宜之必要。㊃張羽之兄張尚，為楚國相，以諫王而死。㊄進攻條侯軍。㊅會師於下邑：即河南東部之夏邑縣。㊆壁：堅守城壁不出戰。㊇畔散：潰散。㊈丹徒：故城在今江蘇丹徒縣東南十八里。㊉東越：福建之福州。⑪啗：音旦（ㄉㄢˋ），以利誘人。⑫紿：音代，欺騙。⑬鏦：音聰（ㄘㄨㄥ），矛也。⑭盛：以器裝其頭，送往長安。《括地志》云：「吳王濞冢在潤州丹徒縣東練壁聚北，今入於江。」

三王之圍齊臨菑也，三月不能下。漢兵至，膠西、膠東、菑川王各引兵歸。膠西王乃袒跣，席稾，飲水，謝太后。王太子德曰：「漢兵遠，臣觀之已罷，可襲，願收大王餘兵擊之，擊之不勝，乃逃入海，未晚也。」王曰：「吾士卒皆已壞，不可發用。」弗聽。漢將弓高侯穨㈠當遺王書曰：「奉詔誅不義，降者赦其罪，復故；不降者滅之。王何處？須以從事㈡。」王肉袒叩頭漢軍壁，謁曰：「臣卬奉法不謹，驚駭百姓，乃苦將軍遠道至于窮國，敢請菹醢㈢之罪。」弓高侯執金鼓見之，曰：「王苦軍事，願聞王發兵狀。」王頓首膝行對曰：「今者，鼂錯天子用事臣，變更高皇帝法令，侵奪諸侯地。卬等以為不義，恐其敗亂天下，七國發兵，且以誅錯。今聞錯已誅，卬等謹以罷兵歸。」將軍曰：「王苟以錯不善，何不以聞？乃未有詔虎符㈣，擅發兵擊義國。以此觀之，意非欲誅錯也。」乃出詔書為王讀之。讀之訖，曰：「王其自圖。」王曰：「如卬等死有餘罪。」遂自殺。太后、太子皆死。膠東、菑川、濟南王皆死，國除，納于漢。酈將軍圍趙十月而下之，趙王自殺。濟北王以劫故，得不誅，徙王菑川。

【註】㊀穨：音魋（ㄊㄨㄟˊ），同頹廢。㊁須：等待。㊂菹醢：切成粉碎的肉醬。菹，音居（ㄐㄩ）。醢：音海（ㄏㄞˇ）。㊃虎符：兵符，所以為信。

初，吳王首反，幷將楚兵，連齊趙。正月起兵，三月皆破，獨趙後下。復置元王少子平陸侯禮為楚王，續元王後。徙汝南王非王吳故地，為江都王。

太史公曰：吳王之王，由父省也㊀。能薄賦斂，使其眾，以擅山海利。逆亂之萌，自其子興。爭技發難㊁，卒亡其本；親越謀宗，竟以夷隕㊂。鼂錯為國遠慮，禍反近身。袁盎權說，初寵後辱。故古者諸侯地不過百里，山海不以封。「毋親夷狄，以疏其屬」㊃，蓋謂吳邪？「毋為權首，反受其咎」㊄，豈盎、錯邪？

【註】㊀省：減其封地，吳王之父為代王，因過，被減其封地而為郃陽侯。㊁吳王之子與景帝（為太子時）爭博，被帝以棋盤打死。吳王上痛其父減封，下傷其子被擊斃，故含怨報復，乃有反叛之事。㊂夷隕：夷誅滅亡。㊃不要親近夷狄以疎遠其親屬。㊄不要為權詐之計的首謀之人。

卷一百零七　魏其、武安侯列傳第四十七

魏其侯竇嬰者，孝文后從兄子也。父世觀津人㈠。喜賓客。孝文時，嬰為吳相，病免。孝景初即位，為詹事㈡。

【註】㈠他的父親世代是河北武邑縣的人。㈡詹事：掌管皇后及太子家事。

梁孝王者，孝景弟也，其母竇太后愛之。梁孝王朝，因昆弟燕飲。是時上未立太子，酒酣，從容言曰：「千秋之後傳梁王㈠。」太后驩。竇嬰引卮酒進上，曰：「天下者，高祖天下，父子相傳，此漢之約也，上何以得擅傳梁王！」太后由此憎竇嬰。竇嬰亦薄其官，因病免。太后除竇嬰門籍，不得入朝請㈡。

【註】㈠景帝酒酣而言曰：「千秋之後傳位於梁王」。㈡朝請：太后開除了竇嬰出入宮殿的門籍，並且不得參加朝請。漢律：「諸侯春朝天子，曰『朝』，秋朝天子，曰『請』。」

孝景三年，吳楚反，上察宗室諸竇毋如竇嬰賢㈠，乃召嬰。

嬰入見，固辭謝病不足任。太后亦慙。於是上曰：「天下方有急，王孫寧可以讓邪㈡？」乃拜嬰為大將軍，賜金千斤。嬰乃言袁盎、欒布諸名將賢士在家者進之。所賜金，陳之廊廡下，軍吏過，輒令財取為用，金無入家者㈢。竇嬰守滎陽，監齊趙兵。七國兵已盡破，封嬰為魏其侯。諸游士賓客爭歸魏其侯。孝景時每朝議大事，條侯、魏其侯，諸列侯莫敢與亢禮㈣。

【註】㈠上察宗室諸竇，沒有一個人能比得上竇嬰之賢良。㈡竇嬰字王孫。㈢竇嬰把景帝所賞賜的一千斤金子，擺在走廊之下，凡是軍吏走經廊下者，都叫他們斟酌自己的需要，取此金子以為用，竇嬰本身並不取分文金子以入於自家。財：同「裁」，斟酌需要。㈣條侯、魏其侯，兩人地位最尊，諸列侯沒有人敢與他兩個平等相亢。

孝景四年，立栗太子㈠，使魏其侯為太子傅。孝景七年，栗太子廢，魏其數爭不能得。魏其謝病，屏居藍田南山之下數月㈡，諸賓客辯士說之，莫能來㈢。梁人高遂乃說魏其曰：「能富貴將軍者，上也；能親將軍者，太后也。今將軍傅太子，太子廢而不能爭；爭不能得，又弗能死。自引謝病，擁趙女，屏閒處而不朝㈣。相提而論，是自明揚主上之過㈤。有如兩宮㈥螫將軍㈦，則妻子毋類矣㈧。」魏其侯然之，乃遂起，朝請如故。

【註】㈠栗姬之子，後被廢，故稱其母姓。㈡陝西藍田縣。㈢許多賓客辯士勸說他，都不能使他進京來朝。㈣屏居於悠閒之處而不入京朝拜。㈤彼此比較而論，簡直是宣揚主上的錯誤。㈥兩宮：太后與景帝。㈦螫：音遮（ㄓㄜ），蛇蟲等用尾針刺人或毒牙咬人。㈧妻子被誅滅而無遺類。

桃侯免相㈠，竇太后數言魏其侯㈡。孝景帝曰：「太后豈以為臣有愛，不相魏其㈢？魏其者，沾沾自喜耳㈣，多易㈤。難以為相，持重㈥。」遂不用，用建陵侯衞綰為丞相。

【註】㈠桃侯：劉舍。㈡數言：屢次推薦。㈢太后難道以為我有所愛惜而不以魏其為相？㈣小有成就而自滿自喜。㈤把事情看得太容易，所以舉動輕率。㈥難以為相，為相的條件是要持重。

武安侯田蚡㈠者，孝景后同母弟也，生長陵㈡。魏其已為大將軍後，方盛，蚡為諸郎㈢，未貴，往來侍酒魏其，跪起如子姓㈣。

及孝景晚節㈤，蚡益貴幸，為太中大夫㈥。蚡辯有口，學槃盂諸書㈦，王太后賢之。孝景崩，即日太子立，稱制，所鎮撫多有田蚡賓客計筴㈧。蚡弟田勝，皆以太后弟，孝景後三年封蚡為武安侯㈨，勝為周陽侯㈩。

【註】㈠蚡：音焚（ㄈㄣˊ）。㈡生於長陵。㈢諸郎：普通的郎官。㈣子姓：猶言子孫。㈤晚節：晚年。㈥僅次於丞相的高官。㈦《槃盂》二十六篇，內容雜有儒、墨、名、法各家的理論，相傳為黃帝史官孔甲所作。此乃假託之說，黃帝時那裡有儒、墨、名、法呢？㈧計筴：即「計策」。㈨在河南武安縣。㈩在山西聞喜縣東二十里。

武安侯新欲用事為相，卑下賓客㈠，進名士家居者貴之㈡，欲以傾魏其諸將相㈢。建元元年，丞相綰病免，上議置丞相、太尉。籍福說武安侯曰：「魏其貴久矣，天下士素歸之。今將軍初興，未如魏其，即上以將軍為丞相㈣，必讓魏其。魏其為丞相，將軍必為太尉。太尉、丞相尊等耳㈤，又有讓賢名。」武安侯乃微言太后風上㈥，於是乃以魏其侯為丞相，武安侯為太尉。

籍福賀魏其侯，因弔曰：「君侯資性喜善疾惡㊆，方今善人譽君侯，故至丞相；然君侯且疾惡，惡人眾，亦且毀君侯。君侯能兼容㊇，則幸久；不能，今以毀去矣。」魏其不聽。

【註】㊀謙恭下士，對賓客以卑下自處。㊁推舉知名之士而隱居於家者，使之尊貴。㊂傾：壓倒。㊃即：如果。㊄太尉與丞相是同等的地位。㊅風：不明言而暗示。㊆嫉惡惡人。㊇善惡兼容，不要太嫉惡。

魏其、武安俱好儒術，推轂趙綰為御史大夫㊀，王臧為郎中令。迎魯申公，欲設明堂，令列侯就國㊁，除關㊂，以禮為服制㊃，以興太平。舉適諸竇宗室毋節行者，除其屬籍㊄。時諸外家為列侯，列侯多尚公主，皆不欲就國㊅，以故毀日至竇太后。太后好黃老之言，而魏其、武安、趙綰、王臧等務隆推儒術，貶道家言，是以竇太后滋不說魏其等。及建元二年，御史大夫趙綰請無奏事東宮。竇太后大怒，乃罷逐趙綰、王臧等，而免丞相、太尉㊆。以柏至侯許昌為丞相，武彊侯莊青翟為御史大夫。魏其、武安由此以侯家居。

【註】㈠推轂：極力推薦，如為之推車而使前進也。㈡令列侯各到其封國，不得在京城。㈢除去關門之稅。㈣遵守禮儀而定服制。㈤適音謫（ㄓㄜˊ），檢舉，舉發。檢舉諸竇宗室之中沒有品節之人，開除其屬籍。㈥外戚之家，多為列侯，列侯多半都是娶公主作太太，大家都想住在京城，不願到自己的封國去。尚：娶也。㈦竇太后喜歡黃老之言，而丞相、太尉、御史大夫等喜歡儒家之言，貶毀黃老之言，所以竇太后更其不悅魏其等。恰好御史大夫趙綰建議不要奏聞國事於竇太后，太后大怒，逼得趙綰、王臧自殺，免除丞相和太尉之官。這是中國思想史上一件政治鬥爭。

武安侯雖不任職，以王太后故，親幸，數言事多效，天下吏士趨勢利者，皆去魏其歸武安。武安日益橫。建元六年，竇太后崩，丞相昌、御史大夫青翟坐喪事不辦，免。以武安侯蚡為丞相，以大司農韓安國為御史大夫。天下士郡諸侯愈益附武安㈠。

【註】㈠士：即「仕」，謂天下之仕於諸郡及仕於諸侯王國者，越發趨附武安君。

武安者，貌侵㈠，生貴甚㈡。又以為諸侯王多長㈢，上初即位，富於春秋㊃，蚡以肺腑為京師相㊄，非痛折節以禮詘之㊅，天下不肅㊆。當是時，丞相入奏事，坐語移日㊇，所言皆聽。薦人或起家至二千石，權移主上㊈。上乃曰：「君除吏已盡未？吾亦欲除吏㊉。」嘗請考工地益宅，上怒曰：「君何不遂取武庫⑪！」是後乃退。嘗召客飲，坐其兄蓋侯南鄉⑫，自坐東鄉，以為漢相尊，不可以兄故私橈⑬。武安由此滋驕，治宅甲諸第⑭。田園極膏腴，而市買郡縣器物相屬於道⑮。前堂羅鍾鼓，立曲旃⑯；後房婦女以百數。諸侯奉金玉狗馬玩好，不可勝數。

【註】㊀相貌醜惡。㊁生：生性也。貴：自尊心。言其貌雖不揚而自尊心則甚大。㊂長，年長，年老。㊃年事尚幼。㊄肺腑：心腹，言親戚關係之密切而重要。㊅折節：有兩種相反的解釋，一種是折自己的節，這就是「折節下士」；一種是折他人的節，這就是「折節詘士」。武安侯自尊心甚強，惟恐怕年長的諸侯王們看不起他，所以要痛痛快快的對他們加以打擊（折節），而以禮法屈服之。㊆否則，天下不會敬服他。㊇移日：日影遷移，言其時間之久。㊈移：在這裡，「移」字又作「大」字講，「權移主上」，言其權大於主上也。㊉武安侯權太大，惹得漢武帝不耐煩，有一次，說道：「你推薦的官吏有個完沒有？我也想推薦幾個官吏哩！」⑪有一次，武安侯請求考工署之地

擴充私宅，漢武帝大怒的說：「你為什麼不乾脆把武庫都佔了呢？」㊂坐：安排。蓋侯：王后之兄，名信，封於山東之蓋縣。南鄉：南向以坐。㊂橈：音鬧（ㄋㄠˋ），枉曲，破壞。㊃建造住宅豪華高大，在一切王公住宅之上（甲等）。㊄繼續不斷的相連於道路。㊅旃：音占（ㄓㄢ），旗名，通帛曰「旃」，武安侯之旗曲旃，柄上曲，即是僭越禮制。

魏其失竇太后，益疏不用，無勢，諸客稍稍自引而怠傲㊀，唯灌將軍獨不失故。魏其日默默不得志㊁，而獨厚遇灌將軍。

【註】㊀引：退却。㊁默默：沉默少言，不得志的樣子。

灌將軍夫者，潁陰人也㊀。夫父張孟，嘗為潁陰侯嬰舍人，得幸，因進之至二千石，故蒙㊁灌氏姓為灌孟。吳楚反時，潁陰侯灌何為將軍，屬太尉，請灌孟為校尉。夫以千人與父俱。灌孟年老，潁陰侯彊請之，鬱鬱不得意，故戰常陷堅，遂死吳軍中。軍法，父子俱從軍，有死事，得與喪歸。灌夫不肯隨喪歸，奮曰：「願取吳王若㊂將軍頭，以報父之仇。」於是灌夫被甲持戟，募軍中壯士所善㊃願從者數十人。及出壁門，莫敢前。獨二人及從奴十數騎馳入吳軍，至吳將麾下㈤，所殺傷數十人。不得前，復馳還，走入漢壁，皆亡其奴，獨與一騎歸。夫身中大創十餘，適有萬金良藥，故得無死。夫創少瘳㈥，又復請將軍曰：「吾益知吳壁中曲折㈦，請復往。」將軍壯義之，恐亡夫，乃言太尉，太尉乃固止之。吳已破，灌夫以此名聞天下。

【註】㈠潁陰：今河南許昌縣。㈡蒙：冒。㈢若：及。㈣所善：平素感情接近者。㈤麾：大將之旗。㈥瘳：愈也。㈦曲折：曲曲折折的內幕實情。

潁陰侯言之上，上以夫為中郎將。數月，坐法去。後家居長安，長安中諸公莫弗稱之。孝景時，至代相。孝景崩，今上初即位，以為淮陽天下交㈠，勁兵處，故徙夫為淮陽太守。建元元年，入為太僕。二年，夫與長樂衛尉竇甫飲，輕重不得㈡，夫醉，搏甫㈢。甫，竇太后昆弟也。上恐太后誅夫，徙為燕相。數歲，坐法去官，家居長安。

【註】㈠交：四通八達之地。㈡飲酒輕重不得其平。㈢搏：打。

灌夫為人剛直使酒，不好面諛。貴戚諸有勢在己之右，不欲加禮，必陵之㈠；諸士在己之左，愈貧賤，尤益敬，與鈞㈡。稠人廣眾，薦寵下輩。士亦以此多之。

夫不喜文學，好任俠，已然諾㈢。諸所與交通，無非豪桀大猾㈣。家累數千萬，食客日數十百人。陂池田園，宗族賓客為權利，橫於潁川㈤。潁川兒乃歌之曰：「潁水清，灌氏寧；潁水濁，灌氏族㈥。」

【註】㈠貴戚有權勢在己之上者，他偏不加禮，甚而必陵辱之。㈡一般人地位在他之下者，越是貧賤，他待之越是恭敬，與之平等（鈞，均）相處。㈢已經允諾的話，必然兌現。㈣猾：音滑（ㄏㄨㄚˊ），狡黠之人。㈤橫行霸道。㈥族：滅族之禍。

灌夫家居雖富，然失勢，卿相侍中賓客益衰。及魏其侯失勢，亦欲倚灌夫引繩批根生平慕之後弃之者㈠。灌夫亦倚魏其而通列侯宗室為名高。兩人相為引重㈡，其游如父子然。相得驩甚，無厭，恨相知晚也。

【註】㈠灌夫是在魏其侯失勢的時候，與魏其侯相接近，而一般現實主義之人，是在他得勢的時候，一窩蜂兒趨附他，到了他失勢的時候，都棄他而去了。現在魏其侯與灌夫相交友，就想著以灌夫為繩墨，而與那些見其得勢則慕之，見其失勢則棄之的人斷絕關係（批根）。㈡兩人互相推重捧場。

灌夫有服㈠，過丞相。丞相從容曰：「吾欲與仲孺過魏其侯㈡，會仲孺有服。」灌夫曰：「將軍乃肯幸臨況㈢魏其侯，夫安敢以服為解！請語魏其侯帳具㈣，將軍旦日蚤臨。」武安許諾。灌夫具語魏其侯如所謂武安侯。魏其與其夫人益市牛酒㈤，夜灑埽，早帳具至旦。平明，令門下候伺。至日中，丞相不來。魏其謂灌夫曰：「丞相豈忘之哉？」灌夫不懌㈥，曰：「夫以服請，宜往。」乃駕，自往迎丞相。丞相特前戲許灌夫，殊無意往。及夫至門，丞相尚臥。於是夫入見，曰：「將軍昨日幸許過魏其，魏其夫妻治具，自旦至今，未敢嘗食。」武安鄂㈦謝曰：「吾昨日醉，忽忘與仲孺言。」乃駕往，又徐行，灌夫愈益怒。及飲酒酣，夫起舞屬丞相㈧，丞相不起，夫從坐上語侵之。魏其乃扶灌夫去，謝丞相。丞相卒飲至夜，極驩而去。

【註】㊀喪服。㊁仲孺：灌夫之字。㊂況：拜訪。㊃帳具：準備酒席。㊄市：買。㊅不喜悅。㊆鄂：同「愕」，驚也。㊇屬：囑咐丞相亦起舞。

丞相嘗使籍福請魏其城南田。魏其大望曰：「老僕雖弃，將軍雖貴，寧可以勢奪乎！」不許。灌夫聞，怒，罵籍福。籍福惡兩人有郄㊀，乃謾自好謝丞相曰：「魏其老且死，易忍，且待之。」已而武安聞魏其、灌夫實怒不予田，亦怒曰：「魏其子嘗殺人，蚡活之。蚡事魏其無所不可，何愛數頃田？且灌夫何與也㊁？吾不敢復求田。」武安由此大怨灌夫、魏其。

【註】㊀郄：同「隙」，仇怨。㊁這事與灌夫有什麼關係呢？他何必參與阻撓呢？

元光四年春，丞相言灌夫家在潁川，橫甚，民苦之。請案。上曰：「此丞相事，何請。」灌夫亦持丞相陰事㊀，為姦利，受淮南王金與語言。賓客居間，遂止，俱解㊁。

【註】㊀陰事：不可告人言的陰私之事。㊁朋友從中調停，於是雙方和解。

夏，丞相取燕王女為夫人，有太后詔，召列侯宗室皆往賀。魏其侯過灌夫，欲與俱。夫謝曰：「夫數以酒失得過丞相，丞相今者又與夫有郤。」魏其曰：「事已解。」彊與俱㊀。飲酒酣，武安起為壽㊁，坐皆避席伏。已魏其侯為壽，獨故人避席耳，餘半膝席。灌夫不悅㊂。起行酒，至武安，武安膝席曰：「不能滿觴㊃。」夫怒，因嘻笑曰：「將軍貴人也，屬之！」時武安不肯㊄。行酒次至臨汝侯，臨汝侯方與程不識耳語，又不避席。夫無所發怒，乃罵臨汝侯曰：「生平毀程不識不直一錢，今日長者為壽，乃效女兒呫囁耳語㊅！」武安謂灌夫曰：「程李俱東西宮衞尉，今眾辱程將軍，仲孺獨不為李將軍地乎？」㊆灌夫曰：「今日斬頭陷匈，何知程李乎㊇！」坐乃起更衣，稍稍去㊈。魏其侯去，麾灌夫出。武安遂怒曰：「此吾驕灌夫罪。」乃令騎留灌夫。灌夫欲出不得㊉。籍福起為謝，案灌夫項令謝⑪。夫愈怒，不肯謝⑫。武安乃麾騎縛夫置傳舍，召長史曰：「今日召宗室，有詔。」劾灌夫罵坐不敬，繫居室⑬。遂按其前事，遣吏分曹逐捕諸灌氏支屬，皆得弃市罪㊃。魏其侯大媿，為資使賓客請，莫能解。武安吏皆為耳目，諸灌氏皆亡匿，夫繫，遂不得告言武安陰事。

【註】㈠魏其侯強勉灌夫同去參加武安侯的喜宴。㈡武安侯起來為大家敬酒，全座之人皆起立回敬。㈢既而魏其侯為大家敬酒，只有少數的老朋友起立回敬，其餘的人都沒有起立，只是以膝跪席。灌夫已經是不高興了。㈣既而灌夫為大家敬酒的時候，敬到武安侯，武安侯也不起立，只是說：「不能喝滿杯」。㈤灌夫怒，因而開玩笑的說：「將軍是貴人，一定要乾杯！」但是武安侯不肯。㈥灌夫繼續行酒，行到臨汝侯（灌嬰之孫灌賢），臨汝侯正在與程不識耳語，也不起立，灌夫一肚子怒火無所發洩，乃罵臨汝侯道：「平常你罵程不識一文錢不值，今日長者為你敬酒，乃效女兒之流附耳小語（呫囁）！」㈦武安侯是主人，眼看事情鬧砸了，便勸灌夫道：「程、李（李廣）都是東西宮的衛尉，今天你當眾侮辱程將軍，難道就不為李將軍留點面子嗎？」㈧灌夫說道：「今日斬頭穿胸都可以，那裡還知道程李呢！」㈨場面越來越惡化了，於是客人們就起而更衣，慢慢的都溜走了。㈩武安侯怒曰：「這是我驕慣灌夫之罪」，乃令騎士把灌夫留下不准其走。⑪籍福起來替灌夫陪謝不是，又按住灌夫的脖頸叫他向武安侯道歉。⑫灌夫更怒，不肯謝罪。⑬武安侯就令騎士把灌夫綑起來，劾舉灌夫罵坐不敬，繫押於居室（獄名）。⑭遂按其以前犯罪之事，派人分批逮捕諸灌氏支屬，皆

判以棄市之罪。

魏其銳身為救灌夫㊀。夫人諫魏其曰：「灌將軍得罪丞相，與太后家忤㊁，寧可救邪？」魏其侯曰：「侯自我得之，自我捐之，無所恨㊂。且終不令灌仲孺獨死，嬰獨生。」乃匿其家㊃，竊出上書。立召入，具言灌夫醉飽事，不足誅。上然之，賜魏其食，曰：「東朝廷辯之㊄。」

【註】㊀銳身：挺身而出。㊁忤：衝突，相反對。㊂這個侯爵，從我手裏得到，再從我手裏丟掉，沒有一點的恨惜！㊃隱瞞其家，不使夫人知其行動。㊄東朝：太后處也。

魏其之東朝，盛推灌夫之善，言其醉飽得過，乃丞相以他事誣罪之。武安又盛毀灌夫所為橫恣，罪逆不道。魏其度不可柰何，因言丞相短。武安曰：「天下幸而安樂無事，蚡得為肺腑，所好音樂狗馬田宅。蚡所愛倡優巧匠之屬，不如魏其、灌夫日夜招聚天下豪桀壯士與論議，腹誹而心謗，不仰視天而俯畫地㊀，辟倪兩宮閒㊁，幸天下有變，而欲有大功㊂。臣乃不知魏其等所為。」於是上問朝臣：「兩人孰是？」御史大夫韓安國曰：「魏其言灌夫父死事，身荷戟馳入不測之吳軍，身被數十創，名冠三軍，此天下壯士，非有大惡，爭杯酒，不足引他過以誅也。魏其言是也。丞相亦言灌夫通姦猾，侵細民，家累巨萬，橫恣潁川，淩轢宗室㈣，侵犯骨肉，此所謂『枝大於本，脛大於股，不折必披』㈤，丞相言亦是。唯明主裁之。」主爵都尉汲黯是魏其。內史鄭當時是魏其，後不敢堅對。餘皆莫敢對。上怒內史曰：「公平生數言魏其、武安長短，今日廷論，局趣效轅下駒㈥，吾并斬若屬矣㈦。」即罷起入，上食太后。太后亦已使人候伺，具以告太后。太后怒，不食，曰：「今我在也，而人皆藉吾弟㈧，令我百歲後，皆魚肉之矣㈨。且帝寧能為石人邪㈩！此特帝在，即錄錄㈡，設百歲後，是屬寧有可信者乎？」上謝曰：「俱宗室外家，故廷辯之。不然，此一獄吏所決耳。」是時郎中令石建為上分別言兩人事。

【註】㈠仰天長歎，言其牢騷。俯首畫地，言欲造反。㈡辟倪：即「睥睨」，邪目而視兩宮，言其

憎恨兩宮。㊂幸災樂禍，希望天下有變亂。㊃淩轢：欺壓。轢，音歷（ㄌㄧˋ）。㊄枝梢大於根幹，小腿粗於大腿，如果不加以折斷，必然使根本毀裂。㊅局趣：即「跼促」，恐懼不安的樣子。轅下駒：俛頭於車轅下，不敢抬頭，只知隨母而已。㊆我要把你們一齊斬了。㊇藉：踐踏（ㄔㄚˇ），蹧蹋。㊈假如我死了之後，人們都要以他為魚與肉而吃掉他了。㊉帝難道能當石頭人嗎？㈡錄錄：依違兩可，無所短長。

武安已罷朝，出止車門，召韓御史大夫載，怒曰：「與長孺共一老禿翁㈠，何為首鼠兩端㈡？」韓御史良久謂丞相曰：「君何不自喜？夫魏其毀君，君當免冠解印綬歸，曰『臣以肺腑幸得待罪，固非其任，魏其言皆是』。如此，上必多君有讓㈢，不廢君。魏其必內愧，杜門齰舌自殺㈣。今人毀君，君亦毀人，譬如賈豎女子爭言，何其無大體也㈤！」武安謝罪曰：「爭時急，不知出此。」

【註】㈠老禿翁，指竇嬰也。㈡首鼠兩端：一前一却，無所適從。㈢多：贊美。㈣杜門：閉門。齰：音挫（ㄘㄨㄛˋ），咬其舌也。㈤婦女吵架似的。

於是上使御史簿責魏其所言灌夫，頗不讎㈠，欺謾。劾繫都司空㈡。孝景時，魏其常受遺詔，曰「事有不便，以便宜論上。」及繫，灌夫罪至族，事日急，諸公莫敢復明言於上。魏其乃使昆弟子上書言之，幸得復召見。書奏上，而案尚書大行無遺詔㈢。詔書獨藏魏其家，家丞封㈣。乃劾魏其矯先帝詔，罪當弃市。五年十月，悉論灌夫及家屬。魏其良久乃聞，聞即恚㈤，病痱㈥，不食欲死。或聞上無意殺魏其，魏其復食，治病，議定不死矣。乃有蜚語為惡言聞上㈦，故以十二月晦㈧論弃市渭城㈨。

【註】㈠不讎：不實在，不相對應，不合當。㈡劾繫：劾其罪而拘囚之。都司空：主詔獄。㈢大行：言皇帝初死之時。㈣以家臣印封遺詔。㈤恚：音會（ㄏㄨㄟˋ），憤怒。㈥痱：音費（ㄈㄟˋ），瘋病。㈦蜚語：飛揚誹謗之語。乃武安侯所捏造以置魏其於死。蜚，同「飛」。㈧十二月晦者，春將至而未至之時，如至春，則可能有遇赦之望，故於春未至之時殺之。此皆武安侯之計也。㈨故咸陽城。

其春，武安侯病，專呼服謝罪㈠。使巫視鬼者視之，見魏其、灌夫共守，欲殺之。竟死㈡。子恬嗣。元朔三年，武安侯坐衣襜褕㊂入宮，不敬㊃。

【註】㊀自呼其有罪。㊁使巫人視之，見有兩鬼要殺武安侯。兩鬼，即魏其、灌夫也。結果，武安侯竟然以此而死了。㊂襜褕：若婦人之衣，非朝服。襜：音攙（ㄔㄢ），短衣。褕：音俞（ㄩˊ）。㊃犯「不敬」之罪而國除。

淮南王安謀反覺，治。王前朝，武安侯為太尉，時迎王至霸上，謂王曰：「上未有太子，大王最賢，高祖孫，即宮車晏駕㊀，非大王立當誰哉！」淮南王大喜，厚遺金財物。上自魏其事不直武安㊁，特為太后故耳㊂。及聞淮南王金事，上曰：「使武安侯在者，族矣㊃。」

【註】㊀即：如果。㊁武帝以魏其、灌夫事冤枉，不以武安侯為直。㊂不過因為太后的原故，所以未懲辦武安侯。㊃武帝說：「假使武安侯現在還活著，就要族滅他了。」

太史公曰：魏其、武安皆以外戚重，灌夫用一時決筴而名顯㊀。魏其之舉以吳楚，武安之貴在日月之際。然魏其誠不知時變，灌夫無術而不遜，兩人相翼㊁，乃成禍亂。武安負貴而好權，杯酒責望，陷彼兩賢。嗚呼哀哉！遷怒及人，命亦不延。眾庶不載，竟被惡言㊂。嗚呼哀哉！禍所從來矣！

【註】㊀決筴：即「決策」。㊁相翼：互相幫助。㊂灌夫的賓客，在潁川橫行霸道，所以為眾民所不滿意（載），而灌夫終於受了惡言。

卷一百零八　韓長孺列傳第四十八

御史大夫韓安國者，梁成安人也㊀。後徙睢陽㊁。嘗受韓子、雜家說於騶田生所㊂。事梁孝王為中大夫。吳楚反時，孝王使安國及張羽為將，扞㊃吳兵於東界。張羽力戰，安國持重，以故吳不能過梁。吳楚已破，安國、張羽名由此顯。

【註】㊀成安：今河南陳留縣。㊁睢陽：在今河南商邱縣南。㊂騶縣之田生。㊃扞：抵禦。

梁孝王，景帝母弟，竇太后愛之，令得自請置相、二千石，出入遊戲，僭於天子㊀。天子聞之，心弗善也。太后知帝不善㊁，乃怒梁使者，弗見，案責王所為㊂。韓安國為梁使，見大長公主㊃而泣曰：「何梁王為人子之孝，為人臣之忠，而太后曾弗省也㊄？夫前日吳、楚、齊、趙七國反時，自關以東皆合從西鄉㊅，惟梁最親為艱難。梁王念太后、帝在中㊆，而諸侯擾亂，一言泣數行下，跪送臣等六人，將兵擊卻吳楚，吳楚以故兵不敢西，而卒破亡，梁王之力也。今太后以小節苛禮㈧責望梁王。梁王父兄皆帝王，所見者大，故出稱蹕，入言警，車旗皆帝所賜也，即欲以侘鄙縣㈨，驅馳國中，以夸諸侯，令天下盡知太后、帝愛之也。今梁使來，輒案責之。梁王恐，日夜涕泣思慕，不知所為。何梁王之為子孝，為臣忠，而太后弗恤也㈩？」大長公主具以告太后㈡，太后喜曰：「為言之帝。」言之，帝心乃解，而免冠謝太后曰：「兄弟不能相教，乃為太后遺憂。」悉見梁使，厚賜之。其後梁王益親驩。太后、長公主更賜安國可直千餘金㈢。名由此顯，結於漢。

【註】㈠僭：超越其本有之地位而比擬於天子。㈡心中不以為善。㈢查辦王的行為。㈣景帝之姊。㈤不察視。㈥鄉：向。㈦在京中。㈧苛細之禮。㈨侘：音詑（ㄔㄚˋ），誇耀。以誇耀於偏僻的小縣。㈩恤：可憐。㈡具：同「俱」。㈢直：同「值」。

其後安國坐法抵罪㈠，蒙㈡獄吏田甲辱安國。安國曰：「死灰獨不復然乎㈢？」田甲曰：「然即溺之㈣。」居無何㈤，梁內史缺，漢使使者拜安國為梁內史，起徒中為二千石㊅。田甲亡走。安國曰：「甲不就官，我滅而宗㊆。」甲因肉袒謝。安國笑曰：「可溺矣！公等足與治乎㊇？」卒善遇之。

【註】㊀抵罪：當受罪刑。㊁蒙：縣名。屬梁國。㊂然：同「燃」。㊃溺：以尿或水灑之。㊄居無何：沒有多久的時間。㊅起於刑徒之中而為二千石。㊆田甲如果不就官位，我便滅了你的宗族。㊇而：同「爾」。㊇你可以灑尿了！像你等值得我「修理」（治）嗎？

梁內史之缺也，孝王新得齊人公孫詭，說之㊀，欲請以為內史。竇太后聞，乃詔王以安國為內史。

【註】㊀說：即「悅」。

公孫詭、羊勝說孝王求為帝太子及益地事，恐漢大臣不聽，乃陰使人刺漢用事謀臣。及殺故吳相袁盎，景帝遂聞詭、勝等計畫，乃遣使捕詭、勝，必得。漢使十輩至梁，相以下舉國大索㊀，月餘不得。內史安國聞詭、勝匿孝王所，安國入見王而泣曰：「主辱臣死㊁。大王無良臣，故事紛紛至此。今詭、勝不得，請辭賜死。」王曰：「何至此？」安國泣數行下，曰：「大王自度於皇帝，孰與太上皇之與高皇帝及皇帝之與臨江王親？」孝王曰：「弗如也。」安國曰：「夫太上、臨江親父子之閒，然而高帝曰『提三尺劍取天下者，朕也』，故太上皇終不得制事，居于櫟陽。臨江王，適長太子也㊂，以一言過，廢王臨江㊃；用宮垣事㊄，卒自殺中尉府。何者？治天下終不以私亂公。語曰：『雖有親父，安知其不為虎？雖有親兄，安知其不為狼？』㊅今大王列在諸侯，悅一邪臣浮說，犯上禁，橈明法㊆。天子以太后故，不忍致法於王。太后日夜涕泣，幸大王自改，而大王終不覺寤。有如太后宮車即晏駕㊇，大王尚誰攀乎？」語未卒，孝王泣數行下，謝安國曰：「吾今出詭、勝。」詭、勝自殺。漢使還報，梁事皆得釋，安國之力也。於是景帝、太后益重安國。孝王卒，共王即位，安國坐法失官，居家。

【註】㊀索：搜查。㊁主上受辱，則臣下以死報之。㊂適：同「嫡」。㊃師古曰：「景帝嘗屬諸

姬子，太子母栗姬，言不遜，由是廢太子，栗姬憂死。」㈤用：因也。㈥言恩愛不可必保。㈧橈：彎曲，破壞。㈧有如：萬一。

建元中，武安侯田蚡為漢太尉，親貴用事，安國以五百金物遺蚡。蚡言安國太后，天子亦素聞其賢，即召以為北地都尉，遷為大司農。閩越㈠、東越相攻㈡，安國及大行王恢將。未至越，越殺其王降，漢兵亦罷。建元六年，武安侯為丞相，安國為御史大夫。

【註】㈠閩越：福建之福州。㈡東越：浙江之溫州。

匈奴來請和親，天子下議。大行王恢，燕人也，數為邊吏，習知胡事。議曰：「漢與匈奴和親，率不過數歲即復倍約㈠。不如勿許，興兵擊之。」安國曰：「千里而戰，兵不獲利。今匈奴負戎馬之足，懷禽獸之心，遷徙鳥舉，難得而制也。得其地不足以為廣，有其眾不足以為彊，自上古不屬為人㈡。漢數千里爭利，則人馬罷，虜以全制其敝。且彊弩之極，矢不能穿魯縞㈢；

衝風之末，力不能漂鴻毛。非初不勁，末力衰也。擊之不便，不如和親。」羣臣議者多附安國，於是上許和親。

【註】㈠倍約：背約。㈡不以人看待。㈢魯縞：最薄之物。

其明年，則元光元年，雁門馬邑豪㈠聶翁壹因大行王恢言上曰：「匈奴初和親，親信邊，可誘以利。」陰使聶翁壹為閒，亡入匈奴，謂單于曰：「吾能斬馬邑令丞吏，以城降，財物可盡得。」單于愛信之，以為然，許聶翁壹。聶翁壹乃還，詐斬死罪囚，縣其頭馬邑城，示單于使者為信㈡。曰：「馬邑長吏已死，可急來。」於是單于穿塞㈢將十餘萬騎㈣，入武州塞㈤。

【註】㈠豪：地方首領。㈡信號。㈢穿塞：打通邊塞的防禦物。㈣將：率領。㈤武州塞：在雁門關。

當是時，漢伏兵車騎材官三十餘萬，匿馬邑旁谷中㈠。衛尉李廣為驍騎將軍㈡，太僕公孫賀為輕車將軍㈢，大行王恢為將屯將軍㈣，太中大夫李息為材官將軍㈤。御史大夫韓安國為護軍將軍，諸將皆屬護軍。約單于入馬邑而漢兵縱發。王恢、李息、李廣別從代主擊其輜重。於是單于入漢長城武州塞。未至馬邑百餘里，行掠鹵，徒見畜牧於野，不見一人。單于怪之，攻烽燧㈥，得武州尉史。欲刺問尉史。尉史曰：「漢兵數十萬伏馬邑下。」單于顧謂左右曰：「幾為漢所賣㈦！」乃引兵還。出塞，曰：「吾得尉史，乃天也。」命尉史為「天王」。塞下傳言單于已引去。漢兵追至塞，度弗及，即罷。王恢等兵三萬，聞單于不與漢合，度往擊輜重，必與單于精兵戰，漢兵勢必敗，則以便宜罷兵，皆無功。

【註】㈠漢兵埋伏於馬邑之旁的山谷之中有三十餘萬。㈡驍：勇健的。㈢輕車：古之戰車。㈣將屯：監主諸屯。㈤材官：騎射之官。㈥烽燧：古時戍守，作高土臺，臺上作桔皋，皋頭有兜零，置薪草於其內，常低之，有寇來，即燃而舉高以報警。㈦幾乎上了漢家的當。

天子怒王恢不出擊單于輜重，擅引兵罷也。恢曰：「始約虜入馬邑城，兵與單于接，而臣擊其輜重，可得利。今單于聞，不至而還，臣以三萬人眾不敵，禔取辱耳㈠。臣固知還而斬，然得完陛下士三萬人。」於是下恢廷尉。廷尉當恢逗橈，當斬㈡。恢私行千金丞相蚡。蚡不敢言上，而言於太后曰：「王恢首造馬邑事，今不成而誅恢，是為匈奴報仇也。」上朝太后，太后以丞相言告上。上曰：「首為馬邑事者，恢也，故發天下兵數十萬，從其言，為此。且縱單于不可得，恢所部擊其輜重，猶頗可得，以慰士大夫心。今不誅恢，無以謝天下。」於是恢聞之，乃自殺。

【註】㈠禔：同「祇」，徒徒的。㈡當恢逗橈：判處王恢以逗留不前，曲違軍法。

安國為人多大略，智足以當世取合，而出於忠厚焉㈠。貪嗜於財。所推舉皆廉士，賢於己者也。於梁舉壺遂、臧固、郅他，皆天下名士，士亦以此稱慕之，唯天子以為國器。安國為御史大夫四歲餘，丞相田蚡死，安國行丞相事，奉引墮車蹇㈡。天子議置相，欲用安國，使使視之，蹇甚，乃更以平棘侯薛澤為丞相。安國病免數月，蹇愈，上復以安國為中尉。歲餘，徙為衛尉。

【註】㈠有智略而不害人，存心忠厚。㈡為天子導引而墮於車下，於是跛了足（蹇）。

車騎將軍衛青擊匈奴，出上谷，破胡蘢城㈠。將軍李廣為匈奴所得，復失之；公孫敖大亡卒㈡：皆當斬，贖為庶人。明年，匈奴大入邊，殺遼西太守，及入鴈門，所殺略數千人。車騎將軍衛青擊之，出鴈門。衛尉安國為材官將軍，屯於漁陽㈢。安國捕生虜，言匈奴遠去。即上書言方田作時，請且罷軍屯。罷軍屯月餘，匈奴大入上谷、漁陽。安國壁乃有七百餘人，出與戰，不勝，復入壁。匈奴虜略千餘人及畜產而去。天子聞之，怒，使使責讓安國。徙安國益東，屯右北平㈣。是時匈奴虜言當入東方。

【註】㈠蘢城：即龍城，匈奴諸長大會祭天之處，不知其實際地點。㈡兵士大大的死亡。㈢漁陽：在河北密雲縣西南。㈣右北平：漁陽縣東南七十七里北平城，即漢之右北平也。

安國始為御史大夫及護軍，後稍斥疏，下遷；而新幸壯將軍衞青等有功㈠，益貴。安國既疏遠，默默也；將屯又為匈奴所欺，失亡多，甚自愧。幸得罷歸，乃益東徙屯，意忽忽不樂㈡。數月，病歐血死㈢。安國以元朔二年中卒。

【註】㈠新得幸的少壯軍人。㈡忽忽：中心無主，失意落魄的樣子。㈢歐血：即嘔血。吐血。

太史公曰：餘與壺遂定律曆，觀韓長孺之義，壺遂之深中隱厚。世之言梁多長者，不虛哉！壺遂官至詹事㈠，天子方倚以為漢相，會遂卒。不然，壺遂之內廉行脩，斯鞠躬君子也。

【註】㈠詹事：主管皇后太子家務。

卷一百零九　李將軍列傳第四十九

李將軍廣者，隴西成紀人也㊀。其先曰李信，秦時為將，逐得燕太子丹者也。故槐里，徙成紀。廣家世世受射㊁。孝文帝十四年，匈奴大入蕭關㊂，而廣以良家子㊃從軍擊胡，用善騎射，殺首虜多，為漢中郎。廣從弟李蔡亦為郎，皆為武騎常侍㊄，秩八百石。嘗從行，有所衝陷折關，及格猛獸㊅，而文帝曰：「惜乎，子不遇時！如令子當高帝時，萬戶侯豈足道哉！」

【註】㊀成紀：故城在今甘肅泰安縣北。㊁世世受射法。㊂蕭關：在甘肅固原縣東南，為關中四關之一，襟帶西涼，咽喉靈武，北面之險也。㊃良家子：清白人家之子弟。如淳云：「非醫、巫、商賈、百工也。」用：因為。㊄為郎而補武騎常侍。㊅格：格鬥。

及孝景初立，廣為隴西都尉，徙為騎郎將。吳楚軍時，廣為驍騎都尉，從太尉亞夫擊吳楚軍，取旗，顯功名昌邑下㊀。以梁王授廣將軍印，還，賞不行。徙為上谷太守㊁，匈奴日以合戰。典屬國公孫昆邪㊂為上泣曰：「李廣才氣，天下無雙，自負其能，數與虜敵戰，恐亡之。」於是乃徙為上郡太守㊃。後廣轉為邊郡太守，徙上郡。嘗為隴西、北地、鴈門、代郡、雲中太守，皆以力戰為名㊄。

【註】㊀昌邑：故城在山東金鄉縣西北。㊁上谷：河北懷來縣。㊂典屬國：官名，主管蠻夷之來降者。公孫，姓。昆邪，名。㊃上郡：郡名，為陝西榆林道及內蒙古鄂爾多斯左翼之地，治膚施，在今陝西綏德縣。㊄李廣擔任之上谷、上郡、雲中、鴈門、代郡、北地、隴西各地太守，包括今日之河北、察哈爾、綏遠、山西、陝西、甘肅數省鄰接匈奴之廣大地區，其捍衞國防之功勞，可見一斑，推為民族英雄，可謂無愧。

匈奴大入上郡㊀，天子使中貴人從廣㊁勒習兵擊匈奴。中貴人將騎數十縱㊂，見匈奴三人，與戰。三人還射，傷中貴人，殺其騎且盡。中貴人走廣。廣曰：「是必射雕者也。」廣乃遂從百騎往馳三人。三人亡馬步行，行數十里。廣令其騎張左右翼，而廣身自射彼三人者，殺其二人，生得一人，果匈奴射雕者也。已縛之上馬，望匈奴有數千騎，見廣，以為誘騎，皆驚，上山陳㊃。廣之百騎皆大恐，欲馳還走。廣曰：「吾去大軍數十里，今如此以百騎走，匈奴追射我立盡。今我留，匈奴必以我為大軍之誘，必不敢擊我。」廣令諸騎曰：「前！」前未到匈奴陳二里所，止，令曰：「皆下馬解鞍！」其騎曰：「虜多且近，即有急㊄，柰何？」廣曰：「彼虜以我為走，今皆解鞍以示不走，用堅其意。」於是胡騎遂不敢擊。有白馬將㊅出護其兵，李廣上馬與十餘騎犇射殺胡白馬將，而復還至其騎中，解鞍，令士皆縱馬臥。是時會暮，胡兵終怪之，不敢擊。夜半時，胡兵亦以為漢有伏軍於旁，欲夜取之，胡皆引兵而去。平旦，李廣乃歸其大軍。大軍不知廣所之，故弗從。

【註】㊀大舉進入上郡。㊁中貴人：內官之貴幸者。㊂縱：縱馬馳驅。㊃上山而擺開陣勢。㊄即：如果。㊅將之乘白馬者。

居久之，孝景崩，武帝立，左右以為廣名將也，於是廣以上郡太守為未央衛尉㊀，而程不識亦為長樂衛尉。程不識故與李廣俱以邊太守將軍屯。及出擊胡，而廣行無部伍行陳，就善水草屯，舍止，人人自便，不擊刀斗以自衛㊁，莫府㊂省約文書籍事，然亦遠斥候㊃，未嘗遇害。程不識正部曲行伍營陳，擊刀斗，士吏治軍簿至明，軍不得休息，然亦未嘗遇害。不識曰：「李廣軍極簡易，然虜卒犯之，無以禁也；而其士卒亦佚樂，咸樂為之死。我軍雖煩擾，然虜亦不得犯我。」是時漢邊郡李廣、程不識皆為名將，然匈奴畏李廣之略，士卒亦多樂從李廣而苦程不識。程不識孝景時以數直諫為太中大夫。為人廉，謹於文法。

【註】㊀衞尉：官名，秦置，為九卿之一，掌門衞屯兵。㊁刀斗：一作刁斗。古行軍用具，夜鳴之以警眾報時者，等於更鼓。孟康曰：「以銅作鐎器，受一斗，晝炊飯食，夜擊持行，名曰刀斗。」鐎（ㄐㄧㄠ）：音焦，溫器也。㊂幕府：凡將軍處理公務之所，謂之幕府者，以其行兵，舍於帷帳，故稱幕府。莫，即「幕」也。㊃斥候：偵探。

後漢以馬邑城誘單于，使大軍伏馬邑旁谷，而廣為驍騎將軍，領屬護軍將軍。是時單于覺之，去，漢軍皆無功。其後四歲，廣以衞尉為將軍，出鴈門擊匈奴。匈奴兵多，破敗廣軍，生得廣㊀。單于素聞廣賢，令曰：「得李廣必生致之。」胡騎得廣，廣時傷病，置廣兩馬閒，絡而盛臥㈡廣。行十餘里，廣詳死㈢，睨其旁有一胡兒騎善馬㈣，廣暫騰而上胡兒馬，因推墮兒，取其弓，鞭馬南馳數十里㈤，復得其餘軍，因引而入塞。匈奴捕者騎數百追之，廣行取胡兒弓，射殺追騎，以故得脫。於是至漢，漢下廣吏。吏當廣所失亡多，為虜所生得，當斬，贖為庶人㈥。

【註】㈠活捉了李廣。㈡在兩馬之間，用繩絡成兜子，使廣臥於其中。㈢詳：即「佯」，裝死。㈣斜眼一瞄（睨），旁邊有一個胡兒騎了一匹善走的馬。㈤李廣立刻騰身，一躍而騎於胡兒之馬上，把胡兒推下馬來，用鞭子打馬，速行數十里，得以歸其軍隊。㈥回來之後，交法官判罪，法官判（當）他喪失兵員甚多，且為虜所活捉，其罪當斬。後，出錢贖罪，免於一死而為庶人。

頃之，家居數歲。廣家與故潁陰侯孫㈠屏野，居藍田南山中射獵。嘗夜從一騎出，從人田閒飲。還至霸陵亭，霸陵尉醉，呵止廣。廣騎曰：「故李將軍㈡。」尉曰：「今將軍尚不得夜行，何乃故也㈢！」止廣宿亭下。居無何，匈奴入殺遼西太守，敗韓將軍，後韓將軍徙右北平。於是天子乃召拜廣為右北平太守。

廣即請霸陵尉與俱，至軍而斬之㈣。

【註】㈠潁陰侯灌嬰之孫，名強。㈡「昔日的李將軍。」㈢尉曰：「今日的將軍猶不得夜行，何必再提昔日的將軍呢？」㈣霸陵尉因酒醉而侮辱李廣，廣為右北平太守，請霸陵尉同往，到了軍中而斬之。從這一個故事而論，李廣之修養與度量，遠不及韓安國也。韓安國受一個小法官之辱，要以尿溺其頭，及韓安國東山再起，仍然使小法官供職如故，歡然相處，毫無報復之念頭，真可謂忠厚長者矣。

廣居右北平，匈奴聞之，號曰「漢之飛將軍」，避之數歲，不敢入右北平。

廣出獵，見草中石，以為虎而射之，中石沒鏃㈠，視之石也。因復更射之，終不能復入石矣㈡。廣所居郡聞有虎，嘗自射之。及居右北平射虎，虎騰傷廣，廣亦竟射殺之。

【註】㈠箭打中在石頭之內。㈡視之，知其為石，而再射之，終不能入。可見精神力之大。

廣廉，得賞賜輒分其麾下，飲食與士共之。終廣之身，為二千石四十餘年，家無餘財，終不言家產事。廣為人長，猨臂㈠，其善射亦天性也，雖其子孫他人學者，莫能及廣。廣訥口少言，與人居則畫地為軍陳，射闊狹以飲㈡。專以射為戲，竟死㈢。廣之將兵，乏絕之處，見水，士卒不盡飲，廣不近水，士卒不盡食，廣不嘗食。寬緩不苛，士以此愛樂為用。其射，見敵急，非在數十步之內，度不中不發㈣，發即應弦而倒。用此㈤，其將兵數困辱，其射猛獸亦為所傷云。

【註】㈠臂如猨，通肩。㈡以射為游戲，視射之闊狹以定勝負，負者則飲酒。㈢竟死：以至於死，常以射為戲也。㈣度：預先推斷。㈤用此：以此之故。

居頃之，石建卒，於是上召廣代建為郎中令。元朔六年，廣復為後將軍，從大將軍軍出定襄㈠，擊匈奴。諸將多中首虜率，以功為侯者㈡，而廣軍無功。後二歲，廣以郎中令將四千騎出右北平，博望侯張騫將萬騎與廣俱，異道。行可數百里，匈奴左賢王將四萬騎圍廣，廣軍士皆恐，廣乃使其子敢往馳之。敢獨與數十騎馳，直貫胡騎㈢，出其左右而還，告廣曰：「胡虜易與耳。」軍士乃安。廣為圜陳外嚮㊃，胡急擊之，矢下如雨。漢兵死者過半，漢矢且盡。廣乃令士持滿毋發㊄，而廣身自以大黃射其裨將㊅，殺數人，胡虜益解。會日暮，吏士皆無人色，而廣意氣自如，益治軍。軍中自是服其勇也。明日，復力戰，而博望侯軍亦至，匈奴軍乃解去。漢軍罷，弗能追。是時廣軍幾沒，罷歸。漢法，博望侯留遲後期，當死，贖為庶人。廣軍功自如，無賞。

【註】㊀定襄：山西右玉縣以北至綏遠道，及蒙古喀爾喀右翼四子部落之地，治成樂，即和休格爾縣。㊁率：即「律」，軍功封賞之科，著在法令者。諸將很多合乎首虜率之條件而封侯。能斬獲敵人首級若干，便是合律。㊂一直衝進了敵人的隊伍。㊃圓形的陣勢而向外。㊄注矢於弓弩，而引滿之，不發矢，以待敵人之至而後發之。㊅大黃：晉灼曰：「黃肩，即黃間也，大黃，其大者也。」服虔曰：「黃肩，弩也。」韋昭曰：「角弩，色黃而體大也。」

初，廣之從弟李蔡與廣俱事孝文帝。景帝時，蔡積功勞至二千石。孝武帝時，至代相。以元朔五年為輕車將軍，從大將軍擊右賢王，有功中率㈠，封為樂安侯。元狩二年中，代公孫弘為丞相。蔡為人在下中㈡，名聲出廣下甚遠，然廣不得爵邑，官不過九卿，而蔡為列侯，位至三公。諸廣之軍吏及士卒或取封侯。廣嘗與望氣㈢王朔燕語㈣，曰：「自漢擊匈奴而廣未嘗不在其中，而諸部校尉以下，才能不及中人，然以擊胡軍功取侯者數十人，而廣不為後人㈤，然無尺寸之功以得封邑者，何也？豈吾相不當侯邪？且固命也？」朔曰：「將軍自念，豈嘗有所恨乎？」廣曰：「吾嘗為隴西守，羌嘗反，吾誘而降，降者八百餘人，吾詐而同日殺之。至今大恨獨此耳。」朔曰：「禍莫大於殺已降，此乃將軍所以不得侯者也。」

【註】㈠合乎賞功之科律。㈡李蔡的人品在下中等，不及中等。㈢望氣：望雲氣以知徵兆也。望氣色以卜吉凶。㈣燕語：私下談話。㈤不在人後。

後二歲，大將軍、驃騎將軍大出擊匈奴，廣數自請行。天子以為老，弗許；良久乃許之，以為前將軍。是歲，元狩四年也。

廣既從大將軍青擊匈奴，既出塞，青捕虜知單于所居，乃自以精兵走之，而令廣并於右將軍㊀軍，出東道。東道少回遠，而大軍行水草少，其勢不屯行㊁。廣自請曰：「臣部為前將軍，今大將軍乃徙令臣出東道，且臣結髮而與匈奴戰，今乃一得當單于㊂，臣願居前，先死單于㊃。」大將軍青亦陰受上誡，以為李廣老，數奇㊄，毋令當單于，恐不得所欲。而是時公孫敖新失侯，為中將軍從大將軍，大將軍亦欲使敖與俱當單于，故徙前將軍廣。廣時知之，固自辭於大將軍。大將軍不聽，令長史封書與廣之莫府，曰：「急詣部，如書㊅。」廣不謝大將軍而起行，意甚慍怒而就部，引兵與右將軍食其合軍出東道。軍亡導，或失道，後大將軍㊆。大將軍與單于接戰，單于遁走，弗能得而還。南絕幕㊇，遇前將軍、右將軍。廣已見大將軍，還入軍。大將軍使長史持糒醪遺廣，因問廣、食其失道狀，「青欲上書報天子軍曲折㊈。」廣未對，大將軍使長史急責廣之幕府對簿㊉。廣曰：「諸校尉無罪，乃我自失道。吾今自上簿⑪。」

【註】㈠主爵趙食其為右將軍。㈡因為水草少，所以不能大軍屯集而行。㈢現在有這個當面對單于作戰的好機會。㈣我願意打前鋒，首先拚死命以取單于。㈤數奇：運氣不好。㈥趕快到部，照著文書之所指示者去作。㈦軍中沒有引路的人，有些就迷失了道路，走在大將軍之後。㈧絕：渡也，南歸而渡沙漠。㈨報告天子以作戰的曲折經過。（糒，音ㄅㄟˋ。醪，音ㄌㄠˊ。）㈩之：往大將軍的幕府。對簿：受審問。⑪我自己呈報我的罪狀。

至莫府㈠，廣謂其麾下曰：「廣結髮與匈奴大小七十餘戰，今幸從大將軍出接單于兵，而大將軍又徙廣部行回遠㈡，而又迷失道，豈非天哉！且廣年六十餘矣，終不能復對刀筆之吏㈢。」遂引刀自剄。廣軍士大夫一軍皆哭。百姓聞之，知與不知，無老壯皆為垂涕。而右將軍獨下吏，當死，贖為庶人。

【註】㈠到他自己的幕府（不是大將軍的幕府）。㈡回遠：曲折而遙遠。㈢刀筆之吏：軍法官一類的官員。

廣子三人，曰當戶、椒、敢，為郎。天子與韓嫣戲，嫣少不遜，當戶擊嫣，嫣走。於是天子以為勇。當戶早死，拜椒為代郡太守，皆先廣死。當戶有遺腹子名陵。廣死軍時，敢從驃騎將軍。廣死明年，李蔡以丞相坐侵孝景園壖地㊀，當下吏治，蔡亦自殺，不對獄，國除。李敢以校尉從驃騎將軍擊胡左賢王，力戰，奪左賢王鼓旗，斬首多，賜爵關內侯，食邑二百戶，代廣為郎中令。頃之，怨大將軍青之恨其父，乃擊傷大將軍，大將軍匿諱之。居無何，敢從上雍㊁，至甘泉宮獵。驃騎將軍去病與青有親，射殺敢。去病時方貴幸，上諱云鹿觸殺之。居歲餘，去病死。而敢有女為太子中人，愛幸，敢男禹有寵於太子，然好利，李氏陵遲衰微矣。

【註】㊀《漢書》云：「詔賜冢地陽陵，當得二十畝，蔡盜取三頃，頗賣得四十餘萬。又盜取神道外壖地一畝，葬其中。當下獄。自殺。」壖地：廟外餘地也。音軟，陽平（ㄖㄨㄢˊ）。㊁敢從上於雍，上，指武帝。

李陵既壯，選為建章監，監諸騎。善射，愛士卒。天子以為李氏世將，而使將八百騎。嘗深入匈奴二千餘里，過居延㊀視地形，無所見虜而還。拜為騎都尉，將丹陽楚人五千人，教射酒泉、張掖以屯衞胡㈡。

【註】㈠《括地志》云：「居延海在甘州張掖縣東北六十四里。」甘州在長安西北二千四百六十里。〈地理志〉云：「居延澤古文以為流沙。」㈡以屯衞防備胡人來寇。

數歲，天漢二年秋，貳師將軍李廣利將三萬騎擊匈奴右賢王於祁連天山㈠，而使陵將其射士步兵五千人出居延北可千餘里，欲以分匈奴兵，毋令專走貳師也㈡。陵既至期還，而單于以兵八萬圍擊陵軍。陵軍五千人，兵矢既盡，士死者過半，而所殺傷匈奴亦萬餘人。且引且戰，連鬬八日，還未到居延百餘里，匈奴遮狹絕道㈢，陵食乏而救兵不到，虜急擊招降陵。陵曰：「無面目報陛下。」遂降匈奴。其兵盡沒，餘亡散得歸漢者四百餘人。

【註】㈠《括地志》云：「祁連山在甘州張掖縣西南二百里。天山，一名白山，今名初羅漫山，在伊吾縣北百二十里。伊州在京西北四千四百一十六里。」㈡不使匈奴能夠以全力專一攻擊貳師的軍隊。㈢匈奴遮擋陵軍於窄狹之地，斷絕其道路。

單于既得陵，素聞其家聲，及戰又壯，乃以其女妻陵而貴之。漢聞，族陵母妻子㈠。自是之後，李氏名敗，而隴西之士居門下者皆用為恥焉㈡。

【註】㈠族誅了陵的母親和妻子。㈡用：以。

太史公曰：傳曰「其身正，不令而行；其身不正，雖令不從。」其李將軍之謂也？余睹李將軍悛悛如鄙人㈠，口不能道辭㈡。及死之日，天下知與不知，皆為盡哀。彼其忠實心誠信於士大夫也？諺曰「桃李不言，下自成蹊㈢。」此言雖小，可以諭大也㈣。

【註】㈠悛悛：即「恂恂」，誠實無華的樣子，就如同鄉下佬一般。㈡口不能善於言辭。㈢「桃李不能說話，但是它的下面，自然會走成一條路徑」，言其本身有足以引人前來之故。這是比喻李廣雖然不善於言辭，但是他的真誠實心有足以感動士大夫的偉大力量，所以死之日，天下之人無論識與不識，莫不為他掏出一腔哀痛之淚！㈣諭：即「喻」，比喻。

卷一百十　匈奴列傳第五十

匈奴，其先祖夏后氏之苗裔也，曰淳維㈠。唐虞以上有山戎㈡、獫狁、葷粥㈢，居于北蠻，隨畜牧而轉移。其畜之所多則馬、牛、羊，其奇畜則橐駞、驢、驘、駃騠、騊駼、驒騱㈣。逐水草遷徙㈤，毋城郭常處耕田之業㈥，然亦各有分地㈦。毋文書㈧，以言語為約束。兒能騎羊，引弓射鳥鼠；少長㈨，則射狐兔：用為食㈩。士力能毌弓㈡，盡為甲騎。其俗，寬則隨畜㈢，因射獵禽獸為生業，急則人習戰攻以侵伐，其天性也。其長兵則弓矢，短兵則刀鋋㈢。利則進，不利則退，不羞遁走。苟利所在，不知禮義。自君王以下，咸食畜肉，衣其皮革，被旃裘㈣。壯者食肥美，老者食其餘。貴壯健，賤老弱。父死，妻其後母；兄弟死，皆取其妻妻之。其俗有名不諱，而無姓字。

【註】㈠《漢書音義》曰：「湻維，匈奴始祖之名。」張晏曰：「湻維以殷時奔北邊」。樂彥《括地譜》云：「夏桀無道，湯放之鳴條，三年而死，其子獯粥妻桀之眾妾，避居北野，隨畜移徙，中國

謂之匈奴。」其言夏后苗裔，或當然也。故應劭《風俗通》云：「殷時曰獯粥，改曰匈奴。」服虔云：「堯時曰葷粥，周曰獫狁，秦曰匈奴。」韋昭云：「漢曰匈奴，葷粥其別名。」則淳維是其始祖，蓋與獯粥是一也。總之，匈奴為北狄之一族，秦漢時最盛，領有今內外蒙古之地。後分南北，北匈奴為漢竇憲所破，遠走西方，西史中古之初，有匈族，其王渴的剌屢攻羅馬，目耳曼諸族皆為所迫，即北匈奴遺裔也。南匈奴歸漢，漢之季世，雜居今山西省之北部，漸次繁殖，魏時分五部，晉初勢力益增，劉淵崛起，遂為五胡亂華之首。㈡《左傳》：莊三十年，「齊人伐山戎」。《括地志》云：「幽州漁陽縣，本北戎無終子國。」㈢晉灼云：「堯時曰葷粥（ㄒㄩㄣ ㄩˋ），周曰獫狁，秦曰匈奴」。㈣橐佗：即駱駝，體高八九尺，性溫柔而力強，能負重行遠，胃中能儲大量之水，宜於旅行沙漠。橐：音拓（ㄊㄨㄛˋ）。佗：音駝（ㄊㄨㄛˊ）。驘：即「騾」（ㄌㄨㄛˊ），驢父馬母，比驢為健。駃騠：俊馬，生七日而超其母。駃，音決（ㄐㄩㄝˊ）。騠：音提（ㄊㄧˊ）。騊駼：馬之一種，出北海上，陶塗，北方國名，其國出此種馬，因地以名其馬。騊，音陶（ㄊㄠˊ）。駼，音塗（ㄊㄨˊ）。驒奚：野馬也。又曰白馬黑髦，或曰即連錢驄。驒，音壇（ㄊㄢˊ）。㈤那裡有水草就遷徙到那裡。㈥沒有城郭，沒有固定的住處，沒有耕田的作業。㈦然而他們也各自有各自的劃分的地區。㈧沒有文字書籍。㈨稍微長大。㈩用：以。⑪毌弓：即「彎弓」，拉開弓。毌，即「貫」字。⑫寬：閒暇的時候。⑬鋋：音延（ㄧㄢˊ），形似矛，鐵柄。⑭旃：音占，與「氈」通。毛織物。

夏道衰，而公劉失其稷官㈠，變于西戎㈡，邑於豳㈢。其後三百有餘歲，戎狄攻大王亶父㈣，亶父亡走岐下㈤，而豳人悉從亶父而邑焉，作周㈥。其後百有餘歲，周西伯昌伐畎夷氏㈦。後十有餘年，武王伐紂而營雒邑，復居于酆鄗，放逐戎夷涇、洛之北㈧，以時入貢，命曰「荒服」。其後二百有餘年，周道衰，而穆王伐犬戎㈨，得四白狼四白鹿以歸。自是之後，荒服不至。於是周遂作甫刑之辟。穆王之後二百有餘年，周幽王用寵姬褒姒之故，與申侯有郤㈩。申侯怒而與犬戎共攻殺周幽王于驪山之下(一一)，遂取周之焦穫(一二)，而居于涇渭之閒，侵暴中國。秦襄公救周(一三)，於是周平王去酆鄗而東徙雒邑。當是之時，秦襄公伐戎至岐，始列為諸侯。是後六十有五年，而山戎(一四)越燕而伐齊，齊釐公與戰于齊郊(一五)。其後四十四年，而山戎伐燕。燕告急于齊，齊桓公北伐山戎，山戎走。其後二十有餘年，而戎狄至洛邑，伐周襄王，襄王奔于鄭之氾邑。初，周襄王欲伐鄭，故娶戎狄女為后，與戎狄兵共伐鄭。已而黜狄后，狄后怨，而襄王後母曰惠后，有子子帶，欲立之，於是惠后與狄后、子帶為內應，開戎狄，戎狄以故得入，破逐周襄王，而立子帶為天子。於是戎狄或居于陸渾（一六），東至於衛，侵盜暴虐中國。中國疾之（一七），故詩人歌之曰「戎狄是膺」（一八），「薄伐獫狁（一九），至於大原」，「出輿彭彭，城彼朔方」。周襄王既居外四年，乃使使告急于晉。晉文公初立，欲修霸業，乃興師伐逐戎翟，誅子帶，迎內周襄王（二〇），居于雒邑。

【註】㊀夏道衰而不務農，不設置稷官，所以后稷之曾孫公劉就失其稷官。㊁與西戎的生活相同化。㊂豳：今陝西邠縣。邠，音彬（ㄅㄧㄣ）。㊃自公劉至亶父，共九君。㊄岐山之下。在今陝西岐山縣西北。顏師古曰：「其山兩岐，俗呼箭括嶺。」寰宇記：「時人亦謂為鳳凰堆。或云：『其峰高峻，狀若天柱，因又名天柱山。』」㊅作周：開始建立周國。㊆西伯：即文王。畎夷：即畎戎，亦作犬夷。《山海經》云：「黃帝生苗龍，苗龍生融吾，融吾生弄明，弄明生白犬，白犬有二牡，是為犬戎。」許氏《說文解字》曰：「赤狄本犬種也，故字從犬。」㊇師古曰：「此洛，即漆沮水也，本出上郡雕陰泰冒山而東南入於渭。」宋祁曰：「注文冒亦作昌」。㊈沈欽韓曰：「竹書紀年：穆王十二年伐犬戎，從成王數至此年，才九十四年。」㊉故申城在河南南陽縣北三十里，周

宣王舅所封。郤：同「隙」，怨恨。⑪韋昭曰：「戎後來居此山，故號曰驪戎。」⑫焦穫：《括地志》云：「焦穫亦名瓠口，亦曰瓠中，在雍州涇陽縣城北十數里。」⑬秦襄公救周有功，受周故地酆鄗，列為諸侯。⑭服虔云：「山戎蓋今鮮卑」。應奉云：「秦築長城，徒士亡出塞外，依鮮卑山，因為號。」鮮卑山在內蒙古科爾沁右翼西三十里，土人呼蒙格。⑮齊釐公：即齊僖公。釐即僖也。⑯陸渾：春秋時代之地名。先是允姓之戎居瓜州，陸渾乃其別部，在秦晉之間，二國誘而徙之於伊川，其後遂從戎號，稱為陸渾。漢置陸渾縣，五代時廢，故城在今河南嵩縣東北。其地有陸渾山，俗稱方山，西有伏流阪，為伊水伏流處，即伊川也。⑰疾：即「嫉」，憎恨。⑱膺：打擊。⑲薄伐：薄，發語詞，有「乃」字之意，即「乃伐」也。⑳戎翟：即「戎狄」。㉑內：同「納」字。

當是之時，秦晉為彊國。晉文公攘戎翟，居于河西圁、洛之閒①，號曰赤翟、白翟②。秦穆公得由余，西戎八國服於秦，故自隴以西有緜諸③、緄戎④、翟、貛之戎⑤，岐、梁山、涇、漆之北有義渠⑥、大荔⑦、烏氏⑧、朐衍之戎⑨。而晉北有林胡⑩、樓煩之戎⑪，燕北有東胡⑫、山戎⑬。各分散居谿谷，自有君長，往往而聚者百有餘戎，然莫能相一。

【註】①圁、洛之間：在今陝西靖邊、延安、橫山一帶之地。圁：音銀，水名，源出陝西靖邊縣，

為莪麥河，東北流出邊城，復折東入懷遠（今橫山縣）為圁水。又東北出邊，入鄂爾多斯。㈡赤狄：張洽曰：「赤狄，狄別種，謂之『赤狄』『白狄』，俗尚赤衣白衣也。」地譜：「洛州，春秋赤狄地。」余氏光曰：「赤狄，隗姓，別為一種，在山西潞州以北，而東界黎城，即古黎國也。」《括地志》云：「近延州、綏州、銀州，本春秋時白狄所居，七國屬魏，復入秦。」㈢緜諸：《括地志》云：「緜諸城，秦州秦嶺縣北五十六里，漢緜諸道屬天水郡。」㈣緄戎：韋昭云：「春秋以為犬戎」。師古曰：「混夷也」。㈤翟豲：《括地志》云：「豲道故城在渭州襄武縣東南三十七里，古之豲戎邑。漢豲道屬天水郡。」豲：音元（ㄩㄢˊ）。㈥義渠：《括地志》云：「寧州，慶州西戎即劉拘邑城，時為義渠戎國，秦為北地郡也。」義渠故城，在甘肅寧縣西北。㈦大荔：韋昭云：「秦本紀：厲共公伐大荔，取其王城，後更名臨晉，故〈地理志〉云：「臨晉，故大荔國也。」《括地志》云：「同州、馮翊縣及朝邑縣本漢臨晉縣地，古大荔戎國，今朝邑縣東三十步故王城，即大荔王城。」㈧烏氏：《括地志》云：「烏氏故城在涇州安定縣東三十里，周之故地，後入戎，秦惠王取之，置烏氏縣也。」㈨朐衍：《括地志》云：「鹽州，古戎狄居之，即朐衍戎之地，秦北地郡也。」朐：音劬（ㄑㄩˊ）。㈩林胡：《括地志》云：「朔州，春秋時北地也。如淳云：即澹林也，為李牧所滅。」⑪樓煩：〈地理志〉：「樓煩，縣名，屬雁門。」《括地志》云：「嵐州，樓煩胡地也。」案即今山西舊保德州寧武府及岢嵐縣等地。⑫東胡：《漢書音義》曰：「烏丸，或云鮮卑。」服虔云：「東胡，烏丸之先，後為鮮卑，在匈奴東，故曰東胡。」《續漢書》曰：「漢初，匈奴冒頓滅其國，餘類保烏桓山，以為號，俗隨水草，居無常處，以父之名字為姓，父子男女悉髡頭為輕便也。」漢末，為曹操所破，勢遂衰，其遺民後居那河之北，自稱烏丸國。那河，即今嫩江也。㈢山戎：在河北遷安縣。

自是之後，百有餘年，晉悼公使魏絳和戎翟，戎翟朝晉。後百有餘年，趙襄子踰句注㈠而破幷代以臨胡貉㈡。其後既與韓魏共滅智伯，分晉地而有之，則趙有代、句注之北，魏有河西、上郡，以與戎界邊。其後義渠之戎築城郭以自守，而秦稍蠶食，至於惠王，遂拔義渠二十五城。惠王擊魏，魏盡入西河及上郡于秦。秦昭王時，義渠戎王與宣太后㈢亂，有二子。宣太后詐而殺義渠戎王於甘泉，遂起兵伐殘義渠。於是秦有隴西、北地、上郡，築長城以拒胡。而趙武靈王亦變俗胡服，習騎射，北破林胡、樓煩。築長城㈣，自代竝㈤陰山㈥下，至高闕為塞㈦。而置雲中、鴈門、代郡。其後燕有賢將秦開，為質於胡，胡甚信之。歸而襲破走東胡，東胡卻千餘里。與荊軻刺秦王秦舞陽者，開之孫也。燕亦築長城，自造陽㈧至襄平㈨。置上谷、漁陽、右北平、遼西、遼東郡以拒胡。當是之時，冠帶戰國七，而三國邊於匈奴（一〇）。其後趙將李牧時，匈奴不敢入趙邊。後秦滅六國，而始皇帝使蒙恬將十萬之眾北擊胡，悉收河南地。因河為塞，築四十四縣城臨河，徙適（一一）戍以充之。而通直道（一二），自九原至雲陽，因邊山險，塹谿谷，可繕者治之，起臨洮（一三）至遼東萬餘里。又度河據陽山北假中（一四）。

【註】㈠句注：山名，即山西雁門山。《河東記》謂：「句注以山形句轉，水勢注流而得名。」句，讀鈎。㈡胡貉：索隱謂：「貉，即濊也。」㈢宣太后：秦昭王之母。㈣《括地志》云：「趙武靈王長城在朔州善陽縣北。」案水經云：白道長城北山上有長垣，若頽毀焉，沿溪亘嶺，東西無極，蓋趙武靈王所築也。」㈤並：循，沿著。㈥陰山：在綏遠省區，横障漠北，起於寧夏賀蘭山，當河套北，亘烏喇特歸化城之境，蜿蜒而東，隨地易名，約數千里，謂之陰山山脈。㈦高闕：〈地理志〉云：「朔方臨戎縣北有連山，險於長城，其山中斷，兩峰俱峻，土俗名為高闕也。」按高闕在陰山西蒙古鄂爾多斯右翼，黃河外騰格里湖之東北。河水自屠申澤又屈而東流，為北河，東經高闕南，趙武靈王沿陰山下至高闕為塞，山下有長城，連山刺天，其山中斷，望若闕然，故名闕口，有城謂之高闕戍，漢衞青將三萬騎，出高闕擊匈奴，即此也。㈧造陽：韋昭云：「地名，在上谷」，按漢之上谷

郡治，即今之河北懷來縣。㈨襄平：韋昭云：「遼東所理也」。故城在奉天遼陽縣北，亦謂之遼東城。㈩三國：燕、趙、秦。㈡適：同「謫」，罪犯。㈢《括地志》云：「勝州連谷縣，本秦九原郡，漢武帝更名五原。五原，今縣名，屬綏遠省。雲陽，縣名，今陝西淳化縣西北。由綏遠之五原，通路至陝西之淳化縣，恰好是直線，故曰通直道，長一千八百里。㈢臨洮：《括地志》云：「秦隴西郡臨洮縣，即今岷州城。本秦長城首，起岷州西十二里，延袤萬餘里，東入遼水。」按臨洮以地臨洮水故名，在甘肅省會蘭州之南。㈣北假：應劭云：「北假，在北地陽山北。」《括地志》云：「漢五原郡河目縣故城在北假中，北假，地名也，在河之北，今屬勝州銀城縣。《漢書·王莽傳》云：「五原、北假、膏壤殖穀也。」按勝州乃今山西托克托、薩拉齊二縣，兼蒙古鄂爾多斯左翼及茂明安之地。

當是之時，東胡彊而月氏盛㈠。匈奴單于㈡曰頭曼，頭曼不勝秦，北徙。十餘年而蒙恬死，諸侯畔秦，中國擾亂，諸秦所徙適戍邊者皆復去，於是匈奴得寬㈢，復稍度河南與中國界於故塞。

【註】㈠月氏：《括地志》云：「涼、甘、肅、延、沙等州地，本月氏國。」㈡單于：按單于姓攣鞮氏，其國稱之曰「撐黎孤塗單于」。匈奴稱天為撐黎，稱子為孤塗，合而言之，即中國所謂之「天子」也。單于者，廣大的樣子，言其象天之廣大也。㈢得寬：得了從容休養的機會。

單于有太子名冒頓。後有所愛閼氏㈠生少子，而單于欲廢冒頓而立少子，乃使冒頓質於月氏。冒頓既質於月氏，而頭曼急擊月氏。月氏欲殺冒頓，冒頓盜其善馬騎之亡歸，頭曼以為壯，令將萬騎。冒頓乃作為鳴鏑㈡，習勒其騎射，令曰：「鳴鏑所射而不悉射者斬之。」行獵鳥獸，有不射鳴鏑所射者，輒斬之。已而冒頓以鳴鏑自射其善馬，左右或不敢射者，冒頓立斬不射善馬者。居頃之，復以鳴鏑自射其愛妻，左右或頗恐，不敢射，冒頓又復斬之。居頃之，冒頓出獵，以鳴鏑射單于善馬，左右皆射之。於是冒頓知其左右皆可用。從其父單于頭曼獵，以鳴鏑射頭曼，其左右亦皆隨鳴鏑而射殺單于頭曼，遂盡誅其後母與弟及大臣不聽從者。冒頓自立為單于。

【註】㈠閼氏：匈奴皇后之號。㈡鏑：箭也。箭飛出則鳴，故曰「鳴鏑」。

冒頓既立㈠，是時東胡彊盛，聞冒頓殺父自立，乃使使謂冒頓，欲得頭曼時有千里馬。冒頓問羣臣，羣臣皆曰：「千里馬，匈奴寶馬也，勿與。」冒頓曰：「柰何與人鄰國而愛一馬乎？」遂與之千里馬。居頃之，東胡以為冒頓畏之，乃使使謂冒頓，欲得單于一閼氏。冒頓復問左右，左右皆怒曰：「東胡無道，乃求閼氏！請擊之。」冒頓曰：「柰何與人鄰國愛一女子乎？」遂取所愛閼氏予東胡。東胡王愈益驕，西侵。與匈奴間，中有弃地，莫居，千餘里，各居其邊為甌脫㊁。東胡使使謂冒頓曰：「匈奴所與我界甌脫外弃地，匈奴非能至也，吾欲有之。」冒頓問羣臣，羣臣或曰：「此弃地，予之亦可，勿予亦可。」於是冒頓大怒曰：「地者，國之本也，柰何予之！」諸言予之者，皆斬之。冒頓上馬，令國中有後者斬，遂東襲擊東胡。東胡初輕冒頓，不為備。及冒頓以兵至，擊，大破滅東胡王，而虜其民人及畜產。既歸，西擊走月氏，南并樓煩、白羊河南王㊂。侵燕、代，悉復收秦所使蒙恬所奪匈奴地者，與漢關故河南塞，至朝那、膚施㊃，遂侵燕、代。是時漢兵與項羽相距㊄，中國罷於兵革㊅，以故冒頓得自彊，控弦之士三十餘萬。

【註】㊀秦二世元年，冒頓殺其父而自立為單于。㊁甌脫：邊境斥候之士所居之土穴，曰甌脫。
㊂白羊王居河之南。㊃正義云：「漢朝那故城在原州百泉縣西七十里，屬安定郡。膚施今延州膚施縣是也。」㊄距：即「拒」，抵抗。㊅罷：即「疲」。

自淳維以至頭曼千有餘歲，時大時小，別散分離，尚矣㊀，其世傳不可得而次云㊁。然至冒頓而匈奴最彊大，盡服從北夷，而南與中國為敵國，其世傳國官號乃可得而記云。

置左右賢王，左右谷蠡王㊂，左右大將，左右大都尉，左右大當戶，左右骨都侯㊃。匈奴謂賢曰「屠耆」㊄，故常以太子為左屠耆王。自如左右賢王以下至當戶，大者萬騎，小者數千，凡二十四長，立號曰「萬騎」。諸大臣皆世官。呼衍氏，蘭氏㊅其後有須卜氏㊆，此三姓其貴種也。諸左方王將居東方，直上谷㊇以往者，東接穢貉、朝鮮；右方王將居西方，直上郡㊈以西，接月氏、氐、羌㊉；而單于之庭⑪直代、雲中⑫：各有分地，逐水草移徙。而左右賢王、左右谷蠡王最為大（國），左右骨都侯輔政。諸二十四長亦各自置千長、百長、什長、裨小王、相、封⑬都尉、當戶、且渠之屬⑭。

【註】㊀尚矣：很久遠的了。㊁次：依次序而排列之。㊂谷蠡：服虔曰：「谷，音鹿。蠡，音離。」㊃骨都侯：異姓大臣。㊄屠耆：徐廣曰：屠，一作「諸」。㊅呼衍氏：顏師古云：「呼衍，即今鮮卑姓呼延者也。蘭姓，今亦有之。」㊆須卜氏：索隱謂：「按後漢書云：『呼衍氏，須卜氏常與單于婚姻。須卜氏主獄訟也』。」㊇直：值也，當也，言匈奴東方南出，直當上谷郡（媯州）。媯州，今河北省懷來縣。㊈言匈奴由西方向南，直當綏州也。綏州，在今陝西綏德縣。⑩西接氐、羌，按《風俗通》云：「二氐，本西南夷種。地理志武都有白馬氐。」又魚豢《魏略》云：「漢置武都郡，排其種人，分竄山谷，或號青氐，或號白氐。」《說文》云：「羌，西方牧羊人。」《續漢書》云：「羌，三苗姜姓之別，舜徙於三危，今河關之西南羌是也。」⑪庭：索隱謂：「匈奴所都處為『庭』。」樂彥云：「單于無城郭，不知何以國之。穹廬前地若庭，故云庭。」⑫直代、雲中：正義謂：「代郡城，北狄代國，秦漢代縣城也，在蔚州羌胡縣北百五十里。雲中故城，趙雲中城，秦雲中郡，在勝州榆林縣東北四十里，言匈奴之南，直當代、雲中也。」⑬封：一作「將」。《漢書》無此一「封」字。⑭且渠：顏師古云：「今之沮渠姓，蓋本因此官。」按沮渠，複姓，其先為匈奴左沮渠，遂以官為氏。晉時有沮渠蒙遜，建北涼國。

歲正月，諸長小會單于庭，祠。五月，大會龍城㊀，祭其先、天地、鬼神。秋，馬肥，大會蹛林㊁，課校人畜計。其法，拔刃尺者死，坐盜者沒入其家；有罪小者軋㊂，大者死。獄久者不過十日，一國之囚不過數人。而單于朝出營，拜日之始生，夕拜月。其坐，長左而北鄉㊃。日上戊己。其送死，有棺槨金銀衣裘，而無封樹喪服㊄；近幸臣妾從死者，多至數千百人。舉事而候星月㊅，月盛壯則攻戰，月虧則退兵。其攻戰，斬首虜賜一卮酒，而所得鹵獲因以予之，得人以為奴婢。故其戰，人人自為趣利，善為誘兵以冒敵。故其見敵則逐利，如鳥之集；其困敗，則瓦解雲散矣。戰而扶輿死者㊆，盡得死者家財。

【註】㊀龍城：《漢書》作「龍城」。崔浩云：「西方胡皆事龍神，故名大會處為龍城。」《後漢書》云：「匈奴俗，歲有三龍祠，祭天神。」㊁蹛林：蹛，音帶。服虔云：「匈奴秋社，八月中皆會祭處。」蹛林，地名。顏師古云：「蹛者，遶林木而祭也。鮮卑之俗，自古相傳，秋祭無林木者，尚豎柳枝，眾騎馳遶三周乃止，此其遺法也。」㊂軋：《漢書音義》曰：「刄刻其面」。服虔云：「刀割面也」。三蒼云：「軋，輾也。」顏師古云：「軋者，謂輾轢其骨節，若今之厭踝者也。」如

湻曰：「軋，撾杖也。」㊃其座北向，長者在左，以左為尊也。㊄張華曰：「匈奴名冢，曰『豆落』。」㊅沈欽韓曰：「隋書，突厥傳：『候月將滿，輒為寇抄。』」㊆扶輿：王先謙曰：「持侍其傷而輿歸其屍也。」

後北服渾庾、屈射、丁零、鬲昆、薪犂之國㊀。於是匈奴貴人大臣皆服，以冒頓單于為賢。

【註】㊀沈欽韓曰：「魏志注魚豢魏略云：『匈奴北有渾窳國、屈射國、隔昆國、新蔾國。』按丁零在康居北，去匈奴庭接習水七千里。」康安，古國名，與大月氏同族，領有今新疆北境至俄領中亞之地。丁零，在新疆吐魯番縣境。

是時漢初定中國，徙韓王信於代，都馬邑㊀。匈奴大攻圍馬邑，韓王信降匈奴。匈奴得信，因引兵南踰句注，攻太原，至晉陽下。高帝自將兵往擊之。會冬大寒雨雪，卒之墮指者十二三，於是冒頓詳㊁敗走，誘漢兵。漢兵逐擊冒頓，冒頓匿其精兵，見其羸弱㊂，於是漢悉兵，多步兵，三十二萬，北逐之。高帝先至平城㊃，步兵未盡到，冒頓縱精兵四十萬騎圍高帝於白登㊄，七日，漢兵中外不得相救餉。匈奴騎，其西方盡白馬，東方盡青駹馬㊅，北方盡烏驪馬㊆，南方盡騂馬㊇。高帝乃使使閒厚遺閼氏，閼氏乃謂冒頓曰：「兩主不相困。今得漢地，而單于終非能居之也。且漢王亦有神，單于察之。」冒頓與韓王信之將王黃、趙利期，而黃、利兵又不來，疑其與漢有謀，亦取閼氏之言，乃解圍之一角。於是高帝令士皆持滿傅㊈矢外鄉，從解角直出，竟與大軍合，而冒頓遂引兵而去。漢亦引兵而罷，使劉敬結和親之約。

【註】㊀馬邑：故城在今山西朔縣西北。㊁詳：即「佯」。㊂見：出現，表現。㊃平城：故城在今山西大同縣東。徐廣曰：「在雁門」。㊄白登：山名，在山西大同縣東，一名白登臺。正義謂：「白登臺在白登山上，朔州定襄縣東三十里。定襄縣，漢平城縣也。」㊅駹：音忙（ㄇㄤˊ），青馬也。㊆驪：黑色。㊇騂：赤黃色的。㊈傅：同附，同敷，附上了箭。

是後韓王信為匈奴將，及趙利、王黃等數倍約㊀，侵盜代、雲中。居無幾何，陳豨反，又與韓信合謀擊代。漢使樊噲往擊之，復拔代、鴈門、雲中郡縣，不出塞。是時匈奴以漢將眾往降，故冒頓常往來侵盜代地。於是漢患之，高帝乃使劉敬奉宗室女公主為單于閼氏，歲奉匈奴絮繒酒米食物各有數，約為昆弟以和親，冒頓乃少止。後燕王盧綰反，率其黨數千人降匈奴，往來苦上谷以東㊁。

【註】㊀倍：背。㊁往來擾亂上谷以東之地，使人民苦痛。

高祖崩，孝惠、呂太后時，漢初定，故匈奴以驕。冒頓乃為書遺高后，妄言。高后欲擊之㊀，諸將曰：「以高帝賢武，然尚困於平城。」於是高后乃止㊁，復與匈奴和親。

【註】㊀《漢書》記載冒頓致高后之書，內容非常之狂放穢污，意思是說，他是個孤獨之人，願意到中國一遊，高后現在守寡，他想與高后相配，以求共同娛樂，免得天各一方，兩主不樂。極為污辱。於是高后怒，欲擊之。㊁由於季布的諫勸，高后乃止。

至孝文帝初立，復修和親之事。其三年五月，匈奴右賢王入居河南地，侵盜上郡葆塞㈠蠻夷，殺略人民。於是孝文帝詔丞相灌嬰發車騎八萬五千，詣高奴㈡，擊右賢王。右賢王走出塞。文帝幸太原。是時濟北王反，文帝歸，罷丞相擊胡之兵。

【註】㈠葆塞：《漢書》作「保塞」。㈡高奴：故城在今陝西膚施縣東。

其明年，單于遺漢書曰：「天所立匈奴大單于敬問皇帝無恙。前時皇帝言和親事，稱書意，合歡。漢邊吏侵侮右賢王，右賢王不請㈠，聽後義盧侯難氏㈡等計，與漢吏相距㈢，絕二主之約，離兄弟之親。皇帝讓書再至，發使以書報，不來，漢使不至，漢以其故不和，鄰國不附。今以小吏之敗約故，罰右賢王，使之西求月氏擊之。以天之福，吏卒良，馬彊力，以夷滅月氏，盡斬殺降下之。定樓蘭㈣、烏孫㈤、呼揭㈥及其旁二十六國，皆以為匈奴㈦。諸引弓之民，幷為一家。北州已定，願寢兵休士卒養馬，除前事，復故約，以安邊民，以應始古，使少者得成其長，老者安其處，世世平樂。未得皇帝之志也，故使郎中係雩淺奉書請，獻橐他一匹，騎馬二匹，駕二駟⑧。皇帝即⑨不欲匈奴近塞，則且詔吏民遠舍。使者至，即遣之。」以六月中來至薪望之地⑩。書至，漢議擊與和親孰便。公卿皆曰：「單于新破月氏，乘勝，不可擊。且得匈奴地，澤鹵⑪，非可居也。和親甚便。」漢許之。

【註】①言右賢王未請命於單于。②難氏：匈奴之將名。③距：拒。④樓蘭：《漢書》云：「鄯善國名樓蘭，去長安一千六百里。」按樓蘭，西域國名，後更名鄯善，今沒於沙漠，新疆有婼羌縣之羅布舊城，為沙所掩，即其地。⑤烏孫：西域國名，即今新疆伊黎河流域之地。其種族或謂為條頓種之哥德族，或謂為突厥族，先居燉煌祁連之間，後逐大月氏而建烏孫國。與漢和親。⑥呼揭：國名，在瓜州西北。⑦都把他們變成匈奴人。⑧顏師古云：「駕，可駕車也。二駟，八匹馬也。」⑨即：如果。⑩薪望：塞下地名。⑪鹵：土之含鹹性不宜耕種者。

孝文皇帝前六年，漢遺匈奴書曰：「皇帝敬問匈奴大單于無恙。使郎中係雩淺遺朕書曰：『右賢王不請，聽後義盧侯難氏等計，絕二主之約，離兄弟之親，漢以故不和，鄰國不附。今以小吏敗約，故罰右賢王使西擊月氏，盡定之。願寢兵休士卒養馬，除前事，復故約，以安邊民，使少者得成其長，老者安其處，世世平樂。』朕甚嘉之，此古聖主之意也。漢與匈奴約為兄弟，所以遺單于甚厚㊀。倍約離兄弟之親者㊁，常在匈奴。然右賢王事已在赦前，單于勿深誅。單于若稱書意㊂，明告諸吏，使無負約，有信，敬如單于書。使者言單于自將伐國有功，甚苦兵事。服繡袷綺衣㊃、繡袷長襦㊄、錦袷袍各一，比余一㊅，黃金飾具帶一㊆，黃金胥紕一㊇，繡十匹，錦三十匹，赤綈㊈、綠繒各四十匹，使中大夫意、謁者令肩遺單于。」

【註】㊀遺：贈送物品。㊁倍：背。㊂稱：照著來信的意思去作。㊃袷：音夾（ㄐㄧㄚˊ），夾的衣服。㊄襦：音如（ㄖㄨˊ），襖也。㊅比余：梳子。《廣雅》云：「比，櫛也。」《蒼頡篇》云：「靡者為比，麤者為梳。」㊆帶：腰中大帶。㊇胥紕：延篤云：「胡革帶鈎也」。帶鈎亦名「師比」。㊈綈：厚繒。

後頃之，冒頓死，子稽粥立㊀，號曰老上單于。

老上稽粥單于初立，孝文皇帝復遣宗室女公主為單于閼氏，使宦者燕人中行說㊁傅公主。說不欲行，漢彊使之。說曰：「必我行也，為漢患者。」中行說既至，因降單于，單于甚親幸之。

【註】㊀師古曰：「稽，音雞。粥，音育。」㊁中行，姓也。說，名也。

初，匈奴好漢繒絮食物，中行說曰：「匈奴人眾不能當漢之一郡，然所以彊者，以衣食異，無仰於漢也㊀。今單于變俗好漢物，漢物不過什二，則匈奴盡歸於漢矣㊁。其得漢繒絮，以馳草棘中，衣袴皆裂敝，以示㊂不如旃裘之完善也。得漢食物皆去之，以示不如湩酪㊃之便美也。」於是說教單于左右疏記㊄，以計課其人眾畜物㊅。

【註】㊀仰：依賴。㊁漢物輸入匈奴不過十分之二，就可以使匈奴盡歸於漢了。（這一理論就說明了經濟可以亡人之國。）㊂示：顯示，證明。㊃湩：音腫（ㄓㄨㄥˇ），乳汁也。㊄疏記：即書記，文字記載之事。（可見匈奴之接受中華文化。中華民族之擴展，其力量主要在於文化高於四鄰之民族，並非恃武力也。）㊅課：統計。

漢遺單于書，牘以尺一寸，辭曰「皇帝敬問匈奴大單于無恙」，所遺物及言語云云。中行說令單于遺漢書以尺二寸牘，及印封皆令廣大長㈠，倨傲其辭曰「天地所生日月所置匈奴大單于敬問漢皇帝無恙」，所以遺物言語亦云云。

【註】㈠匈奴致漢帝書牘，皆大於漢，表示彼之一切皆比漢帝為偉大。

漢使或言曰：「匈奴俗賤老。」中行說窮漢使曰：「而漢俗屯戍從軍當發者，其老親豈有不自脫溫厚肥美，以齎送飲食行戍乎？」漢使曰：「然。」中行說曰：「匈奴明以戰攻為事，其老弱不能鬬，故以其肥美飲食壯健者，蓋以自為守衛，如此父子各得久相保，何以言匈奴輕老也？」漢使曰：「匈奴父子乃同穹廬而臥㈠。父死，妻其後母；兄弟死，盡取其妻妻之。無冠帶之飾，闕庭之禮。」中行說曰：「匈奴之俗，人食畜肉，飲其汁，衣其皮；畜食草飲水，隨時轉移。故其急則人習騎射，寬則人樂無事，其約束輕，易行也。君臣簡易，一國之政猶一身也。父子兄弟死，取其妻妻之，惡種姓之失也。故匈奴雖亂，必立宗種。今中國雖詳㊁不取其父兄之妻，親屬益疏則相殺，至乃易姓，皆從此類。且禮義之敝，上下交怨望，而室屋之極，生力必屈㊂。夫力耕桑以求衣食，築城郭以自備，故其民急則不習戰功，緩則罷於作業。嗟土室之人，顧無多辭，令喋喋而佔佔，冠固何當㊃？」

【註】㊀穹廬：《漢書音義》曰：「穹廬，旃帳也。」穹，音窮（ㄑㄩㄥˊ），圓形隆起而高大的。㊁詳：佯，虛偽的。㊂生產能力必然屈竭。㊃令：即使。喋喋：利口善言。佔佔：同「沾沾」，自覺滿足的樣子，如「沾沾自喜」。又謂佔佔，即衣冠楚楚的樣子。即使你喋喋善言，衣冠楚楚，也不過是虛有其表，沒有實力，雖然戴著帽子，又有什麼用處呢。

自是之後，漢使欲辯論者，中行說輒曰：「漢使無多言，顧漢所輸匈奴繒絮米糱㊀，令其量中㊁，必善美而已矣，何以為言乎㊂？且所給備善則已；不備，苦惡㊃，則候秋孰㊄，以騎馳蹂而稼穡耳㊅。」日夜教單于候利害處㊆。

【註】㊀顧：但看。㊁量中：合於份量。㊂《漢書》作「何以言為乎？」㊃如果供給得不完備而且粗惡。㊄孰：熟。㊅而：同「爾」，你們。㊆候：刺探侵略的機會。

漢孝文皇帝十四年，匈奴單于十四萬騎入朝那、蕭關，殺北地都尉卬㊀，虜人民畜產甚多，遂至彭陽㊁。使奇兵入燒回中宮㊂，候騎㊃至雍甘泉㊄。於是文帝以中尉周舍、郎中令張武為將軍，發車千乘，騎十萬，軍長安旁以備胡寇。而拜昌侯盧卿為上郡將軍，甯侯魏遬為北地將軍，隆慮侯周竈為隴西將軍，東陽侯張相如為大將軍，成侯董赤為前將軍，大發車騎往擊胡。單于留塞內月餘乃去，漢逐出塞即還，不能有所殺。匈奴日已驕，歲入邊，殺略人民畜產甚多，雲中、遼東最甚，至代郡萬餘人。漢患之，乃使使遺匈奴書。單于亦使當戶報謝，復言和親事。

【註】㊀徐廣云：「姓孫，其子單，後封為瓶侯。」㊁彭陽：在甘肅鎮原縣東。㊂回中：在陝西隴縣西北。㊃候騎：偵探的騎兵。㊄甘泉：陝西淳化縣。

孝文帝後二年，使使遺匈奴書曰：「皇帝敬問匈奴大單于無恙。使當戶且居㈠雕渠難㈡、郎中韓遼遺朕馬二匹，已至，敬受。先帝制：長城以北，引弓之國，受命單于；長城以內，冠帶之室，朕亦制之。使萬民耕織射獵衣食，父子無離，臣主相安，俱無暴逆。今聞渫㈢惡民貪降㈣其進取之利，倍義絕約㈤，忘萬民之命，離兩主之驩，然其事已在前矣。書曰：『二國已和親，兩主驩說㈥，寢兵休卒養馬，世世昌樂，闟然更始㈦。』朕甚嘉之。聖人者日新，改作更始，使老者得息，幼者得長，各保其首領而終其天年。朕與單于俱由此道，順天恤民，世世相傳，施之無窮，天下莫不咸便。漢與匈奴鄰國之敵，匈奴處北地，寒，殺氣早降，故詔吏遺單于秫櫱金帛絲絮佗物，歲有數。今天下大安，萬民熙熙，朕與單于為之父母。朕追念前事，薄物細故，謀臣計失，皆不足以離兄弟之驩。朕聞天不頗覆，地不偏載。朕與單于皆捐往細故，俱蹈大道，墮壞前惡，以圖長久，使兩國之民若一家子。元元萬民，下及魚鱉，上及飛鳥，跂行喙息蠕動之類㈧，莫不就安利而辟危殆㈨。故來者不止，天之道也。俱去前事：朕釋逃虜民，單于無言章尼等⑩。朕聞古之帝王，約分明而無食言。單于留志，天下大安，和親之後，漢過不先。單于其察之。」

【註】㊀匈奴官名。㊁雕渠難：人名。㊂渫：音泄。邪污的。㊃降：同「向」，貪心向前。㊄倍：背。㊅說：同「悅」。㊆翕：音翕（ㄒㄧˋ），和好的，欣悅的。有解為安定的。㊇跂行：足多指之蟲也。喙息：鳥獸之物，多指鳥類。音惠（ㄏㄨㄟˋ），口也。蠕動：昆蟲也。緩緩移動的樣子，蠕蠕而動。音輭（ㄖㄨㄢˇ）。㊈辟：避。㊉索隱謂：文帝云：「我今日並釋放彼國逃亡虜，遣之歸本國，汝單于無得更以言詞訴於章尼等，責其逃也。」

單于既約和親，於是制詔御史曰：「匈奴大單于遺朕書，言和親已定，亡人不足以益眾廣地，匈奴無入塞，漢無出塞，犯今約者殺之，可以久親，後無咎，俱便。朕已許之。其佈告天下，使明知之。」

後四歲，老上稽粥單于死，子軍臣立為單于。既立㊀，孝文皇帝復與匈奴和親。而中行說復事之。

【註】㈠徐廣曰：「後元三年立。」

軍臣單于立四歲㈠，匈奴復絕和親，大入上郡、雲中各三萬騎，所殺略甚眾而去。於是漢使三將軍軍屯北地，代屯句注，趙屯飛狐口㈡，緣邊亦各堅守以備胡寇。又置三將軍，軍長安西細柳、渭北棘門、霸上以備胡。胡騎入代句注邊，烽火通於甘泉、長安。數月，漢兵至邊，匈奴亦去遠塞，漢兵亦罷。後歲餘，孝文帝崩，孝景帝立，而趙王遂乃陰使人於匈奴。吳楚反，欲與趙合謀入邊。漢圍破趙，匈奴亦止。自是之後，孝景帝復與匈奴和親，通關市，給遺匈奴，遣公主，如故約。終孝景時，時小入盜邊。無大寇。

【註】㈠徐廣曰：「孝文後元七年崩，而二年答單于書，其間五年。而此云『後四年』，又『立四歲』，數不容爾也。孝文後六年冬，匈奴入上郡、雲中也。」㈡飛狐口：王先謙曰：「句注山在雁門陰館，今代州西北。飛狐口在代郡常山關，今蔚州南。」

今帝即位㈠，明和親約束，厚遇，通關市，饒給之。匈奴自單于以下皆親漢，往來長城下。

【註】㊀今帝：指漢武帝。

漢使馬邑下人聶翁壹㊀奸蘭出物與匈奴交㊁，詳為賣馬邑城以誘單于㊂。單于信之，而貪馬邑財物，乃以十萬騎入武州塞㊃。漢伏兵三十餘萬馬邑旁㊄，御史大夫韓安國為護軍，護四將軍以伏單于。單于既入漢塞，未至馬邑百餘里，見畜布野而無人牧者，怪之，乃攻亭。是時鴈門尉史行徼㊅，見寇，葆此亭㊆，知漢兵謀，單于得，欲殺之㊇，尉史乃告單于漢兵所居。單于大驚曰：「吾固疑之。」乃引兵還。出曰：「吾得尉史，天也，天使若言。」以尉史為「天王」。漢兵約單于入馬邑而縱，單于不至，以故漢兵無所得。漢將軍王恢部出代擊胡輜重，聞單于還，兵多，不敢出。漢以恢本造兵謀而不進，斬恢。自是之後，匈奴絕和親，攻當路塞㊈，往往入盜於漢邊，不可勝數。然匈奴貪，尚樂關市，嗜漢財物，漢亦尚關市不絕以中之㊉。

【註】㈠聶翁壹：聶老先生名壹，山西朔縣（馬邑）人。㈡奸蘭：奸：犯也。蘭：同欄，關口也。奸犯關口之禁，私自出物與敵人相貿易。㈢詳：同「佯」。㈣武州塞：在雁門。㈤伏：埋伏而突擊。㈥行徼：巡行邊塞。㈦葆：即保守此城。㈧原先設計（造）這一項軍事計劃的人。㈨擋住了他的前進路途之要塞。㈩藉關市之利以中傷之。

自馬邑軍後五年之秋，漢使四將軍各萬騎擊胡關市下。將軍衛青出上谷，至蘢城，得胡首虜七百人。公孫賀出雲中，無所得。公孫敖出代郡，為胡所敗七千餘人。李廣出鴈門，為胡所敗，而匈奴生得廣，廣後得亡歸。漢囚敖、廣，敖、廣贖為庶人。其冬，匈奴數入盜邊，漁陽尤甚㈠。漢使將軍韓安國屯漁陽備胡。其明年秋，匈奴二萬騎入漢，殺遼西太守，略二千餘人。胡又入敗漁陽太守軍千餘人，圍漢將軍安國，安國時千餘騎亦且盡，會燕救至，匈奴乃去。匈奴又入鴈門，殺略千餘人。於是漢使將軍衛青將三萬騎出鴈門，李息出代郡，擊胡。得首虜數千人。其明年，衛青復出雲中以西至隴西，擊胡之樓煩、白羊王於河南，得胡首虜數千，牛羊百餘萬。於是漢遂取河南地，築朔方，復繕故秦時蒙恬所為塞，因河為固。漢亦弃上谷之什辟縣造陽地以予胡㊁。是歲，漢之元朔二年也。

【註】㊀漁陽：河北密雲縣西南。㊁什辟縣：孟康云：「縣斗辟近胡也。什音斗，辟音僻。」斗，即「抖」，突出於外而陷於孤懸。僻，偏遠而孤僻。什辟縣，即孤懸而偏僻的縣份。造陽就是一個孤僻之縣。

其後冬，匈奴軍臣單于死。軍臣單于弟左谷蠡王伊稚斜自立為單于，攻破軍臣單于太子於單。於單亡降漢，漢封於單為涉安侯，數月而死。

伊稚斜單于既立，其夏，匈奴數萬騎入殺代郡太守恭友，略千餘人。其秋，匈奴又入鴈門，殺略千餘人。其明年，匈奴又復入代郡、定襄㊀、上郡，各三萬騎，殺略數千人。匈奴右賢王怨漢奪之河南地而築朔方，數為寇，盜邊，及入河南，侵擾朔方，殺略吏民甚眾。

【註】㊀定襄：今山西右玉縣以北，至綏遠道及蒙古喀爾喀右翼、四子部落之地，治成樂，即今和

林格爾縣。

其明年春，漢以衞青為大將軍，將六將軍，十餘萬人，出朔方、高闕擊胡。右賢王以為漢兵不能至，飲酒醉，漢兵出塞六七百里，夜圍右賢王。右賢王大驚，脫身逃走，諸精騎往往隨後去。漢得右賢王衆男女萬五千人，裨小王十餘人。其秋，匈奴萬騎入殺代郡都尉朱英，略千餘人。

其明年春，漢復遣大將軍衞青將六將軍，兵十餘萬騎，乃再出定襄數百里擊匈奴，得首虜前後凡萬九千餘級，而漢亦亡兩將軍，軍三千餘騎。右將軍建得以身脫㊀，而前將軍翕侯趙信兵不利，降匈奴。趙信者，故胡小王，降漢，漢封為翕侯，以前將軍與右將軍幷軍分行㊁，獨遇單于兵，故盡沒。單于既得翕侯，以為自次王㊂，用其姊妻之，與謀漢。信教單于益北絕幕㊃，以誘罷漢兵㊄，徼極而取之㊅，無近塞。單于從其計。其明年，胡騎萬人入上谷，殺數百人。

【註】 ㊀蘇建：蘇武之父。㊁與大軍相別而行。㊂自次王：其地位之尊，僅次於單于。㊃用：

以。越發向北退避於絕遠的沙漠之地。㊄以引誘漢兵來攻，使其疲敝。㊅徼極：徼，遮擊也。極：絕地。遮阻於絕地而擊之。索隱謂：「徼：要也，謂要其疲極而取之。」

其明年春，漢使驃騎將軍去病將萬騎出隴西，過焉支山㊀千餘里，擊匈奴，得胡首虜（騎）萬八千餘級，破得休屠王祭天金人㊁。其夏，驃騎將軍復與合騎侯數萬騎出隴西、北地二千里，擊匈奴。過居延㊂，攻祁連山㊃，得胡首虜三萬餘人，裨小王以下七十餘人。是時匈奴亦來入代郡、鴈門，殺略數百人。漢使博望侯及李將軍廣出右北平，擊匈奴左賢王。左賢王圍李將軍，卒可四千人，且盡，殺虜亦過當。會博望侯軍救至，李將軍得脫。漢失亡數千人，合騎侯後驃騎將軍期，及與博望侯皆當死，贖為庶人。

【註】㊀焉支山：亦名刪丹山，又名大黃山，在今甘肅山丹縣東南。西河故事云：「匈奴失祁連、焉支二山，乃歌曰：『亡我祁連山，使我六畜不蕃息，失我焉支（胭脂山），使我婦女無顏色。』其憫惜乃如此。」㊁祭天金人：《漢書音義》曰：「匈奴祭天處，本在雲陽甘泉山下，秦奪其地，後徙之休屠王右地，故休屠有祭天金人，象祭天人也。」韋昭云：「作金人以為祭天主」。崔浩云：

「胡祭以金人為主，今浮圖金人是也。」《括地志》云：「徑路神祠在雍州、雲陽縣西北九十里甘泉山下，本匈奴祭天處，秦奪其地，後徙休屠右地。」所謂「金人」，即今佛像，是其遺法，立以為祭天主也。㊂居延：甘肅張掖縣。㊃祁連山：即天山，匈奴呼天曰祁連。山在甘肅張掖縣西南，緜亘於甘、涼之境。一名南山，亦名雪山、白山，西連酒泉安西，又西連阿爾金山以際於葱嶺，蓋數千里。

其秋，單于怒渾邪王、休屠王居西方為漢所殺虜數萬人，欲召誅之。渾邪王與休屠王恐，謀降漢㊀，漢使驃騎將軍往迎之。渾邪王殺休屠王，幷將其眾降漢。凡四萬餘人，號十萬。於是漢已得渾邪王，則隴西、北地、河西益少胡寇，徙關東貧民處所奪匈奴河南、新秦中㊁以實之，而減北地以西戍卒半。其明年，匈奴入右北平、定襄各數萬騎，殺略千餘人而去。

【註】㊀徐廣曰：「元狩二年也」。㊁新秦中：《史記》以為秦始皇遣蒙恬斥逐北胡，得肥饒之地七百里，徙內郡人民以往充實之，號曰「新秦中」。

其明年春，漢謀曰「翕侯信為單于計，居幕北，以為漢兵不能至。」乃粟馬發十萬騎㊀，私負從㊁馬凡十四萬匹，糧重不與焉㊂。令大將軍青、驃騎將軍去病中分軍，大將軍出定襄，驃騎將軍出代，咸約絕幕擊匈奴。單于聞之，遠其輜重，以精兵待於幕北。與漢大將軍接戰一日，會暮，大風起，漢兵縱左右翼圍單于。單于自度戰不能如漢兵，單于遂獨身與壯騎數百潰漢圍西北遁走。漢兵夜追不得。行斬捕匈奴首虜萬九千級，北至闐顏山趙信城㊃而還。

【註】㊀粟馬：以粟秣馬也。㊁私負從馬：王念孫曰：「私負從軍即謂私負衣裝而從之馬」。㊂糧食輜重，還不計算在內。㊃闐：音田（ㄊㄧㄢˊ）。趙信城：孟康曰：「趙信所作，因以名城」。

單于之遁走，其兵往往與漢兵相亂而隨單于。單于久不與其大眾相得，其右谷蠡王以為單于死，乃自立為單于。真單于復得其眾，而右谷蠡王乃去其單于號，復為右谷蠡王。

漢驃騎將軍之出代二千餘里，與左賢王接戰，漢兵得胡首虜凡七萬餘級，左賢王將皆遁走。驃騎封於狼居胥山㊀，禪姑衍㊁，臨翰海㊂而還。

【註】㊀狼居胥山：在蒙古鄂爾多斯黃河西北，騰格里泊之西南，亦名狼山。㊁姑衍：山名，在漠北。驃騎將軍霍去病破匈奴，在此兩山舉行封禪之祭。㊂翰海：崔浩云：「北海名，羣鳥之所解羽，伏乳於此，故名。」

是後匈奴遠遁，而幕南無王庭。漢度河自朔方以西至令居㊀，往往通渠置田，官吏卒五六萬人，稍蠶食，地接匈奴以北㊁。

【註】㊀令居：縣名，漢置，為護羌校尉治地。故城在今甘肅平番縣西北。漢武帝西逐諸羌——乃渡河湟，築令居塞。清一統志謂其地當在西大通堡之北。按西大通堡在平番縣西，大通河左岸。㊁正義謂：「匈奴舊以幕為王庭，今遠徙幕北，更蠶食之，漢地連接匈奴舊地以北也。」

初，漢兩將軍大出圍單于，所殺虜八九萬，而漢士卒物故㊀亦數萬，漢馬死者十餘萬。匈奴雖病，遠去，而漢亦馬少，無以復往。匈奴用趙信之計，遣使於漢，好辭請和親。天子下其議，或言和親，或言遂臣之。丞相長史任敞曰：「匈奴新破，困，宜可使為外臣，朝請於邊。」漢使任敞於單于。單于聞敞計，大怒，留之不遣。先是漢亦有所降匈奴使者，單于亦輒留漢使相當。漢方復收士馬，會驃騎將軍去病死，於是漢久不北擊胡。

【註】㊀物故：死也。

數歲，伊稚斜單于立十三年死，子烏維立為單于。是歲，漢元鼎三年也。烏維單于立，而漢天子始出巡郡縣。其後漢方南誅兩越㊀，不擊匈奴，匈奴亦不侵入邊。

【註】㊀兩越：即南越，廣東；東越，福建。

烏維單于立三年，漢已滅南越，遣故太僕賀將萬五千騎出九原二千餘里，至浮苴井㊀而還，不見匈奴一人。漢又遣故從驃侯趙破奴萬餘騎出令居數千里，至匈河水㊁而還，亦不見匈奴一人。

【註】㊀浮苴井：距九原二千里。㊁匈河水：距令居千里。

是時天子巡邊，至朔方，勒兵十八萬騎以見武節，而使郭吉風告單于㊀。郭吉既至匈奴，匈奴主客㊁問所使㊂，郭吉禮卑言好，曰：「吾見單于而口言。」單于見吉，吉曰：「南越王頭已懸於漢北闕。今單于即能，前與漢戰㈣，天子自將兵待邊；單于即不能，即南面而臣於漢。何徒遠走，亡匿於幕北寒苦無水草之地？毋為也㈤！」語卒而單于大怒，立斬主客見者，而留郭吉不歸，遷之北海上㈥。而單于終不肯為寇於漢邊，休養息士馬，習射獵，數使使於漢，好辭甘言求和親。

【註】㈠風：讀「諷」，隱語暗示。㈡主客：主持接待賓客之外交官員。㈢問以何事而來。㈣即：如果。㈤毋為也：不必這樣。㈥北海：大湖，即今西伯利亞之貝加爾湖。

漢使王烏等窺匈奴。匈奴法，漢使非去節而以墨黥其面者不得入穹廬。王烏，北地人，習胡俗，去其節，黥面，得入穹廬。單于愛之，詳許甘言，為遣其太子入漢為質，以求和親。

【註】㈠詳：佯。㈡質：以人作抵押品。

漢使楊信於匈奴。是時漢東拔穢貉、朝鮮以為郡㈠，而西置酒泉郡㈡以鬲絕胡與羌通之路。漢又西通月氏、大夏㈢，又以公主妻烏孫王㈣，以分匈奴西方之援國。又北益廣田至肱靁為塞㈤，而匈奴終不敢以為言。是歲，翕侯信死，漢用事者以匈奴為已弱，可臣從也。楊信為人剛直屈彊㈥，素非貴臣，單于不親。單于欲召入，不肯去節，單于乃坐穹廬外見楊信。楊信既見單于，說曰：「即欲和親，以單于太子為質於漢。」單于曰：「非故約。故約，漢常遣翁主，給繒絮食物有品㈦，以和親，而匈奴亦不擾邊。今乃欲反古，令吾太子為質，無幾矣㈧。」匈奴俗，見漢使非中貴人，其儒先㈨，以為欲說，折其辯；其少年，以為欲刺，折其氣。每漢使入匈奴，匈奴輒報償。漢留匈奴使，匈奴亦留漢使，必得當乃肯止。

【註】㈠即玄菟、樂浪二郡。玄菟，即今朝鮮咸鏡道及吉林南境，本沃沮之地也，治沃沮城。樂浪，今朝鮮之平安、黃海、京畿諸道及忠清道之北境。㈡酒泉郡：在甘肅酒泉縣。㈢月氏：其族先居甘肅西境，漢時為匈奴所破，西走至阿母河，臣服大夏，都於河北，曰大月氏。其不能去者，留居故地，為小月氏。大月氏強盛時，奄有印度恒河流域、克什米爾、阿富汗、及蔥嶺東西之地。大夏：西

域古國，希臘人所建，在阿母河南，本無大君長，兵弱畏戰，後臣於月氏。按西史稱為巴克特里亞，即今阿富汗北部之地。㊃烏孫：國名，即今新疆伊犁河流域之地。㊄眩雷雷：地名，在烏孫北。㊅屈彊：倔強。㊆品：等差。㊇無幾矣：言和親維持不了幾天了。（前言漢守約，故能維持和親局面，現在漢家反古之道不守約，則和親之局當然是維持不了幾天了。）正義將「幾」字解為「冀」字，言其沒有希望了。不妥。㊈儒先：《漢書》作「儒生」，以《漢書》為對。

楊信既歸，漢使王烏，而單于復讇以甘言㊀，欲多得漢財物，紿謂王烏曰：「吾欲入漢見天子，面相約為兄弟。」王烏歸報漢，漢為單于築邸于長安。匈奴曰：「非得漢貴人使，吾不與誠語㊁。」匈奴使其貴人至漢，病，漢予藥，欲愈之，不幸而死。而漢使路充國佩二千石印綬往使，因送其喪，厚葬直數千金㊂，曰「此漢貴人也」。單于以為漢殺吾貴使者，乃留路充國不歸。諸所言者，單于特空紿王烏，殊無意入漢及遣太子來質。於是匈奴數使奇兵侵犯邊。漢乃拜郭昌為拔胡將軍，及浞野侯㊃屯朔方以東，備胡。路充國留匈奴三歲，單于死。

【註】㊀讇：同「諂」，佞媚也。紿：欺騙。㊁不與之說實話。㊂直：值。㊃浞野侯：趙破奴。

烏維單于立十歲而死，子烏師廬立為單于。年少，號為兒單于。是歲元封六年也。自此之後，單于益西北，左方兵直雲中，右方直酒泉、燉煌郡㊀。

【註】㊀直：值，當，即左方之兵，直當雲中，右方之兵，直當酒泉、燉煌郡。

兒單于立，漢使兩使者，一弔單于，一弔右賢王，欲以乖其國㊀。使者入匈奴，匈奴悉將致單于㊁。單于怒而盡留漢使。漢使留匈奴者前後十餘輩，而匈奴使來，漢亦輒留相當。

是歲，漢使貳師將軍廣利西伐大宛，而令因杅將軍敖築受降城。其冬，匈奴大雨雪，畜多飢寒死。兒單于年少，好殺伐，國人多不安。左大都尉欲殺單于，使人閒告漢曰㊂：「我欲殺單于降漢，漢遠，即兵來迎我㊃，我即發。」初，漢聞此言，故築受降城，猶以為遠。

【註】㊀乖：使之背離而不相合。㊁將：送致。㊂閒：乘隙，乘機。㊃即：如果。

其明年春，漢使浞野侯破奴將二萬餘騎出朔方西北二千餘里，期至浚稽山㈠而還。浞野侯既至期而還，左大都尉欲發而覺，單于誅之，發左方兵擊浞野。浞野侯行捕首虜得數千人。還，未至受降城四百里，匈奴兵八萬騎圍之。浞野侯夜自出求水，匈奴閒捕，生得浞野侯，因急擊其軍。軍中郭縱為護，維王為渠㈡，相與謀曰：「及諸校尉畏亡將軍而誅之，莫相勸歸㈢。」軍遂沒於匈奴。匈奴兒單于大喜，遂遣奇兵攻受降城。不能下，乃寇入邊而去。其明年，單于欲自攻受降城，未至，病死。

【註】㈠浚稽山：在甘肅武威縣北。㈡渠：首領。㈢大家都怕亡將軍而受誅，故皆不歸。

兒單于立三歲而死。子年少，匈奴乃立其季父烏維單于弟右賢王呴犁湖為單于。是歲太初三年也。

呴犁湖單于立，漢使光祿徐自為出五原塞㈠數百里，遠者千餘里，築城鄣列亭㈡至盧朐㈢，而使游擊將軍韓說、長平侯衛伉屯其旁，使彊弩都尉路博德築居延澤上㈣。

【註】㊀五原塞：正義謂：「即五原郡，榆林塞是也。在勝州榆林縣。」㊁鄣：山中小城。亭：侯望所居。㊂盧朐：匈奴地名，又山名。〈地理志〉云：「五原郡稒陽縣北出石門鄣，得光祿城，又西北得支就城，又西北得頭曼城，又西北得虖河城，又西北得宿虜城」。按即築城鄣列亭至盧朐也。㊃居延澤：《括地志》云：「漢居延縣故城在甘州張掖縣東北一千五百三十里，有漢遮虜鄣，彊弩都尉路博德之所築。李陵敗，與士眾期至遮虜鄣，即此也。長老傳云：鄣北百八十里，直居延之西北，是李陵戰地也。居延：地名，在今甘肅酒泉邊外蒙古額濟納旗。居延澤，湖名，亦曰居延海，在額濟納旗東北境。分東西二泊，東曰朔博泊，西曰朔博克泊。《漢書》、《水經注》皆謂流沙即居延澤。

其秋，匈奴大入定襄、雲中，殺略數千人，敗數二千石而去，行破壞光祿所築城列亭鄣。又使右賢王入酒泉、張掖，略數千人。會任文㊀擊救，盡復失所得而去。是歲，貳師將軍破大宛㊁，斬其王而還。匈奴欲遮之，不能至。其多，欲攻受降城，會單于病死。

【註】㊀任文：漢將之名。㊁大宛：今俄領中亞細亞之佛爾哈那州。

呴犁湖單于立一歲死。匈奴乃立其弟左大都尉且鞮侯為單于。

漢既誅大宛，威震外國。天子意欲遂困胡，乃下詔曰：「高皇帝遺朕平城之憂，高后時單于書絕悖逆。昔齊襄公復九世之讎，春秋大之㊀。」是歲太初四年也。

【註】㊀《公羊傳》曰：「九世猶可以復讎乎？曰：雖百世，可也。」

且鞮侯單于既立，盡歸漢使之不降者。路充國等得歸。單于初立，恐漢襲之，乃自謂「我兒子，安敢望漢天子！漢天子，我丈人行㊀也。」漢遣中郎將蘇武厚幣賂遺單于。單于益驕，禮甚倨，非漢所望也。其明年，浞野侯破奴得亡歸漢。

【註】㊀我丈人行也：行，音杭。我的老前輩。

其明年，漢使貳師將軍廣利以三萬騎出酒泉，擊右賢王於天山㊀，得胡首虜萬餘級而還。匈奴大圍貳師將軍，幾不脫。漢兵物故什六七㊁。漢復使因杅將軍敖出西河㊂，與彊弩都尉會涿涂山㊃，毋所得。又使騎都尉李陵將步騎五千人，出居延北千餘里，與單于會，合戰，陵所殺傷萬餘人，兵及食盡，欲解歸，匈奴圍陵，陵降匈奴，其兵遂沒，得還者四百人。單于乃貴陵，以其女妻之。

【註】㈠天山：一名雪山，又名白山，又名折羅漫山，在新疆境內，西接於葱嶺之烏赤別里山，在新疆疏勒之西北，迤為我國與俄國之界。其東迤而分阿克蘇、特克斯二河之源者，曰汗騰格里、天山之主峰也。最高之頂，達二萬五千尺。又東北為那剌特山，自此而東，分為二支，橫分新疆為南北二路，北支至鎮西縣東而止，南支至哈密縣東而止。又北一支在伊犂之北者，名博羅布爾噶蘇山脈，更北而為塔爾巴哈臺山脈。㈡物故：死亡。㈢西河：即蒙古鄂爾多斯左翼前旗及陝西舊楡林府，亦在黃河西，漢置西河郡，治富昌，即鄂爾多斯左翼前旗之地。㈣涿涂山：在匈奴境內。

後二歲，復使貳師將軍將六萬騎，步兵十萬，出朔方。彊弩都尉路博多將萬餘人，與貳師會。游擊將軍說將步騎三萬人，出五原。因杅將軍敖將萬騎步兵三萬人，出鴈門。匈奴聞，悉遠其累重於余吾水北㈠，而單于以十萬騎待水南，與貳師將軍接戰。貳師乃解而引歸，與單于連戰十餘日。貳師聞其家以巫蠱族滅，因并眾降匈奴㈡，得來還千人一兩人耳。游擊說無所得。因杅敖與左賢王戰，不利，引歸。是歲漢兵之出擊匈奴者不得言功多少，功不得御㈢。有詔捕太醫令隨但，言貳師將軍家室族滅，使廣利得降匈奴。

【註】㈠余吾水：應劭曰：「在朔方北也」。㈡武帝征和二年，巫蠱始起。三年，廣利與商丘成出擊胡軍，敗，乃降。㈢御：其功不得相御當也。

太史公曰：孔氏著春秋，隱桓之閒則章，至定哀之際則微，為其切當世之文而罔褒，忌諱之辭也。世俗之言匈奴者，患其徼一時之權，而務讇納其說，以便偏指，不參彼己；將率席中國廣大，氣奮，人主因以決策，是以建功不深。堯雖賢，興事業不成，得禹而九州寧。且欲興聖統，唯在擇任將相哉！唯在擇任將相哉㈠！

【註】㈠太史公說：「孔子著春秋，對於隱桓之間的事，則議論明朗，而對於定哀之際的事，則措辭曖昧（微），因為關切於當世的事情，有許多忌諱，所以在他著文的時候，就不好寫出明白的褒

貶。世俗之談匈奴問題者，他們的通病（患），都是想著博取（徼）個人一時的權利，務為諂媚的建議，以便於偏差的結論，全不參詳（考慮）敵我的情勢，而作知己知彼的探討。而一般為將帥者，就憑藉（席）中國的地大物博，志高氣揚，而人主也就根據他們的意見，作為戰鬥的決策，所以建功不深。堯帝雖然賢能，但是，初期興辦事業並沒有成功，只有得了大禹之後，九州纔能安定。由此可見，如果要想振興聖人的事功（統），只有大公無私的選任將相啊！只有大公無私的選任將相啊！（太史公所以在結論的時候，連連重複選任將相的話，就是因為漢武帝所用李廣利之輩，都是戚姻關係，毫無統兵作戰的能力，以致屢遭挫敗，損兵折將。傾國家之生靈，博後宮之喜佞，太史公深痛之而不敢明言，故自託於孔子之著《春秋》，對於隱桓之間則下筆明朗，至於定哀之際，則行文曖微，何以故？為其切當世之事而忌諱之多也。）

卷一百十一　衛將軍驃騎列傳第五十一

即衛青與霍去病列傳。

大將軍衛青者，平陽人也㈠。其父鄭季㈡，為吏，給事平陽侯家㈢，與侯妾衛媼通，生青。青同母兄衛長子，而姊衛子夫自平陽公主家得幸天子㈣，故冒姓為衛氏㈤。字仲卿。長子更字長君。長君母號為衛媼。媼長女衛孺，次女少兒，次女即子夫。後子夫男弟步、廣皆冒衛氏。

【註】㈠平陽：山西臨汾縣。㈡鄭季：不知其真正的名字，故在其姓下加以伯仲叔季之「季」字。《史記》中有許多人都是如此稱呼。㈢在縣府為吏而服務於平陽侯之家。㈣曹參的曾孫平陽夷侯娶漢武帝之姊為妻，故稱平陽公主。生子襄。㈤衛青假冒母姓而姓衛。衛青的姐姐名衛子夫，得幸於漢武帝，所以日後得為將軍。

青為侯家人，少時歸其父，其父使牧羊。先母之子㈠皆奴畜之，不以為兄弟數㈡。青嘗從入至甘泉居室㈢，有一鉗徒㈣相青曰：「貴人也，官至封侯㊄。」青笑曰：「人奴之生，得毋笞罵即足矣，安得封侯事乎㊅！」

【註】㊀先母：青之嫡母。嫡母之子，即與青同父不同母之兄弟也。㊁都以奴隸看待他。不把他列於兄弟之數。㊂居室：署名，拘繫由皇帝之詔令而下獄之罪犯，如灌夫將軍即曾繫囚於此。㊃鉗徒：受鉗刑之罪犯。古刑法，以鐵束其頸，曰鉗刑。㊄為衞青相面，說衞青將來可以封侯。㊅衞青笑道：「奴才活在世上，能夠不挨打挨罵，就算心滿意足了，那裡還會有封侯之事呢！」

青壯，為侯家騎，從平陽主。建元二年春，青姊子夫得入宮幸上。皇后，堂邑大長公主女也，無子，妒㊀。大長公主聞衞子夫幸，有身，妒之，乃使人捕青。青時給事建章㊁，未知名。大長公主執囚青，欲殺之。其友騎郎公孫敖與壯士往篡取之㊂，以故得不死。上聞，乃召青為建章監，侍中，及同母昆弟貴，賞賜數日閒累千金。孺為太僕公孫賀妻。少兒故與陳掌通㊃，上召貴掌。公孫敖由此益貴。子夫為夫人。青為大中大夫㊄。

【註】㊀景帝之姊長公主，下嫁於堂邑侯陳嬰之孫陳午，故稱為堂邑大長公主，乃漢武帝之姑母。

其姑母之女又為武帝之后。無子，而心性妒忌。㈡建章：上林中之宮名。㈢篡：刼奪出來。㈣陳平之曾孫。㈤大中大夫：與御史大夫同等地位，次於丞相之下的高官。

元光五年，青為車騎將軍，擊匈奴，出上谷；太僕公孫賀為輕車將軍，出雲中；大中大夫公孫敖為騎將軍，出代郡；衛尉李廣為驍騎將軍，出雁門：軍各萬騎。青至蘢城，斬首虜數百。騎將軍敖亡七千騎；衛尉李廣為虜所得，得脫歸：皆當斬，贖為庶人。賀亦無功㈠。

【註】㈠此數將軍，除李廣外，都不是統兵作戰的人才，而武帝委以大權，焉得不敗？所以太史公一再歎息，要審選將帥啊！

元朔元年春，衛夫人有男㈠，立為皇后。其秋，青為車騎將軍，出雁門，三萬騎擊匈奴，斬首虜數千人。明年，匈奴入殺遼西太守㈡，虜略漁陽二千餘人，敗韓將軍軍。漢令將軍李息擊之，出代；令車騎將軍青出雲中以西至高闕㈢。遂略河南地，至于隴西㈣，捕首虜數千，畜數十萬，走白羊、樓煩王㈤。遂以河南地為朔方郡㊅。以三千八百戶封青為長平侯。青校尉蘇建有功，以千一百戶封建為平陵侯。使建築朔方城。青校尉張次公有功，封為岸頭侯㊆。天子曰：「匈奴逆天理，亂人倫，暴長虐老，以盜竊為務，行詐諸蠻夷，造謀藉兵，數為邊害，故興師遣將，以征厥罪。詩不云乎，『薄伐玁狁㊇，至于太原』，『出車彭彭，城彼朔方』。今車騎將軍青度西河至高闕，獲首虜二千三百級，車輜畜產畢收為鹵，已封為列侯，遂西定河南地，按榆谿舊塞㊈絕梓領㊉，梁北河㊁，討蒲泥，破符離㊂，斬輕銳之卒，捕伏聽者㊂三千七十一級，執訊獲醜㊃，驅馬牛羊百有餘萬，全甲兵而還，益封青三千戶。」其明年，匈奴入殺代郡太守友，入略鴈門千餘人。其明年，匈奴大入代、定襄、上郡、殺略漢數千人。

【註】㊀即衞太子據也。㊁遼西：自河北之承德、朝陽至遼寧之錦州新民諸地皆在其中，以河北之盧龍縣為其治地。㊂高闕：塞名，在陰山西蒙古鄂爾多斯右翼，黃河外騰格里湖之東北。河水自屠申澤又屈而東流，為北河，東逕高闕南。趙武靈王沿陰山下至高闕築塞、山下有長城，連山刺天，其

山中斷，望若闕然，故名闕口，有城謂之高闕戍。㊃隴西：郡名，包括甘肅舊蘭州、鞏昌、秦州諸府州之地，治狄道，即甘肅狄道縣。㊄樓煩：山西神池、五寨兩縣之地。㊅朔方：在內蒙古鄂爾多斯。㊆岸頭：河東皮氏縣之鄉名。㊇薄：語詞，乃也。㊈榆谿塞：在蒙古鄂爾多斯黃河北岸，即秦長城所在。蒙恬為秦逐胡，闢地數千里，以河為境，累石為城，樹榆為塞。《水經注》云：「上郡之北有諸次水，東經榆林塞，為榆谿。即其名之所由來。㊉絕：度也。梓嶺：嶺名。㊁梁：作橋樑以渡也，當動詞用。《括地志》云：「北河，在靈州界。」㊂蒲泥、符離：崔浩云：「漠北塞名。」㊂伏聽：伏於隱處，刺探軍情。㊃執其俘虜而訊問之，大獲其醜類，此乃《詩經》之句。

其明年，元朔之五年春，漢令車騎將軍青將三萬騎，出高闕；衛尉蘇建為游擊將軍，左內史李沮為彊弩將軍，太僕公孫賀為騎將軍，代相李蔡為輕車將軍，皆領屬車騎將軍，俱出朔方；大行李息、岸頭侯張次公為將軍，出右北平：咸擊匈奴。匈奴右賢王當衛青等兵，以為漢兵不能至此，飲醉。漢兵夜至，圍右賢王，右賢王驚，夜逃，獨與其愛妾一人壯騎數百馳，潰圍北去。漢輕騎校尉郭成等逐數百里，不及，得右賢裨王十餘人㊀，眾男女萬五千餘人，畜數千百萬，於是引兵而還。至塞，天子使使者持大將軍印，即軍中拜車騎將軍青為大將軍，諸將皆以兵屬大將軍，大將軍立號而歸㈡。天子曰：「大將軍青躬率戎士，師大捷，獲匈奴王十有餘人，益封青六千戶。」而封青子伉為宜春侯，青子不疑為陰安侯，青子登為發千侯。青固謝曰：「臣幸得待罪行閒，賴陛下神靈，軍大捷，皆諸校尉力戰之功也。陛下幸已益封臣青。臣青子在繈緥中㈢，未有勤勞，上幸列地封為三侯，非臣待罪行閒所以勸士力戰之意也。伉等三人何敢受封！」天子曰：「我非忘諸校尉功也，今固且圖之。」乃詔御史曰：「護軍都尉公孫敖三從大將軍擊匈奴，常護軍，傅校獲王㈣，以千五百戶封敖為合騎侯。都尉韓說從大將軍出窳渾㈤，至匈奴右賢王庭，為麾下搏戰獲王，以千三百戶封說為龍額侯。騎將軍公孫賀從大將軍獲王，以千三百戶封賀為南窌侯㈥。輕車將軍李蔡再從大將軍獲王，以千六百戶封蔡為樂安侯。校尉李朔，校尉趙不虞，校尉公孫戎奴，各三從大將軍獲王，以千三百戶封朔為涉軹侯，以千三百戶封不虞為隨成侯，以千三百戶封戎奴為從平侯。將軍李沮、李息及校尉豆如意有功，賜爵關內侯，食邑各三百戶。」其秋，匈奴入代，殺都尉朱英。

【註】㈠裨王：小王也。若裨將之與將軍然。㈡立大將軍之號令而歸。㈢繈緥：繈長尺二寸，闊八寸，以纏束小兒於背。緥：小兒之被具也。㈣傅校獲王：傅，領也，五百人曰校，言領率五百人而捕獲匈奴之王。㈤窳渾：塞名，在朔方。㈥南窌：縣名。窌，音窖。

其明年春，大將軍青出定襄，合騎侯敖為中將車，太僕賀為左將軍，翕侯趙信為前將軍，衛尉蘇建為右將軍，郎中令李廣為後將軍，右內史李沮為彊弩將軍，咸屬大將軍，斬首數千級而還。月餘，悉復出定襄擊匈奴，斬首虜萬餘人。右將軍建、前將軍信并軍三千餘騎，獨逢單于兵，與戰一日餘，漢兵且盡。前將軍故胡人，降為翕侯，見急，匈奴誘之，遂將其餘騎可八百，犇降單于。右將軍蘇建盡亡其軍，獨以身得亡去，自歸大將軍。大將軍問其罪正閎㈠、長史安㈡、議郎周霸等：「建當云何？」霸曰：「自大將軍出，未嘗斬裨將。今建弃軍，可斬以明將軍之威。」閎、安曰：「不然。兵法『小敵之堅，大敵之禽也㊂。』今建以數千當單于數萬，力戰一日餘，士盡，不敢有二心，自歸。自歸而斬之，是示後無反意也㊃。不當斬。」大將軍曰：「青幸得以肺腑待罪行閒，不患無威，而霸說我以明威，甚失臣意。且使臣職雖當斬將，以臣之尊寵而不敢自擅專誅於境外，而具歸天子，天子自裁之㊄，於是以見為人臣不敢專權，不亦可乎？」軍吏皆曰「善」。遂囚建詣行在所㊅。入塞罷兵。

【註】㊀正：軍正，執法官也。㊁長史：幕府中秘書長之類。㊂兩軍相戰，其力量小者，雖堅決作戰，但最後必為力量大者所擒，此言小之不敵大也。㊃無：不也。反：返也。言示人不要返回祖國也。㊄裁：斟情而自行決定。㊅天子自謂所居，曰：「行在所」。言今雖在京師，行所至耳。天子巡狩天下，所奏事處，皆為宮。在長安則曰奏長安宮；在泰山，則曰奉高宮，唯當時所在。

是歲也，大將軍姊子霍去病年十八，幸，為天子侍中。善騎射，再從大將軍，受詔與壯士，為剽姚㊀校尉，與輕勇騎八百直弃大軍數百里赴利㈡，斬捕首虜過當㈢。於是天子曰：「剽姚校尉去病斬首虜二千二十八級，及相國、當戶、斬單于大父行㈣籍若侯產，生捕季父羅姑比㈤，再冠軍，以千六百戶封去病為冠軍侯。上谷太守郝賢四從大將軍，捕斬首虜二千餘人，以千一百戶封賢為眾利侯。」是歲，失兩將軍軍，亡翕侯，軍功不多，故大將軍不益封。右將軍建至，天子不誅，赦其罪，贖為庶人。

【註】㈠剽姚：勁捷的樣子。㈡赴利：戰爭形勢有利而赴之。㈢過當：亡失者少，而斬獲者多，兩相比較而見勝，謂之「過當」。㈣大父一輩的人，籍若侯，名產者。㈤羅姑比：單于季父之名。

大將軍既還，賜千金。是時王夫人方幸於上，甯乘說大將軍曰：「將軍所以功未甚多，身食萬戶，三子皆為侯者，徒以皇后故也。今王夫人幸而宗族未富貴，願將軍奉所賜千金為王夫人親壽。」大將軍乃以五百金為壽。天子聞之，問大將軍，大將軍以實言，上乃拜甯乘為東海都尉。

張騫從大將軍，以嘗使大夏㈠，留匈奴中久，導軍，知善水草處，軍得以無飢渴，因前使絕國功，封騫博望侯。

【註】㊀大夏：古國名，在今阿富汗北部之地。

冠軍侯去病既侯三歲，元狩二年春，以冠軍侯去病為驃騎將軍㊀，將萬騎出隴西，有功。天子曰：「驃騎將軍率戎士踰烏盭㊁，討遬濮㊂，涉狐奴㊃，歷五王國，輜重人眾懾慴㊄者弗取，冀獲單于子。轉戰六日，過焉支山千有餘里㊅，合短兵，殺折蘭王，斬盧胡王㊆，誅全甲㊇，執渾邪王子及相國、都尉，首虜八千餘級，收休屠祭天金人㊈益封去病二千戶。」

【註】㊀驃騎將軍：《漢書》云：「霍去病征匈奴有絕幕之勳，始置驃騎將軍，位在三司，品秩同大將軍。」㊁烏盭：山名。盭，音戾。㊂遬濮：崔浩云：「匈奴部落名。」遬，音速。㊃狐奴：水名。㊄懾慴：懼服也。慴，音折（ㄓㄜˊ）。㊅焉支山：《括地志》曰：「焉支山，一名刪丹山，在甘肅省山丹縣東南五十里。」沈欽韓云：「寰宇記：『刪丹山東西百餘里，南北二十里』。」㊆折蘭：盧胡，兩個國名也。顏師古云：「折蘭，匈奴中姓也，今鮮卑有是蘭姓者，即其種。」㊇全甲：匈奴人名。㊈張晏云：「佛徒祠金人也。」如淳云：「祭天以金人為主也。」

其夏，驃騎將軍與合騎侯敖俱出北地，異道；博望侯張騫、郎中令李廣俱出右北平，異道：皆擊匈奴。郎中令將四千騎先至，博望侯將萬騎在後至。匈奴左賢王將數萬騎圍郎中令，郎中令與戰二日，死者過半，所殺亦過當。博望侯至，匈奴兵引去。博望侯坐行留㈠，當斬，贖為庶人。而驃騎將軍出北地，已遂深入，與合騎侯失道㈡，不相得㈢，驃騎將軍踰居延至祁連山㈣，捕首虜甚多。天子曰：「驃騎將軍踰居延，遂過小月氏㈤，攻祁連山㈥，得酋涂王㈦，以眾降者二千五百人，斬首虜三萬二百級，獲五王，五王母，單于閼氏、王子五十九人，相國、將軍、當戶、都尉六十三人，師大率減什三㈧，益封去病五千戶。賜校尉從至小月氏爵左庶長。鷹擊司馬破奴再從驃騎將軍斬遬濮王，捕稽沮王，千騎將得王、王母各一人，王子以下四十一人，捕虜三千三百三十人，前行捕虜千四百人㈨，以千五百戶封破奴為從驃侯。校尉句王高不識，從驃騎將軍捕呼于屠王王子以下十一人，捕虜千七百六十八人，以千一百戶封不識為宜冠侯。校尉僕多有功，封為煇渠侯。」合騎侯敖坐行留不與驃騎會，當斬，贖為庶人。諸宿將所將士馬兵亦不如驃騎，驃騎所將常選，然亦敢深入，常與壯騎先其大軍，軍亦有天幸，未嘗困絕也。然而諸宿將常坐留落不遇。由此驃騎日以親貴，比大將軍。

【註】㊀坐行留：因行進滯留不前而犯罪。㊁失道：迷失道路。㊂不相得：斷絕了聯繫。㊃居延在甘肅酒泉邊外蒙古額濟納旗。居延海在額濟納旗東北境。㊄小月氏：〈西域傳〉：「大月氏本居燉煌、祁連間。餘眾保南山，遂號小月氏。」㊅祁連山：匈奴謂天為祁連，故即天山也。在新疆境內。㊆涂王：胡王也。㊇大率：大抵。率：讀「律」。言漢兵之傷亡，大抵減去十分之三。㊈前行：猶言前隊。

其秋，單于怒渾邪王居西方數為漢所破，亡數萬人，以驃騎之兵也。單于怒，欲召誅渾邪王。渾邪王與休屠王等謀欲降漢，使人先要邊㊀。是時大行李息將城河上，得渾邪王使，即馳傳以聞。天子聞之，於是恐其以詐降而襲邊，乃令驃騎將軍將兵往迎之。驃騎既渡河，與渾邪王衆相望。渾邪王裨將見漢軍而多欲不降者，頗遁去。驃騎乃馳入與渾邪王相見，斬其欲亡者八千人，遂獨遣渾邪王乘傳先詣行在所，盡將其衆渡河，降者數萬，號稱十萬。既至長安，天子所以賞賜者數十巨萬。封渾邪王萬戶，為漯陰侯㊁。封其裨王呼毒尼為下摩侯，鷹庇為煇渠侯㊂，禽棃為河綦侯，大當戶銅離為常樂侯。於是天子嘉驃騎之功曰：「驃騎將軍去病率師攻匈奴西域王渾邪，王及厥衆萌咸相犇，率以軍糧接食，幷將控弦萬有餘人，誅獟駻㊃，獲首虜八千餘級，降異國之王三十二人，戰士不離傷，十萬之衆咸懷集服，仍與之勞，爰及河塞，庶幾無患㊄，幸既永綏矣。以千七百戶益封驃騎將軍。」減隴西、北地、上郡戍卒之半，以寬天下之繇。

【註】㊀謂先於邊境要候漢人，言其欲降。㊁漯陰：縣名，山東平原縣。㊂煇渠：在河南魯山縣。㊃獟駻：同驍悍：桀傲不順的。㊄言匈奴渾邪王降，而塞外沿河諸郡之民無憂患也。

居頃之㈠，乃分徙降者邊五郡故塞外㈡，而皆在河南，因其故俗，為屬國㈢。其明年，匈奴入右北平、定襄，殺略漢千餘人。

【註】㈠居頃之：過了一個短時間。㈡五郡：隴西、北地、上郡、朔方、雲中，皆在故塞外，又在北海西南。㈢屬國：以投降之民，徙置於五郡，各依其本國之風俗習慣而歸屬於漢，故曰「屬國」。漢朝有「典屬國」之官，即主持屬國事務之官。典：主持。

其明年，天子與諸將議曰：「翕侯趙信為單于畫計，常以為漢兵不能度幕，輕留㈠，今大發士卒，其勢必得所欲。」是歲元狩四年也。

【註】㈠幕：沙漠。輕留：匈奴以為漢軍不能渡過沙漠，故敢於輕易犯邊，留而不去。㈡元狩四年（西曆紀元前一一九年）。

元狩四年春，上令大將軍青、驃騎將軍去病將各五萬騎，步兵轉者踵軍數十萬㈠，而敢力戰深入之士皆屬驃騎。驃騎始為出定襄㈡，當單于㈢。捕虜言單于東，乃更令驃騎出代郡㈣，令大將軍出定襄。郎中令為前將軍，太僕為左將軍，主爵趙食其為右將軍，平陽侯襄為後將軍，皆屬大將軍。兵即度幕，人馬凡五萬騎，與驃騎等咸擊匈奴單于。趙信為單于謀曰：「漢兵既度幕，人馬罷，匈奴可坐收虜耳。」乃悉遠北其輜重㊄，皆以精兵待幕北。而適值㊅大將軍軍出塞千餘里，見單于兵陳而待㊆，於是大將軍令武剛車自環為營㊇，而縱五千騎往當匈奴。匈奴亦縱可萬騎。會日且入，大風起，沙礫擊面，兩軍不相見，漢益縱左右翼繞單于。單于視漢兵多，而士馬尚彊，戰而匈奴不利，薄莫㊈，單于遂乘六羸，壯騎可數百，直冒漢圍西北馳去。時已昏，漢匈奴相紛挐㊉，殺傷大當⑪。漢軍左校捕虜言單于未昏而去，漢軍因發輕騎夜追之。大將軍軍因隨其後。匈奴兵亦散走。遲明⑫，行二百餘里，不得單于，頗捕斬首虜萬餘級，遂至窴顏山趙信城⑬，得匈奴積粟食軍。軍留一日而還，悉燒其城餘粟以歸。

【註】㈠步兵與轉運輜重者，絡繹不斷（踵軍）的軍隊有數十萬之多。㈡定襄：山西右玉縣以北至

綏遠道及蒙古喀爾喀右翼四子部落之地，治成樂，即今和林格爾縣。㊂當：當面對付。㊃代郡：山西大同府一帶之地。㊄將其輜重向北方遠遠的遷徙。㊅適值：恰好碰到。㊆陳：擺開陣勢。㊇擺開圓形的陣勢以自衛。㊈薄莫：薄，迫近，將及。莫，即「暮」。言天色將晚之時。㊉紛拏：敵我難辨，混戰一起。⑪敵人的傷亡與自己的傷亡，大概相等。⑫遲明：天色將明而尚未明之時。⑬窴：同「填」，音田。

大將軍之與單于會也，而前將軍廣、右將軍食其軍別從東道，或失道，後擊單于。大將軍引還過幕南，乃得前將軍、右將軍。大將軍欲使使歸報，令長史簿責前將軍廣，廣自殺。右將軍至，下吏㊀，贖為庶人。大將軍軍入塞，凡斬捕首虜萬九千級。

是時匈奴眾失單于十餘日，右谷蠡王聞之，自立為單于。單于後得其眾，右王乃去單于之號。

驃騎將軍亦將五萬騎，車重與大將軍軍等㊁，而無裨將。悉以李敢等為大校，當裨將，出代、右北平千餘里，直左方兵㊂，所斬捕功已多大將軍。軍既還，天子曰：「驃騎將軍去病率師，躬將所獲葷粥之士㊃，約輕齎㊄，絕大幕㊅，涉獲章渠㊆，以誅比車耆(八)，轉擊左大將，斬獲旗鼓，歷涉離侯(九)。濟弓閭(一〇)獲屯頭王、韓王等三人(一一)，將軍、相國、當戶、都尉八十三人，封狼居胥山(一二)，禪於姑衍(一三)，登臨翰海(一四)。執鹵獲醜(一五)七萬有四百四十三級，師率減什三，取食於敵，逴(一六)行殊遠而糧不絕，以五千八百戶益封驃騎將軍。」右北平太守路博德屬驃騎將軍，會與城，不失期，從至檮余(一七)山，斬首捕虜二千七百級，以千六百戶封博德為符離侯。北地都尉邢山從驃騎將軍獲王，以千二百戶封山為義陽侯。故歸義因淳王復陸支、樓專王伊即靬(一八)皆從驃騎將軍有功，以千三百戶封復陸支為壯侯，以千八百戶封伊即靬為眾利侯。從驃侯破奴、昌武侯安稽從驃騎有功，益封各三百戶。校尉敢(一九)得旗鼓，為關內侯，食邑二百戶。校尉自為(二〇)爵大庶長。軍吏卒為官，賞賜甚多。而大將軍不得益封，軍吏卒皆無封侯者。

【註】(一)下吏：下之於吏，即交付軍法審判。(二)車馬輜重與大將軍之軍相等。(三)直對匈奴左方之兵力。(四)菫粥：即獯鬻。(五)儉縮輜重而為輕裝。(六)絕大幕：渡過大沙漠。(七)涉水而獲得單于之近

臣名章渠者。㈧比車者：王號。㈨離侯：山名。㈩弓閭：水名。⑪胡之王號。⑫封土以祭天。狼居胥山：在蒙古鄂爾多斯黃河西北，騰格里泊之西南，亦名狼山。⑬掃壇以祭地，曰禪。姑衍，山名，在沙漠之北。⑭翰海：崔浩云：「北海名，羣鳥之所解羽，故曰翰海。」在沙漠之北。⑮執鹵獲醜：執獲頑強抵抗之敵類。⑯逴行：遠行。逴，音卓（ㄓㄨㄛˊ）。⑰與城：檮余山，皆不知其詳。⑱復陸支，匈奴因淳王之名。伊即軒，匈奴樓專王之名，皆已降而此次立功者。⑲敢：李廣之子。⑳自為：徐自為也。

兩軍之出塞，塞閱官及私馬凡十四萬匹，而復入塞者不滿三萬匹㈠。乃益置大司馬位，大將軍、驃騎將軍皆為大司馬。定令，令驃騎將軍秩祿與大將軍等㈡。自是之後，大將軍青日退，而驃騎日益貴。舉大將軍故人門下，多去事驃騎㈢，輒得官爵，唯任安不肯㈣。

【註】㈠出塞之時，檢閱官馬及私馬共十四萬匹，戰罷歸來，入塞之馬不夠三萬匹，可見所謂勝利者，近於揑造。㈡新置大司馬之號，使衞青與霍去病皆為大司馬，無形中，使霍去病之地位升高而與衞青平等也。㈢舉：全部的，如「舉國」「舉世」。㈣唯任安不肯：此數字特別高調任安之品格，〈太史公報任安書〉，即此人也。

驃騎將軍為人少言不泄㊀，有氣敢任㊁。天子嘗欲教之孫吳兵法，對曰：「顧方略何如耳，不至學古兵法㊂。」天子為治第㊃，令驃騎視之，對曰：「匈奴未滅，無以家為也。」由此上益重愛之。然少而侍中，貴，不省士㊄。其從軍，天子為遣太官齎數十乘，既還，重車餘弃粱肉，而士有飢者。其在塞外，卒乏糧，或不能自振㊅，而驃騎尚穿域蹋鞠㊆。事多此類。大將軍為人仁善退讓，以和柔自媚於上，然天下未有稱也。

【註】㊀保持高度秘密，不洩露於外。㊁富有責任感，敢於擔當任務。㊂但視其方略如何耳，不一定要學古人的兵法。㊃第：官舍。㊄不省士：不體恤士兵的苦痛。㊅自振：自救，活命。㊆穿域：穿地為營域。蹋鞠：以皮為圓形之囊，中實以毛，蹋之即起，所謂「皮球」是也。

驃騎將軍自四年軍後三年，元狩六年而卒。天子悼之，發屬國玄甲㊀軍，陳自長安至茂陵，為冢象祁連山㊁謚之，并武與廣地曰景桓侯㊂。子嬗㊃代侯。嬗少，字子侯，上愛之，幸其壯而將之。居六歲，元封元年，嬗卒，謚哀侯。無子，絕，國除。

【註】㈠玄甲：黑色之甲，即鐵甲也。㈡去病曾破匈奴昆邪於祁連山，故為冢以象之。㈢幷，總合也。總合其勇武善戰與開廣土地之兩大條件，乃謚之曰「景桓侯」。景言其能，桓言其功。㈣嬗：同「禪」（ㄕㄢˋ）。

自驃騎將軍死後，大將軍長子宜春侯伉坐法失侯。後五歲，伉弟二人，陰安侯不疑及發干侯登皆坐酎金失侯㈠。失侯後二歲，冠軍侯國除。其後四年，大將軍青卒㈡，謚為烈侯。子伉代為長平侯。

【註】㈠酎金：漢時諸侯貢金以助祭，曰酎金。其貢金之數，依其封地人口之多寡為比例，大概是千口奉金四兩。酎，音青（ㄓㄡˋ）。㈡衞青卒於元封五年。

自大將軍圍單于之後，十四年而卒。竟不復擊匈奴者，以漢馬少，而方南誅兩越，東伐朝鮮，擊羌、西南夷，以故久不伐胡。大將軍以其得尚平陽長公主故，長平侯伉代侯。六歲，坐法失侯。

左方兩大將軍及諸裨將名：

最㈠大將軍青，凡七出擊匈奴，斬捕首虜五萬餘級。一與單于戰，收河南地，遂置朔方郡，再益封，凡萬一千八百戶。封三子為侯，侯千三百戶。幷之，萬五千七百戶。其校尉裨將以從大將軍侯者九人。其裨將及校尉已為將者十四人。為裨將者曰李廣，自有傳。無傳者㈡曰：

【註】㈠最：都凡也，總合計算。㈡以下諸將，皆無專傳，故附於大將軍傳之後。

將軍公孫賀：賀，義渠人㈠，其先胡種。賀父渾邪，景帝時為平曲侯，坐法失侯。賀，武帝為太子時舍人。武帝立八歲㈡，以太僕為輕車將軍，軍馬邑。後四歲，以輕車將軍出雲中。後五歲，以騎將軍從大將軍有功，封為南窌侯。後一歲，以左將軍再從大將軍出定襄，無功。後四歲，以坐酎金失侯。後八歲㈢，以浮沮將軍出五原二千餘里，無功。後八歲㈣，以太僕為丞相，封葛繹侯。賀七為將軍，出擊匈奴無大功，而再侯，為丞相。坐子敬聲與陽石公主姦，為巫蠱㈤，族滅，無後。

【註】㊀義渠：諸戎之國，為秦所滅。甘肅慶陽府及涇州之地。故城在甘肅寧縣西北。㊁武帝之八年。㊂武帝元鼎六年。㊃太初二年。㊄巫蠱：女巫以術為蠱物以詛人，漢武帝時，各地方士及諸神巫多聚京師，女巫往來宮中，教美人度厄，埋木人祭神，謂之巫蠱。

將軍李息，郁郅人㊀。事景帝。至武帝立八歲，為材官將軍，軍馬邑；後六歲，為將軍，出代；後三歲，為將軍，從大將軍出朔方：皆無功。凡三為將軍，其後常為大行。

【註】㊀郅：音致。郁郅：地名，正義謂：在慶州弘化縣。

將軍公孫敖，義渠人。以郎事武帝。武帝立十二歲，為騎將軍，出代，亡卒七千人，當斬，贖為庶人。後五歲，以校尉從大將軍有功，封為合騎侯。後一歲，以中將軍從大將軍，再出定襄；無功。後二歲，以將軍出北地，後驃騎期，當斬，贖為庶人。後二歲，以校尉從大將軍，無功。後十四歲，以因杅將軍築受降城。七歲，復以因杅將軍再出擊匈奴，至余吾㊀，亡士卒多，下吏，當斬，詐死，亡居民間五六歲㊁。後發覺，復繫，坐妻為巫蠱，族。凡四為將軍，出擊匈奴，一侯。

【註】㈠余吾：師古曰：「水名，在朔方。」沈欽韓曰：「余吾水在夏州北塞外。」㈡亡居：逃亡而匿居。

將軍李沮，雲中人㈠，事景帝。武帝立十七歲，以左內史為彊弩將軍。後一歲，復為彊弩將軍。

【註】㈠雲中：在綏遠之托克托縣。

將軍李蔡，成紀人也㈠。事孝文帝、景帝、武帝。以輕車將軍從大將軍有功，封為樂安侯。已為丞相㈡，坐法死。

【註】㈠成紀：故城在甘肅泰安縣北。㈡已：既而。

將軍張次公，河東人。以校尉從衛將軍青有功，封為岸頭侯㈠。其後太后崩，為將軍，軍北軍。後一歲，為將軍，從大將軍，再為將軍，坐法失侯。次公父隆，輕車武射也。以善射，景帝幸近之也。

【註】㊀岸頭：在皮氏，在山西河津縣南有岸頭亭。

將軍蘇建，杜陵人㊀。以校尉從衞將軍青，有功，為平陵侯，以將軍築朔方。後四歲，為游擊將軍，從大將軍出朔方。後一歲，以右將軍再從大將軍出定襄，亡翕侯，失軍，當斬，贖為庶人。其後為代郡太守，卒，冢在大猶鄉。

【註】㊀杜陵：在長安南五十里。歷史上最為民族守節氣之蘇武，即蘇建之中子也。

將軍趙信，以匈奴相國降，為翕侯，武帝立十七歲，為前將軍，與單于戰，敗，降匈奴。

將軍張騫㊀，以使通大夏，還，為校尉。從大將軍有功，封為博望侯。後三歲，為將軍，出右北平㊁，失期，當斬，贖為庶人。其後使通烏孫㊂，為大行而卒，冢在漢中。

【註】㊀張騫：漢中人，為中國開拓西北之民族英雄，其詳細故事在《漢書》中有其獨立之傳記。

㈡右北平：郡名，漢置，今河北東北部及熱河省地。治地在熱河平泉縣。㈢烏孫：西域國名，在新疆伊犂河流域之地。

將軍趙食其，祋祤人也㈠。武帝立二十二歲，以主爵為右將軍，從大將軍出定襄，迷失道，當斬，贖為庶人。

【註】㈠祋祤：縣名，陝西同官縣，本漢之祋祤縣。祋，音奪（ㄉㄨㄛˊ）。祤，音詡（ㄒㄩˇ）。

將軍曹襄，以平陽侯為後將軍，從大將軍出定襄，襄，曹參孫也。

將軍韓說，弓高侯庶孫也。以校尉從大將軍有功，為龍頟侯，坐酎金失侯。元鼎六年，以待詔為橫海將軍，擊東越有功，為按道侯。以太初三年為游擊將軍，屯於五原外列城。為光祿勳，掘蠱太子宮，衛太子殺之。

將軍郭昌，雲中人也。以校尉從大將軍。元封四年，以太中大夫為拔胡將軍，屯朔方，還擊昆明，毋功，奪印。

將軍荀彘，太原廣武人。以御見㈠，侍中，為校尉，數從大將軍。以元封三年為左將軍擊朝鮮，毋功。以捕樓船將軍坐法死。

【註】㈠以御見：以善御求見。

最㈠驃騎將軍去病，凡六出擊匈奴，其四出以將軍，斬捕首虜十一萬餘級。及渾邪王以眾降數萬，遂開河西酒泉之地㈡，西方益少胡寇。四益封，凡萬五千一百戶。其校吏有功為侯者凡六人，而後為將軍二人。

【註】㈠最：總計。㈡河謂隴右、蘭州之西河也。酒泉，謂涼州、肅州等地。《漢書・西域傳》云：「驃騎將軍擊破匈奴右地，置酒泉郡，後分置武威、張掖、燉煌等郡。」

將軍路博德，平州人㈠。以右北平太守從驃騎將軍有功，為符離侯。驃騎死後，博德以衛尉為伏波將軍，伐破南越，益封。其後坐法失侯。為彊弩都尉，屯居延，卒。

【註】㈠正義謂「漢書云：西河平州。」按西河郡，今汾州。

將軍趙破奴，故九原人㈠。嘗亡入匈奴，已而歸漢，為驃騎將軍司馬。出北地時有功，封為從驃侯。坐酎金失侯。後一歲，為匈河將軍，攻胡至匈河水，無功。後二歲㈡，擊虜樓蘭王，復封為浞野侯。後六歲㈢，為浚稽將軍，將二萬騎擊匈奴左賢王，左賢王與戰，兵八萬騎圍破奴，破奴生為虜所得，遂沒其軍。居匈奴中十歲，復與其太子安國亡入漢㈣。後坐巫蠱，族。

【註】㈠故九原：是秦漢以前之九原，或謂在山西絳縣北，接汾城縣界；或謂在山西和順縣西北。㈡在元封二年。㈢在太初二年。㈣徐廣曰：「以太初二年入匈奴，天漢元年歸漢，經時四年。」

自衞氏興，大將軍青首封，其後枝屬為五侯。凡二十四歲而五侯盡奪，衞氏無為侯者。

太史公曰：蘇建語余曰：「吾嘗責大將軍至尊重，而天下之賢大夫毋稱焉㈠，願將軍觀古名將所招選擇賢者㈡，勉之哉。」大將軍謝曰：『自魏其、武安之厚賓客，天子常切齒。彼親附士大夫，招賢絀不肖者，人主之柄也。人臣奉法遵職而已，何與招士㊂！』」驃騎亦放此意㊃，其為將如此㊄。

【註】㊀大將軍地位至為尊重，但是天下之賢士大夫都沒有稱譽的。㊁希望將軍今後要努力於選擇賢能。㊂大將軍恭謝道：「自從魏其、武安兩位厚待賓客，天子對於他們切齒痛恨。要知道親賢納士，是人主的權柄，為人臣者，只有守法盡職而已，那有資格招納士大夫呢？」㊃這是衞青的態度，霍去病也是同樣的態度。㊄他們就是這樣的當大將啊！（從太史公這幾句簡單的話，可以瞭解漢武帝之為人及其將相之噤若寒蟬了。）

卷一百十二　平津侯主父列傳第五十二

即公孫弘、主父偃列傳。

丞相公孫弘者，齊菑川國薛縣人也㈠，字季。少時為薛獄吏。有辠，免。家貧，牧豕海上。年四十餘，乃學春秋雜說㈡。養後母孝謹。

【註】㈠按薛縣為魯國之地，此處所謂「齊菑川國，薛縣人也」，或齊國亦有薛縣也，如謂薛縣不在齊國，則公孫弘牧豕海上，似乎距家太遠。㈡雜說：雜家之說，兼儒墨，合名法者也。

建元元年，天子初即位，招賢良文學之士。是時弘年六十，徵以賢良為博士。使匈奴，還報，不合上意，上怒，以為不能，弘迺病免歸。

元光五年，有詔徵文學，菑川國復推上公孫弘。弘讓謝國人曰：「臣㈠已嘗西應命，以不能罷歸，願更推選。」國人固推弘，弘至太常。太常令所徵儒士各對策，百餘人，弘第居下㈡。

策奏，天子擢弘對為第一。召入見，狀貌甚麗，拜為博士。是時通西南夷道，置郡，巴蜀民苦之，詔使弘視之。還奏事，盛毀西南夷無所用，上不聽。

【註】㊀古時，人之自稱，常曰「臣」，非如後臣之以君臣關係而稱「臣」也。京都在西方，到京都去參加選試，故曰「嘗西應命」。㊁第：考試的名次。

弘為人恢奇㊀多聞，常稱以為人主病不廣大，人臣病不儉節㊁。弘為布被，食不重肉。後母死，服喪三年。每朝會議，開陳其端，令人主自擇，不肯面折庭爭㊂。於是天子察其行敦厚，辯論有餘，習文法吏事，而又緣飾以儒術㊃，上大說之。二歲中，至左內史。弘奏事，有不可，不庭辯之。嘗與主爵都尉汲黯清閒，汲黯先發之，弘推其後，天子常說，所言皆聽，以此日益親貴。嘗與公卿約議，至上前，皆倍其約以順上旨㊄。汲黯庭詰弘曰：「齊人多詐而無情實，始與臣等建此議，今皆倍之，不忠。」上問弘。弘謝曰：「夫知臣者以臣為忠，不知臣者以臣為不忠。」上然弘言。左右幸臣每毀弘，上益厚遇之。

【註】㊀恢奇：雄偉奇異。㊁弘常以為人主之病在於度量不廣大；人臣之病在於生活不節儉。㊂面折庭爭：在君主的面前，予以挫折：在公庭之上，與君主爭論長短。㊃骨子裏是法家的精神，而表面上粉飾以儒家的辭令。㊄倍：背。

元朔三年，張歐免，以弘為御史大夫。是時通西南夷，東置滄海，北築朔方之郡。弘數諫，以為罷敝中國以奉無用之地㊀，願罷之。於是天子乃使朱買臣等難弘置朔方之便。發十策，弘不得一㊁。弘迺謝曰：「山東鄙人，不知其便若是，願罷西南夷、滄海而專奉朔方。」上乃許之。

【註】㊀罷敝：疲敝。罷，讀「疲」。㊁師古曰：「言其利害十條，弘無以應之。」公孫弘反對向外擴張，漢武帝主張向外擴張，於是使朱買臣等與公孫弘展開辯論，以十策來困擾公孫弘，使之屈服。弘不願公開辯論，挫折武帝之意，故雖能對策，亦自言其不能。

汲黯㊀曰：「弘位在三公，奉祿甚多，然為布被，此詐也。」

上問弘。弘謝曰：「有之。夫九卿與臣善者無過黯，然今日庭詰弘，誠中弘之病。夫以三公為布被，誠飾詐欲以釣名。且臣聞管仲相齊，有三歸㈡，侈擬於君㈢，桓公以覇，亦上僭於君㈣。晏嬰相景公，食不重肉，妾不衣絲，齊國亦治，此下比於民㈤。今臣弘位為御史大夫，而為布被，自九卿以下至於小吏，無差㈥，誠如汲黯言。且無汲黯忠，陛下安得聞此言㈦。」天子以為謙讓，愈益厚之。卒以弘為丞相，封平津侯㈧。

【註】㈠汲黯是中國歷史上最有名的直臣。㈡三歸：師古曰：「三歸，娶三姓之女也。婦人謂嫁，曰『歸』。」㈢奢侈與君主相比（擬）。㈣這是管仲的生活，上比於君主。㈤這是晏嬰的生活，下近於平民。㈥無差：一點不錯，大家都知道我是蓋布被子的，汲黯說的是實在情形。㈦且：如果。如果沒有汲黯的忠直，陛下怎能聽到這些話。㈧元朔五年十一月，公孫弘為丞相。後又封為平津侯，食邑六百五十戶。丞相封侯，自公孫弘開始。

弘為人意忌，外寬內深㈠。諸嘗與弘有郤者㈡，雖詳與善㈢，陰報其禍㈣。殺主父偃，徙董仲舒於膠西，皆弘之力也。食一肉脫粟之飯㈤。故人所善賓客㈥，仰衣食，弘奉祿皆以給之，家無所餘。士亦以此賢之。

【註】㈠公孫弘外寬厚而內陰險（深）。㈡郤：同「隙」，怨仇。㈢詳：佯，假裝。㈣暗地裡加之以禍。㈤一肉：只吃一樣肉菜。脫粟：才脫殼的米，不求其精細。㈥故人：老相識的人。

淮南、衡山謀反，治黨與方急㈠。弘病甚，自以為無功而封，位至丞相，宜佐明主填撫㈡國家，使人由臣子之道。今諸侯有畔逆之計，此皆宰相奉職不稱，恐竊病死㈢，無以塞責。乃上書曰：「臣聞天下之通道五，所以行之者三。曰君臣，父子，兄弟，夫婦，長幼之序，此五者天下之通道也。智、仁、勇，此三者天下之通德，所以行之者也。故曰『力行近乎仁，好問近乎智，知恥近乎勇㈣。』知此三者，則知所以自治；知所以自治，然後知所以治人。天下未有不能自治而能治人者也，此百世不易之道也。今陛下躬行大孝，鑒三王，建周道，兼文武，厲賢予祿㈤，量能授官。今臣弘罷駑之質㈥，無汗馬之勞，陛下過意㈦，擢臣弘卒伍之中，封為列侯，致位三公。臣弘行能不足以稱，素有負薪之病㈧，恐先狗馬填溝壑，終無以報德塞責。願歸侯印，乞骸骨，避賢者路。」天子報曰：「古者賞有功，褒有德，守成尚文，遭遇右武㈨，未有易此者也。朕宿昔庶幾獲承尊位㈩，懼不能寧，惟所與共為治者⑪，君宜知之。蓋君子善善惡惡，（君宜知之）。君若謹行⑫，常在朕躬。君不幸罹霜露之病⑬，何恙不已⑭，迺上書歸侯，乞骸骨，是章朕之不德也⑮。今事少閒⑯，君其省思慮，一精神，輔以醫藥。」因賜告牛酒雜帛。居數月，病有瘳⑰，視事。

【註】㈠武帝元狩元年（西曆紀元前一二二年），淮南王安，衡山王賜謀反，被淮南中郎伍告發，皆自殺，帝派人逮捕其黨與。㈡填撫：讀「鎮撫」。㈢不自言其罪而死，謂之「竊死」。㈣此語見於《中庸》。㈤厲賢：同「勵賢」。獎勵賢人。㈥罷駑：同「疲駑」，拙劣無能的。㈦過意：特殊的知遇之意。㈧負薪：自謙其能力不夠，不足以勝任。《禮記》：「君使士射，不能，則辭以疾，言曰：『某有負薪之憂』」。㈨守成之世，崇尚文治；遭遇國難，則崇尚（右）武功。㈩宿昔：時時刻刻。庶幾：憂懼而希望之意。⑪惟：思慮。⑫若：順也。⑬罹：音麗，受，陷於。霜露之

病：小病。㊃何恙不已：恙：患也。不已，不止也。謂小小之病，何患不能治癒？㊄章：同「彰」，表露，暴露，彰揚。㊅少閒：稍有閒暇。㊆瘳，音抽（ㄔㄡ）：病癒。

元狩二年，弘病，竟以丞相終㊀。子度嗣為平津侯。度為山陽太守十餘歲，坐法失侯。

【註】㊀武帝建元元年（西曆紀元前一四〇年），弘為博士，罷歸，年六十。元光五年（西曆紀元前一三〇年），再以博士為左內史，年七十一歲。元朔三年為御史大夫，年七十五歲。元朔五年為丞相，年七十七歲。元狩二年（西曆紀元前一二一年）死，享年八十歲。

主父偃者，齊臨菑人也。學長短縱橫之術㊀，晚乃學易、春秋、百家言㊁。游齊諸生閒，莫能厚遇也。齊諸儒生相與排擯，不容於齊。家貧，假貸無所得，迺北游燕、趙、中山，皆莫能厚遇，為客甚困。孝武元光元年中，以為諸侯莫足游者，乃西入關見衞將軍。衞將軍數言上，上不召。資用乏，留久，諸公賓客多厭之，乃上書闕下。朝奏，暮召入見。所言九事，其八事為律令，一事諫伐匈奴。其辭曰：

「臣聞明主不惡切諫以博觀，忠臣不敢避重誅以直諫，是故事無遺策而功流萬世。今臣不敢隱忠避死以效愚計，願陛下幸赦而少察之。

司馬法曰㊂：「國雖大，好戰必亡；天下雖平，忘戰必危。」天下既平，天子大凱㊃，春蒐秋獮㊄，諸侯春振旅，秋治兵，所以不忘戰也㊅。且夫怒者逆德也，兵者凶器也，爭者末節也。古之人君一怒必伏尸流血，故聖王重行之㊆。夫務戰勝窮武事者，未有不悔者也。昔秦皇帝任戰勝之威，蠶食天下，并吞戰國，海內為一，功齊三代。務勝不休，欲攻匈奴，李斯諫曰：「不可。夫匈奴無城郭之居，委積之守㊇，遷徙鳥舉，難得而制也。輕兵深入，糧食必絕；踵糧以行，重不及事。得其地不足以為利也，遇其民不可役而守也。勝必殺之，非民父母也。靡敝㊈中國，快心匈奴，非長策也。」秦皇帝不聽，遂使蒙恬將兵攻胡，辟地千里㊉，以河為境。地固澤（鹹）鹵⑪，不生五穀。然後發天下丁男以守北河。暴兵露師十有餘年，死者不可勝數，終不能踰河而北。是豈人眾不足，兵革不備哉？其勢不可也。又使天下蜚芻輓粟㈡，起於黃、腄㈢、琅邪負海之郡，轉輸北河，率三十鍾而致一石㈣。男子疾耕不足於糧饟，女子紡績不足於帷幕。百姓靡敝，孤寡老弱不能相養，道路死者相望，蓋天下始畔秦也㈤。

及至高皇帝定天下，略地於邊，聞匈奴聚於代谷之外而欲擊之。御史成進諫曰：「不可。夫匈奴之性，獸聚而鳥散，從之如搏影。今以陛下盛德攻匈奴，臣竊危之。」高帝不聽，遂北至於代谷，果有平城之圍。高皇帝蓋悔之甚，乃使劉敬往結和親之約，然後天下忘干戈之事。故兵法曰「興師十萬，日費千金。」夫秦常積眾暴兵數十萬人，雖有覆軍殺將係虜單于之功㈥，亦適足以結怨深讎㈦，不足以償天下之費㈧。夫上虛府庫，下敝百姓，甘心於外國，非完事也㈨。夫匈奴難得而制，非一世也。行盜侵驅，所以為業也，天性固然。上及虞夏殷周，固弗程督㈩，禽獸畜之，不屬為人。夫上不觀虞夏殷周之統㈡，而下（循）

〔循〕近世之失，此臣之所大憂，百姓之所疾苦也。且夫兵久則變生，事苦則慮易㉓。乃使邊境之民，弊靡愁苦而有離心，將吏相疑而外市㉔，故尉佗、章邯得以成其私也。夫秦政之所以不行者，權分乎二子，此得失之效也。故周書曰「安危在出令，存亡在所用㉕」。願陛下詳察之，少加意而熟慮焉。

【註】㊀長短縱橫之術，即蘇秦、張儀之術，憑三寸不爛之舌，揣摩人主之意，分析當世時務，隨機應變，遊說各國，以求富貴。㊁諸子百家的理論。㊂《司馬法》：書名，舊題司馬穰苴撰，證以《史記》，蓋齊威王諸臣集古兵法為之，而附穰苴於其中耳。㊃大凱：凱旋振旅之樂。㊄蒐：春天的田獵。蒐，音搜（ㄙㄡ）。獮，音顯（ㄒㄧㄢˇ）：秋天的田獵。㊅天子諸侯必春秋講武，簡閱車徒，以順時氣，不忘戰也。㊆重：難也。以為難而不輕易去行。㊇委積：食廩之藏也。少，曰委；多，曰積。㊈弊靡：破損，傷耗。㊉辟：闢。⑪澤鹵：即斥鹵，言其地質鹹而不能耕種也。「澤」字不可以作「水澤」講。⑫蜚：同「飛」，言運送芻稾，供給前線，其疾速如飛，故曰「飛芻」。軍糧（粟）載於車或船上，輓引之而送於戰地，故曰「輓粟」。⑬師古曰：「黃、腄，二縣名，皆在東萊。言自東萊及琅邪緣海諸郡，皆令轉輸至北河也。」王先謙曰：「河水經安定、北地、朔方界，皆北流。至高闕，始屈而東流，過雲中楨林縣，又屈而南流，故朔方、雲中之河，謂之北河。」

負海：王先謙曰：「齊地濱海，故七國時，直稱齊，曰『負海』也。」㊃運輸補給，道路所費甚大，大概起運之時，有一百九十二斛（三十鍾，六斛四斗為鍾），及至到了前方，不過能得到一石而已。㊄畔：叛。㊅係：繫，拘執也。㊆深讎：加深讎恨。㊇即使對匈奴作戰勝利，也不足以補償我們財政經濟的鉅大損失。㊈不是完善的舉動。㊉不與計較而督導。⑪統：統馭之方法。⑫慮易：易於引起野心家之倡亂。⑬將吏彼此疑忌而與外國人相交易。（這種交易，不僅是經濟性的來往，而含有政治性的勾結。）⑭（今日所見之《周書》，已無此二語，想係散亡耳。）國家之安危，在於出令之正當與否；國家之存亡，在於用兵之得失如何。

是時趙人徐樂㊀、齊人嚴安俱上書言世務，各一事。徐樂曰：

「臣聞天下之患，在於土崩，不在於瓦解㊁，古今一也。何謂土崩？秦之末世是也。陳涉無千乘之尊，尺土之地，身非王公大人名族之後，無鄉曲之譽，非有孔、墨、曾子之賢，陶朱、猗頓之富也，然起窮巷，奮棘矜㊂，偏袒大呼㊃而天下從風，此其故何也？由民困而主不恤，下怨而上不知，俗已亂而政不脩，此三者陳涉之所以為資也㊄。是之謂土崩。故曰天下之患在於土崩。何謂瓦解？吳、楚、齊、趙之兵是也。七國謀為大逆，號皆稱萬乘之君，帶甲數十萬，威足以嚴其境內㊅，財足以勸其士民，然不能西攘尺寸之地而身為禽於中原者，此其故何也？非權輕於匹夫而兵弱於陳涉也。當是之時，先帝之德澤未衰，而安土樂俗之民眾，故諸侯無境外之助。此之謂瓦解，故曰天下之患不在瓦解。由是觀之，天下誠有土崩之勢，雖布衣窮處之士或首惡而危海內，陳涉是也。況三晉之君或存乎！天下雖未有大治也，誠能無土崩之勢㊇，雖有彊國勁兵，不得旋踵而身為禽矣，吳、楚、齊、趙是也。況羣臣百姓能為亂乎哉！此二體者，安危之明要也，賢主所留意而深察也。

閒者㊈關東五穀不登，年歲未復，民多窮困，重之以邊境之事，推數循理而觀之，則民且有不安其處者矣。不安故易動。易動者，土崩之勢也。故賢主獨觀萬化之原，明於安危之機，脩之廟堂之上，而銷未形之患。其要，期使天下無土崩之勢而已矣。故雖有彊國勁兵，陛下逐走獸，射蜚鳥，弘游燕之囿，淫縱恣之觀，極馳騁之樂，自若也㊉。金石絲竹之聲不絕於耳，帷帳之私，俳優侏儒之笑，不乏於前，而天下無宿憂㈡。名何必湯武，俗何必成康！雖然，臣竊以為陛下天然之聖，寬仁之資，而誠以天下為務，則湯武之名不難侔，而成康之俗可復興也。此二體者立，然後處尊安之實，揚名廣譽於當世，親天下而服四夷，餘恩遺德為數世隆，南面負扆攝袂而揖王公㈢，此陛下之所服也。臣聞圖王不成，其敝足以安。安則陛下何求而不得，何為而不成，何征而不服乎哉！」

【註】㈠徐樂：燕郡，無終人，今河北、薊縣。㈡此書講「土崩瓦解」之道理，甚詳。土崩者，由於人民不堪暴政之苦而全體反抗。瓦解者，由於政權內部之奪權鬥爭而自身分裂。土崩的結果，是舊政權被推翻，而出現新政權。瓦解的結果，不過是舊政權內部之人事轉換而已。㈢以棘矜（荊）為武器而奮然反抗，所謂「揭竿而起」是也。㈣偏袒：赤露一臂。㈤資：憑藉。㈥嚴：鎮壓。㈦禽：擒。㈧誠：假使。㈨間者：近日。㈩照常生活，平安無事。⑪無宿夜之憂，可以安枕而臥。⑫扆：音衣。屏風，天子朝諸侯時，背屏風而立，故曰：「負扆而朝諸侯」。攝袂：持袖。

嚴安㈠上書曰：

臣聞周有天下，其治三百餘歲，成康其隆也，刑錯㊁四十餘年而不用。及其衰也，亦三百餘歲，故五伯更起。五伯者，常佐天子興利除害，誅暴禁邪，匡正海內，以尊天子。五伯既沒，賢聖莫續，天子孤弱，號令不行。諸侯恣行，彊陵弱，眾暴寡，田常篡齊，六卿分晉，並為戰國㊂，此民之始苦也。於是彊國務攻，弱國備守，合從連橫，馳車擊轂，介冑生蟣蝨㊃，民無所告愬。

及至秦王，蠶食天下，并吞戰國，稱號曰皇帝，主海內之政，壞諸侯之城，銷其兵，鑄以為鍾虡㊄；示不復用。元元黎民得免於戰國，逢明天子，人人自以為更生。嚮使㊅秦緩其刑罰，薄賦斂，省繇役，貴仁義，賤權利，上篤厚，下智巧㊆，變風易俗，化於海內，則世世必安矣。秦不行是風而循其故俗，為智巧權利者進，篤厚忠信者退；法嚴政峻，諂諛者眾，日聞其美，意廣心軼。欲肆威海外，乃使蒙恬將兵以北攻胡，辟地進境，戍於北河，蜚芻輓粟以隨其後。又使尉（佗）屠睢將樓船之士南攻百越，使監祿⑧鑿渠運糧，深入越，越人遁逃。曠日持久，糧食絕乏，越人擊之，秦兵大敗。秦乃使尉佗將卒以戍越。當是時，秦禍北構於胡，南挂於越，宿兵無用之地，進而不得退。行十餘年，丁男被甲，丁女轉輸，苦不聊生，自經於道樹⑨，死者相望。及秦皇帝崩，天下大叛。陳勝、吳廣舉陳⑩，武臣、張耳舉趙，項梁舉吳，田儋舉齊，景駒舉郢，周市舉魏，韓廣舉燕，窮山通谷豪士並起，不可勝載也。然皆非公侯之後，非長官之吏也。無尺寸之勢，起閭巷，杖棘矜，應時而皆動，不謀而俱起，不約而同會，壤長地進，至于霸王，時教使然也。秦貴為天子，富有天下，滅世絕祀者，窮兵之禍也。故周失之弱，秦失之彊，不變之患也。

今欲招南夷，朝夜郎⑪，降羌僰⑫，略濊州⑬，建城邑，深入匈奴，燔其蘢城⑭，議者美之。此人臣之利也，非天下之長策也。今中國無狗吠之驚，而外累於遠方之備，獘靡國家，非所以子民也⑮。行無窮之欲，甘心快意，結怨於匈奴，非所以安邊也。禍結而不解，兵休而復起，近者愁苦，遠者驚駭，非所以持久也。今天下鍛甲砥劍，橋箭累弦㊅，轉輸運糧，未見休時，此天下之所共憂也。夫兵久而變起，事煩而慮生。今外郡之地或幾千里，列城數十，形束壤制㊆，旁脅諸侯，非公室之利也。上觀齊晉之所以亡者，公室卑削，六卿大盛也；下觀秦之所以滅者，嚴法刻深，欲大無窮也。今郡守之權，非特六卿之重也；地幾千里，非特閭巷之資也；甲兵器械，非特棘矜之用也：以遭萬世之變，則不可稱諱也㊇。

【註】㊀安本姓莊，後人以明帝諱，改稱曰嚴。㊁錯：同「措」，停止也。刑錯：停止刑罰而不用也。㊂並：演變而為戰國之世。㊃兵士作戰不得休息更衣，故介冑竟然也生出蟣蝨了。㊄虡：音巨（ㄐㄩˋ）。懸鐘之具。㊅嚮使：同「向使」，假使。㊆以篤厚為上，為可貴；以智巧為下，為可恥。㊇監御史，名祿。㊈自經：自縊而死。㊉舉陳：起兵於陳地。⑪使夜郎來朝。夜郎，在今貴州西境，古為西南夷夜郎國地，漢滅之，置縣，在今貴州桐梓縣東二十里。⑫僰：王先謙曰：「僰人即犍為蠻夷也。」僰：音勃（ㄅㄛˊ）。⑬濊州：東夷之地，即古濊貊國也。今東北遼寧鳳城縣東及朝鮮國之江原道在其地。⑭蘢城：匈奴諸長大會祭天之處。⑮子民：愛護人民。「子」字，作動

詞用。㊅言其儲備武器，儲箭如橋，累弦成堆。《漢書》則為「矯箭控弦」，言矯正其箭使之直也，引弦使之滿也。㊆言大郡列城數十，都是形勢相約束，土地相控制，力量強大，足以威脅其臨近的小國諸侯。㊇不可稱諱：《漢書》為「不可勝諱」，言現在大國之勢，強大難制，人們都是忌諱而不言，但是，萬一天下有變，雖欲隱諱，也不勝其隱諱了。

書奏天子，天子召見三人，謂曰：「公等皆安在？何相見之晚也！」於是上乃拜主父偃、徐樂、嚴安為郎中。〔偃〕數見，上疏言事，詔拜偃為謁者，遷（樂）為中大夫。一歲中四遷偃。

偃說上曰：「古者諸侯不過百里，彊弱之形易制。今諸侯或連城數十，地方千里，緩則驕奢易為淫亂，急則阻其彊而合從以逆京師㊀。今以法割削之，則逆節萌起，前日鼂錯是也。今諸侯子弟或十數，而適嗣代立，餘雖骨肉，無尺寸地封，則仁孝之道不宣。願陛下令諸侯得推恩分子弟，以地侯之。彼人人喜得所願，上以德施，實分其國，不削而稍弱矣㊁。」於是上從其計。又說上曰：「茂陵初立，天下豪傑并兼之家，亂眾之民，皆可徙茂陵，內實京師，外銷姦猾，此所謂不誅而害除。」上又從其計。

【註】㊀逆：反抗。㊁元朔二年，令諸侯王分封子弟，名為推恩，實際是分散大國之權，使之無力以反抗中央。

尊立衞皇后，及發燕王定國陰事，蓋偃有功焉。大臣皆畏其口，賂遺累千金。人或說偃曰：「太横矣。」主父曰：「臣結髮游學四十餘年，身不得遂，親不以為子，昆弟不收，賓客弃我，我阸日久矣㊀。且丈夫生不五鼎食，死即五鼎烹耳㊁。吾日暮途遠，故倒行暴施之㊂。」

【註】㊀阸（ㄜˋ）：窮困。㊁五鼎：語出《孟子》：「前以三鼎，而後以五鼎歟？」三鼎，為士之祭禮。五鼎：大夫之祭禮。五鼎食，指富貴而言。五鼎烹，乃罪大惡極而至於以五鼎烹之也。（由此語，可見主父偃之精神偏差，心緒極端失其平衡。青年人讀其語，萬不可效其行也。一個青年人要想有成，第一要事是保持心理平衡。）㊂日暮途遠，言其對前途之迷惘，倒行暴施，言其行動之狂妄。此皆不足為訓。（青年人讀之，當以為戒。）

偃盛言朔方地肥饒，外阻河，蒙恬城之以逐匈奴，內省轉輸戍漕，廣中國，滅胡之本也。上覽其說，下公卿議，皆言不便。公孫弘曰：「秦時常發三十萬眾築北河，終不可就，已而弃之。」主父偃盛言其便，上竟用主父計，立朔方郡。

元朔二年，主父言齊王內淫佚行僻，上拜主父為齊相。至齊，遍召昆弟賓客，散五百金予之，數之曰㊀：「始吾貧時，昆弟不我衣食，賓客不我內門㊁；今吾相齊，諸君迎我或千里。吾與諸君絕矣，毋復入偃之門！」乃使人以王與姊姦事動王㊂，王以為終不得脫罪，恐效燕王論死，乃自殺。有司以聞。

主父始為布衣時，嘗游燕、趙，及其貴，發燕事。趙王恐其為國患，欲上書言其陰事，為偃居中㊃，不敢發。及為齊相，出關，即使人上書，告言主父偃受諸侯金，以故諸侯子弟多以得封者。及齊王自殺，上聞大怒，以為主父劫其王令自殺，乃徵下吏治。主父服受諸侯金㊄，實不劫王令自殺。上欲勿誅，是時公孫弘為御史大夫，乃言曰：「齊王自殺無後，國除為郡，入漢，主父偃本首惡，陛下不誅主父偃，無以謝天下。」乃遂族主父偃。

主父方貴幸時，賓客以千數，及其族死，無一人收者，唯獨洨孔車㈥收葬之。天子後聞之，以為孔車長者也。

【註】㈠數：責備。㈡內：納。㈢動：恐怖之。㈣居中：在武帝之周衞左右。㈤服：承認其罪。㈥洨：沛有洨縣。

太史公曰：公孫弘行義雖脩，然亦遇時。漢興八十餘年矣㈠，上方鄉文學，招俊乂㈡，以廣儒墨，弘為舉首。主父偃當路，諸公皆譽之，及名敗身誅，士爭言其惡。悲夫！

【註】㈠由漢初至元朔二年，為時已八十年。㈡俊乂：才俊有能的人。乂：音意（一），有才能的人。

卷一百十三　南越列傳第五十三

南越王㊀尉佗者㊁，真定人也㊂，姓趙氏。秦時已幷天下，略定揚越㊃，置桂林㊄、南海㊅、象郡㊆，以謫徙民㊇，與越雜處。十三歲㊈，佗，秦時用為南海龍川令㊉。至二世時，南海尉⑪任囂⑫病且死，召龍川令趙佗語曰：「聞陳勝等作亂，秦為無道，天下苦之，項羽、劉季、陳勝、吳廣等州郡各共興軍聚眾，虎爭天下，中國擾亂，未知所安，豪傑畔秦相立。南海僻遠，吾恐盜兵侵地至此，吾欲興兵絕新道⑬，自備，待諸侯變，會病甚。且番禺負山險，阻南海，東西數千里，頗有中國人相輔，此亦一州之主也，可以立國。郡中長吏無足與言者，故召公告之。」即被佗書⑭，行南海尉事⑮。囂死，佗即移檄告橫浦、陽山、湟谿關⑯曰：「盜兵且至，急絕道聚兵自守！」因稍以法誅秦所置長吏，以其黨為假守⑰。秦已破滅，佗即擊幷桂林、象郡，自立為南越武王。高帝已定天下，為中國勞苦，故釋佗弗誅㈧。漢十一年，遣陸賈因立佗為南越王，與剖符通使，和集百越，毋為南邊患害，與長沙接境㈨。

【註】㈠南越王：都廣州南海縣。㈡尉佗：尉，官也。佗，名也，姓趙。大郡，曰守；小郡，曰尉。㈢真定：故郡名，後改為縣，在常山。㈣越：同「粵」，種族名，古者，江浙閩粵之地，為越族之生存空間，謂之「百越」。如於越在浙江，閩越在福建，揚越在江西，南越在廣東，駱越在安南，皆是。㈤桂林：郡名，秦置，在廣西桂林蒼梧二道及柳江道東部之地。漢武帝改其名為鬱林。㈥南海：郡名，秦置，廣東之舊廣州、韶州、潮州、惠州、肇慶、南雄、諸府州及高州府北境；廣西舊平樂府東境，梧州府東南境皆其地。郡治番禺。㈦象郡：郡名，秦置，在廣東舊雷州、廉州、高州諸府，廣西舊慶遠太平、及梧州府之南境以至安南之地。㈧謫：罪犯。㈨秦併天下，至二世元年，為時十三年㈩龍川：縣名，秦置，故城在今廣東龍川縣西北。⑪尉：郡尉，掌一郡兵事。故得移檄發兵。⑫囂：音敖。⑬絕新道：秦所開通越之道也。沈欽韓曰：「廣東新語：湟溪陽山涯口，皆有秦關。清遠匯口亦有之，蓋粵東要害，首在西北，故秦所置三關，皆在連州之境，而趙佗分兵絕秦新道，亦在焉。佗既絕新道，於仁化北一百三十里，即今城口，築城以壯橫浦，於樂昌西南二里上抵瀧口，築城以壯湟溪。蓋仁化接壤桂陽，樂昌接壤郴州（二縣俱屬韶州府）。當時東嶺未開，入粵者多由此二道，此佗設險之意也。」按《元和志》：任囂城在韶州縣南五里。《輿地紀》要謂：趙佗

城在韶州仁化縣北九十里城口村。昔尉佗據粵，以五嶺為界，乃築此城，以定粵境。㈣被：加也，委任也，以書面任命之也。㈤矯詐為詔書，使佗為南海尉。㈥王先謙曰：「通典：虔州大庾縣橫浦廢關在此。案在今南雄州西北。陽山、桂陽縣，在今連州陽山縣東。湟溪關在連州西北。」㈦暫時代理職務之守官。㈧釋：置之不問。㈨當時桂陽、零陵二郡，俱屬長沙，未別置郡，而皆與南越接境。

高后時，有司請禁南越關市鐵器㈠。佗曰：「高帝立我；通使物，今高后聽讒臣，別異蠻夷，隔絕器物，此必長沙王計也，欲倚中國，擊滅南越而幷王之，自為功也。」於是佗乃自尊號為南越武帝，發兵攻長沙邊邑，敗數縣而去焉。高后遣將軍隆慮侯竈㈡往擊之。會暑濕，士卒大疫，兵不能踰嶺㈢。歲餘，高后崩，即罷兵。佗因此以兵威邊，財物賂遺閩越、西甌㈣、駱㈤、役屬焉，東西萬餘里。迺乘黃屋左纛㈥，稱制㈦，與中國侔㈧。

【註】㈠有司請禁止以鐵器賣於南越。㈡隆慮：縣名，屬河內，故城在今河南林縣。竈，人名，姓周。㈢此嶺即在廣東陽山縣。㈣西甌：地名，《寰宇記》謂：「永嘉為東甌，鬱林為西甌。」《元和志》謂：「嶺南道邕管貴州，本西甌駱越地。」按貴州今廣西貴縣，鬱林故城在縣南。㈤駱：即駱越也。古百越之一種。《漢書》謂：「駱越之人，父子同川而浴，相習以鼻飲。」《廣州記》云：

「交阯有駱田，仰潮水上下，人食其田，名為『駱人』。有駱王，駱侯，諸縣自名為駱將，銅印青綬，即今之令長也。後蜀王子將兵討駱侯，自稱為安陽王，治封溪縣。後南越王尉佗攻破安陽王，令二使典主交阯、九真二郡人」。考此駱，即甌駱也。㈥黃屋：天子之車，以黃繒為裏，曰黃屋車。左纛：以氂牛尾所作之大旗，置於車衡之左者，曰左纛，天子乘輿之制也。㈦制：天子之詔令，曰制。㈧侔：與中國之天子相比。

及孝文帝元年，初鎮撫天下，使告諸侯四夷從代來即位意，喻盛德焉。乃為佗親冢在真定，置守邑，歲時奉祀。召其從昆弟，尊官厚賜寵之。詔丞相陳平等舉可使南越者，平言好畤陸賈㈠，先帝時習使南越。迺召賈以為太中大夫，往使，因讓佗自立為帝㈡，曾無一介之使報者。陸賈至南越，王甚恐，為書謝，稱曰：「蠻夷大長老夫臣佗，前日高后隔異南越，竊疑長沙王讒臣，又遙聞高后盡誅佗宗族，掘燒先人冢，以故自弃。犯長沙邊境。且南方卑濕，蠻夷中閒，其東閩越千人眾號稱王，其西甌駱裸國㈢亦稱王。老臣妄竊帝號，聊以自娛，豈敢以聞天王哉！」乃頓首謝，願長為藩臣，奉貢職。於是乃下令國中曰：

「吾聞兩雄不俱立，兩賢不並世。皇帝，賢天子也。自今以後，去帝制黃屋左纛。」陸賈還報，孝文帝大說㊃。遂至孝景時，稱臣，使人朝請，然南越其居國竊如故號名㊄，其使天子，稱王朝命如諸侯。至建元四年卒㊅。

【註】㊀好時：縣名，在今陝西乾縣。陸賈：好時人。㊁讓：責斥。㊂裸國：《呂氏春秋》「古有國人，不衣服者，禹至其國，裸入而衣出，因其俗也。」㊃說：悅。㊄在其國內，竊稱尊號如故，惟使人於天子，則以諸侯之地位自處。㊅趙佗以建元四年卒，享年將及百歲。

佗孫胡為南越王，此時閩越王郢㊀興兵擊南越邊邑，胡使人上書曰：「兩越俱為藩臣，毋得擅興兵相攻擊。今閩越興兵侵臣，臣不敢興兵，唯天子詔之。」於是天子多南越義㊁，守職約，為興師，遣兩將軍㊂，往討閩越。兵未踰嶺，閩越王弟餘善殺郢以降，於是罷兵。

【註】㊀閩越王：即福建之越王。㊁多：嘉獎。㊂兩將軍：王恢、韓安國。

天子使莊助往諭意南越王，胡頓首曰：「天子乃為臣興兵討閩越，死無以報德！」遣太子嬰齊入宿衞。謂助曰：「國新被寇，使者行矣。胡方日夜裝，入見天子㊀。」助去後，其大臣諫胡曰：「漢興兵誅郢，亦行以驚動南越㊁。且先王昔言，事天子期無失禮，要之不可以說好語入見㊂。入見則不得復歸，亡國之勢也。」於是胡稱病，竟不入見。後十餘歲，胡實病甚，太子嬰齊請歸。胡薨，謚為文王。

【註】㊀日夜準備行裝。㊁也是同時警告南越。㊂說：悅。悅於好聽的話而入見。

嬰齊代立，即藏其先武帝璽㊀。嬰齊其入宿衞在長安時，取邯鄲樛氏女，生子興。及即位，上書請立樛氏女為后，興為嗣。漢數使使者風諭嬰齊㊁，嬰齊尚樂擅殺生自恣，懼入見要用漢法㊂，比內諸侯，固稱病，遂不入見。遣子次公入宿衞。嬰齊薨，謚為明王。

【註】㊀藏其帝璽而不用，即表示除去其僭號。㊁風諭嬰齊入朝。㊂怕的入朝被強迫遵用漢法。

太子興代立，其母為太后。太后自未為嬰齊姬時，嘗與霸陵人安國少季㈠通。及嬰齊薨後，元鼎四年，漢使安國少季往諭王、王太后以入朝，比內諸侯；令辯士諫大夫終軍等宣其辭，勇士魏臣等輔其缺㈡，衞尉路博德將兵屯桂陽，待使者。王年少，太后中國人也，嘗與安國少季通，其使復私焉。國人頗知之，多不附太后㈢。太后恐亂起，亦欲倚漢威，數勸王及羣臣求內屬。即因使者上書，請比內諸侯，三歲一朝，除邊關㈣。於是天子許之，賜其丞相呂嘉銀印，及內史、中尉、太傅印，餘得自置。除其故黥劓刑，用漢法，比內諸侯。使者皆留填撫之㈣。王、王太后飭治行裝重齎㈤，為入朝具。

【註】㈠安國：姓也。少季，名也。㈡缺：《漢書》作「決」，決策。「缺」亦通，言補充其不足。㈢附：贊成。㈣撤除邊塞的關險。㈣填：鎮也。㈤重齎：很值錢的物品。

其相呂嘉年長矣，相三王，宗族官仕為長吏者七十餘人，男盡尚王女，女盡嫁王子兄弟宗室，及蒼梧秦王有連㈠。其居國中甚重，越人信之，多為耳目者，得眾心愈於王。王之上書，數諫止王，王弗聽。有畔心㈡，數稱病不見漢使者。使者皆注意嘉，勢未能誅。王、王太后亦恐嘉等先事發，乃置酒，介漢使者權㈢，謀誅嘉等。使者皆東鄉，太后南鄉，王北鄉，相嘉、大臣皆西鄉，侍坐飲。嘉弟為將，將卒居宮外㈣。酒行，太后謂嘉曰：「南越內屬，國之利也，而相君苦不便者，何也？」以激怒使者。使者狐疑相杖，遂莫敢發㈤。嘉見耳目非是，即起而出。太后怒，欲鏦嘉㈥以矛，王止太后。嘉遂出，分其弟兵就舍㈦，稱病，不肯見王及使者。乃陰與大臣作亂。王素無意誅嘉，嘉知之，以故數月不發。太后有淫行，國人不附，欲獨誅嘉等，力又不能。

【註】㈠蒼梧越中王趙光以與秦同姓，故自稱秦王，呂嘉與之有連姻關係，故曰有連。㈡畔：叛。㈢介：憑藉，利用。太后想憑仗使者的權威。㈣將：率領。㈤杖：阻止，因狐疑而互相阻止，不敢發動。㈥鏦：音窗，撞刺。㈦帶了他弟弟的一部分兵力回家。

天子聞嘉不聽王，王、王太后弱孤不能制，使者怯無決。又以為王、王太后已附漢，獨呂嘉為亂，不足以興兵，欲使莊參以二千人往使。參曰：「以好往，數人足矣；以武往，二千人無足以為也。」辭不可，天子罷參也。郟㈠壯士故濟北相韓千秋奮曰：「以區區之越，又有王、太后應，獨相呂嘉為害，願得勇士二百人，必斬嘉以報。」於是天子遣千秋與王太后弟樛樂將二千人往，入越境。呂嘉等乃遂反，下令國中曰：「王年少。太后，中國人也，又與使者亂，專欲內屬，盡持先王寶器入獻天子以自媚，多從人，行至長安，虜賣以為僮僕。取自脫一時之利，無顧趙氏社稷，為萬世慮計之意。」乃與其弟將卒攻殺王、太后及漢使者。遣人告蒼梧秦王及其諸郡縣，立明王長男越妻子術陽侯建德為王。而韓千秋兵入，破數小邑。其後越直開道給食，未至番禺四十里，越以兵擊千秋等，遂滅之。使人函封漢使者節置塞上㈡，好為謾辭謝罪㈢，發兵守要害處。於是天子曰：「韓千秋雖無成功，亦軍鋒之冠。」封其子延年為成安侯。樛樂，其姊為王太后，首願屬漢，封其子廣德為龍亢侯。

乃下赦曰：「天子微，諸侯力政㊃，譏臣不討賊。今呂嘉、建德等反，自立晏如㊄。令罪人及江淮以南樓船十萬師㊅，往討之。」

【註】㊀郟：河南郟縣。㊁塞上：大庾嶺上。㊂謾辭：欺騙的辭令。㊃力政：政，同「征」，以武力相征伐。所謂「天子微，諸侯力政，譏臣不討賊」，這是引用《春秋》的話，並非漢天子自謂其力量微也。㊄晏如：安然自得的樣子。㊅樓船：言其船之高大如樓也。

元鼎五年秋㊀，衞尉路博德為伏波將軍，出桂陽，下匯水㊁；主爵都尉楊僕為樓船將軍，出豫章㊂，下橫浦㊃；故歸義越侯二人為戈船㊄、下厲將軍㊅，出零陵，或下離水㊆，或抵蒼梧；使馳義侯因巴蜀罪人，發夜郎兵㊇，下牂柯江㊈，咸會番禺。

【註】㊀武帝元鼎五年（西曆紀元前一一二年）。㊁匯水：《漢書》作「湟水」，源出湖南郴縣，南流經廣東連縣，至英德入北江。㊂豫章：江西、南昌。㊃橫浦：在江西大庾縣南大庾嶺上。秦漢時設關於此。㊄戈船：伍子胥書有「戈船」，以載干戈，因謂之戈船也。張晏曰：「越人於水中負人船，又有蛟龍之害，故置戈於船下，因以為名也。」㊅下厲：《漢書》作「下瀨」。㊆離水：零陵縣有離水，東至廣信入鬱林，九百八十里。㊇夜郎：國名，在曲州、協州以南。㊈牂柯江：江出

南徼外，東通四會，至番禺入海也。

元鼎六年冬，樓船將軍將精卒先陷尋陜，破石門㈠，得越船粟，因推而前，挫越鋒，以數萬人待伏波。伏波將軍將罪人，道遠，會期後，與樓船會乃有千餘人，遂俱進。樓船居前，至番禺。建德、嘉皆城守。樓船自擇便處，居東南面；伏波居西北面。會暮，樓船攻敗越人，縱火燒城。越素聞伏波名，日暮，不知其兵多少。伏波乃為營，遣使者招降者，賜印，復縱令相招。樓船力攻燒敵，反驅而入伏波營中。犂旦㈡城中皆降伏波。呂嘉、建德已夜與其屬數百人亡入海，以船西去。伏波又因問所得降者貴人，以知呂嘉所之，遣人追之。以其故校尉司馬蘇弘得建德，封為海常侯；越郎㈢都稽得嘉，封為臨蔡侯。

【註】㈠尋陜：《漢書》作「尋陿，在廣東始興縣西三百里，近連口，《廣州新語》謂：「自英德至清遠有三峽，一曰中宿，二曰大廟，三曰湞陽，大廟介二峽之間尤為險陿，故尉佗築萬人城於此，楊僕先陷之尋嶇，即此。」石門：《廣州記》謂：「石門在番禺縣北二十里，昔呂嘉積石於江，名曰石門。」㈡犂旦：《漢書》作「遲旦」，言天將明之時。㈢越郎：南越之郎官。

蒼梧王趙光者，越王同姓，聞漢兵至，及越揭陽令定㈠自定屬漢㈡；越桂林監居翁諭甌駱屬漢㈢：皆得為侯。戈船、下厲將軍兵及馳義侯所發夜郎兵未下，南越已平矣。遂為九郡㈣。伏波將軍益封。樓船將軍兵以陷堅為將梁侯㈤。

【註】㈠揭陽：縣名，漢置，故城在今廣東揭陽縣西。㈡自定：揭陽令名定者，自己決定歸屬於漢。㈢曉諭甌駱三十餘萬口降漢。㈣九郡：儋耳、珠崖、南海、蒼梧、九真、鬱林、日南、合浦、交阯。㈤陷堅：攻陷敵人最堅強之地。

自尉佗初王後，五世九十三歲而國亡焉。

太史公曰：尉佗之王，本由任囂。遭漢初定，列為諸侯。隆慮離溼疫，佗得以益驕。甌駱相攻，南越動搖。漢兵臨境，嬰齊入朝。其後亡國，徵自樛女㈠；呂嘉小忠，令佗無後，樓船從欲㈡，怠傲失惑；伏波困窮，智慮愈殖㈢，因禍為福。成敗之轉，譬若糾墨㈣。

【註】㈠徵：徵兆。㈡從欲：縱欲。㈢殖：孳生，增加。㈣糾墨：交互糾纏，如《老子》所謂：「禍兮福所依，福兮禍所伏」，塞翁失馬，因禍得福。（此一結論，恐非太史公之語，乃後人偽造。）

卷一百十四　東越列傳第五十四

閩越王無諸及越東海王搖者，其先皆越王句踐之後也，姓騶氏㊀。秦已并天下，皆廢為君長，以其地為閩中郡㊁。及諸侯畔秦，無諸、搖率越歸鄱陽令吳芮，所謂鄱君者也，從諸侯滅秦。當是之時，項籍主命，弗王㊂，以故不附楚。漢擊項籍，無諸、搖率越人佐漢。漢五年，復立無諸為閩越王，王閩中故地，都東冶㊃。孝惠三年，舉高帝時越功，曰閩君搖功多，其民便附，乃立搖為東海王，都東甌㊄，世俗號為東甌王。

【註】㊀騶：徐廣曰：「騶」，一作「駱」。㊁閩中郡：徐廣曰：「今建安侯官是」。故城在今福建閩侯縣。㊂弗王：不立無諸及搖為王。㊃東冶：縣名，漢置冶縣，故城在今福建閩侯縣東北冶山之麓。漢時，交阯貢獻皆由東冶泛海而至。㊄東甌：地名，今浙江永嘉縣西南有東甌城，漢東海王搖所都也，世號曰「東甌王」。《永嘉記》：「甌水出永寧山，行三十餘里，去郡城五里入江。昔有東甌王都城，有亭，積石為道，今猶在也。」

後數世，至孝景三年，吳王濞反，欲從閩越，閩越未肯行，獨東甌從吳。及吳破，東甌受漢購，殺吳王丹徒，以故皆得不誅，歸國。

吳王子子駒亡走閩越，怨東甌殺其父，常勸閩越擊東甌。至建元三年，閩越發兵圍東甌。東甌食盡，困，且降，乃使人告急天子。天子問太尉田蚡，蚡對曰：「越人相攻擊，固其常，又數反覆，不足以煩中國往救也。自秦時弃弗屬。」於是中大夫莊助詰蚡曰：「特患力弗能救，德弗能覆；誠能㈠，何故弃之？且秦舉咸陽而弃之，何乃越也！今小國以窮困來告急天子，天子弗振㈡，彼當安所告愬㈢？又何以子萬國乎㈣？」上曰：「太尉未足與計。吾初即位，不欲出虎符發兵郡國。」乃遣莊助以節發兵會稽。會稽太守欲距不為發兵，助乃斬一司馬，諭意指，遂發兵浮海救東甌。未至，閩越引兵而去。東甌請舉國徙中國，乃悉舉眾來，處江淮之閒。

【註】㈠誠能：如果能的話。㈡振：救。㈢愬：訴苦。㈣子：保護。㈤距：拒絕。

至建元六年，閩越擊南越。南越守天子約，不敢擅發兵擊而以聞。上遣大行王恢出豫章，大農韓安國出會稽，皆為將軍。兵未踰嶺，閩越王郢發兵距險。其弟餘善乃與相、宗族謀曰：「王以擅發兵擊南越，不請，故天子兵來誅。今漢兵眾彊，今即㈠幸勝之，後來益多，終滅國而止。今殺王以謝天子。天子聽，罷兵，固一國完；不聽，乃力戰；不勝，即亡入海。」皆曰「善」。即鏦殺王，使使奉其頭致大行。大行曰：「所為來者誅王。今王頭至，謝罪；不戰而耘㈡，利莫大焉。」乃以便宜案兵告大農軍，而使使奉王頭馳報天子。詔罷兩將兵，曰：「郢等首惡，獨無諸孫繇君丑㈢不與謀焉。」乃使郎中將立丑為越繇王，奉閩越先祭祀。

【註】㈠即：縱使。㈡耘：《漢書》作「殞」，言不戰而閩越王自斃也。㈢繇：邑號也。

餘善已殺郢，威行於國，國民多屬，竊自立為王㈠。繇王不能矯其眾持正㈡。天子聞之，為餘善不足復興師，曰：「餘善數與郢謀亂，而後首誅郢，師得不勞。」因立餘善為東越王，與繇王並處。

【註】㊀國民多歸屬於他，於是他便偷偷的自立為王。㊁繇王不能糾正其眾民使之保持正道。

至元鼎五年，南越反，東越王餘善上書，請以卒八千人從樓船將軍擊呂嘉等。兵至揭揚，以海風波為解，不行，持兩端，陰使南越㊀。及漢破番禺，不至。是時樓船將軍楊僕使使上書，願便引兵擊東越。上曰士卒勞倦，不許，罷兵，令諸校屯豫章梅領待命㊁。

【註】㊀以海上有風波為解釋的理由，不進兵，抱著兩頭討好的態度，暗地派人與南越相勾結。㊁梅嶺在江西贛州寧都縣附近。

元鼎六年秋，餘善聞樓船請誅之，漢兵臨境，且往，乃遂反，發兵距漢道㊀。號將軍騶力等為「吞漢將軍」，入白沙、武林㊁、梅嶺，殺漢三校尉。是時漢使大農張成、故山州侯齒㊂，將屯，弗敢擊，卻就便處㈣，皆坐畏懦誅。

【註】㈠距：拒。㈡江西餘干縣東北有武陵山，即古之武林。索隱謂：「今豫章北二百里，接鄱陽界，地名白沙，有小水入湖，名曰白沙坑。東南八十里有武陽亭，亭東南三十里地名武林。此白沙、武林，今當閩越入京道。」㈢山州侯名齒，乃成陽共王之子。㈣不敢攻擊，退而紮營於便利之處。

餘善刻「武帝」璽自立，詐其民，為妄言。天子遣橫海將軍韓說出句章㈠，浮海從東方往；樓船將軍楊僕出武林；中尉王溫舒出梅嶺；越侯為戈船、下瀨將軍，出若邪㈡、白沙。元封元年冬，咸入東越。東越素發兵距險，使徇北將軍守武林，敗樓船軍數校尉，殺長吏。樓船將軍率錢唐轅終古㈢斬徇北將軍，為禦兒侯㈣。自兵未往。

【註】㈠句章：王先謙曰：「句章在今寧波府慈谿縣西三十五里。」㈡若邪：《輿地廣記》謂：「新昌縣西有鹽溪，一名若邪溪，當是此若邪也。」《會稽志》謂：「若邪在浙江紹興縣南，下有溪，曰若邪溪，即西施浣紗處也。」㈢錢唐：浙江杭縣。轅終古：姓轅，名終古。㈣禦兒鄉：在蘇州嘉興縣南七十里。

故越衍侯吳陽前在漢，漢使歸諭餘善，餘善弗聽。及橫海將軍先至，越衍侯吳陽以其邑七百人反，攻越軍於漢陽㈠。從建成侯敖㈡，與其率，從繇王居股謀曰：「餘善首惡，劫守吾屬。今漢兵至，眾彊，計殺餘善，自歸諸將，儻幸得脫㈢。」乃遂俱殺餘善，以其眾降橫海將軍，故封繇王居股為東成侯㈣，萬戶；封建成侯敖為開陵侯㈤；封越衍侯吳陽為北石侯；封橫海將軍說為案道侯；封橫海校尉福為繚嫈侯。福者，成陽共王子，故為海常侯，坐法失侯。舊從軍無功，以宗室故侯。諸將皆無成功，莫封。東越將多軍㈥，漢兵至，弃其軍降，封為無錫侯。

【註】㈠漢陽：在福建浦城縣北。㈡敖亦東越臣。㈢儻：倘，如果。如果這樣，或者可以倖免於禍。㈣東成：在九江。㈤開陵：屬臨淮。㈥多軍：姓多，名軍。

於是天子曰：「東越狹多阻，閩越悍，數反覆」，詔軍吏皆將其民徙處江淮閒㈠。東越地遂虛。

【註】㈠將：率領。

太史公曰：越雖蠻夷，其先豈嘗有大功德於民哉？何其久也㈠！歷數代常為君王，句踐一稱伯。然餘善至大逆，滅國遷眾，其先苗裔繇王居股等猶尚封為萬戶侯，由此知越世世為公侯矣。蓋禹之餘烈也。

【註】㈠莫非是他的先人曾經有大功德於人民嗎？何其享國之久也！

卷一百十五　朝鮮列傳第五十五

朝鮮㊀王滿者，故燕人也。自始全燕時㊁嘗略屬㊂真番㊃、朝鮮，為置吏，築鄣塞。秦滅燕，屬遼東外徼㊄。漢興，為其遠難守，復修遼東故塞，至浿水為界㊅，屬燕。燕王盧綰反，入匈奴，滿亡命，聚黨千餘人，魋結蠻夷服而東走出塞㊆，渡浿水，居秦故空地，上下鄣㊇，稍役屬真番、朝鮮蠻夷及故燕、齊亡命者王之，都王險㊈。

【註】㊀朝鮮：國名，為黃海、日本海間之大島國，周初，箕子封於此。漢初，衛氏繼之，為武帝所滅，其南部為三韓諸國，皆屬於漢。齊召南曰：「滿，姓衛氏。朝鮮自周封箕子後，傳四十餘世，至朝鮮侯準，始稱王。漢初，其國大亂，燕人衛滿，擊破準而自王也。」〈地理志〉云：「高驪都平壤城，本漢樂浪郡王險城，又古云朝鮮地也。」㊁所謂「全燕」者，指戰國時代之燕國而言。以別於漢時之燕國也。㊂略取而使之歸屬也。㊃真番：郡名，乃鴨綠江與佟佳江及興京附近之地，漢昭帝時併入玄菟郡。㊄徼：邊地。㊅浿水：今之鴨綠江。〈地理志〉云：「浿水出遼東塞外，西南至樂浪縣西入海。浿，音貝（ㄅㄟˋ）。㊆魋結：即「椎髻」，一撮之髻，其形如椎。滿亡命時，打扮

成蠻夷人的形相和服裝。㈧〈地理志〉云：「樂浪有雲鄣」。㈨王險：杜佑云：「平壤即王險城也」。平壤：據鴨綠江北岸，北負大城山，東南控肥沃之平原，形勢險要，漢樂浪郡治。

會孝惠、高后時天下初定，遼東太守即約滿為外臣，保塞外蠻夷，無使盜邊；諸蠻夷君長欲入見天子，勿得禁止。以聞，上許之，以故滿得兵威財物侵降其旁小邑，真番、臨屯㈠，皆來服屬，方數千里㈡。

【註】㈠臨屯：郡名，即朝鮮江原道，本濊貊之地，昭帝時，併入樂浪郡。㈡《括地志》云：「朝鮮、高驪、貊、東沃沮五國之地，國東西千三百里，南北二千里，在京師東，東至大海四百里，北至營州界九百二十里，南至新羅國六百里，北至靺鞨國千四百里。」

傳子至孫右渠，所誘漢亡人滋多，又未嘗入見；真番旁眾國欲上書見天子，又擁閼㈠不通。元封二年，漢使涉何譙諭㈡右渠，終不肯奉詔。何去至界上，臨浿水，使御刺殺送何者朝鮮裨王長㈢，即渡，馳入塞㈣，遂歸報天子曰「殺朝鮮將」。上為其名美㈤，即不詰，拜何為遼東東部都尉㈥。朝鮮怨何，發兵襲攻殺何。

【註】㊀擁閼：擁塞。閼：同「淤」，塞也。㊁誰：音樵（ㄑㄧㄠˊ），責斥。㊂朝鮮裨王，名長。㊃涉河渡浿水回國，飛快的入塞。塞即平州榆林關也。平州州治在河北昌黎縣。關：山海關。㊄有殺敵將之美名。㊅遼寧東部之地。都尉，掌軍事。其駐地在瀋陽縣東境。

天子募罪人擊朝鮮。其秋，遣樓船將軍楊僕從齊浮渤海㊀；兵五萬人，左將軍荀彘出遼東：討右渠。右渠發兵距險㊁。左將軍卒正多率遼東兵先縱，敗散，多還走，坐法斬。樓船將軍將齊兵七千人先至王險。右渠城守，窺知樓船軍少，即出城擊樓船，樓船軍敗散走。將軍楊僕失其眾，遁山中十餘日，稍求收散卒，復聚。左將軍擊朝鮮浿水西軍，未能破。

天子為兩將未有利，乃使衛山因兵威往諭右渠。右渠見使者頓首謝：「願降，恐兩將詐殺臣；今見信節，請服降。」遣太子入謝，獻馬五千匹，及饋軍糧。人眾萬餘，持兵，方渡浿水，使者及左將軍疑其為變，謂「太子已服降，宜命人毋持兵」。太子亦疑使者左將軍詐殺之，遂不渡浿水，復引歸㊂。山還報天子，天子誅山。

【註】㈠浮：渡。㈡距：拒也，守險地而抵抗。㈢朝鮮王願意投降，遣太子入謝，但因雙方懷疑，故其太子不渡鴨綠江（浿水）而還。

左將軍破浿水上軍，乃前，至城下，圍其西北。樓船亦往會，居城南。右渠遂堅守城，數月未能下。

左將軍素侍中㈠，幸，將燕代卒，悍，乘勝，軍多驕。樓船將齊卒，入海，固已多敗亡；其先與右渠戰，困辱亡卒，卒皆恐，將心慙，其圍右渠，常持和節。左將軍急擊之，朝鮮大臣乃陰閒使人私約降樓船，往來言㈡，尚未肯決。左將軍數與樓船期戰，樓船欲急就其約，不會；左將軍亦使人求閒郤降下朝鮮，朝鮮不肯，心附樓船：以故兩將不相能㈢。左將軍心意㈣樓船前有失軍罪，今與朝鮮私善而又不降，疑其有反計，未敢發。天子曰將率不能，前乃使衞山諭降右渠，右渠遣太子，山使不能剸決，與左將軍計相誤，卒沮約。今兩將圍城，又乖異，以故

卷一百十六　西南夷列傳第五十六

西南夷君長㈠以什數，夜郎最大㈡；其西靡莫㈢之屬以什數，滇最大㈣；自滇以北君長以什數，邛都最大㈤：此皆魋結㈥，耕田，有邑聚。其外西自同師以東㈦，北至楪榆㈧，名為嶲㈨、昆明㈩，皆編髮，隨畜遷徙，毋常處⑪毋君長，地方可數千里。自嶲以東北，君長以什數，徙、筰都⑫最大；自筰以東北，君長以什數，冄駹最大⑬。其俗或士箸⑭，或移徙，在蜀之西。自冄駹以東北，君長以什數，白馬最大⑮，皆氐類也。此皆巴蜀西南外蠻夷也。

【註】㈠西南夷：在今川南、滇、黔諸省之地，以迄於越、緬諸國，謂之西南夷。實則今日皆中華民族構成之細胞，只因當時適在同化過程中，故以「夷」呼之也。㈡夜郎國：在貴州西境。夜郎縣，在貴州桐梓縣東二十里。㈢靡莫：夷邑名，滇與同姓。正義謂：「在蜀南以下及西也。靡非在姚州（今雲南之姚安縣）北，去京西南四千九百三十五里，即靡莫之夷。㈣滇：讀顛。古國名，漢武帝時，滇王降，以其國置益州郡，即今之雲南省，治昆明。㈤邛：國名，在今西康省西昌縣東南。邛，

音窮（ㄑㄩㄥˊ）。㊅魋結：即「椎髻」，編其髻，如椎形然。㊆同師：地名，在雲南霑益縣之北。㊇楪榆：地名，在今雲南大理縣東北。㊈巂：音髓（ㄙㄨㄟˋ），國名，在今西康西昌縣。㊉昆明：國名，在今西昌西南之鹽源縣。㊁毋：即「無」字。㊂徙：讀「斯」。古國名，在今西康天全縣之東。筰都：古國名，在今西康漢源縣東南。㊂冄（冉）：在今四川茂縣。駹：音忙（ㄇㄤˊ）。地名，亦在茂縣一帶。㊃土箸：有常定的居處。㊄白馬：齊召南曰：「白馬氏居仇池山，其山四面斗絕，上有平地百頃。」王先謙曰：「今階州成縣，漢白馬氏地。」即今甘肅武都縣。

始，楚威王時，使將軍莊蹻將兵循江上㊀，略巴、黔中以西㊁。莊蹻者，故楚莊王苗裔也。蹻至滇池㊂，（地）方三百里，旁平地，肥饒數千里，以兵威定屬楚。欲歸報，會秦擊奪楚巴、黔中郡，道塞不通，因還，以其眾王滇，變服，從其俗，以長之。秦時常頞㊃略通五尺道㊄，諸此國頗置吏焉。十餘歲，秦滅。及漢興，皆弃此國而開蜀故徼㊅。巴蜀民或竊出商賈，取其筰馬、僰僮㊆、髦牛，以此巴蜀殷富。

【註】㊀莊蹻率兵沿江而上。㊁黔中：故城在湖南沅陵縣西，今湖南之沅陵、常德、永順及貴州之思南、黎平一帶，皆其地。㊂滇池：在雲南昆明縣南，呈貢縣西，晉寧縣西北，昆陽縣北，一名滇

南澤，亦曰昆明池。池方三百里，旁有平地肥沃數千里。池之吐口，在昆陽縣北，視其通塞，以占農田利害。其池水源深廣，而末流淺狹，有似倒流，故謂滇池。㊃常頞：頞音案，人名。㊄五尺道：在四川慶符縣南五里。㊅徼：邊塞之地。師古曰：「西南之徼，猶北方之塞也。」㊆僰：音勃（ㄅㄛˊ），在四川宜賓縣西南。買賣僰人為僮僕，即人口買賣。僰人性最善良。

建元六年，大行王恢擊東越，東越殺王郢以報。恢因兵威使番陽令唐蒙風指㊀曉南越。南越食蒙蜀枸醬㊁，蒙問所從來，曰「道西北牂柯㊂，牂柯江廣數里，出番禺城下。」蒙歸至長安，問蜀賈人，賈人曰：「獨蜀出枸醬，多持竊出市夜郎。夜郎者，臨牂柯江，江廣百餘步，足以行船。南越以財物役屬夜郎，西至同師，然亦不能臣使也。」蒙乃上書說上曰：「南越王黃屋左纛，地東西萬餘里，名為外臣，實一州主也。今以長沙、豫章往，水道多絕，難行。竊聞夜郎所有精兵，可得十餘萬，浮船牂柯江，出其不意，此制越一奇也。誠以漢之彊，巴蜀之饒，通夜郎道，為置吏，易甚。」上許之。乃拜蒙為郎中將，將千人，食重萬餘人㊃，從巴蜀筰關入㊄，遂見夜郎侯多同㊅。蒙厚賜，喻以威德，約為置吏，使其子為令。夜郎旁小邑皆貪漢繒帛，以為漢道險，終不能有也，乃且聽蒙約。還報，乃以為犍為郡，發巴蜀卒治道，自僰道指牂柯江㈦。蜀人司馬相如亦言西夷邛、筰可置郡。使相如以郎中將往喻，皆如南夷，為置一都尉，十餘縣，屬蜀。

【註】㈠風：同「諷」，暗示其意。㈡枸醬：劉德曰：「枸樹如桑，其椹長二三寸，味酢，取其實以為醬，美，蜀人以為珍味。」錢大昭曰：「南方草木狀云：『蒟醬，蓽茇也，生於番國者，大而紫，謂之蓽茇；生於番禺者，小而青，謂之蒟焉，可以為食，故謂之醬焉。交阯、九真人家多種之，蔓生。』」㈢牂柯：郡名，漢時郡治在故且蘭，今貴州舊遵義府以南至思南、石阡等府，皆其地。故且蘭在今貴州德江縣西。牂柯江：即今北盤江，由貴州、雲南、廣西入廣東為西江，漢武帝使馳義侯因巴蜀罪人，發夜郎兵，下牂柯江，咸會番禺，即由此道。牂，音臧（ㄗㄤ）。道：從也，言從西北牂柯江來也。㈣食重：糧餉與輜重。言運輸糧食與輜重者有萬餘人。㈤從巴蜀筰關入：王念孫：「巴莋關，本作巴符關。」《水經》云：「江水東過符縣北，邪東南（此三字有誤），鰼部水從符關東北注之。」注云：「縣故巴夷之地也。漢武帝建元六年，以唐蒙為中郎將，從萬人出巴符關者也。」是符關即在符縣，而縣為故巴夷之地，故曰巴符關也。漢之符縣，在今瀘州合江縣西，今合江縣南有

符關，仍漢舊名也。若莋地，則在蜀之西，不與巴相接，不得言巴莋關矣。隸書符字作「苻」，與莋相似；又涉上下文莋字而誤。《史記》作「巴蜀莋關」，多一蜀字，於義尤不可通，蓋因上文「巴蜀」而衍。㈥多同：夜郎侯之名也。㈦僰道：王先謙曰：「僰道在今敍州府宜賓縣西南。」

當是時，巴蜀四郡㈠通西南夷道，戍轉相饟㈡。數歲，道不通，士罷餓離溼死者甚眾㈢；西南夷又數反，發兵興擊，耗費無功。上患之，使公孫弘往視問焉。還對，言其不便。及弘為御史大夫，是時方築朔方以據河逐胡，弘因數言西南夷害，可且罷，專力事匈奴。上罷西夷，獨置南夷夜郎兩縣一都尉，稍令犍為自葆就。

【註】㈠巴蜀四郡：即漢中、巴郡、廣漢、蜀郡。㈡戍轉：《漢書》作「載轉」。㈢罷：疲勞。離：同「罹」。陷進於……。㈣保就：師古曰：「今自保守，且修成其郡縣。」王念孫曰：「保就，猶言『保聚』，僖二十六年，左傳：『我敝邑用不敢保聚』是也。」「聚」，「就」，一聲之轉。逸周書謚法篇：「就，會也」，是「就」有聚會之意。師古訓「就」為「成」，則與「保」字，義不相屬。乃云：「今自保守，且修成其郡縣，則增字為解，而非其本旨矣。」

及元狩元年㊀，博望侯張騫使大夏來㊁，言居大夏時見蜀布、邛竹、杖㊂，使問所從來，曰「從東南身毒國㊃，可數千里，得蜀賈人市。」或聞邛西可二千里有身毒國。騫因盛言大夏在漢西南，慕中國，患匈奴隔其道，誠通蜀，身毒國道便近，有利無害。於是天子乃令王然于、柏始昌、呂越人等，使閒出西夷㊄，西指求身毒國。至滇，滇王嘗羌乃留，為求道西十餘輩。歲餘，皆閉昆明㊅，莫能通身毒國。

【註】㊀漢武帝元狩元年（西曆紀元前一二二年）。㊁大夏：西域古國名，即今阿富汗北部之地。㊂邛竹杖：出四川雅州滎經縣邛崍山上，其竹節高中實，可作杖。㊃身毒國：一名天篤，蓋身毒聲轉為天篤，篤字省寫作竺，故又稱天竺。其國地方三萬里，佛道所出，其人修浮屠道，不殺伐，遂以成俗。按即今之印度國也。㊄閒出：從有空隙的道路出西南夷。因為有匈奴擋住去路，所以非穿空隙不可。凡是不能走正道而往者，或秘密而行者，就是「閒出」。㊅昆明：當時之昆明，在嶲州南之昆縣。

滇王與漢使者言曰：「漢孰與我大？」及夜郎侯亦然。以道不通故，各自以為一州主，不知漢廣大。使者還，因盛言滇大國，足事親附㈠。天子注意焉。

【註】㈠可以從事於與之親善而使其歸附。

及至南越反，上使馳義侯因犍為發南夷兵。且蘭㈠君恐遠行，旁國虜其老弱，乃與其眾反，殺使者及犍為太守。漢乃發巴蜀罪人嘗擊南越者八校尉擊破之。會越已破，漢八校尉不下，即引兵還，行誅頭蘭。頭蘭，常隔滇道者也㈡。已平頭蘭，遂平南夷為牂柯郡。夜郎侯始倚南越，南越已滅，會還誅反者，夜郎遂入朝。上以為夜郎王。

【註】㈠且蘭：且字讀「沮」。且蘭在今貴州之德江縣。且蘭君恐怕隨漢軍遠行討廣東，而別的國家來佔領他的土地，俘虜他的人民，所以起兵而造反，殺漢使者。㈡南越之亂已平，所以八校尉即不帶兵前往廣東（不下），而帶兵回頭殺了頭蘭（且蘭國之君名），頭蘭是時常隔絕漢人與雲南交通之路線者。

南越破後，及漢誅且蘭、邛君，并殺筰侯，冄駹皆振恐，請臣置吏。乃以邛都為越嶲郡，筰都為沈犂郡，冄駹為汶山郡㈠，廣漢西白馬為武都郡。

【註】㈠汶山郡：漢置，在今四川茂縣。

上使王然于以越破及誅南夷兵威風喻滇王入朝。滇王者，其眾數萬人，其旁東北有勞浸、靡莫㈠，皆同姓相扶，未肯聽。勞浸、靡莫數侵犯使者吏卒。元封二年，天子發巴蜀兵擊滅勞浸、靡莫，以兵臨滇。滇王始首善，以故弗誅㈡。滇王離西南夷，舉國降，請置吏入朝。於是以為益州郡，賜滇王王印，復長其民。

【註】㈠勞浸、靡莫，兩國與滇王同姓。㈡滇王開始的時候，對漢朝就有友善之意。

西南夷君長以百數，獨夜郎、滇受王印。滇小邑，最寵焉。

太史公曰：楚之先豈有天祿哉㈠？在周為文王師，封楚。及周之衰，地稱五千里。秦滅諸侯，唯楚苗裔尚有滇王。漢誅西南夷，國多滅矣，唯滇復為寵王。然南夷之端，見枸醬番禺，大夏杖、邛竹。西夷後揃㈡，剽分二方㈢，卒為七郡㈣。

【註】㈠天祿：上天所賜的福祿。㈡揃：音翦（ㄐㄧㄢˇ），被分割。㈢剽：分裂。㈣七郡：犍為、牂柯、越巂、益州、武都、沈犂、汶山。

卷一百十七　司馬相如列傳第五十七

司馬相如者，蜀郡成都人也，字長卿。少時好讀書，學擊劍，故其親名之曰犬子㈠。相如既學，慕藺相如之為人，更名相如。以貲為郎㈡，事孝景帝，為武騎常侍㈢，非其好也。會景帝不好辭賦，是時梁孝王來朝，從游說之士齊人鄒陽、淮陰枚乘、吳莊忌夫子之徒，相如見而說之㈣，因病免，客游梁。梁孝王令與諸生同舍，相如得與諸生游士居數歲，乃著子虛之賦。

【註】㈠犬子：愛而呼之為字。㈡以財物買官而得為郎。㈢秩六百石，常侍從格猛獸。㈣說：悅。

會梁孝王卒，相如歸，而家貧，無以自業。素與臨邛令王吉相善㈠，吉曰：「長卿久宦遊不遂，而來過我。」於是相如往，舍都亭㈡。臨邛令繆為恭敬㈢，日往朝相如。相如初尚見之，後稱病，使從者謝吉，吉愈益謹肅。臨邛中多富人，而卓王孫家僮八百人㈣，程鄭亦數百人，二人乃相謂曰：「令有貴客，為具召之。」幷召令。令既至，卓氏客以百數。至日中，謁司馬長卿，長卿謝病不能往，臨邛令不敢嘗食，自往迎相如。相如不得已，彊往㊄，一坐盡傾㊅。酒酣，臨邛令前奏琴曰：「竊聞長卿好之，願以自娛。」相如辭謝，為鼓一再行㊆。是時卓王孫有女文君新寡，好音，故相如繆與令相重㊇，而以琴心挑之㊈。相如之臨邛⑩，從車騎，雍容閒雅甚都⑪；及飲卓氏，弄琴，文君竊從戶窺之，心悅而好之，恐不得當也⑫。既罷，相如乃使人重賜文君侍者通殷勤⑬。文君夜亡奔相如⑭，相如乃與馳歸成都。家居徒四壁立⑮。卓王孫大怒曰：「女至不材，我不忍殺，不分一錢也。」人或謂王孫⑯，王孫終不聽。文君久之不樂，曰：「長卿第俱如臨邛⑰，從昆弟假貸猶足為生，何至自苦如此！」相如與俱之臨邛，盡賣其車騎，買一酒舍酤酒，而令文君當鑪⑱。相如身自著犢鼻褌⑲，與保庸雜作⑳，滌器於市中㉑。卓王孫聞而恥之，為杜門不出㉒。昆弟諸公更謂王孫曰㉓：「有一男兩女，所不足者非財也。今文君已失身於司馬長卿，長卿故倦游㉔，雖貧，其人材足依也，且又令客，獨柰何相辱如此！」卓王孫不得已，分予文君僮百人，錢百萬，及其嫁時衣被財物。文君乃與相如歸成都，買田宅，為富人。

【註】㈠臨邛：今四川省邛崍縣。㈡都亭：縣政府招待所之類。㈢繆為恭敬：做出假裝的姿態，表示對司馬相如特別尊敬的樣子，以提高司馬相如的地位，為的是要引起臨邛縣大財主卓王孫的注意，然後暗示卓王孫對於縣令的貴客不能不加以招待，於是設宴請司馬相如到家飲酒，請縣令作陪。於是司馬相如得以升堂入室，以琴調情，而使卓文君心花怒放之下，止不住心猿意馬而紅杏出牆，一篇風趣的戀愛故事，全是縣令的導演。真是一篇最好的電視劇的題材。而太史公「繆為恭敬」四字，就寫明瞭縣令的導演能力。㈣卓王孫：貨殖傳謂：「卓氏之先趙人，秦時被遷，卓氏獨夫妻推輦而行，曰：「吾聞汶山之下有蹲鴟（大芋也），」乃求遷，致之臨邛。程鄭，山東遷虜。」㈤彊往：勉強而往。㈥一坐盡傾：司馬相如一到，全座的人都傾首而瞻望其風采。㈦為鼓一再行：樂府有長歌行，短歌行，行者，曲也，此言鼓一再行，即謂一兩曲也。」㈧相如繆與令相重：這裡又是個「繆」字，可以看出相如與縣令這一幕喜劇，完全是兩人事前的緻密計劃，而一切動作都是偽裝（繆），其目的在釣到那個「美人魚」卓文君。㈨卓文君好音樂而新喪夫，空閨難獨守，故司馬相如以琴心挑動之，其詩曰：「鳳兮鳳兮歸故鄉，遨遊四海求其凰；有一艷女在此堂，室邇人遐毒我腸，何由交接

為鴛鴦！」又一詩曰：「鳳兮鳳兮從凰栖，得託子尾永為妃；交情通體必和諧，中夜相從別有誰？」⑩之：往。⑪都：美好。今人所謂「很帥」。⑫當：對偶。卓文君惟恐怕不能與司馬相如成為對偶。⑬通殷勤：轉達愛慕之意。⑭文君夜亡奔相如：文君色膽包天，而夜間奔入相如懷中。《西京雜記》謂：「文君姣好，眉色如望遠山，臉際常若芙蓉，肌膚柔滑如脂。十七而寡，為人放誕風流，故悅長卿之才而越禮焉。」⑮家徒四壁：言相如之家。空空如也，除了四堵牆以外，毫無資產。⑯有人或勸王孫。⑰第：但，只要與我一塊兒（俱）去到（如，往）臨邛。⑱開酒館而賣酒（酤），文君當盧（「壚」是正字，「盧」是假錯字，「爐」是通用字，意義相同。壚者，累土為之以居酒瓮，四邊隆起，一邊高如鍛壚，故名壚。瓮是溫酒之器。）當，主持也。有酒客來，文君以女老闆的身分，親自為客人溫酒奉客。⑲犢鼻褌：即俗語所謂之「圍裾」，用以蔽前，反繫於後，而無袴襠，其形如犢鼻。⑳與庸保雜作：庸、保，都是酒館中的用人，所謂「堂倌」之類。司馬相如親自穿著圍裾，和堂倌們混在一起工作。㉑滌器於市中：在大街之上，洗滌酒器鍋碗之類。㉒卓王孫聽說他們夫妻這種卑賤的行為，深以為恥，閉門（杜門）不出，羞於見人。㉓更：交互的。㉔倦游、厭倦於游宦而作官。意謂司馬相如並非沒有能力，只是因為他厭倦於游宦作官，所以才落到這樣貧苦的下場。

居久之，蜀人楊得意為狗監①，侍上。上讀子虛賦而善之，曰：「朕獨不得與此人同時哉！」得意曰：「臣邑人司馬相如自言為此賦。」上驚，乃召問相如。相如曰：「有是。然此乃諸侯之事，未足觀也。請為天子游獵賦，賦成奏之。」上許，令尚書給筆札。相如以「子虛」，虛言也，為楚稱㊁；「烏有先生」者，烏有此事也，為齊難㊂；「無是公」者，無是人也，明天子之義㊃。故空藉此三人為辭，以推天子諸侯之苑囿。其卒章歸之於節儉，因以風諫㊄。奏之天子，天子大說。其辭曰：

【註】㊀狗監：主管獵犬。㊁為楚稱：稱說楚之美。㊂為齊難：詰難楚事也。㊃說明天子應當登明堂，坐清廟，恣羣臣奏得失，使四海之內，靡不受福。決不可以務在獨樂，不顧眾庶，忘國家之政，而貪雉兔之獲，其結論在於假借虛人以諷諫實政，故太史公推崇之。㊄風諫：即諷諫，借比喻或暗示以忠告天子。

楚使子虛使於齊，齊王悉發境內之士，備車騎之眾，與使者出田㊀。田罷，子虛過詑㊁烏有先生，而無是公在焉。坐定，烏有先生問曰：「今日田樂乎？」子虛曰：「樂。」「獲多乎？」曰：「少」「然則何樂？」曰：「僕樂齊王之欲夸僕以車騎之眾，而僕對以雲夢之事也。」曰：「可得聞乎？」

【註】㈠田：田獵。㈡詫：音汊（ㄔㄚˋ），誇也。

子虛曰：「可。王駕車千乘，選徒萬騎，田於海濱。列卒滿澤，罘罔㈠彌山㈡，揜兔轔鹿㈢，射麋㈣腳麟㈤。鶩於鹽浦㈥，割鮮染輪㈦。射中獲多，矜而自功㈧。顧謂僕曰：『楚亦有平原廣澤游獵之地，饒樂若此者乎？楚王之獵何與寡人㈨？』僕下車對曰：『臣，楚國之鄙人也，幸得宿衛十有餘年，時從出游，游於後園，覽於有無㈩，然猶未能徧覩也㈡，又惡足以言其外澤者乎㈢！』齊王曰：『雖然，略以子之所聞見而言之。』

【註】㈠罘：音浮（ㄈㄨˊ）。兔罟也，捕兔之網。㈡彌山：徧山。㈢揜：音掩（ㄧㄢˇ），掩罩兔子而取之。轔：音林（ㄌㄧㄣˊ），同「轥」，壓輾，蹂踐，言車之快而多，可以壓踐鹿類。㈣麋：音迷（ㄇㄧˊ），與鹿同類而稍大。㈤腳：當動詞用，偏持麟之一腳也。㈥鶩：音務（ㄨˋ），馳驅，奔跑。鹽浦：海邊之地多鹽鹵，故曰「鹽浦」。㈦割鮮染輪：鮮，生肉也。到了海濱，又得了許多新鮮的魚類，割而殺之，血跡淋漓，把車輛都染變色了。有人解為把生肉用車輪在海鹽中輾過而食

之，似不如前解之明確。㈧矜而自功：矜，誇也，自誇其能以為功。㈨何與寡人：與，如也。言楚王之獵，能如寡人這樣的快樂嗎？⑩覽於有無：言其游覽之時，有的看見，有的沒有看見，形容他是走馬觀花的游覽，粗枝大葉的游覽，並不是仔仔細細的游覽，即使是這樣的游覽，而費時十餘年，還沒有把楚王的後園游覽一遍，則楚王後園之大，可想而知了。（子虛先生，可算得是一位「吹牛大王」。）⑪偏睹：全部看見。⑫一個後園猶如此之大，還要再談外澤之大嗎？

「僕對曰：『唯，唯！臣聞楚有七澤，嘗見其一，未睹其餘也。臣之所見，蓋特其小小者耳，名曰雲夢㈠。雲夢者，方九百里，其中有山焉。其山則盤紆岪鬱㈡，隆崇嵂崒㈢；岑巖參差㈣，日月蔽虧㈤；交錯糾紛㈥，上干青雲㈦；罷池陂陁㈧，下屬江河㈨。其土⑩則丹青赭堊⑪，雌黃白坿⑫，錫碧金銀⑬，眾色炫燿⑭，照爛龍鱗⑮。其石則赤玉玫瑰⑯，琳瑉琨珸⑰，瑊玏玄厲⑱，碝石武夫⑲。其東則有蕙圃衡蘭⑳，芷若射干㉑，穹窮昌蒲㉒，江離蘼蕪㉓，諸蔗猼且㉔。其南則有平原廣澤，登降陁靡㉕，案衍壇曼㉖，緣以大江㉗，限以巫山㉘。其高燥則生葴菥苞荔㉙，薛莎青薠㉚。其卑溼㉛則生藏莨蒹葭㉜，東蘠雕胡㉝，蓮藕菰蘆㉞，菴藺軒芋㉟，眾物居之，不可勝圖㊱。其西則有湧泉清池，激水推移㊲；外發芙蓉蔆華㊳，內隱鉅石白沙。其中則有神龜蛟鼉㊴，瑇瑁鼊黿㊵。其北則有陰林巨樹，楩枏豫章㊶，桂椒木蘭㊷，蘗離朱楊㊸，樝梸梬栗㊹，橘柚芬芳。其上則有赤猨蠷蝚㊺，鵷雛孔鸞，騰遠射干㊻。其下則有白虎玄豹，蟃蜒貙豻㊼，兕象野犀㊽，窮奇獌狿㊾。

【註】㈠我聽說楚國有七個湖澤，我只看見過一個，其餘的我都沒有看過。我所看見的這一個湖澤，是七個之中，小而又小的，她的名字叫「雲夢」。雲夢：澤名，在今湖北安陸縣南，本係二澤，雲在江北，夢在江南，方八九百里，華容以北，安陸以南，枝江以東，皆其地。後悉為邑居聚落，因併稱之曰「雲夢」。㈡盤紆：屈曲紆迴的樣子。弗鬱：山勢複沓而陰幽的樣子。弗，音佛（ㄈㄨˊ）。㈢隆崇：高大的樣子。嵂崒：峻險可怕的樣子。嵂，音律（ㄌㄩˋ）。崒，音萃（ㄘㄨㄟˋ）。宋祁，王念孫等皆以為「隆崇嵂崒」一句，係後人所加，原本無此一句。㈣岑崟：岑，高峻的樣子。崟：高險的樣子。音銀（ㄧㄣˊ）。參差：不整齊的樣子。㈤日月蔽虧：由於山勢之高峻險幽，所以把日月之光都遮蔽起來了。蔽：全部遮蔽。虧：一部分被遮蔽。㈥交錯糾紛：山勢互相交錯，糾結紛雜。㈦山峯之高好像要直犯青雲似的。㈧罷池陂陁：郭璞曰：「旁穨也」，即言山之廣大，如從頂峯崩墜一

樣，所以山之下部，拖拖拉拉，佔地極廣。罷，音疲（ㄆㄧˊ）。陂陁：傾斜而下的山坡之地，亦言其廣大。陂，音坡（ㄆㄛ）。陀，音駝（ㄊㄨㄛˊ）。㊈下屬江河：屬，連接也。言山之下部廣大，與江河相連接。㊉土：指山中礦產而言，不是指一般農作物的土地。㊁丹：丹砂，即硃砂。青：青雘，係一種染料。《山海經》云：「青邱之山，其陰多青雘。」赭：赤赭，即赤土，可為顏料，藥品，及鐵砂。赭，音者（ㄓㄜˇ）。堊：白堊，即石灰。堊，音惡（ㄜˋ）。㊂雌黃：礦物名，與雄黃同類。產於武都山谷，產於山之陽者，曰雄黃；產於山之陰者，曰雌黃。其色黃赤，道家以合丹藥，畫家以供繪事。白坿：白石英也，產於魯陽山。㊂錫碧金銀：錫：青金。碧：青白色的玉石。㊃眾色炫燿：這許多的顏色，燿眼炫目。㊄照爛龍鱗：光明燦爛，如龍鱗一般的照耀。㊅赤玉玫瑰：赤玉：赤色的玉石。玫瑰：石之次於玉而美好者。㊆琳：玉也。瑉：石之次於玉者。琨珸：石之次於玉者。㊇瑊玏玄厲：瑊玏：石之次於玉者。瑊，音緘（ㄐㄧㄢ）。玏，音勒（ㄌㄜˋ）。玄厲：美好的黑石。㊈瓀石：石之次於玉者。武夫：石之次於玉者。㊉蕙圃：蕙草之圃。衡：杜衡，草名，葉為心臟形，冬月開紫花，根莖可入藥。蘭：澤蘭，香草名。㊁芷若：杜若也，夏日開花，色白。射干：香草之名，根可入藥。㊂穹窮：香草名，秋開紅白花，根可入藥。昌蒲：草名，生於水邊，葉為平行脈，花小，色淡黃綠，味香。㊂江離：香草也。蘼蕪：草名，葉為羽狀複葉，夏月開小花，色白，有清香。蘼，音迷（ㄇㄧˊ）。㊃諸柘：甘柘，即甘蔗。「柘」為「蔗」之假借字。猼且：香草名，即蘘荷也。猼，音薄（ㄅㄛˊ）。且，讀「沮」（ㄐㄩ）。㊄登降陁靡：登降：高低也。陁靡：

即池靡，連綿的斜坡。全句的意思，就是高低連綿的斜坡。陁，讀「以」（ㄧˇ）。㉖案衍壇曼：案衍：寬廣的樣子。壇曼：平坦的樣子。㉗緣以大江：以大江為邊緣。㉘限以巫山：以巫山為界限。巫山：在南郡巫縣也。㉙葴斯苞荔：葴，馬藍，即大葉冬藍。音箴（ㄓㄣ）。斯，燕麥。音斯。苞：草物，可製粗履。荔，馬蘭草，甚堅韌，可以貫錢及繫物。㉚薛：草名，藾蒿也。莎，草名，葉細長而硬，可為笠及蓑衣。青薠：似莎而大，生於路旁。薠音煩（ㄈㄢˊ）。㉛卑溼：低下潮濕之地。㉜藏莨：即狼尾草。詩云：「浸彼苞稂，生於卑溼」，稂，即藏莨也。莨，讀「郎」（ㄌㄤˊ）。蒹葭：蘆葦之物也。蒹，荻之未秀者。葭，葦之未秀者。蒹葭，即荻葦二物而混合稱之也。蒹，音兼（ㄐㄧㄢ）。葭，音佳（ㄐㄧㄚ）。㉝東蘠：似蓬草，實如葵子，可食，十月熟。蘠，音嗇（ㄙㄜˋ）。雕胡：即雕菰，蔬類植物，生於陂澤，俗所謂「茭白」，葉可以為菜，實可以作飯，儉歲用之。㉞蓮藕：荷之實，曰蓮。荷之根，曰藕。菰盧：即瓠盧，亦即壺盧，蔬類植物，一名瓠瓜，夏開白花，實長尺餘，大者至二三尺，可供食用。㉟菴閭軒芋：菴閭：蒿類，子可治疾。軒芋：猶草也，生水中。㊱不可勝圖：描寫不盡。㊲激水推移：波浪抑揚，後浪推前浪。㊳蔆華：即菱花，果類植物，夏月開小白花，實有三角、四角、兩角，故謂之菱角，或青色，或紅色，生熟皆可食。㊴蛟：似蛇，四足，龍屬。鼉：似蜥蜴而大，身有甲，皮可作鼓。音陀（ㄊㄨㄛˊ）。㊵瑇瑁：亦稱玳瑁，龜類動物，產於海洋，體長三尺餘，形似蠵龜而嘴尖，性強暴，往往噬人，其甲熟之甚柔，可製各種裝飾品。㊶楩：音便，黃楩木也。（枏）柟，音南，楠木也。豫：枕木也。章：樟木也。楩、枏、豫、章，皆大木也。

㊷桂：常綠亞喬木，皮可製藥。椒：木名，有花椒、胡椒等數種。木蘭：似桂，皮辛可食，其實如小甘辛美，南人以為梅也。㊸蘗：黃蘗也，皮可以作染料。音伯。離：山黎也。朱楊：赤莖柳也。㊹樝：山樝，落葉小灌木，山野自生，莖高一二尺，葉倒卵形，花黃赤色，實圓，味酸。楟：音逞（ㄔㄥˇ），楩棗也。㊺猨：猿也，與猴同屬，惟猿狀類人，無尾，猴狀類犬，有尾。蠷猱：獸名，獼猴也。蠷，音渠（ㄑㄩˊ）。猱，音柔（ㄖㄡˊ）。㊻鵷雛：鳳類。孔鸞：大的鸞鳥也。騰遠：獸名，猿豻。射干：獸名，似狐，能緣木。㊼蟃蜒：似貙，長八尺，狼之屬。蟃，音萬。蜒，音延。貙：猛獸名。山民呼貙虎之大者，為貙豻。貙，音出。豻，音岸。㊽兕：狀如水牛，音四（ㄙˋ）。犀：獸名，牛屬，角生鼻端，體較象略小。音西（ㄒㄧ）。㊾窮奇：惡獸名，狀似虎，有翼能飛。獌狿：似與前句之蟃蜒為一物，乃重複之句。《漢書》無此句。

「『於是乃使專諸之倫，手格此獸㈠。楚王乃駕馴駮之駟㈡，乘雕玉之輿㈢，靡魚須之橈旃㈣，曳明月之珠旗㈤，建干將之雄戟㈥，左烏嗥之雕弓㈦，右夏服之勁箭㈧；陽子驂乘㈨，纖阿為御㈩；案節未舒⑪，即陵狡獸⑫，轔邛邛⑬，蹵距虛⑭，軼野馬而轊騊駼⑮，乘遺風⑯而射游騏⑰；儵眒凄浰⑱，靁動熛至⑲，星流霆擊⑳，弓不虛發，中必決眥㉑，洞胸達腋㉒，絕乎心繫㉓，獲若雨獸㉔，捺草蔽地。於是楚王乃弭節裴回㉕，翱翔容與㉖，覽乎陰林，觀壯士之暴怒，與猛獸之恐懼，徼谻受詘㉗，殫睹眾物之變態㉘。

【註】㊀專諸：春秋時之刺客，以匕首殺吳王僚。倫：同類的人。格：格殺。㊁馴：教練之使順從也。駮：如馬，白身，黑尾，一角，鋸牙，食虎豹，教練之以當駟馬也。㊂以玉石裝飾車輛，而玉石上又雕刻著花紋。㊃靡：作動詞用，輕柔的蕩揚著。魚須：鮫魚之鬚也。橈旃：旗之曲柄也。以魚鬚為橈旃之飾，故曰：「魚鬚之橈旃」。此全句之意，即謂「輕揚著以魚鬚為飾的橈旃」。㊄曳：搖曳也。珠旗：旌旗上飾以明珠。明月：形容珠子之光爛，如明月一般，此句之意，即謂「搖曳著明月般的珠旗」。㊅干將：吳人，其妻名莫邪。干將作劍，莫邪斷髮剪爪，投於爐中，金鐵乃熔化，遂以成劍，陽曰干將，陰曰莫邪。根據以上三句之文法組織，其意義甚為整齊而明顯，如每一句之前一字，「靡」，「曳」，「建」，皆為動詞。緊接著的「魚鬚」、「明月」，「干將」，皆以名詞而作形容詞用，「魚鬚」形容旃之橈。並不一定真正是魚鬚所作之旃。「明月」形容旗之珠，並不一定真正是明月所作之珠。「干將」形容劍之雄，並不一定真正是干將所作之戟。㊆烏嗥：良弓也，其故事見於《淮南子》，注謂：「桑柘之材堅勁，烏立其上，欲飛而柘枝彎下，彈性甚大，烏不敢飛，而又不能著地，於是號呼其上」。製弓者斫其枝以為弓，因曰「烏嗥」。《漢書》作「烏號」。雕

弓：雕畫之弓，刻有各種花紋之弓。「烏號」形容雕弓，即言：烏號似的雕弓。⑧夏服：良矢也。夏朝後羿以善射著名，故以其所用之箭，代表最好之箭。服者，箭所著之衣服，即盛箭之器也。合而言之，曰「夏服」。勁箭：最堅勁的箭。「夏服」形容「勁箭」，言其如「夏服」一般的勁箭。⑨陽子：伯樂也，孫陽，字伯樂，秦穆公臣，以善御著名。或曰陽子，仙人陽陵子也。驂乘：古時乘車，在車右之人，稱曰驂乘，又曰陪乘。⑩纖阿：為月神御車之仙女。⑪案節未舒：按轡徐行，節驟尚未急張，馬力尚未展開。⑫即陵狡獸：就已經超越了那些捷足的狡獸。⑬轔：同「轢」，蹂踐也。邛邛：音窮（ㄑㄩㄥˊ），青色的獸，似馬，善走，日行五百里。言楚王之馬善走，雖日行五百里之邛邛，亦被其輕而易舉的追及而蹂踐之。⑭蹵：音醋（ㄘㄨˋ），踢蹋。距虛：獸名，形體如驢騾，不擇地而走，一舉百里。亦言楚王之馬善走，雖一舉百里之距虛，亦被其輕而易舉的追及而踢蹋之。⑮軼：讀迭（ㄉㄧㄝˊ）從後面而突出其前。轊：音位（ㄨㄟˋ），同「轄」，車軸之頭。騊駼：騊，音陶（ㄊㄠˊ）。駼，音途（ㄊㄨˊ）。騊駼，野馬之名也。言楚王之馬善走，能夠從後面突越於野馬之前而侵陵之，並以軸頭擊殺騊駼。王念孫解「轊」為「躛」，因二字同音亦同義，躛，踢蹋也。合以上數句而言，所謂「陵」，「蹵」，「轔」、「軼」、「轉」，皆帶有陵越一切野獸而蹂踐。踢蹋之意。⑯遺風：千里馬也。⑰游騏：奔走中之青黑色的馬。⑱儵：音數（ㄕㄨˋ），同倏字，忽然。胂：音申（ㄕㄣ），轉瞬之間也。淒浰：迅疾的。此一句是形容車騎行進之迅疾。⑲雷動：如雷之動。猋至：猋同飈，暴風也。如暴風之至。言其威厲而迅疾也。⑳如星之流，如霆之擊，亦言其迅疾而威厲也。㉑中必決眥：射法準確，百發百中，一中必決裂獸之眼眶。㉒洞胸：穿透其胸膛。達掖：掖，同「腋」，臂下也，達腋，言達於其臂下也。㉓絕乎心繫：斷絕其心臟的系統，致其死命。繫，同「系」。㉔獲若雨獸：言其獲獸之多，如天之落雨一般。㉕弭節：緩慢其進行的步驟，案轡徐行。裴回（徘徊）：往來流連的樣子。㉖翺翔：遨遊也。容與：從容自得的樣子。㉗徼谻：徼，音狡（ㄐㄧㄠˇ），要而取之也。谻，音覺（ㄐㄩㄝˊ），極其困倦的樣子。言對於獸之極其困倦者，則要而取之。受詘：音屈（ㄑㄩ），氣力竭盡也。言對於獸之氣力竭盡者，則受而有之。㉘殫：音單（ㄉㄢ），儘量的，完全的。變態：千變萬化的姿態。即儘量的觀看各種物類千變萬化的姿態。

於是鄭女曼姬㊀，被阿錫㊁，揄紵縞㊂，襍纖羅㊃，垂霧縠㊄；襞積褰縐㊅，紆徐委曲㊆，鬱橈谿谷㊇；衯衯裶裶㊈，揚袘卹削㊉，蜚纖垂髾⑪；扶與猗靡⑫，噏呷萃蔡⑬；下摩蘭蕙，上拂羽蓋⑭，錯翡翠之威蕤⑮，繆繞玉綏⑯；縹乎忽忽，若神仙之仿彿⑰。

【註】㊀鄭女：鄭國出美女，故凡言女之美者，曰鄭女。「鄭」字作形容詞用，言其美如鄭女也，並非美女專出於鄭國也。曼姬，曼，美也；姬，女也，亦言美女。合而言之，鄭女曼姬，皆指美女。㊁被阿錫：被，穿著。阿：細綢。錫：細布。㊂揄紵縞：揄，音宇（ㄩˊ）；曳引也。紵，音佇（ㄓㄨˋ），麻布。縞，音稿（ㄍㄠˇ），白色的絲織物。㊃襍纖羅：襍，即「雜」字，配合也。纖羅，纖紬的絲

羅。㊄垂霧縠：垂，下垂為裳也。霧縠：縠，音胡（ㄏㄨˊ），薄紗也。霧縠者，形容其紗之輕薄如霧也。㊅襞積：襞，音壁（ㄅㄧˋ），摺疊其衣裙也。襞積，收縮布帛之廣度而摺疊之也。褰縐：褰，音牽（ㄑㄧㄢ），收縮之。縐，音晝（ㄓㄡˋ），褶紋。即收縮之而使有縐褶也。㊆紆徐委曲：形容其衣著之複沓曲折，富於曲線美。㊇鬱橈谿谷：鬱，深幽的樣子。橈，曲折也。形容其衣著如谿谷之深幽莫測也。㊈衯：音芬（ㄈㄣ），衣長而美的樣子。裶：音霏（ㄈㄟ），衣長而美好的樣子。㊉揚袘：揚，明顯的，宣亮的。袘：音移（ㄧˊ），裳下的緣邊。揚袘：即宣亮的下裳緣邊。卹削：適度而整齊的樣子。⑪蜚：即「飛」字。纖：即「襳」字，婦人袿衣上所綴之長帶，乃裝飾品。袿衣，婦人之上衣也。髾：音梢（ㄕㄠ），婦人上衣之裝飾品，如燕尾狀。⑫扶與猗靡：形容婦人衣裝曼美，隨風飄動，猗娜多姿之狀。⑬翕呷萃蔡：形容婦人衣飾飄動之聲。翕，音吸（ㄒㄧ）。呷，音俠（ㄒㄧㄚˊ）。萃蔡，同「⿰衤萃⿰衤蔡」。⑭下摩蘭蕙，上拂羽蓋：言婦人衣飾飄動，有時或下摩蘭蕙，有時或上拂羽蓋。羽蓋：儀仗中之華蓋車，綴以鳥羽為裝飾品，故曰羽蓋。⑮錯：錯雜，穿插也。威蕤：即「葳蕤」，草名。此草根長多鬚，如冠纓下垂之緌，而有威儀，故以名之。凡羽蓋旌旗之纓緌，皆取威蕤之象。蕤，音甤（ㄖㄨㄟˊ）。言此等美女，穿插於以翡翠為飾的威蕤之間。⑯繆繞：圍繞也。玉綏：綏，手挽之以登車之繩索，以玉飾之，故曰「玉綏」。此乃楚王之車飾。言此等美女圍繞於王車之四周。⑰若神仙之仿佛：仿佛像神仙似的。此句可以作為形容美女，亦可以作為形容楚王，言楚王置身於此種胭脂隊中，心快神怡，飄飄忽忽，仿佛是神仙似的。因為此賦是描寫楚王之樂，當以楚王為主角，美女都是配角，不當連篇累贖全以形容美女為主也，最後應歸於楚王享受之樂，而仿佛若神仙也。

「『於是乃相與獠於蕙圃㊀，媻珊勃窣㊁上金隄，揜翡翠，射鵔鸃㊂，微矰出㊃，纖繳施㊄，弋白鵠㊅，連駕鵝㊆，雙鶬下㊇，玄鶴加㊈。怠而後發，游於清池；浮文鷁㊉，揚桂枻⑪，張翠帷⑫，建羽蓋，罔瑇瑁⑬，鉤紫貝⑭；摐金鼓⑮，吹鳴籟⑯，榜人歌⑰，聲流喝⑱，水蟲駭⑲，波鴻沸⑳，涌泉起，奔揚會㉑，礧石相擊㉒，硠硠礚礚㉓，若雷霆之聲，聞乎數百里之外。

【註】㊀獠：音遼（ㄌㄧㄠˊ），打獵。㊁媻珊、勃窣：匍匐上下也。媻，音盤（ㄆㄢˊ）。窣，音猝（ㄘㄨˋ）。㊂揜：音掩（ㄧㄢˇ），掩蓋而取之。翡翠：鳥之赤羽者，曰翡。鳥之青羽者，曰翠。鵔鸃：錦雞也，狀似雉而羽毛尤美麗。或曰鳥之似鳳者也。鵔，音迅（ㄒㄩㄣˋ）。鸃，音移（ㄧˊ）。㊃矰：音曾（ㄗㄥ），短箭也。㊄繳：音灼（ㄓㄨㄛˊ），生絲縷也。以繳繫矰而仰射高空之鳥，謂之弋射。㊅弋：音亦（ㄧˋ），以繩繫箭而射之。白鵠：水鳥也，其鳴聲鵠鵠。㊆連：射穿。或曰兼獲，言獲之不僅一隻也。駕鵝：野鵝也。㊇鶬：音倉（ㄘㄤ），似雁而黑，亦呼為鶬括。㊈玄鶴：色純黑之鶴，壽長二百六十歲。㊉文鷁：有文彩之鷁船。鷁，音益（ㄧˋ），水鳥名，形如鷺而較大，

羽色蒼白，能高飛，遇風而不避。畫鷁鳥之形像於船首，故曰鷁船。龍舟鷁首，天子所乘之船。⑪揚：舉也。桂枻：枻，音意（一ˋ），行船的槳。用桂木所製之行船的槳，故曰桂枻。⑫在船上，張開了以翠羽為飾之帷，建置了以翠羽為飾之蓋。⑬用網而捕瑇瑁。⑭用鈎而釣紫色的貝。古時以貝為貨幣。⑮摐：音窗（ㄔㄨㄤ），撞擊也。金鼓：圓形突起的銅鑼。即鉦也。⑯籟：音賴（ㄌㄞˋ），簫也。鳴籟，聲音響亮之簫。⑰榜人：即舫人，船師也，領導唱歌，故曰榜人歌。榜字與舫字，聲音近，故可通。⑱喝：讀曖（ㄞˋ），所謂「曖迺」之聲，即櫂歌也。暖迺同「欸乃」，悲歎之聲。欸與「唉」同。⑲水蟲：魚鼈之類。⑳波鴻：濤浪也。㉑奔揚：奔流而激揚之波濤也。㉒礧：同「磊」被波濤衝流之大石也。㉓硠：音郎（ㄌㄤˊ），大石相擊之聲。礚：音嘅（ㄎㄞˋ），兩石相擊之聲。

「『將息獠者①，擊靈鼓②，起烽燧③，車案行④，騎就隊⑤，纚乎淫淫，班乎裔裔⑥。於是楚王乃登陽雲之臺⑦，泊乎無為⑧，澹乎自持⑨，勺藥之和具⑩而後御之⑪。不若大王終日馳騁而不下輿，脟割輪淬⑫，自以為娛。臣竊觀之，齊殆不如』。於是王默默無以應僕也。」

【註】①將要停止田獵的時候。②靈鼓六面擊之，所以警眾。③舉起烽燧，表示獵罷而飭歸也。

㊃車兒依於行列。㊄騎士歸於隊伍。㊅大夥人馬，排著長隊，連續不斷的按部就班的行進。纚，音徙（ㄒㄧˇ），絲繒，如絲之連續不斷。淫淫：漸行也。班：以次相連而行。裔裔：流行的樣子。㊆雲夢中高唐之臺，言其高出於雲之陽也。㊇泊：音破（ㄆㄛˋ），靜默無聲的樣子。㊈澹：同「淡」，恬靜無欲的樣子。㊉勺藥：調和五味也。具：同「俱」，完備也。㊁御：進食也。㊂脟：同「臠」（ㄌㄨㄢˊ），切成塊狀的。淬：音萃（ㄘㄨㄟˋ），浸染於鹽中，用車輪轔之使鹹。此言乃是譏齊國之「割鮮染輪」也。

烏有先生曰：「是何言之過也！足下不遠千里，來況齊國㊀，王悉發境內之士，而備車騎之眾，以出田，乃欲勠力致獲，以娛左右也，何名為夸哉！問楚地之有無者，願聞大國之風烈，先生之餘論也。今足下不稱楚王之德厚，而盛推雲夢以為高，奢言淫樂而顯侈靡，竊為足下不取也。必若所言，固非楚國之美也。有而言之，是章君之惡㊁；無而言之，是害足下之信。章君之惡而傷私義，二者無一可，而先生行之，必且輕於齊而累於楚矣。且齊東陼巨海㊂，南有琅邪㊃，觀乎成山㊄，射乎之罘㊅，浮勃澥㊆，游孟諸㊇，邪與肅慎為鄰㊈，右以湯谷為界㊉，秋田乎青丘㉑，傍偟乎海外㉒，吞若雲夢者八九，其於胸中曾不蔕芥㉓。若乃俶儻瑰偉㉔。異方殊類，珍怪鳥獸，萬端鱗萃㉕，充仞其中者㉖，不可勝記，禹不能名，契不能計㉗。然在諸侯之位，不敢言游戲之樂，苑囿之大；先生又見客㉘，是以王辭而不復㉙，何為無用應哉㉚！」

【註】㊀況：訪問。㊁章：同「彰」，彰揚。㊂陼：有也，言齊國東有巨海。有人解陼為「渚」，小洲也，言齊國東有大海之小洲，似不如解「有」為佳。㊃琅邪：郡名。㊄觀：遊覽。成山：在山東文登縣東北百五十里，瀕海，斗入海中乃一勝景。㊅之罘：在山東福山縣東北，秦始皇射巨魚於此地，俗稱之罘島，實為灣出海中之半島，灣內即煙台海口。罘，音浮。㊆勃澥：即勃海與碣石。碣石在東海之濱，所謂「東臨碣石，見滄海之廣。」「澥」與「碣」音近，且在同一地區。有人解為「海旁曰勃，斷水曰澥」。以上下文義對之，其他皆為實際地名，此處不當是空義。㊇孟諸：澤名，在河南商邱縣東北，接虞城縣界，亦名望諸，又作孟豬、盟諸。㊈肅慎：古國名，今吉林及俄屬東海濱省之地。邪：斜也。㊉湯谷：即書經〈堯典〉所謂之「暘谷」。日所出之地，即在齊國境內。㉑青丘：不知其確定地點，有人解為蓬萊諸島；有人解為長洲，東方朔《十洲記》謂：「長洲一名青丘，在南海中，一洲之上，專是林木，故曰青丘。」㉒傍偟：徘徊流連之意。㉓不蔕芥：一點點不

覺其有。蔕：音帝（ㄉㄧˋ）。蔕芥：小刺也。㈣俶儻：即倜儻，卓異也，非常也。俶：音倜（ㄊㄧˋ）。儻，音倘（ㄊㄤˇ）。瑰，音圭（ㄍㄨㄟ）。瑋，音偉（ㄨㄟˇ）。偉大魁梧的。㈤鱗萃：萬物叢集（萃），如魚鱗之多。㈥充仞：充滿也。㈦契：堯王時司徒之官。㈧見客：被看作是客人。見：被視為……。㈨所以王退讓（辭）而不反擊你（復，報復）。㈩怎麼能說是回答不止呢？

無是公听然而笑㈠曰：「楚則失矣，齊亦未為得也。夫使諸侯納貢者，非為財幣，所以述職也㈡；封疆畫界者，非為守禦，所以禁淫也㈢。今齊列為東藩，而外私肅慎，捐國踰限，越海而田，其於義故未可也。且二君之論，不務明君臣之義而正諸侯之禮，徒事爭游獵之樂，苑囿之大，欲以奢侈相勝，荒淫相越，此不可以揚名發譽，而適足以貶君自損也。且夫齊楚之事又焉足道邪！君未睹夫巨麗也，獨不聞天子之上林乎？

【註】㈠听：同「哂」（ㄕㄣˇ）字，笑的樣子。㈡述職：諸侯朝於天子，報告其工作情況，曰「述職」。㈢淫：邪惡。

「左蒼梧㈠，右西極㈡，丹水更其南㈢，紫淵徑其北㈣；終始霸滻(五)，出入涇渭(六)；酆鄗潦潏(七)，紆餘委蛇(八)，經營乎其內(九)。蕩蕩兮八川分流(一〇)，相背而異態(一一)。東西南北，馳騖往來，出乎椒丘之闕(一二)，行乎洲淤之浦(一三)，徑乎桂林之中(一四)，過乎泱莽之野(一五)。汩乎渾流(一六)，順阿而下(一七)，赴隘陝之口(一八)。觸穹石(一九)，激堆埼(二〇)，沸乎暴怒(二一)，洶涌滂潰(二二)，滭浡滵汩(二三)，湢測泌瀄(二四)，橫流逆折，轉騰潎洌(二五)，澎濞沆瀣(二六)，穹隆雲撓(二七)，蜿灗膠戾(二八)，踰波趨浥(二九)，莅莅下瀨(三〇)，批壧衝壅(三一)，犇揚滯沛(三二)，臨坻注壑(三三)，瀺灂霣墜(三四)，湛湛隱隱(三五)，砰磅訇礚(三六)，潏潏淈淈(三七)，湁潗鼎沸(三八)，馳波跳沫(三九)，汩急漂疾(四〇)，悠遠長懷(四一)，寂漻無聲(四二)，肆乎永歸(四三)。然後灝溔潢漾(四四)，安翔徐徊(四五)，翯乎滈滈(四六)，東注大湖(四七)，衍溢陂池(四八)。於是乎蛟龍赤螭(四九)，䱭鰽螹離(五〇)，鰅鱅鰬魠(五一)，禺禺鱸魶(五二)，揵鰭擢尾(五三)，振鱗奮翼(五四)，潛處于深巖；魚鼈讙聲，萬物眾夥，明月珠子(五五)，玓瓅江靡(五六)，蜀石黃碝(五七)，水玉磊砢(五八)，磷磷爛爛(五九)，采色澔旰(六〇)，叢積乎其中。鴻鵠鷫鴇(六一)，鴐鵝鸀鳿(六二)，鵁鶄䴉目(六三)，煩鶩鷛鸈(六四)，鱵鴜鵁鸕(六六)，羣浮乎其上。汎淫泛濫(六七)，隨風澹淡(六八)，與波搖蕩，掩薄草渚(六九)，唼喋(七〇)菁藻(七一)，咀嚼蔆藕。

【註】㊀蒼梧：今廣西蒼梧縣。㊁西極：西至於長安以西之豳國。㊂丹水：丹水出陝西商縣西北冢嶺山，東南流經商南縣，經內鄉、淅川，東注均水。更：歷也。㊃紫淵：山西離石縣西北有紫澤，其水紫色。徑：經過。㊄霸水出陝西藍田谷西北而入渭。滻水亦出藍田谷北至霸陵入霸水。二水終始盡於苑中不復出也。㊅涇水源出甘肅化平縣西南大關山麓，東流至涇川縣，入陝西，東南流經長武、邠縣、醴泉、涇陽、高陵，入於渭。渭水源出甘肅渭源縣西北鳥鼠山，東南流至清水縣，入陝西境，經鳳翔納雍水，東流經省治南，納黑水、澇河，及豐、滻、潏、滈諸水，北納涇水、漆沮水，東北流至朝邑納洛水，入黃河。從上林苑外而來，又出苑而去。㊆酆水（豐水）出長安縣西南五十里終南山豐谷，經鄠縣、咸陽，流至宋村入渭。鎬水出長安縣西北十八里鎬池。潦水即澇水，出陝西鄠縣南，北流合諸水，東北入咸陽西南境，入於渭。潏水，亦曰沈水，發源於陝西長安縣南秦嶺，西北流分為二，一北流為皁水，注於渭；一西南流合滈水入於灃。㊇紆餘：曲折而寬閒的樣子。委蛇：彎曲而邪行的樣子。同「逶池」，「逶移」，「逶蛇」，「委蛇」，皆讀「委移」之音。㊈經營：奔走往來的樣子。下文所謂「馳騖往來」即「經營」二字最好的解釋。言這些水流奔走往來於上林苑之周徧。㊉八川：即涇、渭、灞、滻、潦、灃、鎬、潏。(一一)背道而馳，形態各異。(一二)椒丘：土高四墮，曰椒，山頂，曰椒。丘：丘陵也。闕：缺口之處。言這些水都是出源於山谷丘陵的闕口。所以

「椒丘」不是一個實際地名，而是形容闕口。⑬洲淤：水中可居者，曰「洲」。淤：亦水中之渚，或洲也。浦：水邊。⑭徑：經過。桂林：言林中多桂樹，或形容林之香美，不是一個實際地名。⑮泱漭：廣大的樣子，形容野地。⑯汩：音古（ㄍㄨˇ），急流也。⑰阿：曲陵也。⑱隘陝：當作「隘狹」，隘窄的。⑲觸：衝擊。穹石：高大的石頭。⑳激：拍激。堆：土沙堆積的高阜。埼：音奇（ㄑㄧˊ），岸頭。由於土沙堆積而成為水流的邊岸。㉑沸騰起來如暴怒似的。㉒滂濞：水向河岸溢出的樣子。滂：音傍（ㄆㄤˊ）。濞，音費（ㄈㄟˋ）。㉓滭浡：水勢盛大的樣子。滭，音畢（ㄅㄧˋ）。滵汩：水流很急的樣子。滵，音密（ㄇㄧˋ）。㉔湢測：即「偪仄」，「偪側」，水與水相逼也。湢同「逼」，逼迫也。泌瀄：水與水相擊也。泌，音閉（ㄅㄧˋ）。瀄，音節（ㄐㄧㄝˊ）。㉕瀄冽：水流輕疾而澄清的樣子。瀄，音瞥（ㄆㄧㄝ）。冽，音列（ㄌㄧㄝˋ）。㉖滰：音闢（ㄆㄧˋ），水暴至的聲音。沆瀣：即「忼慨」，形容水聲之鬱勃怒號也。㉗穹隆雲橈：穹隆：突然而高起。雲橈：如行雲一般的低曲。形容水勢起伏暴變，忽然而突高，又乍然而低垂。㉘蜿灗：形容水勢的蜿蜒行進。灗：音善（ㄕㄢˋ）。膠戾：形容水勢的邪曲行進。㉙踰波：後波之陵越前波。趨浥：流進於下濕之處。浥：下濕之處也。㉚莅莅：水的聲音。瀨：音賴（ㄌㄞˋ），水流沙上也。㉛批壧：批，反擊也。壧，同「巖」，水崖也。衝壅：衝破壅塞。㉜奔揚：水奔流而激揚。滯沛：衝破積滯而沛然莫之能禦。㉝坻，音池（ㄔˊ），水中隆高之處。到了水中隆高之處，不能前進，即流注於深壑之中。㉞瀺：音讒（ㄔㄢˊ）。灂：音爵（ㄐㄩㄝˊ）。瀺灂：形容水聲之起伏也。霣：即「隕」，下落也。

㊱湛湛：即「沈」字，水下沈之聲。隱隱：同「殷殷」，形容水聲之殷殷然而盛大也。㊲砰磅：砰，音烹（ㄆㄥ）。磅：音謗（ㄅㄤˋ）。砰磅：形容水流鼓怒之聲。訇，音轟（ㄏㄨㄥ）。大聲也。磕：音蓋（ㄍㄞˋ），水相擊聲。訇磕亦形容水流鼓怒之聲。㊳潏：音決，水之涌騰也。淈：音骨（ㄍㄨˇ），水涌沸也。㊴湁：音拾（ㄕˊ），水涌出也。潗：音集（ㄐㄧˊ），水沸騰聲。鼎沸：形容水聲潏潏淈淈，湁湁潗潗，如鼎之沸也。㊵馳波：水波奔馳。跳沫：白沫飛跳。㊶汩㴔：汩，音古（ㄍㄨˇ），波浪聲。㴔，音義（ㄧˋ），急流也。形容水之汩汩然而急流。漂，音票（ㄆㄧㄠˋ），同「飄」。形容水之漂漂然而疾馳。㊷悠遠長懷：此言水由高地而進於平地，由狹域而行於寬域，於是乎由急流而進於緩流，悠悠乎遠途行進，長流安靜。㊸寂漻無聲：即寂寥無聲。漻：同「寥」字。此言水流進入於廣漠的平原地帶，和平安靜，已不似在峽谷幽壑時之觸石擊崖，暴怒砰磅了。㊹肆乎永歸：「肆」字可有兩種解釋，一作形容詞用，解作「安然」；一作發語詞用，解作「於是乎……」。王先謙解作形容詞，這句話就成為「安然而長往」。㊺灝：音浩（ㄏㄠˋ）。溔：音咬（ㄧㄠˇ）。灝溔：形容水無涯際的樣子。潢：音黃（ㄏㄨㄤˊ）。漾：音樣（ㄧㄤˋ）。潢漾：形容水之盛積而長流的樣子。㊻安然的翺翔，徐緩的徘徊。㊼翯：音鵠（ㄏㄨˋ），水色銀白光潔的樣子。滈：音鎬（ㄏㄠˋ），水白色光潔的樣子。㊽東流而注入於大湖。（一切巨澤，皆可稱為大湖，不是一個固定的專有的名詞。）㊾衍溢：充滿而泛溢於外。陂池：大水之旁的小水。㊿螭，音蚩（ㄔ），似龍而無角的一種水族動物。(51)䱭：音耕（ㄍㄥ）。鰽：音夢（ㄇㄥ）。䱭鰽：鮪也。一名黃魚，大數百斤，骨軟可

食，出江陽犍為。螹：音漸（ㄐㄧㄢˋ）。離：音離（ㄌㄧˊ），螹離：龍之無角者。或曰魚名。〔五一〕鰅：音庸（ㄩㄥˊ），魚名，其狀如犂牛，其音如彘鳴。鱅：音容，魚名，似鰱而黑。鰬，音虔（ㄑㄧㄢˊ），魚名，似鯉而大。魠：音託（ㄊㄨㄛ），魚名，有毒，似河豚。〔五二〕禺：音遇（ㄩˋ），魚之似牛者也。有解為同鱅鱅。魼：音虛（ㄒㄩ），比目魚。魶：音納（ㄋㄚˋ），魚之似鼈而無甲者。〔五三〕揵：音建（ㄐㄧㄢˋ），舉起。鰭：音棋（ㄑㄧˊ），魚脊背上之鬐也。擢：音弔（ㄉㄧㄠˋ），搖動。〔五四〕振：用力的活動。〔五五〕明月：水上之月。珠子：蚌也。〔五六〕玓瓅：即灼爍，照耀而發光也。玓，音地（ㄉㄧˋ）。瓅：音歷（ㄌㄧˋ）。江靡：江邊。〔五七〕蜀石：石之次於玉者。黃碝：黃色的碝石，石之次於玉者。碝，音輭（ㄖㄨㄢˇ）。〔五八〕水玉：水精也，即水晶也。磊砢：魁偉的樣子。砢，音裸（ㄌㄨㄛˇ）。〔五九〕磷磷爛爛：燦爛發光的樣子。磷，音鄰（ㄌㄧㄣˊ），發光也。〔六〇〕采色澔汗：澔，音浩（ㄏㄠˋ），光采照耀。言各種玉石，五光十色的照耀奪目。〔六一〕鴻：大鳥也，其羽白。鵠：黃鵠也，其羽黃，一舉千里，其鳴聲鵠鵠然。鷫：音肅（ㄙㄨˋ），鷫鷞也，雁類，其羽如白綢，高頭而長頸。鴇：音保（ㄅㄠˇ），似雁而無後指。〔六二〕鴐：音加（ㄐㄧㄚ），野鵝也。䳘，即鵝字。鸀：音燭（ㄓㄨˊ）。鳿：音玉（ㄩˋ）。鸀鳿：鳥名，似鴨而大，長頸，赤目，紫紺色。〔六三〕鵁鶄：似鳧而腳高，有毛冠，避火災。鵁，音交（ㄐㄧㄠ）。鶄，音精（ㄐㄧㄥ）。䴉目：師古曰：「今荊郢間，有水鳥，大於鷺而短尾，其色紅白，深目，目旁毛皆長而旋，此其旋目乎？」按《漢書》「䴉目」作「旋目」。〔六四〕煩鶩：鳧也。鷛鸈：似鶩，灰色而雞足。鷛，音容（ㄖㄨㄥˊ）。鸈，音渠（ㄑㄩˊ）。〔六五〕鱵鴜：水鳥名，似魚虎而黑色。驖，音箴（ㄓㄣ）。鵁，音疵（ㄘ）。(六六)鵁鸕：即鸕鷀，不生卵而孕雛於池間，又吐生，多者八九，少者五六，相連而出若絲緒，水鳥而巢高樹之上，或在窟穴之間。鵁音交（ㄐㄧㄠ）。鷀，音慈（ㄘˊ）。(六七)汎淫泛濫：形容鳥之自由浮於水上。汎，泛，皆浮也。淫，濫，言其浮泳之自由也。(六八)隨風澹淡：形容鳥之任風波而縱意漂蕩也。(六九)掩薄草渚：隱藏於或叢集（薄）於有草有洲（水灘）之處而游戲。(七〇)唼喋：銜食也，或曰鳥食物之聲也。唼，音霎（ㄕㄚˋ）。喋：音蝶（ㄉㄧㄝˊ）。(七一)菁藻：皆指水草而言。

「於是乎崇山矗矗，巃嵸崔巍(一)，深林巨木，嶄巖參嵳(二)，九嵕、巀嶭(三)，南山峨峨(四)，巖陁甗錡(五)，摧崣崛崎(六)，振谿通谷(七)，蹇產溝瀆(八)，谽呀豁閜(九)，阜陵別隝(一〇)，崴磈嵔瘣(一一)，丘虛崛礨(一二)，隱轔鬱壘(一三)，登降施靡(一四)，陂池貏豸(一五)，沇溶淫鬻(一六)，散渙夷陸(一七)，亭皋千里(一八)，靡不被築(一九)，掩以綠蕙(二〇)，被以江離(二一)，糅以蘪蕪(二二)，雜以流夷(二三)。尃結縷(二四)，攢戾莎(二五)，揭車(二六)衡蘭(二七)，稾本射干(二八)，茈薑蘘荷(二九)，葴橙若蓀(三〇)，鮮枝黃礫(三一)，蔣芧青薠(三二)，布濩閎澤(三三)，延曼太原(三四)，麗靡廣衍(三五)，應風披靡(三六)，吐芳揚烈(三七)，郁郁斐斐(三八)，眾香發越(三九)，肸蠁布寫(四〇)，晻曖苾勃(四一)。

【註】㊀巃嵸：山勢高峻的樣子。巃，音聾（ㄌㄨㄥˊ）。嵸，音宗（ㄗㄨㄥ）。㊁崔巍：山嶺高峻的樣子。崔，音催（ㄘㄨㄟ）。巍，音危（ㄨㄟˊ）。嵯峨：高峻的樣子。嵯，音瘥（ㄘㄨㄛˊ）。峨，音鵝（ㄜˊ）。㊂嶄：音斬（ㄓㄢˇ），高峻的。巖：音嚴（ㄧㄢˊ）峻險可怕的樣子。嵾：音參（ㄘㄣ），參差不齊的樣子。㊃九嵕：山名，在陝西醴泉縣界。嵕，音宗（ㄗㄨㄥ）。巀薛：山名，即嵯峩山，在陝西三原縣西。巀，音節（ㄐㄧㄝˊ），高峻的，如「節彼南山。」㊄南山：終南山也。㊅巖：險峻，陁：音豸（ㄓˋ），山崖也。甗：音演（ㄧㄢˇ），甑也，煮東西的瓦器，比喻山勢之上大下小也。錡：音奇（ㄑㄧˊ），有足的鍋，亦上大下小，比喻山形也。㊆摧崣：即崔巍，高峻也。崛崎：即崎嶇，山勢不平的樣子。㊇振溪：振，掃除也，言水之前進，掃除溪道。通谷：開通谷路。㊈蹇產：曲折難行的樣子。㊉谽呀：大空也。形容澗谷之狀。谽，音酣（ㄏㄢ）。豁閜：大開也。閜：音俠上聲（ㄒㄧㄚˇ）。⑪阜陵別島：大阜曰陵，言阜陵居在水中，各別為島也。⑫崴磈：高峻的樣子。崴，音威（ㄨㄟ）。磈，音鬼（ㄍㄨㄟˇ）。嵔瘣：高峻的樣子。嵔，音尾（ㄨㄟˇ）。瘣，音瑰（ㄍㄨㄟ）。⑬丘虛崛𡾰：堆壟不平的樣子。丘虛，即「丘墟」。崛，音掘（ㄐㄩㄝˊ），突起也。音𡾰（ㄌㄟˇ），高峻的樣子。⑭隱轔：隱隱轔轔，形容墟壟盛大的樣子。隱同「殷」，殷殷，盛大也。鬱㠥：堆壟盛大不平的樣子。⑮登降：高下也。施靡：即「陁靡」，逶邐連延的樣子。⑯陂池：即「陂陀」，形容山勢由高峻而漸入於平原之邪阪狀。貏豸：無足之蟲，曰豸。以貏豸比喻山脈之漸進平地的樣子。貏，音彼（ㄅㄧˇ）。⑰沇溶：沇，游行的樣子。溶，水盛的樣子。水流行而盛

溢，則為游衍之狀。故沇溶即可訓為游衍，言地勢之游動變化，由高山峻嶺變為阜陵丘壟，再變而平衍之地。淫鬻：同「淫育」，水行於溪谷之間也。㊇散渙夷陸：言山勢分散而渙然，平夷而為陸地也。㊈亭皋：亭，平也，作動詞用。皋，水旁之地也。言平治水旁之地，使之平也。㊉靡不被築：沒有不被修築而為平地的。㊁掩以綠蕙：此下皆言修治為平地之後，到處皆種植些香草。以綠色的香草（蕙），掩蓋地面，即謂種植以綠色的香草。㊂被以江離：以清香的江離（草名），被覆地面，即謂種植以清香的江離。㊂糅以蘪蕪：又參雜著種些清香的蘪蕪。㊃雜以流夷：又參雜著種些清香的流夷（香草名）。㊄尃：同「數」，佈種也。結縷：草名。蔓生，一著於地，皆生細根如線相結，故名結縷，俗呼為「句屨草」，亦有呼為「鼓箏草」。㊅攢戾莎：攢，同「鑽」，亦衍繹為種植之意。戾莎：綠色甚濃之莎草也。㊆揭車：香草名也。㊇衡蘭：香草名也。㊈槀本：香草名也。射干：香草名也。㊉茈薑：子薑也。蘘荷：多年生草，山野自生，高二三尺，葉尖長，極似薑葉，夏月開花，花被大小不整，色淡黃，田地下莖而生，其根可為葅。㊀葴橙：《漢書》為「葴持」，即「葴職」，草名，葉似酸漿，花小而白，中心黃，江東以之作菹食。若蓀：香草名。㊁鮮枝：草名，可以染紅色。黃礫：草名，可以染黃色。㊂蔣苧：蔣，菰類植物。苧：音苧，可以為繩之草。青薠：似莎者。王先謙曰：「荊湘江淮水澤之間，皆有葉似莎草極長，莖三棱如削，大如人指，高五六尺，莖端開花，大體皆如莎草，而好生水際及淺水中。㊃布濩：普遍的散佈。閎澤：大澤也。言此等香草，普徧的散佈於大澤之中。㊄延曼：即蔓延繁殖。太原：廣大的平原。㊅麗靡：即邐迤，旁行連延。廣衍：廣闊的衍展。㊲披靡：言此等香草，被風所吹，而弱不禁風，傾側難支，更顯出其婀娜多姿。㊳吐出些芳香的氣味。㊴郁郁、斐斐：形容香氣之濃盛。㊵許許多多的香氣都發揚出來了。㊶肸：音喜（ㄒㄧˋ），蠁布也。蠁：音想（ㄒㄧㄤˇ）。肸蠁：濕生之蟲，如蚊蚋之類，因其眾多而飛騰，故以為興盛之喻，而作為形容詞。布寫：布，散佈。寫：同「瀉」，發洩。肸蠁布寫：形容其香氣散佈之廣盛。㊷晻曖：形容香氣之發越也。苾勃：形容香氣之濃盛也。苾：音必（ㄅㄧˋ），馨香也。

「於是乎周覽泛觀㊀，瞋盼軋沕㊁，芒芒怳忽㊂，視之無端，察之無崖。日出東沼㊃，入於西陂㊄。其南㊅則隆冬生長㊆，踊水躍波；獸則㺎旄貘犛㊇，沈牛麈麋㊈，赤首圜題㊉，窮奇象犀⑪。其北⑫則盛夏⑬含凍裂地⑭，涉水揭河⑮；獸則麒麟角䚮⑯，騊駼橐駝⑰，蛩蛩驒騱⑱，駃騠驢騾⑲。

【註】㊀周覽：詳細的察覽。泛觀：廣泛的觀看。㊁瞋：音琛（ㄔㄣ），怒視。軋沕：緻密也。沕，音勿（ㄨˋ），深微的樣子。言其怒目的注視。緻密的研探。㊂芒芒怳忽：把眼睛都看得昏花怳忽了。㊃早晨則日出於上林苑之東沼。㊄天暮即日落於上林苑之西陂。（這都是吹牛的話，以形容上林苑之大，朝朝暮暮，太陽跑不出上林苑的範圍，這真是夠大的了。）㊅其南：指上林苑之南部。

㊆隆冬：冬天最冷的時候。而上林苑的南部，則氣候溫暖，萬物欣欣向榮，水波躍躍流動。㊇獛：音庸（ㄩㄥˊ）。獸類。郭璞以為獛是獛牛，領有肉堆。王先謙以為獛即「𤜶」字，猛獸也。顏師古以為獛牛即犎牛。性暴抵觸，百獸莫敢當者。旄：音毛（ㄇㄠˊ）。旄牛：獸名，其狀如牛，而四節生毛，因以為名。產於西南徼外，人多畜之，狀如水牛，髀膝、尾、背、頷下黑毛，長尺許，尾長大如斗，嘗自愛護，古取為旌旄。《尚書‧牧誓》所謂「右秉白旄」是也。貘：音陌（ㄇㄛˋ）。獸也，似熊黃黑，出蜀郡。唐人畫貘以為屏風，王先謙引用白居易貘屏序謂：貘者，象鼻，犀目，牛尾，虎足，生南方山谷中，寢其皮則暖，圖其形則足以避邪。又以為能食銅鐵。犛：音貍（ㄌㄧˊ）。或以為貓牛。黑色，出西南徼外，毛可為刷拂。㊈沈牛：角似水牛。有謂即是水牛。麈：音主（ㄓㄨˇ）。獸名，似鹿而大，古時談說者以其尾作拂塵，故拂塵亦呼「麈尾」。麋：音迷（ㄇㄧˊ），獸名，與鹿同類而大，雄色青黑，雌者色褐。㊉赤首：未知為何獸。王先謙引〈東山經〉謂：「北號之山有獸焉，其狀如狼，赤首鼠目，其音如豚，名曰『猲狚』。此獸食人。」又引〈中山經〉謂：「即公之山有獸焉，其狀如龜，而白身赤首，名曰『蛫』。」是可以禦火。圜題：題，額也。圜題：圓額也。王先謙以為「題」乃「蹄」字，圓蹄之獸，即麟也。⑪窮奇：獸名，狀如牛而蝟毛，其音如嘷狗，食人。象：大獸也，長鼻，長牙。犀：獸也，頸似豬，一角在鼻，一角在額前。⑫其北：指上林苑之北端而言。⑬盛夏：夏天最熱的一段時間。⑭雖在夏天最熱的時候，上林苑的北端，仍舊還是冰凍不化，地為之裂。⑮河水凍結，渡河者只須提高下裳，即可在冰上走過。⑯麒麟：仁獸也，雄曰

麒，雌曰麟，其狀麇身，牛尾，狼頭，一角，角端似牛，其角可以為弓。角觲：獸也，狀似豬，角善為弓。《宋史・符瑞志》謂：「角端，日行一萬八千里。」《元史》：「太祖十九年，帝至東印度，角端見，班師。」㊆騊駼：音陶塗，良馬名。橐駝：言其可負橐囊而駝物，故以名之。橐：音陀（ㄊㄨㄛˊ）。橐駝，即駱駝。㊇蛩蛩：獸名，北海有白獸，似馬，一走百里，名蛩蛩。蛩，音邛（ㄑㄩㄥˊ）。驒騱：野馬也，一曰青驪，白鱗，文如鼉魚。驒，音顛（ㄉㄧㄢ）。騱，音奚（ㄒㄧ）。㊈駃騠：駿馬也，生七日而超其母。駃：音決（ㄐㄩㄝˊ）。騠，音提（ㄊㄧˊ）。

於是乎離宮別館㊀，彌山跨谷㊁，高廊四注㊂，重坐曲閣㊃，華榱璧璫㊄，輦道纚屬㊅，步櫚周流㊆，長途中宿㊇。夷嵕築堂㊈，纍臺增成㊉，巖突洞房⑪，俛杳眇而無見⑫，仰攀橑而捫天⑬，奔星更於閨闥⑭，宛虹拖於楯軒⑮。青虬蚴蟉於東箱⑯，象輿婉蟬於西清⑰，靈圉燕於閒觀⑱，偓佺之倫暴於南榮⑲，醴泉涌於清室⑳，通川過乎中庭㉑。槃石裖崖㉒，嶔巖倚傾㉓，嵯峨磼碟㉔，刻削崢嶸㉕，玫瑰碧琳，珊瑚叢生㉖，瑉玉旁唐㉗，璸斒文鱗㉘，赤瑕駁犖㉙，雜臿其閒㉚，垂綏琬琰㉛，和氏出焉㉜。

【註】㊀離宮別館：皆帝王之行宮也。〈長安志〉謂：「上林，秦舊苑也，武帝始廣開之。」《漢

舊儀》謂：「廣長三百里，離宮七十所，千乘萬騎。」〈關中記〉謂：「苑門十二，中有苑三十六，宮十二，觀二十五。」其規模之宏侈可知矣。㈡彌：滿也。跨：騎也。㈢廊：堂下四周屋也。注，相連屬也。四注：謂四周相連屬而下垂也。㈣重坐：謂增室也。又謂重軒也。王先謙曰：「此言廊自高而下注，其形勢重疊，窗檻參差，若車軒之後重者然，故曰重軒矣。《周書》作雒篇，「重亢」，「重廊」注：「重廊，累屋也」。又云：「凡五宮明堂，咸有重廊」，皆其義也。枚乘〈七發〉：「連廊四注，臺城增構。」此云「重坐」，彼言「增構」，並「重廊」之變文耳。曲閣：言閣道之委曲也。㈤華榱：彫畫華麗的椽子。榱，音崔（ㄘㄨㄟ），椽也。璧璫：以玉石作椽頭的裝飾。㈥輦道：謂閣道可以乘輦而行之道也。纚屬：邐迤而相連屬，言其曲曲折折，周回不斷而相連屬也。㈦步櫩：言其下可行步，即所謂「步廊」也。櫩，音閻（ㄧㄢˊ），同簷。周流：周回流通。㈧形容其走廊之長，走了一整天，尚不能走到目的地，所以在中途還要住一宿。㈨夷：平治也。寠：音宗（ㄗㄨㄥ），山之高聚者，曰寠。平治高聚之處而建築宮堂。㈩成：一層，曰一成。累高臺宇，增加其層次。⑪巖突：突音夭（ㄧㄠ），複室也。巖突：峻險的複室。巖字作形容詞用。洞房：幽深的房屋。洞字亦作形容詞用。⑫在高臺之上，俯首下望，渺渺茫茫什麼都看不見。⑬仰首攀橑（橑，音老，椽也），幾乎可以摸到青天。捫，音門，摸也。⑭奔星：流星也。更：經歷也。閨闥：宮中小門也。言流星經宮中小門而過。⑮宛虹：曲折宛轉的彩虹。拖：加之於某種物體之上也。楯軒：軒之檻板也。言曲折宛轉的彩虹，加之於軒檻之上。⑯青虯：虯，音求（ㄑㄧㄡˊ），龍之子有角者。蚴蟉：

蚴，音有（ㄧㄡˇ）。蟉，音求（ㄑㄧㄡˊ）。蚴蟉，形容龍之曲屈而行也。箱：夾室前堂也。言青龍曲屈而行於東邊之夾室前堂。⑰象輿：以象所駕之車也。婉蟬：蜿蟬，婉蟺，皆同義，形容其盤屈搖動之狀也。西清：西廂清靜之處。言象輿盤屈而行於西邊清靜之處。⑱靈圉：人面虎身之仙人。燕：休息。閒館：閑暇之館。⑲偓佺：仙人之名也，偓，音握（ㄨㄛˋ）。佺，音銓（ㄑㄩㄢˊ）。倫：等，輩。暴：同曝，讀舖（ㄆㄨˋ），在太陽底下晒暖。南榮：南邊的屋檐之下。言神仙們都在南邊的屋檐之下晒太陽以取暖。⑳醴泉：瑞水，味甘如醴，由清雅之室中涌出。㉑通流為川，從中庭而過。㉒槃石：同盤石，厚而大的石頭。裖崖：裖，整頓。修築水涯也。蓋醴泉通流成川之處，以磐石密緻其崖。裖，音枕（ㄓㄣˇ）。㉓王先謙曰：「隨水之高下，以石砱（裖）之，故其低處則嶔巖倚傾，其高處則嵯峨嶕嶫也。」㉔嵯峨：形容山勢高大的樣子。磼礏：高大的樣子。磼，音雜（ㄗㄚˊ）。礏，音岌（ㄐㄧˊ）。㉕刻削：形容山勢峻峭的樣子。崢嶸：高峻的樣子。崢，音爭（ㄓㄥ）。嶸，音榮（ㄖㄨㄥˊ）。㉖珊瑚：生於水底石邊，大者樹高三尺餘，枝格交錯，無葉。㉗瑉玉：瑉，石之次於玉者。瑉，音珉（ㄇㄧㄣˊ）。旁唐：猶磐礴，形容玉之廣大也。㉘璸斒：形容玉石之光采繽紛。繽，音賓（ㄅㄧㄣ）。斒，音斑（ㄅㄢ）。文鱗：文采鮮美也。㉙赤瑕：赤玉也。駮犖：文采不純而色雜者也。駮，音博（ㄅㄛˊ）。犖，音落（ㄌㄨㄛˋ）。㉚混雜穿插於崖石之中。㉛垂綏、琬琰：皆美玉名。㉜和氏：卞和所得之璧，亦美玉也。以上所言各種玉石，都出於上林苑。

「於是乎盧橘夏熟（一），黃甘橙楱（二），枇杷橪柿，楟柰厚朴（三），梬棗楊梅（四），櫻桃蒲陶（五），隱夫鬱棣（六），榙㯰荔枝（七），羅乎後宮（八），列乎北園。貤丘陵（九）下平原，揚翠葉，杌紫莖（一〇），發紅華，秀朱榮，煌煌扈扈（一一），照曜鉅野（一二）。沙棠櫟櫧（一三），華氾檘櫨（一四），留落胥餘（一五），仁頻幷閭（一六），欃檀木蘭（一七），豫章女貞（一八），長千仞（一九），大連抱（二〇），夸條直暢（二一），實葉葰楙（二二），攢立叢倚（二三），連卷（二四）累佹（二五），崔錯登骫（二六），阬衡閜砢（二七），垂條扶於（二八），落英幡纚（二九），紛容蕭蔘（三〇），旖旎從風（三一），瀏蒞芔吸（三二），蓋象金石之聲（三三），管籥之音（三四）。柴池茈虒（三五），旋環後宮（三六），雜遝累輯（三七），被山緣谷，循阪下隰（三八），視之無端，究之無窮。

【註】（一）盧橘：皮厚，大小如甘酢，多九月結實，正赤。明年二月更青黑。夏熟。（二）黃甘橘屬，而味精。橙，即柚也。楱，亦橘類，小橘也。楱，音湊（ㄘㄡˋ）。（三）枇杷：似斛樹，長葉，子若杏。橪：酸小棗也。楟：樝也，似黎而酢。柰：果名，有青白赤三種。厚朴：藥名也。春生葉如槲葉，四季不凋，紅花而青實，皮極鱗皴而厚，故呼為厚朴。（四）梬：音逞（ㄔㄥˇ），棗之一種，似柿。楊梅：其實似穀子而有核，其味酸，產於江南。（五）櫻桃：落葉灌木，高者至七八尺，葉橢圓而闊，春夏之交，開小白花如梅，實如小球，熟紅可食，古名含桃。蒲陶：即葡萄，此果係由西域傳入中國，在漢

朝時已有，實味甘美，又可造酒。㈥隱：王先謙曰：隱即栝也。栝木柏葉松身。夫：夫即「扶」之省文，《管子・地員》篇有扶木之名。鬱：果類植物，即郁李也，夏月結實，似櫻桃，色紫赤，味酸可食。棣：即指常棣而言，木名，葉狹長，實如櫻桃而圓，有微毛，頗酸，初夏熟，北人呼為棠梨子。㈦榙㯓：榙，音答（ㄊㄚˇ）。㯓，音沓（ㄊㄚˋ）。榙㯓，似李，產於蜀。荔枝：常綠喬木，盛產於粵、閩，幹高三、四丈，葉為羽狀複葉，有透明之小點。果實外皮有龜甲紋，肉色白，味甘多汁，種類名目甚多，其核細如豌豆，殼赤如丹砂。上有綠線一條者，謂之掛綠，尤為珍貴。㈧羅：陳列。㈨貤：音異（ㄧˊ），延及也。㈩扤：音兀（ㄨˋ），搖動。⑪榮：草之花，曰榮。⑫扈扈：美麗而有光彩。⑬鉅野：廣大的平野。⑭沙棠：木名，幹與葉頗類棠梨，花黃，果紅，其味如李，無核，其材可以為舟而不沈。櫟，音歷（ㄌㄧˋ），落葉亞喬木，高二三丈，葉狹長，有鋸齒，似栗，花黃褐色，實圓而端尖，有殼斗如椀，謂之橡實，樹皮及殼斗，可為染料，葉可飼野蠶，古名栩，亦名杼。櫧：音諸（ㄓㄨ），常綠喬木，高三丈許，樹皮色白，葉狹長，端尖，有鋸齒，春日開花，黃褐色，雌雄同株，實有殼斗，大如菩提子，可食，其材堅實，可為器具。⑮華：即「樺」，落葉喬木，產於東北及西北諸地，高三四丈，皮白，葉作圓形而尖，花雌雄同株，為穗狀花序，皮厚而輕軟，有紫黑斑文，古人用以裹弓榦鞍鐙刀靶等物。氾，即「楓」，落葉喬木，高二三丈，葉掌狀三裂，有細鋸齒，經秋而紅，春間開花，黃褐色，雌雄同株，樹脂可為香。檘：即「黃檗」，落葉喬木，高三四丈，葉為奇數羽狀複葉，夏月開細黃花，雌雄異株，實色黑，大如黃豆，榦之內皮色黃，與實皆可入藥，亦可作染料。櫨：即「黃櫨」，落葉喬木，高一二丈，葉為羽狀複葉，小者作長卵形，有光澤，春夏之交開小花，為圓錐花序，實扁圓而小，可採蠟。㊄留，即「劉」，木名，生山中，子大如李實，三月花苞仍連著實，七八月熟，其色黃，其味酢，煮膏藏之，仍甘好。落：即「欂落」，木名，其葉如榆，其皮堅韌，剝之長數尺，可為絙索，其材可為杯器。胥餘：即「椰子樹」，似檳榔，無枝條，高五六丈，葉在其末，實大如瓠，繫在樹頭，如掛物也，膚裹有汁升餘，清如水，美如蜜，核可作飲器。㊅仁頻：即「檳榔」，常綠喬木，高三丈餘，葉為羽狀複葉，五年始結實，實成房，出於葉中，每房簇生數百，形長而尖，剝其皮，狀如肉荳蔻，有紫櫻色紋，味濇微甘，土人細切嚼食之，以為有健胃利尿強齒之效。幷閭：即「栟櫚」，即「棕櫚」，常綠喬木，高二丈許，葉作掌狀，分裂，有長柄，叢生幹端，花小，色淡黃，有苞包之，其材可為牀柱及器具。葉之根部包幹之毛，褐色，俗謂之椶，可製繩帚雨具箱簟之類。㊆欃檀：即「檀香」，常綠灌木，葉為長卵形，端尖，無花瓣，萼裂為四片，實為核果，其木堅重清香，可為香料藥料，上者製為扇柄小匣等物，以其皮色之異，分為黃檀、白檀二種。木蘭：木名，亦名杜蘭，又謂之木蓮，高者達五六丈，涉冬不凋，葉如桂而厚大，花如蓮花，有紅黃白數色，四月開花，二十日即謝，其木肌細而心黃，人呼為黃心樹。㊇豫章：木名，似楸。女貞：常綠小灌木，高者六七尺，葉卵形，質厚。因其冬夏常青，未嘗凋落，表示有節操之意。故以名之「女貞」云。俗呼為蠟樹，立夏前後，取蠟虫之種子，裹置枝上，半月，其虫化出，延緣枝上，造成白蠟，民獲其利。㊈仞：八尺，曰仞。㊉大連抱：大者連抱，言非一抱之所能抱。㉑夸：花也。條：枝條也。言花與枝都是長的很開展而暢達。㉒實：果實。葰，大也。楙：即茂字。言果實與葉子都是長的很大而茂盛。㉓攢立：攢，音鑽（ㄗㄨㄢ）聚也。攢立：相聚偎而立。叢倚：相集結而互倚。㉔連卷：連合而捲屈。㉕累佹：相累積而倚偎。佹，依也。㉖崔錯：言林之交錯而茂盛的樣子。癹骫：癹，音潑（ㄆㄛ），言林木之枝條茂盛而盤紆的樣子。㉗阬衡：即抗衡：言林木之枝幹相抗而爭衡的樣子。閜砢：言林木之高大而爭雄的樣子。閜，音俠上聲（ㄒㄧㄚˇ），大開的樣子，砢，音裸（ㄌㄨㄛˇ），魁磊高大的樣子。㉘垂條：下垂的枝條。扶於：即扶疏，茂盛而四佈的樣子。㉙落英：下落的花朵。幡纚：飛揚而續紛的樣子。幡：同「翻」。纚，音徙（ㄒㄧˇ）。㉚紛容：即紛紜，紛緼言林木之茂盛繁榮的樣子。蕭蔘：言林木之錯落而有清致的樣子。㉛旖旎：形容林木之隨風飄動，弱不禁風，婀娜多姿的樣子。旖，音倚，柔媚的樣子。旎，音尼，美盛的樣子。㉜瀏蒞：言涼風之戛不，其聲淒清。芔吸：芔，古卉字。吸：呼吸也。㉝金石：鐘磬也。㉞籥：三孔籥也。㉟柴池：參差也。茈虒：不齊也。茈，音紫。虒，音豸。王先謙曰：「柴池即茈虒，音義並同，言其參差不齊也。」㊱旋環：還繞也。㊲雜遝：紛雜也。遝，音撻（ㄊㄚˋ）累。輯：即累積的意思。㊳循阪：順著山坡而下。隰：下濕，曰隰。隰，音習（ㄒㄧˊ）。

「於是玄猨素雌㊀，蜼玃飛鸓㊁，蛭蜩蠼蝚㊂，螹胡豰蛫㊃，棲息乎其間；長嘯哀鳴，翩幡互經㊄，夭蟜枝格㊅，偃蹇杪顛㊆。

於是乎隃絕梁㈧，騰殊榛㈨，捷垂條㈩，踔稀閒㈡，牢落陸離㈢，爛曼遠遷㈢。

【註】㈠玄猨：猨同「猿」字，猴類。黑色的雄猿。素雌：白色的雌猿。㈡蜼：似猴，鼻向上，尾四五尺，頭有歧，蒼黃色，遇天雨時，則自懸於樹，以尾塞孔，或以兩指塞之，故人稱蜼為猴類中之最聰明者。蜼，首味（ㄨㄟˋ）。玃：音絕（ㄐㄩㄝˊ）。母猴也，體大而壽長，《抱朴子》謂「猿壽五百歲而變為玃」。飛鸓：音壘（ㄌㄟˇ）。《廣韻》謂：「鸓，飛生鳥名，飛且乳，一名鼯鼠，毛紫赤色。」劉逵《吳都府注》謂「其大如猿，東吳諸郡皆有之。」《唐書．地理志》謂：「臺州土貢飛生鳥」。《南越志》謂：「高要縣有飛鸓，肉翼如蝙蝠，貍頭，鼠目，一曰鼯鼠，且飛且產子，便隨母而飛。」㈢蛭：音志（ㄓˋ），獸名，《山海經》云：「不咸之山，有飛蛭，四翼。」蜩：音調（ㄊㄧㄠˊ），《神異經》云：「西方深山有獸，毛色如猴，能緣高木，其名曰蜩。」蠗：音擢（ㄓㄨㄛˊ），獸名，猿類。蝚：同「猱」字，獸名，猿類。《詩經．小雅》謂：「勿教猱升木」。陸璣云：「猱，獼猴也，楚人謂之『沐猴』，老者為玃，長臂者為猿。」㈣螹胡：似獼猴，頭上有髦，腰以後黑。螹，音漸（ㄐㄧㄢˋ）。豰：音戶（ㄏㄨˋ），似貔而大，腰以後黃，一名「黃腰」，食獼猴。蛫：音詭（ㄍㄨㄟˇ），《山海經》云：「即公山有獸，狀如龜，白身，赤首，其名曰蛫」。㈤翩：音篇（ㄆㄧㄢ），輕捷的樣子。幡：同「翻」字，轉動變換。互經：互相經過。

⑥夭蟜：形容猴類在樹枝架上共同嬉戲之姿態，活潑跳躍的樣子。枝格：樹枝的間架之上。⑦偃蹇：形容猴類在樹梢上仰臥攀曲的動作狀態。偃蹇，夭蟜，皆形容猴類在樹上跳躍攀援的各種動作姿態。杪顛：樹枝的頂端。顛，同「巔」。⑧踰：同「踰」，越過，跳過。絕梁：斷梁之處，兩距離間不相銜接之處，如猴子從此枝躍於彼枝，從此樹跳於彼樹，其間空缺，毫無銜接，而猴等則能輕身一縱，飛跳而過，此即所謂「踰絕梁」，並不一定踰水中之斷橋也。⑨騰：飛躍也。殊榛：不同之樹木。言猴類騰躍於不同的樹木之間，即從此樹躍於彼樹。木叢生，曰榛。⑩捷：輕快的舉動。垂條：下垂的枝條。言猴子輕快的活動於下垂的枝條之上。㈡踔：音掉（ㄉㄧㄠˋ），跳越，躍過。稀閒：稀同「隙」，空隙之間。言猴子跳躍於空隙無枝之間。㈢牢落：遼落也。陸離：紛散也。言猴類之聚散無常，雜亂移徙。㈢爛曼：即「浪漫」，言其毫無目標，行踪自由也。

「若此輩者㈠，數千百處。嬉游往來，宮宿館舍㈡，庖廚不徙㈢，後宮不移㈣，百官備具㈤。

【註】㈠像這種遊觀勝地。㈡宮可以宿，館可以舍。舍，止居也。㈢到處都有庖廚的設備。㈣到處都有後宮的姬妾。㈤到處都有辦事的百官。一切都是經常的準備齊全，用不著調動。

「於是乎背秋涉冬㈠，天子校獵㈡。乘鏤象㈢，六玉虯㈣，拖蜺旌㈤，靡雲旗㈥，前皮軒㈦，後道游㈧；孫叔奉轡㈨，衞公驂乘㈩，扈從橫行⑪，出乎四校之中⑫。鼓嚴簿⑬，縱獠者⑭，江河為阹⑮，泰山為櫓⑯，車騎靁起，隱天動地⑰，先後陸離⑱，離散別追，淫淫裔裔⑲，緣陵流澤⑳，雲布雨施㉑。

【註】㈠背秋：在秋後之時。㈡校獵：校，讀教音。遮木以攔阻禽獸，曰「校」。校獵的意思是搭為欄柵以遮禽獸而獵取之也。《周禮》所謂之「校人」，即掌王田獵之馬，故曰「校獵」，謂以木相貫穿為欄校以遮禽獸。㈢鏤象：用象牙所鏤飾之車輿，謂之「鏤象」。㈣駕著六匹以玉為飾而好像是龍子的馬。龍子有角，曰「虯」。虯，音求（ㄑㄧㄡˊ）。㈤拖：搖曳也。蜺旌：析羽毛染以五采，綴以絲縷為旌旗，好像虹蜺之氣似的。即言搖曳著好像虹蜺似的旌旗。㈥靡：飄動也。雲旗：畫熊虎於旗上，好像雲氣似的。即言飄動著好像雲氣似的旗幟。㈦皮軒：以虎皮飾事，曰「皮軒」。言皮軒之車最居前，所謂前驅之車也。㈧道，即「導」字。言導游之車，次於其後也。㈨孫叔，古之善御者也，即《楚辭》所謂「驥躊躇於弊輦，遇孫陽而得代」者，是也。㈩衞公，亦古之善御者也，即《國語》所謂「衞莊公為右，曰：『吾九上九下，擊人盡殪』者，是也。」文學家常用古人之名，以烘托今日之事，如《校獵賦》所謂「蚩尤並轂，蒙公先驅」；如〈二京賦〉所謂「大丙弭節，風后陪乘」，皆此類也。並不一定實指其人，以孫叔為太僕公孫賀，以衞公為大將軍衞青也。⑪扈從：

跟隨天子車駕而供使令之從者。橫行：不由中道而旁行。⑫四校：跟隨天子出獵之四校尉，即屯騎、步兵、射聲、虎賁，四校尉是也。顏師古解為欄校之四面，亦可通。⑬鼓嚴簿：簿：鹵簿也。擊鼓以警眾，要大家提高警覺，準備出擊，謂之「鼓嚴」。即言在鹵簿之中，擊鼓以警眾。⑭獠者：即獵者。擊鼓警眾之後，即放獵者出擊也。⑮阹：音曲（ㄑㄩ），圈檻。以長江大河為遮欄禽獸之圈檻。⑯櫓：瞭望樓也。以泰山為瞭望獲勝之樓臺。此兩語，皆形容田獵規模之廣大。⑰隱天動地：即驚天動地也。《漢書》隱字為「殷」字。⑱陸離：謂獵者分道揚鑣，各有所追逐也。⑲淫淫裔裔：即淫淫液液，或淫淫與與，言獵者連延不絕，往來追逐之狀。⑳緣陵流澤：言獵者之滿山徧野也。㉑雲布雨施：形容獵者之眾多，如雲之密佈，如雨之滂湃也。

「生貔豹，搏豺狼①，手熊羆②，足野羊③，蒙鶡蘇④，絝白虎⑤，被豳文⑥，跨野馬⑦。陵三嵕之危⑧，下磧歷之坻⑨；徑陵赴險⑩，越壑厲水⑪。推蜚廉，弄解豸⑫，格瑕蛤⑬，鋋猛氏⑭，羂騕褭⑮，射封豕⑯。箭不苟害，解脰陷腦⑰；弓不虛發，應聲而倒。於是乎乘輿彌節裴回⑱，翺翔往來，睨部曲之進退⑲，覽將率之變態。然後浸潭促節⑳，儵夐遠去㉑，流離輕禽㉒，蹵履狡獸㉓，轊白鹿㉔，捷狡兔㉕，軼赤電㉖，遺光燿㉗，追怪物㉘，出宇宙㉙，彎繫弱㉚，滿白羽㉛，射游梟㉜，櫟蜚虡㉝，擇肉後發，先中命處㉞，弦矢分，藝殪仆㉟。

【註】㊀生：活活的擒獲。凡獵獸，以生得手搏為能。貔：音皮（ㄆㄧˊ），猛獸，豹類。㊁手：以手而擊殺之也。熊：犬身，人足，黑色或黃色，項下有白毛，形如新月，足粗大，前短，後長，能攀援登樹。羆：猛獸名，似熊而體大，毛色黃白，頸長腳高，多力，能拔樹木，遇人，則人立而攫之，俗呼為人熊。㊂足：以足而蹴殺之也。作動詞用。野羊：野獸名，角細，大者數百斤。㊃蒙：蒙之以為冠也。鶡：鳥名，雉屬，較雉為大，黃黑色，頭有毛冠，性猛好鬥，至死不退，故古之武士皆戴鶡冠。所謂「鶡蘇」者，即用鶡鳥之尾，緝為流蘇以作冠飾也。此句之意，即謂捕得鶡鳥，緝其尾為流蘇，戴之以為美觀之冠。㊄絝白虎：獵得白虎，製其皮以為袴。絝，即「袴」字。㊅被豳文：獵得有斑文之獸如貙豹之類，剝其皮以為衣（被）。㊆跨野馬：獵得野生之馬以為坐騎。㊇陵：登越，駕過。三嵏：山名，在山西聞喜縣。危：山高峻而可怕的樣子。㊈磧歷：坎坷不平的。坻，音持（ㄔˊ），山坡也。㊉徑：直前而過。⑪厲水：渡水也。⑫推：排之而超越於其前也。蜚廉：善走之物。弄：玩弄。解豸：似鹿，而一角，性最直。⑬格：格鬥，格殺。瑕蛤：獸名。⑭鋋：鐵矛也。作動詞用，即以鐵矛刺之也。猛氏：獸名，似熊而小，毛淺，有光澤。⑮罥：音犬（ㄑㄩㄢˇ），羅而繫執之也。騕褭：騕，音窈（ㄧㄠˇ）。褭：音嫋（ㄋㄧㄠˇ）。神馬名，金喙，赤身，日行萬八千

里。⑯封豕：大豬也。⑰脰：音豆（ㄉㄡˋ）頸項。⑱彌節：即「弭節」，控制其馬匹的進行之步調。⑲睨：邪視。部曲：隊伍。將軍領軍，皆有部曲，大將軍營五部，部有校尉一人。部下有曲，曲有軍侯一人。⑳浸潭：漸漸而進的意思。促節：由徐而疾。㉑儵：即倏然、忽然的樣子，匆匆的樣子。儵，音綢（ㄔㄡˊ）。敻：忽然飄去的樣子。㉒流離輕禽：由於人馬的疾走飛馳之聲，驚動了天空中的禽鳥，牠們便紛紛的飛散流離。㉓履：踐踏也。㉔轊：音位（ㄨㄟˋ），車軸輾壓之也。白鹿：鹿滿五百歲，則色純白。㉕捷狡兔：其速度超過狡兔而獲之也。㉖軼赤電：形容天子馬騎進行速度之快，超過發紅色的電流。軼，音蝶。㉗遺光燿：遺，置之於後。亦即超之於前，把光速置之於後，可見天子之馬速，超於光速。㉘追怪物：追逐那些妖怪之物。㉙出宇宙：形容天子之馬，一舉千里，好像要跑出宇宙之外似的。宇宙，指天地空間而言。㉚繁弱：良弓之名。㉛白羽：以白羽飾箭，故曰白羽。即彎弓注箭，準備發射。㉜游梟：梟羊也，山之怪精，似人，長脣，黑身，被髮，食人。㉝櫟：音歷（ㄌㄧˋ），作動詞解，即以尖梢之物而射擊之也。蜚虡：鹿頭，龍身，神獸也。㉞命處：未射以前，預先指定的部分。㉟蓺：音藝（ㄧˋ），射擊之目的物。殪：音意（ㄧˋ），擊殺而死。言箭一發出，則目的物即刻應弦而死。

「然後揚節而上浮㊀，陵驚風㊁，歷駭猋㊂，乘虛無㊃，與神俱㊄，轔玄鶴㊅，亂昆雞㊆，遒孔鸞㊇，促鵔鸃㊈，拂翳鳥㊉，捎鳳皇⑪捷鵷雛⑫，掩焦明⑬。

【註】㈠揚節：飛揚其步調。㈡陵驚風（暴風之上）。㈢經歷於駭飆之間。飆，音標（ㄅㄧㄠ），暴風也。㈣乘於虛無飄渺的太空，㈤與天神同遊。㈥轔：踐蹂。㈦亂：衝散。昆雞：似鶴，黃白色。又言係鳳凰之別名。㈧遒：音求（ㄑㄧㄡˊ），迫逐也。孔鸞：大鸞。㈨駿鸃：有文彩的野雉。駿，音迅（ㄒㄩㄣˋ）。鸃，音移（ㄧˊ）。㈩鷩鳥：五采之鳥，飛蔽一鄉。⑪捎：音梢（ㄕㄠ），掠取也。⑫鵷雛：鳥名，鳳凰之類，色赤者為鳳，色黃者為鵷雛。莊子所謂：「鵷雛發於南海而飛於北海，非梧桐不止，非練實不食，非醴泉不飲。」鵷，音冤（ㄩㄢ）。捷：敏捷過於鵷雛而取之。⑬掩：掩蔽而取之。焦明：亦鳳凰之類。王先謙以為「焦明」應為「焦朋」。

「道盡塗殫㈠，迴車而還。招搖乎襄羊㈡，降集乎北紘㈢，率乎直指㈣，闇乎反鄉㈤。蹷石闕㈥，歷封巒㈦，過鳷鵲㈧，望露寒㈨，下棠梨㈩，息宜春⑪，西馳宣曲⑫，濯鷁牛首⑬，登龍臺⑭，掩細柳⑮，觀士大夫之勤略⑯，鈞獠者之所得獲⑰。徒車之所轔轢，乘騎之所蹂若⑱，人民之所蹈躪⑲，與其窮極倦谻⑳，驚憚慴伏㉑，不被創刃而死者，佗佗籍籍㉒，填阬滿谷，揜平彌澤㉓。

【註】㈠塗：同「途」，路途。殫：盡也。㈡招搖：即「逍遙」。襄羊：即「彷徉」。逍遙彷徉，言其逍遙自在，輕鬆愉快。㈢北紘：九州之外有八澤，八澤之外有八紘，北紘乃八紘之一，曰「委羽」。㈣率乎直指：率然而直去，任性徑意的往自己心之所想的地方而去。㈤闇乎反鄉：迅速的、神不知鬼不覺的回到了自己的家園。㈥蹷：音厥（ㄐㄩㄝˊ），踏上，覆。石闕：宮觀名，武帝在雲陽甘泉苑中，建築宮殿臺閣百餘所，有仙人觀，石闕觀，封巒觀，鳷鵲觀。㈦封巒：觀名。㈧鳷鵲：觀名。㈨露寒：觀名。㈩棠梨：宮名，在雲陽縣東三十里。⑪宜春：宮名，在萬年縣西南三十里。⑫宣曲：宮名，在昆明池西。⑬濯：即「櫂」字，撥船前進之槳，此處作動詞用，即划船。鷁：音益（ㄧˋ），水鳥名，在船頭上畫以鷁鳥之形，謂之鷁舟。牛首：水池名。此句即謂划船於牛首之池。⑭龍臺：觀名，在豐水西北，近渭水。⑮掩：息也。細柳：觀名，在昆明池南。⑯勤略：辛勤與智略。⑰鈞：均也，平均其多少。獠者：即「獵者」。⑱轔轢：踐踏，蹂躪。因為打獵經過之後，一定蹧蹋了許多田地。蹂若：踐踏。⑲蹈躤：躤，即籍。踐踏。⑳極度的倦憊。舋，音覺（ㄐㄩㄝˊ）疲困也。㉑慴伏：慴，音折（ㄓㄜˊ），恐怖於威勢之下而屈服。㉒佗佗籍籍：成堆成疊的樣子。㉓揜平彌澤：掩蓋平原，瀰滿川澤。

「於是乎游戲懈怠，置酒乎昊天之臺㈠，張樂乎轇輵之宇㈡；撞千石之鐘㈢，立萬石之鉅㈣；建翠華之旗㈤，樹靈鼉之鼓㈥。奏陶唐氏之舞⑦，聽葛天氏之歌⑧，千人唱，萬人和，山陵為之震動，川谷為之蕩波。巴俞宋蔡⑨，淮南于遮⑩，文成顛歌⑪，族舉遞奏⑫，金鼓迭起⑬，鏗鎗鐺鼕⑭，洞心駭耳⑮。荊吳鄭衛之聲⑯，韶濩武象之樂⑰，陰淫案衍之音⑱，鄢郢繽紛⑲，激楚結風⑳，俳優侏儒㉑，狄鞮之倡㉒，所以娛耳目而樂心意者，麗靡爛漫於前㉓，靡曼美色於後㉔。

【註】①昊天之臺：形容臺之高，如天之高。②轇輵之宇：形容室宇之廣，遼闊而無邊。轇輵：即「遼闊」。③千石等於十二萬斤，形容其鐘之大。④鉅：即「虛」，假借字，懸鐘之立木。萬石等於一百二十萬斤，形容其虛之大。⑤以翡翠之羽為華葆的旗。⑥以鼉皮所張之鼓。⑦陶唐氏：堯有天下之號也。⑧葛天氏，三皇時代之君號。《呂氏春秋》云：「其樂三人持牛尾，投足以歌，歌有八首，一曰載人，二曰玄鳥，三曰遂草木，四曰奮五穀，五曰敬天常，六曰建帝功，七曰依地德，八曰總禽獸之極。」⑨巴西閬中有俞水，獠人居其上，皆剛勇好舞，漢高祖曾募取為兵以平三秦，後使樂人習之，因名為巴俞舞。宋：國名，其音樂宴女溺志。蔡：國名，今河南汝南，上蔡、新蔡等縣地，其人民善謳歌。⑩淮南：地名，淮水以南之地，今湖北大江以北，漢水以東，及江蘇安徽江以北、淮水以南之地。于遮：曲名也。⑪文成：遼西縣名，其民善歌。顛：益州顛縣，其民能作西

南夷歌。顛，即「滇」字。⑫族：羣聚也，羣居而遞奏。⑬金：鐘也。鐘鼓之聲互為起伏。⑭鏗鎗：鐘聲。鏗，音坑（ㄎㄥ）。鎗，音腔（ㄑㄧㄤ）。鐺鼜：鐘鼓之聲。鐺，音當（ㄉㄤ）。鼜，音沓（ㄊㄚˋ）。鼓聲。⑮驚心駭耳，形容其聲音之大。⑯荊吳鄭衞之聲樂，皆淫哇之聲。⑰韶：舜樂。濩：湯樂。武：武王之樂，象：周公之樂。⑱淫蕩放浪的音樂。案衍：宴安放浪的。⑲鄢：楚之宜城縣。郢：楚都。繽紛：交錯也。言楚歌楚舞，交錯並進也。⑳激楚，結風：皆歌舞曲名。㉑俳優：雜戲也，戲子亦曰俳優，所謂「倡優之輩，以笑謔為事。」俳，音牌（ㄆㄞˊ）。侏儒：短人，亦供人玩笑者。㉒狄鞮：地名，在河內，出善倡者。又有解作西戎之樂名。㉓麗靡：美麗而婀娜多姿的美女。爛漫：光艷照人。㉔靡曼：嬌柔窈窕的樣子·

「若夫青琴宓妃之徒①，絕殊離俗②，姣冶嫺都③，靚莊刻飭④，便嬛綽約⑤，柔橈嬛嬛⑥，娬媚姌嫋⑦；抴獨繭之褕袘⑧，眇閻易以戌削⑨，媥姺徶㣯⑩，與世殊服⑪；芬香漚鬱⑫，酷烈淑郁⑬；皓齒粲爛⑭，宜笑的皪⑮；長眉連娟，微睇緜藐⑯；色授魂與⑰，心愉於側⑱。

「於是酒中樂酣，天子芒然而思⑲，似若有亡⑳曰：『嗟乎，此泰奢侈！朕以覽聽餘閒，無事棄日㉑，順天道以殺伐㉒，時休息於此㉓，恐後世靡麗㉔，遂往而不反，非所以為繼嗣創業垂統也。』於是乃解酒罷獵，而命有司曰：『地可以墾辟，悉為農郊，以贍萌隸㉕；隤牆填塹㉖，使山澤之民得至焉㉗。實陂池而勿禁㉘，虛宮觀而勿仞㉙。發倉廩以振貧窮，補不足，恤鰥寡，存孤獨。出德號㉚，省刑罰，改制度，易服色㉛，更正朔㉜，與天下為始。』

【註】㊀青琴、宓妃，皆古神女之名。如淳曰：「宓妃，伏羲女，溺死洛水，遂為洛水之神。」宓，音伏。㊁絕殊：極端的特殊。離俗：蓋世無雙，脫出世俗。㊂姣冶：打扮得非常之漂亮。嫻：高雅。音閑。都：儀態萬方。㊃靚莊：粉白黛黑的裝飾。靚，音淨（ㄐㄧㄥˋ）。莊，同粧。刻飭：刻意的修飾。又解為以膠刷鬢，使就理如刻畫然。㊄便嬛：輕麗的樣子。嬛，音暄（ㄒㄩㄢ）。綽約：柔弱的樣子。㊅柔弱輕麗的樣子。橈，音鬧（ㄋㄠˋ），柔弱也。㊆娬媚：姿態甜媚，令人喜愛。姌嫋：骨體細弱也。姌，音冉（ㄖㄢˇ）。嫋，音鳥（ㄋㄧㄠˇ）。㊇抴：音曳，搖曳，飄曳。獨繭，絲織物。褕袘，長裳的邊緣。㊈眇：飄輕輕的。閻易：長衣也。戌削：寬窄合身而有曲線的樣子。㊉媥姺：即「蹁躚」，衣服婆娑的樣子，或行走盤旋飄飄欲舞的樣子。蹁，音便（ㄆㄧㄢˊ）。躚，音仙（ㄒㄧㄢ）。徶徆：衣服婆娑的樣子，或細步委婉的樣子。徶，音蹩（ㄅㄧㄝˊ）。徆，音謝（ㄒㄧㄝˋ）。

⑪和俗世的人們所穿著的服裝，完全不同。⑫漚鬱：形容其香氣之盛烈而濃重。漚，音歐（ㄡ），盛烈也。鬱：香氣愈積而愈濃。⑬淑郁：清香而濃厚。⑭皓齒：潔白的牙齒。⑮宜笑：笑得很美。的皪：鮮明的樣子，與「燦爛」同。皪，音歷（ㄌㄧˋ）。⑯連娟：形容其眉毛之曲而細的樣子。微睇：輕輕的一瞥。緜藐：美妙而含情的樣子。⑰色授魂予：只要他示你以顏色，你就會把靈魂交給她。⑱心愉於側：你的心就會跑在她的身旁。愉，同「踰」字，往也。⑲芒然：猶罔然，莫明其妙的，昏昏忽忽的。⑳似乎有所失的樣子。㉑沒有事情以消磨時間。㉒秋天是天道表示殺伐的時間，故而田獵以順天道。㉓時：是也，斯也，於是。㉔靡麗：流連忘返，蹉跎時間，成為惡習。㉕狩獵之地，可以開闢墾殖，全部作為農耕之地，以贍養人民。㉖把圍牆毀倒，把坑道填平。㉗使山澤的人民都可以到這裡來芻牧樵採。㉘讓人民在陂池裏面可以隨便種植物產而不得禁止。㉙把那些離宮別館都空虛起來，而不必養一些吃閒飯的侍奉招待的人。仞：充滿無用之人於其中。㉚發出仁德的號令。㉛易服色：變易服色而尚黑。㉜更正朔：以十二月為正月，平旦為朔。

「於是歷吉日以齊戒①，襲朝衣②，乘法駕③，建華旗，鳴玉鸞④，遊乎六藝之囿⑤，鶩乎仁義之塗，覽觀春秋之林⑥，射貍首⑦，兼騶虞⑧，弋玄鶴⑨，建干戚，載雲罕⑩，揜羣雅⑪，悲伐檀⑫，樂樂胥⑬，修容乎禮園⑭，翺翔乎書圃⑮，述易道⑯，放怪獸⑰，登明堂⑱，坐清廟⑲，恣羣臣，奏得失⑳，四海之內，靡不受獲㉑。於斯之時，天下大說㉒，嚮風而聽㉓，隨流而化㉔，喟然興道而遷義㉕，刑錯而不用㉖，德隆乎三皇，功羨於五帝㉗。若此，故獵乃可喜也。

【註】①歷：算定。齊戒：即「齋戒」。②襲：穿著。③法駕：六馬也。④鸞：鈴也。鈴之在衡者，曰鸞。在軾者，曰和。⑤六藝：郭璞以為六藝是禮、樂、射、御、書、數。顏師古以為六藝是六經。⑥《春秋》可以觀成敗，明善惡。所謂「囿」，「途」，「林」，皆射獵之實際名詞，而司馬相如則希望天子用之於道德修養之精神場合。⑦貍首：逸詩篇名，諸侯以為射節。貍，音離（ㄌㄧˊ）。⑧騶虞：〈召南〉詩篇名，天子以為射節。騶，音鄒（ㄗㄡ）。⑨古者舞文鶴以為瑞，弋而取之，而舞干戚。⑩雲罕：罕，網也。雲罕，言其網之大如雲也。載此網以為狩獵之用。此處不當解作旗幟之名。罕即「罕」字，音（ㄏㄢˇ）。⑪言天子現在不以雲網掩取禽獸，而以雲網羅致（掩取）天下之人才（羣雅）。雅：精通《詩經》大雅、小雅之人才也。所謂「小雅之材七十四人，大雅之材三十一人。」閻若璩的解釋，以為「小雅自鹿鳴至何草不黃，凡七十四篇。大雅自文王至召旻，凡三十一篇。」即言凡對《詩經》大雅、小雅有研究之人才也。⑫悲〈伐檀〉：言天子以〈伐檀〉之詩為悲。伐檀，魏國之詩，刺賢者之不遇明主而貪鄙之在位也。⑬樂〈樂胥〉：言天子以〈小

雅・桑扈〉之篇所謂「君子樂胥，萬邦之屏」為樂。胥：有才智之人。王者樂得有才智之人，使之在外，故可以為萬邦之屏也。亦即言今天子不以得禽獸為樂，而以得人才為樂也。㉔在禮儀的園囿之中，規範自己的行動。㉕在《尚書》的苑圃之內，翱翔博覽。（《禮》所以修己安邦，《書》所以疏通知遠。）㉖研述易道的精微哲學。（通其道使民不倦）。㉗驅放一切奇禽怪獸於苑外，再不復以低級趣味的狩禽獵獸之事為樂。㉘明堂：天子辦公之處。㉙清廟：天子朝諸侯之處。㉚大開大放，讓羣臣們得以盡所欲言的論奏政治的得失。㉛使四海之內的人民，沒有不受其恩惠的。㉜說：即「悅」。㉝歸向天子的作風而聽命。㉞追隨天子的主流而感化。㉟喟然：感激興奮的樣子。興之於道而遷之於義，自動的不作奸犯科。㊱刑罰置之高閣而不用。㊲羡：豐裕也，言其功比五帝之功還要豐裕。

「若夫終日暴露馳騁，勞神苦形，罷車馬之用㈠，抗士卒之精㈡，費府庫之財，而無德厚之恩，務在獨樂，不顧眾庶，忘國家之政，而貪雉兔之獲，則仁者不由也。從此觀之，齊楚之事，豈不哀哉！地方不過千里，而囿居九百，是草木不得墾辟㈢，而民無所食也。夫以諸侯之細㈣，而樂萬乘之所侈，僕恐百姓之被其尤也㈤。」

【註】㊀罷：同「疲」字。㊁抏：讀「玩」，挫折也。㊂辟：同「闢」字。㊃細：小小的。㊄尤：罪害。

於是二子愀然改容㊀，超若自失㊁，逡巡避席曰㊂：「鄙人固陋，不知忌諱㊃，乃今日見教，謹聞命矣。」

【註】㊀愀然：忽然變色的樣子。愀，音巧（ㄑㄧㄠˇ）。㊁超若：即超然，失意的樣子。㊂逡巡：退縮不安的樣子。㊃忌諱：不應當說的話。

賦奏，天子以為郎。無是公言天子上林廣大，山谷水泉萬物，及子虛言楚雲夢所有甚眾，侈靡過其實，且非義理所尚，故刪取其要，歸正道而論之㊀。

【註】㊀大顏云：「不取其夸奢靡麗之論，唯取終篇歸於正道耳。」小顏云：「刪要，非謂削除其詞，而說者謂此賦亦被史家刊剟，失之也。」

相如為郎數歲，會唐蒙使略通夜郎西僰中㊀，發巴蜀㊁，吏卒千人，郡又多為發轉漕萬餘人，用興法㊂誅其渠帥㊃，巴蜀民大驚恐。上聞之，乃使相如責唐蒙，因喻告巴蜀民以非上意。檄曰㊄：

「告巴蜀太守：蠻夷自擅不討之日久矣，時侵犯邊境，勞士大夫。陛下即位，存撫天下，輯安中國。然後興師出兵，北征匈奴，單于怖駭，交臂受事㊅，詘膝請和㊆。康居西域㊇，重譯請朝㊈，稽首來享㊉。移師東指，閩越相誅。右弔番禺⑪，太子入朝。南夷之君，西僰之長，常效貢職，不敢怠墮，延頸舉踵，喁喁然皆爭歸義⑫，欲為臣妾，道里遼遠，山川阻深，不能自致⑬。夫不順者已誅，而為善者未賞，故遣中郎將往賓之⑭，發巴蜀士民各五百人，以奉幣帛，衞使者不然，靡有兵革之事，戰鬬之患。今聞其乃發軍興制，驚懼子弟，憂患長老，郡又擅為轉粟運輸，皆非陛下之意也。當行者或亡逃自賊殺，亦非人臣之節也⑮。

【註】㊀略：略取，以不正當手段而取之。夜郎，僰中，皆西南夷。後以夜郎屬牂柯，僰中屬犍為。僰：音勃（ㄅㄛˊ）。㊁巴、蜀二郡名。㊂軍興法：軍事動員時期的法令。㊃渠帥：大帥，土著酋

長之類。㊄檄：音息（ㄒㄧˊ），曉諭大眾的文書。㊅交臂：拱手也。受事：聽命服務。㊆詘膝：即「屈膝」。㊇康居：古國名，與大月氏同族，領有新疆北境至俄領中亞之地。㊈重譯：異國之人，與本國言語不通，必須輾轉翻譯以得其意思，故曰重譯。㊉來享：來參加祭祀的典禮。㊁弔：憫恤其陷於危險而施以解救。㊂延頸：伸著頸子。舉踵：翹起腳跟。表示極切盼望之意。喁喁：形容眾人向慕之狀，如羣魚之上向似的。喁，讀魚（ㄩˊ），魚口上現也。㊂自致：親身來到。致，到也。㊃中郎將：指唐蒙而言。賓：待之以禮貌而安撫之。㊄節：本分所當作之事。

夫邊郡之士，聞烽舉燧燔㊀，皆攝弓而馳㊁，荷兵而走㊂，流汗相屬㊃，唯恐居後，觸白刃，冒流矢，義不反顧，計不旋踵，人懷怒心，如報私讎。彼豈樂死惡生，非編列之民㊄，而與巴蜀異主哉？計深慮遠，急國家之難，而樂盡人臣之道也。故有剖符之封㊅，析珪而爵，位為通侯，居列東第㊆，終則遺顯號於後世，傳土地於子孫，行事甚忠敬，居位甚安佚，名聲施於無窮，功烈著而不滅。是以賢人君子，肝腦塗中原，膏液潤野草而不辭也。今奉幣役至南夷，即自賊殺，或亡逃抵誅，身死無名，謚為至愚，恥及父母，為天下笑。人之度量相越，豈不遠哉㊇！

然此非獨行者之罪也㈨，父兄之教不先㈩，子弟之率不謹也㈡；寡廉鮮恥，而俗不長厚也。其被刑戮，不亦宜乎！

【註】㈠有敵寇來犯，則燃積薪，舉烽火以警眾。㈡攝弓：張弓注矢而持。㈢荷兵：揹著武器。㈣屬：連續不斷。㈤編列：編於戶口之籍。㈥分頒玉圭而封之以爵位，各有等級，王執鎮圭，公執桓圭，侯執信圭，伯執躬圭。㈦東第：甲等住宅，居於帝城之東，故曰東第。㈧人們的度量相差距（越），豈不是很遠的啊！㈨行者：指「自相賊殺」或逃亡之人而言。㈩不先：先前沒有良好的教訓。㈡不謹：子弟素日就不聽話。

陛下患使者有司之若彼，悼不肖愚民之如此㈠，故遣信使㈡曉喻百姓以發卒之事，因數之以不忠死亡之罪㈢，讓三老孝弟以不教誨之過㈣。方今田時，重煩百姓㈤，已親見近縣，恐遠所谿谷山澤之民不徧聞，檄到，亟下縣道㈥，使咸知陛下之意，唯毋忽也㈦。」

【註】㈠天子對於有司之驚擾民眾，是那樣的擔憂；而對於愚民之賦殺逃亡，又是這樣的痛惜！㈡信使：有誠信的使臣。㈢數：責斥。㈣讓：責斥。三老孝弟負有教導民眾之責，皆鄉村政治之基層人

員。㊄以集合民眾煩擾百姓為困難（重）之事，言不願耽誤人民農作時間，故以文書命令各縣，把天子之意，轉達於人民。㊅亟：趕快的。㊆唯：希望之意。

相如還報。唐蒙已略通夜郎，因通西南夷道，發巴、蜀、廣漢卒㊀，作者數萬人。治道二歲，道不成，士卒多物故㊁，費以巨萬計㊂。蜀民及漢用事者㊃多言其不便。是時邛筰之君長㊄聞南夷與漢通，得賞賜多，多欲願為內臣妾，請吏，比南夷㊅。天子問相如，相如曰：「邛、筰、冄、駹者近蜀㊆，道亦易通，秦時嘗通為郡縣，至漢興而罷。今誠復通，為置郡縣，愈於南夷㊇。」天子以為然，乃拜相如為中郎將，建節往使。副使王然于、壺充國、呂越人馳四乘之傳，因巴蜀吏幣物以賂西夷。至蜀，蜀太守以下郊迎，縣令負弩矢先驅㊈，蜀人以為寵㊉。於是卓王孫、臨邛諸公皆因門下獻牛酒以交驩。卓王孫喟然而歎，自以得使女尚司馬長卿晚，而厚分與其女財，與男等同。司馬長卿便略定西夷，邛、筰、冄、駹、斯榆㊀之君皆請為內臣。除邊關，關益斥㊁，西至沫、若水㊂，南至牂柯為徼㊃，通零關道㊄，橋孫水⑯以通邛都。還報天子，天子大說⑰。

【註】㈠廣漢：郡名，今四川梓潼縣。㈡物故：死。㈢巨萬：萬萬。㈣用事者：指丞相公孫弘而言。㈤邛：邛都，在今西康省西昌縣。筰：筰都，在定筰縣。㈥請吏：請漢置吏。與南夷相比。㈦冄、駹：四川茂縣。駹，音忙（ㄇㄤˊ）。㈧愈：勝也。㈨先驅：為之導路也。㈩寵：光榮。⑪斯榆：國名也。沈欽韓曰：「斯榆，今雅州府天全州，漢置徙縣。」故治在今西康天全縣東。⑫斥：開廣也。⑬沬，水名，源出今西康蘆山縣西北，東南流，經洪雅、夾江縣，至四川之樂山縣入岷江。一名青衣水，又名大渡水。若水：一名雅龍江，源出青海巴顏喀喇山東南，流經西康境，行崇山峻嶺之間，下流為打沖河，亦名瀘水，南入金沙江。⑭牂牁：郡名，故治在今貴州德江縣西。牂，音臧（ㄗㄤ）。牁，音歌（ㄍㄜ）。徼：音叫（ㄐㄧㄠˋ），以木柵為蠻夷邊界。⑮鑿開靈山道，置靈道縣，即零關縣。在西康之越嶲境。⑯橋孫水：作橋於孫水之上。孫水，一名白沙江，南流經邛都縣，又南至會無，入若水。⑰說：即「悅」。

相如使時，蜀長老多言通西南夷不為用，唯大臣亦以為然。相如欲諫，業已建之㈠，不敢，乃著書，籍以蜀父老為辭，而己詰難之，以風天子㈡，且因宣其使指，令百姓知天子之意。其辭曰：

「漢興七十有八載，德茂存乎六世㊂，威武紛紜㊃，湛恩汪濊㊄，羣生澍濡㊅，洋溢乎方外㊆。於是乃命使西征，隨流而攘㊇，風之所被㊈，罔不披靡㊉。因朝冄從駹⑪，定筰存邛⑫，略斯榆⑬，舉苞滿⑭，結軌還轅⑮，東鄉將報⑯，至于蜀都。

【註】㊀司馬相如自己原來已經建議通西南夷。㊁假藉蜀父老的口氣，而自己加以分駁與詰難，以諷勸天子。㊂六世：高帝、惠帝、呂后、文帝、景帝以及武帝。㊃紛紜：盛大繁茂的樣子。㊄湛恩：深厚的恩德。汪濊：深廣的樣子。㊅澍濡：霑受其恩德。㊆以及於國外的人，都受其恩德。㊇隨著征伐的潮流，而各國退却。㊈風聲所到的地方，㊉沒有不潰散倒地的。⑪朝冄：使冉國來朝。從駹：使駹國服從。⑫安定筰國。保存邛國。⑬略取斯榆。⑭舉有苞蒲。夷種之國也。⑮結軌：結束車軌，言工作告一段落，不再前進之意。還轅：車轅轉回頭來。⑯向東而回，向天子報告工作。

耆老大夫薦紳先生之徒二十有七人㊀，儼然造焉㊁。辭畢，因進曰：「蓋聞天子之於夷狄也，其義羈縻㊂勿絕而已。今罷三郡之士㊃，通夜郎之塗㊄，三年於茲，而功不竟㊅，士卒勞倦，萬民不贍，今又接以西夷，百姓力屈㈦，恐不能卒業㈧，此亦使者之累也，竊為左右患之。且夫邛、筰、西僰之與中國並也，歷年茲多，不可記已。仁者不以德來㈨，彊者不以力并㈩，意者其殆不可乎！今割齊民以附夷狄⑪，弊所恃以事無用⑫，鄙人固陋，不識所謂⑬。」

【註】㈠薦紳：即縉紳。官族，士大夫之流。古之仕者，垂紳，插笏板於帶間，故曰縉紳。亦即搢紳。㈡儼然：很恭敬端莊的樣子。造：來拜訪。㈢羈縻：比喻之意，言對待外夷如同對待馬牛一樣，用絡頭（羈）把馬套住，用牛靷（革繩）把牛牽住。就這樣，便可以了，不必求其絕對管制。㈣罷：讀「疲」。㈤塗：同「途」。㈥竟：完成。㈦屈：盡也。㈧卒業：完成其事業。㈨雖有仁德，不能把他們感召而來。㈩雖有強力，不能把他們併吞過來。⑪齊民：平民，一般人民。割奪平民的財物以贈送於夷狄。⑫疲弊了可以依恃的人民，以從事於無用之地。⑬不知道是什麼道理。

使者曰：「烏謂此邪㈠？必若所云㈡，則是蜀不變服而巴不化俗也㈢。余尚惡聞若說㈣。然斯事體大，固非觀者之所覯也㈤。余之行急㈥，其詳不可得聞已㈦，請為大夫粗陳其略㈧。

「蓋世必有非常之人，然後有非常之事；有非常之事，然後有非常之功。非常者，固常〔人〕之所異也㈨。故曰非常之原，黎民懼焉㈩；及臻厥成，天下晏如也㈡。

【註】㈠烏謂此耶：怎麼能這樣的說呢？㈡假若一定要按照你們所說的。㈢那麼，就是蜀國永遠不改變服裝，而巴國永遠不變化風俗了。㈣我還不喜歡聽你們這樣的說法。㈤這樣重大的事體，原來不是表面的觀察，所能看得出來的。㈥我因為行程緊急。㈦不能詳細的向你們解說，所以你們也不能很詳細的知道。㈧只能粗略的和你們講講。㈨非常之事，當然是一般平常的人們所驚異的。㈩要作非常的事情，在起初（原）的時候，百姓們都不免驚懼。㈡但是，到了成功的時候，天下太平，他們就高興了。

「昔者鴻水浡出㈠，氾濫衍溢㈡，民人登降移徙，陭嶇而不安。夏后氏戚之㈢，乃堙鴻水㈣，決江疏河，灑沈贍菑㈤，東歸之於海，而天下永寧。當斯之勤，豈唯民哉㈥。心煩於慮而身親其勞，躬胝無胈，膚不生毛㈦。故休烈顯乎無窮㈧，聲稱浹乎于茲㈨。

【註】㈠浡：音勃（ㄅㄛˊ），旺盛的樣子。㈡衍溢：擴大範圍而向四面溢出。㈢夏后氏：禹王。戚：憂心於人民之苦痛。㈣堙：堵塞。洪原：洪水之根源。㈤灑：同「釃」，音徙，分開水流以減其勢。沈：深水。灑沈，即分開水流以減少其深度。瞻菑：救濟被災害的人民。㈥當這個時候，豈獨是人民們勤苦而已哉，就是禹王也是極其勤苦啊！㈦胝：瘢繭，言禹王勞於治洪水，所以手腳都磨成很厚的瘢繭。胝，音知（ㄓ）。胈：音跋（ㄅㄚˊ），股上細毛也。言禹王勞動得連股上的細毛都磨掉光了。㈧休烈：休美的功業。㈨聲稱：聲譽與稱讚。浹：音夾（ㄐㄧㄚˊ），貫徹。于茲：於今日，現在。言禹王之聲譽與讚美，一直貫徹於今日。

「且夫賢君之踐位也，豈特委瑣握躪㈠，拘文牽俗㈡，循誦習傳㈢，當世取說云爾哉㈣！必將崇論閎議㈤，創業垂統㈥，為萬世規㈦。故馳騖乎兼容并包㈧，而勤思乎參天貳地㈨。且詩不云乎：『普天之下，莫非王土；率土之濱，莫非王臣。』是以六合之內，八方之外，浸潯衍溢㈩，懷生之物⑪有不浸潤於澤者，賢君恥之⑫。今封疆之內，冠帶之倫⑬，咸獲嘉祉，靡有闕遺矣。而夷狄殊俗之國，遼絕異黨之地⑭，舟輿不通，人跡罕至，政教未加，流風猶微。內之則犯義侵禮於邊境⑮，外之則邪行橫作，放弒其上。君臣易位，尊卑失序（一六），父兄不辜，幼孤為奴，係纍號泣（一七），內嚮而怨（一八），曰『蓋聞中國有至仁焉，德洋而恩普，物靡不得其所，今獨曷為遺己（一九）』。舉踵思慕（二〇），若枯旱之望雨。盭夫為之垂涕（二一），況乎上聖，又惡能已（二二）？故北出師以討彊胡，南馳使以誚勁越（二三）。四面風德（二四），二方之君（二五），鱗集仰流（二六），願得受號者以億計。故乃關沫、若（二七），徼牂柯（二八），鏤零山（二九），梁孫原（三〇）。創道德之塗，垂仁義之統。將博恩廣施，遠撫長駕（三一），使疏逖不閉（三二），阻深闇昧得耀乎光明（三三），以偃甲兵於此（三四），而息誅伐於彼。遐邇一體（三五），中外提福（三六），不亦康乎（三七）？夫拯民於沈溺，奉至尊之休德，反衰世之陵遲（三八），繼周氏之絕業（三九），斯乃天子之急務也。百姓雖勞，又惡可以已哉？

【註】㊀委瑣：細微瑣碎。握躪：同「握齪」，「齷齪」，局狹苛細。委瑣握躪，言其識見短淺，不識大體，把握不住要點，而儘忙著細微瑣碎之事。㊁拘文：為表面形式所拘束。牽俗：為世俗之見所牽掣。㊂循誦：遵循古人的陳言。習傳：習於傳聞的議論。㊃當世取說：以取悅於當世。說，即「悅」。這一長段的意思，就是說：賢君的擔任職位，決不搞那些細微瑣碎，齷齪局狹的勾當，也

決不會為表面形式所拘束，為世俗之見所牽掣；更其不會僅僅遵循古人的陳言，習於傳統的說教，以取悅於當世為能事。㊄閎議：偉大的議論。㊅創業：開創事業。垂統：垂留道統。㊆規：打算，規劃。㊇馳鶩：奮發直前。為兼容天下，幷包宇宙而奮發直前。㊈參天：合天、地及本身而為三。貳地：與地並立而為二。就是說賢君之德配天地。這一大段的意思就是說，賢君一定會有崇高的識見，偉大的議論，能夠開創事業，垂留道統，為萬世作長遠的打算，所以他們是為了兼容天下，幷包宇宙而奮發直前，是為了參天貳地，德配天地而動員思考。⑩浸潯：漸漸的。衍溢：向外發展，至於無限。⑪懷生之物：一切有求生本能之物。⑫有一物不能深受賢君的恩澤者，賢君即認為是自己的恥辱。⑬冠帶：指有文明的人羣。倫：羣類。⑭異黨：不同的羣類。⑮內之：我們與夷狄的關係，就我們本身而言，我國為內，夷狄常來侵略我國，所以說他們是「犯義侵禮於邊境」。⑯外之：就我們與夷狄的關係而言，夷狄是外。他們在其國內的一切行為，在我們看來，都是外。所謂：「邪行橫作，放弒其上，君臣易位，尊卑失序……」等等行為，都在說明他們是野蠻，沒有文明。⑰係纍：即「繫纍」，被綑綁，被束縛。號泣：因苦痛而哭號。⑱內嚮：即「內向」，向著我國而怨慕的說。怨：怨慕，是發於愛慕我國而怨，不是發於憎惡我國而怨。⑲現今為什麼獨獨的把我（已，怨慕者自言其身）遺棄了呢？⑳舉踵：立起腳跟在思慕，等待。㉑盭：古「戾」字，性情暴惡。「戾夫」，性情暴惡之人。㉒怎麼能夠停止（已）而不救呢？㉓誚：責斥。㉔風德：受其恩德的感化。㉕二方：指西夷與南夷而言。㉖鱗集：如羣魚之歸聚。仰流：仰向而承流。㉗以沫水、若水為關口。㉘以牂牁為邊塞。㉙打通（鏤）零山（今西康、西昌境）的險道。㉚架起孫原（孫水之原）的橋樑。㉛遠撫：遠程的安撫。長駕：長距離的駕馭。㉜使疏遠（逖）者，不至於被閉絕。㉝使蔽塞黑暗的地區，受到了光明的照耀。㉞偃：停止。㉟遐邇：遠近。㊱提福：即「禔福」，安寧而幸福。㊲豈不是很快樂（康）的事情嗎？㊳扭轉了（反）衰世的敗亂風氣（陵夷）。㊴繼承了周朝中絕的功業（周朝在中國政治史上是一長段的隆盛時代，被秦所破壞，漢滅秦，又繼承了周朝的興盛事業）。

「且夫王事固未有不始於憂勤，而終於佚樂者也㈠。然則受命之符，合在於此矣㈡。方將增泰山之封㈢，加梁父之事㈣，鳴和鸞㈤，揚樂頌㈥，上咸五㈦，下登山㈧。觀者未睹指㈨，聽者未聞音㈩，猶鷦明已翔乎寥廓⑪，而羅者猶視乎藪澤⑫。悲夫⑬！」

【註】㈠王者的事業，原來沒有不是在開始的時候非常之憂勞勤苦，而到了最後，終能達成天下安樂的目的。㈡那麼，上天所交下來的命令，正好與我們今日通西南夷的工作，完全符合而靈驗了。㈢這樣一來，遐邇成為一體，中外成為一家，天下太平，萬方來朝，我們一定要準備舉行大典，向皇天后土來恭敬的報告與致謝。我們要封泰山以祭天。㈣禪梁父以祭地。㈤我們要鳴起和鸞的音響。㈥揚起樂頌的篇章。㈦上並美於五帝之隆（咸、相同）。㈧下登身於三代之列（五帝與三代只是時

間之先後，而同為盛世，並不一定就是三代不如五帝。所以漢朝能比美於五帝，並駕於三王，已經夠水準，並不一定敢於自詡為登駕三王而上之。所以我們只翻譯「登」字為登身其列，不譯為登駕其上）。㈨像這種深遠的計劃與偉大的成就，一般人是根本覺察不到的。在一般人，好像還沒有看到對象（指）。㈩好像還沒有聽到聲音的時候。㈡而那個一飛沖天的鷦鵬，早已就自由翺翔於太空中了。鷦明：即鷦鵬。㈢而捕鳥者（羅者）還在兩隻眼睛死盯著藪澤。（以為鷦鵬還在藪澤之中，而不知早已飛在天空。）㈢真是傻得可悲啊！

於是諸大夫芒然喪其所懷來㈠，而失厥所以進㈡，喟然並稱曰：「允哉漢德，此鄙人之所願聞也。百姓雖怠，請以身先之。」敞罔靡徙㈢，因遷延而辭避。

【註】㈠芒然：忽然失去了知覺的樣子。原來滿肚子想要說的話，這個時候忘得一句也沒有了。㈡他們所以來晉見是為的什麼，這個時候他們都不知道了。㈢敞罔：即「悵惘」，形容諸大夫喪志失氣的糊塗像。靡徙：心神飄盪，失其主宰的樣子。

其後人有上書相如使時受金，失官。居歲餘，復召為郎。相如口吃而善著書。常有消渴疾㈠。與卓氏婚，饒於財。其進仕宦，未嘗肯與公卿國家之事㈡，稱病閒居，不慕官爵。常從上至長楊獵㈢，是時天子方好自擊熊彘，馳逐野獸，相如上疏諫之。其辭曰：

臣聞物有同類而殊能者，故力稱烏獲㈣，捷言慶忌㈤，勇期賁、育㈥。臣之愚，竊以為人誠有之，獸亦宜然。今陛下好陵阻險，射猛獸，卒然㈦遇軼材之獸㈧，駭不存之地㈨，犯屬車之清塵⑩，輿不及還轅，人不暇施巧，雖有烏獲、逢蒙之伎⑪，力不得用，枯木朽株盡為害矣。是胡越起於轂下，而羌夷接軫也⑫，豈不殆哉！雖萬全無患，然本非天子之所宜近也。

【註】㈠消渴疾：即糖尿病，有上消、中消、下消之別，謂之三消。㈡與：同豫，參豫也。㈢長楊宮在陝西盩厔縣東南三里，上起以宮，內有長楊樹，因以為名。㈣烏獲：秦武王時之大力士。㈤慶忌：吳王僚子，射能捷矢。㈥賁：孟賁，古之勇士，水行不避蛟龍，陸行不避豺狼，發怒吐氣，聲震天地。育：夏育，古之勇士，能生拔牛尾。㈦卒然：即猝然。忽然之間，出其不意而發生之急劇狀態。㈧軼材：出類絕羣的才具。㈨不存之地：不及覺察的地方。⑩屬車：連續不絕之車乘，天子出駕，屬車八十一乘。⑪逢蒙：古之善射者也，孟子曾謂其學射於羿。⑫軫：音枕（ㄓㄣˇ），車

後的横木。

且夫清道而後行，中路而後馳㈠，猶時有銜橛之變㈡，而況涉乎蓬蒿，馳乎丘墳，前有利獸之樂而內無存變之意㈢，其為禍也不亦難矣！夫輕萬乘之重不以為安，而樂出於萬有一危之塗以為娛㈣，臣竊為陛下不取也。

【註】㈠中路：合乎標準的道路。㈡銜：馬勒銜也，所以制馬也。橛：馬口中之長銜也，用以制馬。㈢存變：考察禍變。㈣塗：同途字。

蓋明者遠見於未萌㈠，而智者避危於無形，禍固多藏於隱微，而發於人之所忽者也。故鄙諺曰「家累千金，坐不垂堂㈡。」此言雖小，可以喻大。臣願陛下之留意幸察。

【註】㈠未萌：事態未萌芽之前。㈡千金富人之子弟，不坐於屋檐之下，恐萬一瓦片落下，擊其頭腦。此言富人之自愛惜。

上善之。還過宜春宮㈠，相如奏賦以哀二世行失也。其辭曰：

「登陂阤之長阪兮㊁，坌入曾宮之嵯峨㊂。臨曲江之隑州兮㊃，望南山之參差㊄。巖巖深山之谾谾兮㊅，通谷𧮪兮谽谺㊆。汩淢噏習㊇以永逝兮，注平皐之廣衍㊈。觀眾樹之蓊薆兮㊉，覽竹林之榛榛⑪。東馳土山兮，北揭石瀨⑫。彌節容與兮⑬，歷弔二世，持身不謹兮，亡國失勢。信讒不寤兮，宗廟滅絕。嗚呼哀哉！操行之不得兮，墳墓蕪穢而不脩兮⑭，魂無歸而不食。夐邈絕而不齊兮，彌久遠而愈佅⑮。精罔閬而飛揚兮⑯，拾九天而永逝⑰。嗚呼哀哉！」

【註】㊀秦宜春宮在陝西臨潼縣西南三十里。宜春苑在宮之東。秦二世葬於宜春苑中。㊁陂陁：斜平的坡地。陁，音駝（ㄊㄨㄛˊ）。㊂坌：音笨（ㄅㄣˋ），聚集也。曾：同「層」，一層一層的。嵯峨：高大的樣子。㊃曲江：苑中有曲江之象，中有長洲。隑：音祁（ㄑㄧˊ），長的。隑洲，即長的洲。顏師古解隑為曲崖頭。㊄參差：巉巖不齊的樣子。㊅谾：音籠（ㄌㄨㄥˊ），山谷空深的樣子。㊆𧮪：音豁，山谷大開的樣子。谽：音酣（ㄏㄢ）。谺：音瞎（ㄒㄧㄚ）。谽谺，山谷大空的樣子。㊇汩淢：形容水流之輕疾也。汩，音古（ㄍㄨˇ）。淢，音域（ㄩˋ）。噏習：水流輕快的樣子。㊈流注於廣闊的平地。㊉蓊薆：樹木叢蘢而蔭厚的樣子。蓊，音蓊（ㄨㄥˇ）。薆，音愛（ㄞˋ）。⑪榛：

音真（ㄓㄣ）。茂盛的樣子。㊂揭：提起裳衣以渡水也。揭：讀氣（ㄑㄧˋ）。瀨：音賴（ㄌㄞˋ），水淺而有石。㊂彌節：按步徐行。容與：徘徊留連的樣子。㊃言其墳墓之輪廓，渺忽而無人予以整理。㊄所以時間越久遠而越模糊（侏，同昧，曖昧不清）。㊅他的精靈，沒有高門可以飛揚。這是說明秦二世的墳墓蕪穢不修，輪廓模糊，使得他魂無歸而不食，精無門而飛揚。㊆所以他只好扯拉著九天而永逝了。拾：扯拉。九天：天體上之神。不一定如《太玄經》所說的九種什麼天……什麼天……的。

相如拜為孝文園令㊀。天子既美子虛之事，相如見上好僊道，因曰：「上林之事未足美也，尚有靡者㊁。臣嘗為大人賦，未就，請具而奏之。」相如以為列僊之傳居山澤閒㊂，形容甚臞㊃，此非帝王之僊意也，乃遂就大人賦。其辭曰：

世有大人㊄兮，在于中州㊅。宅彌萬里兮，曾不足以少留，悲世俗之迫隘兮，朅輕舉而遠遊㊆，乘絳幡之素蜺兮㊇，載雲氣而上浮。建格澤之長竿兮㊈，總光耀之采旄㊉。垂旬始以為幓兮⑪，抴彗星而為髾⑫。掉指橋以偃蹇兮⑬，又旖旎以招搖⑭。攬欃槍以為旌兮⑮，靡屈虹而為綢⑯。紅杳渺以眩湣兮⑰，猋風涌而雲浮(一八)。駕應龍象輿之蠖略逶麗兮(一九)，驂赤螭青虯之蛐蟉蜿蜒(二〇)。低卬夭蟜据以驕驁兮(二一)，詘折隆窮蠼以連卷(二二)。沛艾赳螑仡以佁儗兮(二三)放散畔岸驤以孱顏(二四)。跮踱輵轄容以委麗兮(二五)，綢繆偃蹇怵臭以梁倚(二六)。糾蓼叫奡踢以艐路兮(二七)，蔑蒙踊躍騰而狂趡(二八)。莅颯卉翕熛至電過兮(二九)，煥然霧除，霍然雲消(三〇)。

【註】(一)陵園令，六百石，掌按行掃除之事。(二)靡：美麗的。(三)傳：有關於列僊的傳說。(四)臞：音瞿（ㄑㄩˊ），清瘦的。(五)大人：聖人在位，謂之大人。張揖以為大人，比喻天子。(六)中州：中國也。(七)朅：去也。又可作為語助詞用，有「遂」，「乃」、「於是」之意味。(八)乘：駕用也。《史記》原字為「垂」，今依《漢書》改為「乘」，本句之「乘」與下句之「載」，乃對舉之辭。且下面又有「垂旬始以為慘兮」之句，可證決不致相隔不遠而連用同一之字為句首之動詞。絳幡：赤色之氣的幡幟。素蜺：白色的虹氣。蜺，音倪（ㄋㄧˊ），虹氣也。此句之全意，即謂駕著赤氣之外綴以白虹的幡旗。(九)格澤：氣體，狀如炎火，色黃白，起於地而升於天，下大，上尖。建立此氣以為長竿（修竿）。(一〇)總：繫也。旄，葆也，即所謂之「纛頭」。此句之全意，即謂繫光耀之氣於長竿，以為五采繽紛的華葆。(一一)垂：懸也。旬始，氣如雄雞，見北斗旁。慘：音山（ㄕㄢ），旗之旒也。即謂懸旬始之氣於葆下以為十二旒。(一二)抴：曳也。髾：音梢（ㄕㄠ），髾後垂也，亦曰燕尾。即言搖曳著

彗星而為燕尾。㉓掉：音調（ㄉㄧㄠˋ），搖動。指橋：隨風指靡也。偃蹇：委曲的樣子。即言搖擺著隨風而靡的、委曲婉轉的姿態。㉔旖旎：嬌柔的樣子。旖，音倚（ㄧˇ）。旎，音你（ㄋㄧˇ）。旌旗飄舞的樣子。招搖：搖擺也。即言風姿嬌柔的搖擺著。㉕攬：收用。欃槍：《天官書》謂：「天欃，長四丈，末銳。天槍長數丈，兩頭尖，其形類似彗。」攬用欃槍注於旄首以為旌旗。欃，音產平聲（ㄔㄢˊ）。槍，讀稱（ㄔㄥ）。㉖靡：使之順也。屈虹：斷虹也。綢：韜也。裹冒旌旗之竿也。即謂以斷虹為旌竿之韜也。㉗紅：即虹，雲氣的各種光色。杳眇：漸漸的輕淡。玄湣：黯然而無光。即言雲氣的各種光色，漸漸的黯淡而無光。㉘猋風：即飇風，暴風也。猋，音標（ㄅㄧㄠ）。涌：踴騰而起。㉙應龍：龍而有翼，最為神妙之龍。王褒所謂：「泥蟠而天飛者，應龍之神也。」象輿：大象駕事，乃祥瑞之徵。蠖略：形象行進蠕動逶迤的樣子。委麗：即逶迤，逶邐，委蛇，形容其蠕行連延的樣子。㉚驂：騎也。赤螭：螭是龍一類的大爬蟲，古人雕刻，多仿其形。青虯：虯，音求（ㄑㄧㄡˊ）。亦龍一類的大爬蟲。蚴蟉：蚴，音幽（ㄧㄡ）。蟉，音柳（ㄌㄧㄡˇ）。蚴蟉：形容龍類行動的樣子。蜿蜒：大爬蟲類行動的樣子。㉛低卬：即低昂，高低不定的樣子。夭蟜：騰飛的樣子。据：即「倨」，驕傲倨強的樣子。驕驁：縱恣的樣子。此言龍類之物，性行神秘，不可把捉。有的時候，昂首騰飛，好像很驕縱橫行的樣子。㉜詘折：即屈折，受委曲的樣子。隆窮：即隆穹，屈折而隆起之狀，亦長曲也。蠼：音劬（ㄑㄩˊ），蜷曲也。連卷：即連捲，連蜷，亦蜷曲也。此言潛龍無用之時，則極端蜷伏，長期沉默。㉝沛艾：駊騀也，言如馬之搖頭而不欲行也。赳螑：即赳趭，伸頸低昂的樣子。蝹，音秋、去聲（ㄑㄧㄡˋ）。仡：音義（ㄧˋ），舉頭也。佁儗：不欲前進的樣子，固滯的樣子。佁，音赤（ㄔˋ）。儗，音逆（ㄋㄧˋ）。此亦形容潛龍無用之時的情態。㉔放散畔岸：放散自得的樣子。驤：仰頭。孱顏：即巉巖，山勢嚴峻的樣子。此亦言潛龍無用之時，放散自得，但有時亦顯盼自豪。㉕跮踱：乍前乍却，進退躊躇的樣子。跮，音赤（ㄔˋ）。踱，音墮（ㄉㄨㄛˋ）。輵轄：搖目吐舌的樣子。輵，音遏（ㄜˋ）。容：任其自然的樣子。委麗：即逶邐，蠕進連延的樣子。㉖綢繆：即「蜩蟉」，掉頭的樣子。蜩，音掉（ㄉㄧㄠˋ）。蟉，音廖（ㄌㄧㄠˋ）。偃蹇：委屈的樣子。怵臭：奔走也。怵，音黜（ㄔㄨˋ）。臭，音綽（ㄔㄨㄛˋ）。梁倚，互相倚依也。㉗糾蓼：即「糾繆」，互相牽引。叫奡：即「叫囂」，互相呼叫。踏：下踐，踐履。艐路：艐，古「屆」字。屆路，著路也。㉘蔑蒙：飛揚也。踊躍：跳也。騰：飛馳。狂趭：狂走也。趭，音醮（ㄐㄧㄠˋ）。此言飛龍在天之狀。㉙莅颯：相並飛的樣子。蒞，音利（ㄌㄧˋ）。颯：音立（ㄌㄧˋ）。卉翕：相追逐的樣子。熛：即飆，暴風。㉚霍然：形容消散之速。

邪絕少陽而登太陰兮㈠，與真人乎相求㈡。互折窈窕以右轉兮㈢，橫厲飛泉以正東㈣。悉徵靈圉而選之兮㈤，部乘眾神於瑤光㈥。使五帝先導兮㈦，反太一而從陵陽㈧。左玄冥而右含雷兮㈨，前陸離而後潏湟㈩。廝征伯僑而役羨門兮㈡，屬岐伯使尚方㈢，祝融驚而蹕御兮⑬，清雰氣而後行⑭。屯余車其萬乘兮，綷雲蓋而樹華旗⑮。使句芒其將行兮⑯，吾欲往乎南嬉。

【註】㊀絕：橫流而渡，曰絕流。少陽：東極。太陰：北極。邪渡東極而升北極。㊁真人：神仙。㊂窈窕：極深遠的。㊃橫厲：厲，渡也。橫厲，橫渡也。飛泉，飛谷也，在崑崙山西南。㊄靈圉：仙人之名。㊅部乘：《漢書》為「部署」，安置之意。搖光：北斗杓頭第一星。㊆五帝：五時所祭之五帝，即帝太皓等，皆天上之帝也。㊇太一：天神之最高者，五帝皆其佐，故使五帝為先導而至於太一之處。從太一之處回後，而又到陵陽處，陵陽者，神仙也。㊈玄冥：北方黑帝之佐。含雷：天上造化之神的名。㊉陸離：神名。潏湟：神名。⑪廝：役使。征伯僑：神仙，姓征，名伯僑。羨門：碣石山上仙人羨門高也。⑫岐伯：黃帝臣。尚：主持。岐伯：黃帝太醫，屬使主持方藥之事。⑬祝融：南方炎帝之佐。獸身人面，乘兩龍。蹕：止行人以清道。⑭雰氣：惡氣。⑮綷雲蓋：綷，合也。集合五采之雲以……。⑯將行：帶路，領路。

歷唐堯於崇山兮㊀，過虞舜於九疑㊁。紛湛湛其差錯兮㊂，雜遝膠葛以方馳㊃。騷擾衝蓯其相紛挐兮㊄，滂濞泱軋灑以林離㊅，鑽羅列聚叢以蘢茸兮㊆，衍曼流爛壇以陸離㊇。徑入靁室之砰磷鬱律兮㈨，洞出鬼谷之崫礨嵬磈㈩。偏覽八紘而觀四荒兮(一一)，朅渡九江而越五河(一二)。經營炎火而浮弱水兮(一三)，杭絕浮渚而涉流沙(一四)。奄息總極氾濫水嬉兮(一五)。使靈媧鼓瑟而舞馮夷(一六)。時若薆薆將混濁兮(一七)，召屏翳誅風伯(一八)而刑雨師。西望崑崙(一九)之軋沕洸忽兮，直徑馳乎三危(二〇)。排閶闔而入帝宮兮(二一)，載玉女而與之歸。舒閬風而搖集兮(二二)，亢烏騰而一止(二三)。低回陰山翔以紆曲兮(二四)，吾乃今目睹西王母皬然白首(二五)。載勝而穴處兮(二六)，亦幸有三足烏為之使(二七)。必長生若此而不死兮，雖濟萬世不足以喜(二八)。

【註】 ㈠到崇山去拜訪唐堯。崇山，堯所葬之地。㈡到九疑去拜訪虞舜。九疑，山名，在湖南零陵，舜所葬之處。㈢湛湛：積厚的樣子。湛：音占（ㄓㄢˋ）。差錯：縱橫交錯的樣子。㈣雜遝：重累的樣子。遝，音榻（ㄊㄚˋ），重複，眾多。膠葛：交加的樣子。方馳：並馳也。㈤衝蓯：蓯，當「摐」之假借字，摐，撞也。衝蓯，即衝撞。紛挐：爭亂的樣子。㈥滂濞：水聲眾盛的樣子。泱軋：汪洋無涯際的樣子。林離：即淋漓，水流的樣子。㈦鑽羅，列聚：皆聚合之義。叢：聚也。蘢茸：聚合的樣子。㈧流爛：布散也。壇：即「嘽」之假借字，眾盛的樣子。陸離：參差而分散的樣子。㈨雷室：雷淵也。砰磷：高峻的樣子。鬱律：深峻的樣子。㈩洞：通也。鬼谷：在崑崙北，值北辰

下，眾鬼之所聚，崫礨：不平的樣子。嵬磈：高峻的樣子。崫，音掘（ㄐㄩㄝˊ），特起而高也。礨，音累（ㄌㄟˇ），高下不平的。嵬，音巍（ㄨㄟˊ），高大的樣子。磈，音懷（ㄏㄨㄞˊ），高峻的樣子。㈡八紘：《淮南子》：「八殥之外，而有八紘，亦方千里。」紘，維也，維絡天地而為之表，故曰紘也。㈢朅：乃，遂。九江：並非指江西之九江而言，多半是神話中之江河。五河：崑崙山有五色流水，向東南而流入中國，名為河。㈢炎火：〈大荒西經〉云：「西海之南，流沙之濱，赤水之後，墨水之前，有大山，名曰：崑侖之邱，其下有弱水之淵環之，其外有炎火之山，投物輒燃。」蓋此文所本。弱水：《括地志》謂：「弱水有二源，俱出女國北阿傉達山，南流會於國北。又南歷國北，東去一里，深丈餘，闊六十步，非乘舟不可濟，流入海。阿傉達山一名崑侖山，其山為天柱，在雍州西南一萬五千三百七十里。」應劭曰：「楚辭曰：『越炎火之萬里，弱水出張掖刪丹西，至酒泉合黎，餘波入於流沙』。」顏師古曰：「弱水，謂西城絕遠之水，乘毛車以渡者耳，非張掖弱水也。」㈣杭：即航字，船也。絕：橫渡也。浮渚：流沙中浮現之洲渚也。流沙：沙與水混雜而流也。㈤奄息：淹留而休息。總極：即「葱極」，葱嶺山也，在西域中。氾濫：搖動於水上的樣子。水嬉：以水為戲嬉也。㈥靈媧：女媧也。伏羲作琴，使女媧鼓之。馮夷：河伯字也。《淮南子》曰：「馮夷得道，以潛大川。」㈦薆薆：即曖曖，昏昧不明的樣子。㈧屏翳：天神之使也。風伯：字飛廉。㈨崑崙：張揖曰：「崑侖去中國五萬里，天帝之下都也。其山廣袤百里，高八萬仞，增城九重，面有九井，以玉為檻，旁有五門，開明獸守之。」《括地志》云：「崑侖在肅州酒泉縣南八十里」。軋沕：荒忽不明的樣子。沕，音勿。⑳三危：山名，在鳥鼠山之西，與嶓山相近，黑水出其南陂。書經曰：「導黑水至於三危」。㉑閶闔：天門也。玉女：沈欽韓曰：「神異經：九府玉童玉女與天地同休息，男女無為匹配，而仙道自成。」㉒閬風：張揖曰：「閬風山在崑侖閶闔之中」。《楚辭》云：「登閬風而緤馬」。㉓亢烏騰：亢然高飛，如烏之騰。止：停息。㉔低佪：即低回，低徊，徘徊留戀而不能去。陰山：在大崑侖西二千七百里。紆曲：往復盤旋的樣子。㉕西王母：古之仙人。《穆天子傳》云：「周穆王好神仙，臨西王母於瑤池之上。」《搜神記》謂：「羿請不死之藥於西王母，嫦娥竊以奔月。」張揖曰：「西王母，其狀如人，豹尾，虎齒，蓬鬢，曤然白首，石城金穴，居其中。」㉖戴勝：勝，玉勝，婦人首飾也。㉗三足烏：青鳥也，其職務在於為西王母取食在崑侖之北。㉘濟萬世：濟，活也，活至萬年不足以為喜。

回事揭來兮①，絕道不周②，會食幽都③。呼吸沆瀣〔兮〕餐朝霞（兮）④，噍咀芝英兮嘰瓊華⑤。嬐侵潯而高縱兮⑥，紛鴻涌而上厲⑦。貫列缺之倒景兮⑧，涉豐隆之滂沛⑨。馳游道而脩降兮⑩，鶩遺霧而遠逝⑪。迫區中之隘陝兮⑫，舒節出乎北垠⑬。遺屯騎於玄闕兮⑭，軼先驅於寒門⑮。下崢嶸而無地兮⑯，上寥廓而無天⑰。視眩眠而無見兮⑱，聽惝恍而無聞⑲。乘虛無而上假兮⑳，超無友而獨存㉑。

【註】㊀揭來：往來。㊁絕道：橫渡而過。不周：山名，在崑崙東南二千三百里。㊂幽都：在北方。淮南云：「八極，西北，曰幽都之門。」㊃朝霞：仙人春食朝霞，朝霞者，日始欲出赤黃氣也。沆瀣：仙人夏食沆瀣，沆瀣者，北方夜半氣也。幷天地玄黃之氣為六氣。瀣，音械（ㄒㄧㄝˋ）。㊄芝英：芝草之英也。亦曰芝菌之英也。嘰：小食也。瓊華：瓊樹之華。瓊樹生於崑崙之西，流沙之濱，大三百圍，高萬仞。食瓊樹之花蕊，可以長生。㊅嬐：音鮮（ㄒㄧㄢ），很迅速的樣子。侵潯：即侵尋，不久的工夫，即短短的時間之內。㊆鴻涌：騰踴也。厲：飛行。㊇貫：穿過。列缺：天閃也。倒景：人在天上，向下而視日月，故影倒在下也。㊈涉：渡過。豐隆：雲師也。《楚辭》曰：「吾令豐隆乘雲兮」。《淮南子》曰：「季春三月，豐隆乃出以將雨。」滂沛：雨水很盛沛的樣子。㊉修降：長距離的向下降落。⑪鶩：超越遺霧而遠逝。⑫迫：受迫於區中的隘狹。⑬舒節：以輕緩從容的步調。北垠：北方的邊緣。垠，音銀（ㄧㄣˊ）。⑭玄闕：北極之山。《淮南子》：「盧敖遊乎北海，經乎太陰，入乎玄闕。」⑮軼：過也，音逸。塞門：北極之門也。屯騎，先驅，皆前導之馬隊，今則大人之騎，皆超過之，所以把他們置之於後了。⑯崢嶸：深遠的樣子。⑰寥廓：空曠的樣子。言其向下行而入於無地，向上行而入於無天，已經是超出於天地之外了。⑱眩眠：視覺昏眩。⑲惝恍：聽覺恍忽。⑳假：前進。㉑無友：一切伴侶都沒有了。

相如既奏大人之頌，天子大說，飄飄有淩雲之氣，似游天地之閒意。

相如既病免，家居茂陵。天子曰：「司馬相如病甚，可往從悉取其書；若不然，後失之矣。」使所忠㈠往，而相如已死，家無書。問其妻，對曰：「長卿固未嘗有書也。時時著書，人又取去，即空居。長卿未死時，為一卷書，曰有使者來求書，奏之。無他書。」其遺札書言封禪事，奏所忠。忠奏其書，天子異之。其書曰：

「伊上古之初肇，自昊穹兮生民，歷撰列辟㈡，以迄于秦。率邇者踵武㈢，逖聽者風聲㈣。紛綸葳蕤㈤，堙滅而不稱者，不可勝數也。續昭夏㈥，崇號謚，略可道者七十有二君。罔若淑而不昌㈦，疇逆失而能存㈧？

【註】㈠所忠：武帝時之近臣。㈡列辟：歷代君主之名。㈢率：多半都是。或解為動詞，遵循之意。本解取形容詞用。多半都是離現代近者有實際事跡可以繼續照樣而行，㈣至於離現代遠者，則只是聽其風聞而已。㈤紛綸：其事跡都已經紛亂而淪亡。葳蕤：其故事都已混亂而毀敗。㈥昭夏：

即韶夏，韶，指舜帝。夏，指禹帝。(七)罔：無也。若：順也。淑：善也。言決沒有行善事而不昌的。(八)疇：誰也。逆失：行逆理失德之事。言誰能夠作惡事而久存呢？

軒轅之前(一)，遐哉邈乎(二)，其詳不可得聞也。五三六經(三)載籍之傳，維見可觀也。書曰『元首明哉，股肱良哉(四)。』因斯以談(五)，君莫盛於唐堯，臣莫賢於后稷。后稷創業於唐，公劉發迹於西戎(六)，文王改制(七)，爰周郅隆(八)，大行越成(九)，而後陵夷衰微(一〇)，千載無聲(一一)，豈不善始善終哉。然無異端(一二)，慎所由於前，謹遺教於後耳(一三)。故軌迹夷易，易遵也(一四)；湛恩濛涌，易豐也(一五)；憲度著明，易則也(一六)；垂統理順，易繼也(一七)。是以業隆於繈褓(一八)而崇冠于二后(一九)。揆厥所元(二〇)，終都攸卒(二一)，未有殊尤絕迹可考于今者也(二二)。然猶躡梁父(二三)，登泰山，建顯號，施尊名。大漢之德，逢涌原泉(二四)，沕潏漫衍(二五)，旁魄四塞(二六)，雲專霧散(二七)，上暢九垓(二八)，下泝八埏(二九)。懷生之類(三〇)，霑濡浸潤(三一)，協氣橫流(三二)，武節飄逝(三三)，邇陝游原(三四)，迥闊泳沫(三五)，首惡湮沒(三六)，闇昧昭晳(三七)，昆蟲凱澤(三八)，回首面內(三九)。然後囿騶虞之珍羣(四〇)，徼麋鹿之怪獸(四一)，蕖一莖六穗於庖(四二)，犧雙觡共抵之獸(四三)，獲周餘珍收龜于岐(四四)，招翠黃乘龍於沼(四五)，鬼神接靈圉，賓於閒館(四六)。奇物譎詭(四七)，俶儻窮變(四八)。欽哉(四九)，符瑞臻茲(五〇)，猶以為薄(五一)，不敢道封禪(五二)。蓋周躍魚隕杭，休之以燎(五三)，微夫斯之為符也(五四)，以登介丘(五五)，不亦恧乎(五六)！進讓之道，其何爽與(五七)？」

【註】㊀軒轅：史稱黃帝生於軒轅之邱（今河南新鄭縣），故曰軒轅氏。㊁遐：時代遠。邈：故事邈茫。㊂五三：五帝三王。六經：詩、書、禮、易、春秋、樂。㊃此《虞書》益稷之辭。為元首者，如能明於治道，把握要點；那麼，為大臣者，就能夠發揮才力而有優良的表現了。㊄由此而論。㊅奠定基礎以起家，曰發迹。在西方戎夷之地。㊆文王開始王業，改正朔服色。㊇使周家至於隆盛。㊈大道（行即道也）於是乎（越）完成。(一〇)陵夷：逐漸走入下坡，猶如從山陵而降落於平地。衰微：不能振作。(一一)享國千年而始歸於滅亡。(一二)周之所以能享國千年者，並不是由於什麼奇妙的方法（異端）。(一三)乃是因為周之先王能夠慎重其創業的規模於前，而謹嚴其垂統的遺教於後，罷了。(一四)所以他們的軌轍平正而容易遵行。(一五)他們的深恩厚澤，容易豐滿。(一六)他們的憲章法度，非常之著明而容易倣效。(一七)他們所垂示的體制，非常之順理而容易繼承。(一八)所以成王雖在童年（繈褓）而為王。(一九)但其功業卻超過乎文武二王。(二〇)揆察其元始。(二一)總計其最後成就。(二二)並沒有特殊的尤異，

超絕的成績，可以和我們今日的德業比較。㉓但是他們還要禪梁父，封泰山，建立顯美之號，加施尊大之名。㉔逢涌：即滏涌，即滂涌，澎涌，水盛大之義。㉕沕潏漫衍：皆形容泉水盛大的樣子。沕，音勿。潏，音覺（ㄐㄩㄝ）。涌出甚盛也。㉖旁魄：即旁薄，磅礴，廣泛的發揮。言其廣施恩德於人民。㉗如雲之佈施，如霧之散發。㉘垓：重也，層也。言德上達於九層之天。㉙泝：流也。埏：際也，言德下流於八際之地。㉚凡是懷想生命的物類。㉛沾濡其恩澤，浸潤其教化。㉜協和之氣，橫流於天下。㉝武威之節，飆逝（如暴風一般的風行）於宇宙。㉞邇：近也。陜，同「陿」，亦近也。原：即「源」，本源。言近地之人，游於其德澤之本源。㉟迥闊：遠地之人。泳：游泳，沐浴也。沫：末流。迥，音炯（ㄐㄩㄥˇ），遼遠也。言遠地之人，泳於其教化之末流。㊱首惡：大惡之人。湮沒：消滅。言大惡之人都消滅了。㊲闇昧：愚昧之人。昭晢：聰明、明白。言愚昧之人，都聰明而有智慧了。㊳即使那些下等動物的昆蟲一類之物，也都和悅（凱，同愷，和悅也）而歡樂（澤）。㊴回頭改過而遷善向內（面內）。㊵然後囿養一些珍奇的禽獸。騶虞：掌禽獸之官。㊶徼：掩取也。掩取一些像麋鹿那樣的怪獸。皆言天下太平，鳳凰來朝，百獸率舞之盛世狀況。㊷䆃：音道，擇也，謂選擇一莖六穗之米於庖廚，以供祭祀。㊸觡：音格（ㄍㄜˊ），角也。共抵：抵，本也。雙角共一本，曰共抵。言以雙角共一本之奇獸為犧牲而祭宗廟。㊹餘珍：指周鼎而言。收龜：一作「放龜」。放，大也。放龜，大龜也。言得周家之鼎與大龜於岐水之下。㊺乘龍：四龍也。翠黃：乘黃也，龍翼馬身，黃帝乘之而登天，謂之神馬。言招致翠黃乘龍於池沼。㊻靈圉：仙人之名。言至德與神明相通接，故仙人來住於閒館。(47)奇偉之物，譎詭非……(48)俶儻：即「倜儻」，言其卓然不羣，不拘小節。窮變：窮極事變。(49)欽哉：真是謙恭小心啊！(50)這麼多的符瑞都來了。(51)猶以為自己的德薄。(52)不敢談論封禪之事。(53)周武王伐紂，有白魚躍入於王舟。武王以為祥瑞，故取之以祭天。(54)像這種祥瑞，實在是微不足道。(55)而周王以為美，登泰山而舉行封禪大典。(56)豈不是太可恥了嗎？(57)周王以小瑞而大事鋪張（進），我們以大祥而謙讓不遑，貪進與謙讓的表現，為什麼差別是這樣的大啊！

於是大司馬(1)進曰：「陛下仁育羣生，義征不憓(2)，諸夏樂貢(3)，百蠻執贄(4)，德侔往初(5)，功無與二，休烈浹洽(6)，符瑞衆變(7)，期應紹至(8)，不特創見(9)。意者泰山、梁父設壇場望幸，蓋號以況榮(10)，上帝垂恩儲祉，將以薦成(11)，陛下謙讓而弗發也(12)。挈三神之驩(13)，缺王道之儀(14)，羣臣恧焉(15)。或謂且天為質闇(16)，珍符固不可辭(17)；若然辭之(18)，是泰山靡記而梁父靡幾也(19)。亦各並時而榮，咸濟世而屈(20)，說者尚何稱於後，而云七十二君乎(21)？夫修德以錫符，奉符以行事(22)，不為進越(23)。故聖王弗替(24)，而修禮地祇，謁款天神(25)，勒功中嶽(26)，以彰至尊，舒盛德，發號榮，受厚福，以浸黎民也㉗。皇皇哉斯事㉘！天下之壯觀㉙，王者之丕業㉚不可貶也㉛。願陛下全之㉜。而後因雜薦紳先生之略術㉝，使獲燿日月之末光絕炎㉞，以展采錯事㉟，猶兼正列其義，校飭厥文㊱，作春秋一藝㊲，將襲舊六為七，攄之無窮㊳，俾萬世得激清流，揚微波，蜚英聲，騰茂實㊴。前聖之所以永保鴻名而常為稱首者用此㊵，宜命掌故悉奏其義而覽焉㊶。」

【註】㊀大司馬，上公也，故先進議。㊁憓：音惠，順也。㊂諸夏：華夏文明高的諸國。樂：音勒（ㄌㄜˋ），樂意來進貢。㊃百蠻：野蠻的諸民族。贄：朝見進貢的禮物。㊄侔：比較。㊅休烈：光美的功烈。浹洽：貫徹於天下。㊆很多的符瑞，紛紛出現（變）。㊇並且是繼續不斷的來。㊈而不是單單的只出現一次。㊉意者：想必是。泰山、梁父的人民，設置清壇祭場，以盼望天子的臨蒞，加上（蓋）尊號以比榮於往代。⑪而天上的上帝又要垂降恩典，儲備福祉，將以慶大禮之告成。⑫天意民心，如此渴待，但是陛下始終是謙讓而不發動。⑬這樣一來，斷絕了（挈）三神（天、地、山神）的歡心。⑭缺少了王道應有的儀禮。⑮我們大家為臣下的，實在是自覺慚愧。⑯或者有人以為天道幽暗難知，不可據以為信。⑰但是由於各種符瑞的啟示，足以說明天意之所在，實在是不應過分的辭讓了。⑱天道明顯若此，而又過分辭讓，⑲那簡直是泰山永遠無事可記，而梁父永遠沒有

幾個去祭祀了。⑳有人又以為封泰山，禪梁父，也不過是當時的粉飾太平，時間一過都成為毫無意義之學。㉑如果真是這樣的話，那麼，為封禪之說者，如何尚能稱揚其理論於後世，而且有七十二君的故事可以證明嗎？㉒夫上天對於修德者，賜之以符瑞；而人主遵奉上天符瑞的啟示以行事。㉓這絕對不能算是越禮犯分。㉔所以聖王決不廢棄封禪之禮，㉕而修禮以敬地祇，竭誠以待天神。㉖先刻石記功於中嶽，㉗以表彰至尊之行，展舒盛德之舉，發出光榮的號令，膺受厚重的福祉，以至於天下兆民俱受其利！㉘所以這一件事情，實在是光明偉大的事情，㉙是天下最壯觀的典禮，㉚也是王者最盛大的功業，㉛決不可輕估其價值。㉜希望陛下把這件事予以完成。㉝然後綜合（因雜）縉紳先生們所貢獻的道術方略，㉞使他們得以顯現其（曜），就好像與日月相比的那一些些的末光絕炎之聰明才能，㉟以開展其工作（采）而助成其事業。㊱並且使諸儒正確的陳列封禪的大義，潤飾封禪的禮節，㊲作為一代的《春秋》家法。㊳這種著作出世之後，就可以使六經變而為七經，以傳之於永久的無窮。㊴使得萬世可以激發清流，揚起微波，飛傳英偉之名譽，騰耀茂實之才學。㊵前代聖人之所以能夠永遠保持鴻大的名聲，而常為後人首先稱道的人物者，就是由於這種原故。㊶應當命令太常官屬之主掌故事者，把封禪的義理完全呈奏，作為天子的參考。

於是天子沛然改容㊀，曰：「愉乎㊁，朕其試哉！」乃遷思回慮㊂，總公卿之議㊃，詢封禪之事㊄，詩大澤之博㊅，廣符瑞之富(七)。乃作頌曰：

自我天覆，雲之油油(八)。甘露時雨(九)，厥壤可游(一〇)。滋液滲漉(一一)，何生不育(一二)；嘉穀六穗(一三)，我穡曷蓄(一四)。

非唯雨之，又潤澤之(一五)；非唯濡之，氾尃濩之(一六)。萬物熙熙(一七)，懷而慕思(一八)，名山顯位，望君之來(一九)。君乎君乎，侯不邁哉(二〇)！

般般之獸，樂我君囿；白質黑章(二一)，其儀可(嘉)〔喜〕；旼旼睦睦(二二)，君子之能。蓋聞其聲，今觀其來(二三)，厥塗靡蹤，天瑞之徵(二四)。茲亦於舜，虞氏以興(二五)。

濯濯之麟(二六)，游彼靈畤(二七)。孟冬十月，君俎郊祀。馳我君輿(二八)，帝以享祉(二九)。王代之前，蓋未嘗有。

宛宛黃龍(三〇)，興德而升；采色炫燿，熿炳煇煌。正陽顯見(三一)，覺寤黎烝(三二)。於傳載之，云受命所乘(三三)。

厥之有章，不必諄諄(三四)。依類託寓，諭以封巒(三五)。

披藝觀之(三六)，天人之際已交(三七)，上下相發允答(三八)。聖王之德，兢兢翼翼也(三九)。故曰「興必慮衰，安必思危。」是以湯武至尊嚴，不失肅祇㊃；舜在假典，顧省厥遺㊁：此之謂也。

【註】㊀沛然改容：非常感動的樣子。㊁愉乎：很對，很對！（贊成其提議封禪之事。）㊂遷思：改變其思想。回慮：轉回其計劃。㊃綜合公卿們的議論。㊄詢問封禪的故事。㊅記載大澤的博洽。㊆推廣符瑞的豐富。㊇油油：雲行的樣子。《孟子》曰：「油然作雲，沛然下雨。」㊈甘露：甘美的露水。時雨：及時的雨水。㊉其土壤可以游泳，言其雨量之充沛也。⑪充分的雨量，深深的滲浸於田地。⑫什麼生物還能不欣欣向榮的發育呢？⑬嘉美的穀子，一棵就長出六穗之多。⑭這麼多的莊稼，叫我如何去儲存呢？⑮不僅下雨，而又加以潤澤；⑯不僅浸濡，而又普遍的散佈。⑰萬物熙熙，俱得其樂。⑱這都是天子的恩德，使人民懷念而思慕。⑲高高的名山，顯美的位置，都盼望君之速來。⑳君啊！君啊！為什麼你不趕快啟行啊！㉑般般：同「班班」，文彩明美的樣子。白質：白的體質。黑章：黑的紋彩。㉒旼旼：音旻（ㄇㄧㄣˊ），很和善的樣子。㉓往昔但聞其聲。現今是親眼看其來到。㉔牠由何而來？是無路可從。這就是上天降瑞的徵驗。㉕這個神獸，在舜王的時候，也曾降臨過，因而，有虞氏以興。㉖濯濯：肥大的樣子。㉗武帝冬幸雍，祠五畤，獲白麟。㉘言白麟馳於我君之車前。㉙武帝即以白麟祭上帝，上帝接受其享祀，而賜之以福祉。㉚宛宛：一屈一伸的樣子。㉛龍者，陽類，君之象也，故曰正陽顯見。㉜覺寤：感化。黎烝：萬民百姓。㉝漢以土德而王，則宜有黃龍之應於成紀，故言受命者所乘。㉞上天的啟示，已經由一切符瑞彰明出來

了，不必誨之諄諄的多說。㉕依於物類，託為寓言，而喻之以封禪之事。㉖藝：藝文的記載。㉗天人的關係已經相交通了。㉘上下之所表現者都能答合天意。㉙聖王的德行，都是兢兢翼翼，敬慎小心。㉚湯武雖居於至尊嚴之位，但是他們還是不失其恭敬。㉛在：觀察。假典：大典，即用璇璣玉衡，以觀察天文，而檢點本身的闕失。

司馬相如既卒五歲，天子始祭后土。八年而遂先禮中嶽㈠，封于太山，至梁父禪肅然㈡。

【註】㈠中嶽：嵩山，在河南登封縣。㈡肅然：小山，在泰山下趾東北。

相如他所著，若遺平陵侯㈠書、與五公子相難、草木書篇不采，采其尤著公卿者云。

【註】㈠平陵侯：蘇建，蘇武之父也。

太史公曰：春秋推見至隱㈠，易本隱之以顯㈡，大雅言王公大人而德逮黎庶㈢，小雅譏小己之得失，其流及上㈣。所以言雖外殊㈤，其合德一也㈥。相如雖多虛辭濫說㈦，然其要歸引之節儉㈧，此與詩之風諫何異㈨。揚雄以為靡麗之賦，勸百風一，猶馳騁鄭衛之聲，曲終而奏雅，不已虧乎㈩？余采其語可論者著于篇。

【註】㈠《春秋》以人事推論天道，是由顯著者而推論至於隱微者。㈡《易經》以天道推論人事，是由隱微者而推論至於顯著者。㈢〈大雅〉之詩，是描寫王公大人而其德行及於民眾。㈣〈小雅〉之詩，是發抒地位卑下者（小己）之怨騷，而影響（流）於王公大人（上）之地位。㈤所以這種道理（言）雖然在外表上看起來有差別。㈥而其基本的用意，是完全合一的。㈦相如的文辭，雖多虛言濫說，㈧然其主要的歸宿，則引之於節儉。㈨這與《詩經》的借辭發揮暗示勸諫，有什麼不同呢？㈩以上的話是太史公的意思，而班固引之。自此以下的話，則完全不是太史公的話，而係由《漢書》竄入。這下面的話，是揚雄對於司馬相如文辭的批評。揚雄以為司馬相如的辭賦，是靡麗之音，一百句話之中，可能有一句是規諫的話，這等於樂隊演奏了半天鄭衛之聲，而最後奏了一曲雅樂，這不是太不相稱了嗎？（揚雄的批評，也真是太尖刻了。）

卷一百十八　淮南衡山列傳第五十八

淮南厲王長者㈠，高祖少子也，其母故趙王張敖美人。高祖八年，從東垣過趙㈡，趙王獻之美人。厲王母得幸焉，有身。趙王敖弗敢內宮㈢，為築外宮而舍之。及貫高等謀反柏人㈣事發覺，并逮治王，盡收捕王母兄弟美人，繫之河內㈤。厲王母亦繫，告吏曰：「得幸上，有身。」吏以聞上，上方怒趙王，未理厲王母。厲王母弟趙兼因辟陽侯言呂后，呂后妒，弗肯白，辟陽侯不彊爭㈥。及厲王母已生厲王，恚㈦，即自殺。使奉厲王詣上，上悔，令呂后母之，而葬厲王母真定，真定，厲王母之家在焉，父世縣也㈧。

【註】㈠厲王名長。㈡繫韓王信餘寇於東垣。趙，張耳所都，在邢州，今河北省邢臺縣。㈢內：即「納」字，不敢再納之於內宮。㈣柏人：今河北省唐山縣。㈤繫：拘捕。㈥不積極爭辨此事。㈦恚：音惠（ㄏㄨㄟˋ），忿恨怨望。㈧世縣：世世所居之縣。

高祖十一年（十）〔七〕月，淮南王黥布反，立子長為淮南王，王黥布故地，凡四郡㊀。上自將兵擊滅布，厲王遂即位。厲王蚤失母，常附呂后，孝惠、呂后時以故得幸無患害，而常心怨辟陽侯，弗敢發。及孝文帝初即位，淮南王自以為最親，驕蹇㊁，數不奉法。上以親故，常寬赦之。三年，入朝。甚橫。從上入苑囿獵，與上同車，常謂上「大兄」。厲王有材力，力能扛鼎㊂，乃往請辟陽侯㊃。辟陽侯出見之，即自袖鐵椎椎辟陽侯，令從者魏敬剄之㊄。厲王乃馳走闕下，肉袒謝曰：「臣母不當坐趙事，其時辟陽侯力能得之呂后，弗爭，罪一也。趙王如意子母無罪，呂后殺之，辟陽侯弗爭，罪二也。呂后王諸呂，欲以危劉氏，辟陽侯弗爭，罪三也。臣謹為天下誅賊臣辟陽侯，報母之仇，謹伏闕下請罪。」孝文傷其志，為親故，弗治，赦厲王。當是時，薄太后及太子諸大臣皆憚厲王，厲王以此歸國益驕恣，不用漢法，出入稱警蹕㊅，稱制㊆，自為法令，擬於天子㊇。

【註】㊀四郡：九江、廬江、衡山、豫章。㊁驕蹇：驕傲不順。㊂扛：音剛（ㄍㄤ），舉起。㊃往請：往謁見。㊄剄：斷其頭。㊅警蹕：天子出警入蹕，言天子車駕一出，則清道，禁止行人，以保安全。蹕，音畢（ㄅㄧˋ）。㊆稱制：天子之言，謂之「制」，除天子外，不得稱制，今淮南王稱制，即自居於天子。㊇擬：相比照。

六年，令男子但等七十人與棘蒲侯柴武太子奇謀，以輂車四十乘㊀反谷口㊁令人使閩越、匈奴。事覺，治之，使使召淮南王。淮南王至長安。

【註】㊀輂：音局（ㄐㄩˊ），大車駕馬也。㊁谷口：馮翊縣，在西安府醴泉縣東北七十里。

丞相臣張倉、典客臣馮敬、行御史大夫事宗正臣逸、廷尉臣賀、備盜賊中尉臣福昧死言：「淮南王長廢先帝法，不聽天子詔，居處無度，為黃屋蓋乘輿，出入擬於天子，擅為法令，不用漢法。及所置吏，以其郎中春為丞相，聚收漢諸侯人及有罪亡者，匿與居，為治家室，賜其財物爵祿田宅，爵或至關內侯，奉以二千石㊀，所不當得，欲以有為㊁。大夫但㊁、士伍開章等七十人㊃與棘蒲侯太子奇謀反，欲以危宗廟社稷。使開章陰告長，與謀使閩越及匈奴發其兵。開章之淮南見長，長數與坐語飲食，為家室娶婦，以二千石俸奉之。開章使人告但，已言之王。春使使報但等。吏覺知，使長安尉奇等往捕開章。長匿不予，與故中尉蕑忌謀，殺以閉口㊄。為棺槨衣衾，葬之肥陵邑㊅，謾吏曰『不知安在』。又詳聚土㊆，樹表其上，曰『開章死，埋此下』。及長身自賊殺無罪者一人；令吏論殺無罪者六人；為亡命弃市罪詐捕命者以除罪㊇；擅罪人，罪人無告劾，繫治城旦舂以上十四人；赦免罪人，死罪十八人，城旦舂以下五十八人㊈；賜人爵關內侯以下九十四人。前日長病，陛下憂苦之，使使者賜書、棗脯。長不欲受賜，不肯見拜使者。南海民處廬江界中者反，淮南吏卒擊之。陛下以淮南民貧苦，遣使者賜長帛五千匹，以賜吏卒勞苦者。長不欲受賜，謾言曰『無勞苦者』。南海民王織上書獻璧皇帝，忌擅燔其書，不以聞。吏請召治忌，長不遣，謾言曰『忌病』。春又請長，願入見，長怒曰『女欲離我自附漢』。長當弃市，臣請論如法。」

【註】㈠奉以二千石之秩祿。㈡想著有所作為。（即欲自立為帝）。㈢但：大夫之名。㈣有罪，失官爵，謂之「士伍」。開章：士伍之名。㈤謀殺開章以滅絕謀反之口。㈥肥陵：《括地志》云：「肥陵故縣在壽州安豐縣東六十里。」在故六城東北百餘里。㈦詳：同「佯」字。㈧亡命者，當棄市，而王藏之。另外詐捕不亡命之人，加之以亡命之罪，而替真正的亡命者解脫刑罪。㈨擅自赦免罪人，赦免死罪十八人，赦免城旦、舂，以下，五十八人。城旦：秦漢時徒刑，罰作苦工，盡監視敵寇，夜則築城，故謂之城旦。舂：男子作苦工，為城旦。女子有罪作苦工，為舂，因被沒入於舂稾也。

制曰㈠：「朕不忍致法於王，其與列侯二千石議。」

「臣倉、臣敬、臣逸、臣福、臣賀昧死言：臣謹與列侯吏二千石臣嬰等四十三人議，皆曰『長不奉法度，不聽天子詔，乃陰聚徒黨及謀反者，厚養亡命，欲以有為』。臣等議論如法。」

制曰：「朕不忍致法於王，其赦長死罪，廢勿王。」

「臣倉等昧死言：長有大死罪，陛下不忍致法，幸赦，廢勿王。臣請處蜀郡嚴道邛郵㈡，遣其子母從居，縣為築蓋家室，皆稟食給薪菜鹽豉炊食器席蓐。臣等昧死請，請布告天下。」

【註】㊀制：皇帝的詔命。㊁徐廣曰：「嚴道有邛僰九折阪，又有郵置。」《史記索隱》謂：「嚴道，蜀郡之縣也，縣有蠻夷，曰道。嚴道有邛萊山，有郵置，故曰「嚴道邛郵」也。

制曰：「計食長給肉日五斤，酒二斗。令故美人才人得幸者十人從居。他可。」

盡誅所與謀者。於是乃遣淮南王，載以輜車㊀，令縣以次傳。是時袁盎諫上曰：「上素驕淮南王，弗為置嚴傅相，以故至此。且淮南王為人剛，今暴摧折之㊁，臣恐卒逢霧露病死㊂，陛下為有殺弟之名，柰何！」上曰：「吾特苦之耳，今復之。」縣傳㊃淮南王者皆不敢發車封㊄。淮南王乃謂侍者曰：「誰謂乃公勇者？吾安能勇！吾以驕故不聞吾過至此。人生一世間，安能邑邑如此㊅！」乃不食死。至雍，雍令發封，以死聞。上哭甚悲，謂袁盎曰：「吾不聽公言，卒亡淮南王。」盎曰：「不可柰何，願陛下自寬㊆。」上曰：「為之柰何？」盎曰：「獨斬丞相、御史以謝天下乃可。」上即令丞相、御史逮考諸縣傳送淮南王不發封餽侍者，皆弃市。乃以列侯葬淮南王於雍，守冢三十戶。

【註】㈠輜車：有衣之車。㈡暴摧折之：猛然予以打擊。㈢卒：猝然，意外之變。㈣傳：轉送。㈤畏其勇，而不敢發車封。㈥邑邑：與「悒悒」通，愁悶也。㈦自寬：自己安慰自己。

孝文八年，上憐淮南王，淮南王有子四人，皆七八歲，乃封子安為阜陵侯，子勃為安陽侯，子賜為陽周侯，子良為東成侯。孝文十二年，民有作歌歌淮南厲王曰：「一尺布，尚可縫；一斗粟，尚可舂。兄弟二人不能相容㈠。」上聞之，乃歎曰：「堯舜放逐骨肉㈡，周公殺管蔡，天下稱聖。何者？不以私害公。天下豈以我為貪淮南王地邪？」乃徙城陽王王淮南故地㈢，而追尊謚淮南王為厲王㈣，置園復如諸侯儀。

【註】㈠一尺布，尚可縫而共衣；一斗粟，尚可舂而共食，況以天下之大，兄弟之親而不能相容耶？㈡堯舜之時，放逐共工，三苗，伯鯀，及驩兜，皆堯舜之同姓，故云骨肉。㈢城陽王：景王章之子。㈣謚法曰：「暴慢無親，曰厲。」

孝文十六年，徙淮南王喜㈠復故城陽。上憐淮南厲王廢法不軌，自使失國蚤死，乃立其三子：阜陵侯安為淮南王，安陽侯勃為衡山王，陽周侯賜為廬江王，皆復得厲王時地，參分之。東城侯良前薨，無後也。

【註】㈠城陽王喜，景王章之子。

孝景三年，吳楚七國反，吳使者至淮南，淮南王欲發兵應之。其相曰：「大王必欲發兵應吳，臣願為將。」王乃屬相兵。淮南相已將兵，因城守，不聽王而為漢；漢亦使曲城侯㈠將兵救淮南：淮南以故得完。吳使者至廬江㈡，廬江王弗應，而往來使越。吳使者至衡山，衡山王堅守無二心。孝景四年，吳楚已破，衡山王朝，上以為貞信，乃勞苦之曰：「南方卑溼。」徙衡山王王濟北，所以褒之。及薨，遂賜謚為貞王。廬江王邊越，數使使相交，故徙為衡山王，王江北。淮南王如故。

【註】㈠曲城侯姓蟲名捷，其父名逢，高祖功臣。㈡廬江王王江南，得豫章、廬江。今徙江北，則

漢可收復二郡。

淮南王安為人好讀書鼓琴，不喜弋獵狗馬馳騁，亦欲以行陰德拊循百姓，流譽天下。時時怨望厲王死，時欲畔逆㊀，未有因也。及建元二年，淮南王入朝。素善武安侯㊁，武安侯時為太尉，乃逆王霸上㊂，與王語曰：「方今上無太子，大王親高皇帝孫，行仁義，天下莫不聞。即宮車一日晏駕㊃，非大王當誰立者！」淮南王大喜，厚遺武安侯金財物。陰結賓客，拊循百姓，為畔逆事。建元六年，彗星見，淮南王心怪之。或說王曰：「先吳軍起時，彗星出長數尺，然尚流血千里。今彗星長竟天，天下兵當大起。」王心以為上無太子，天下有變，諸侯並爭，愈益治器械攻戰具，積金錢賂遺郡國諸侯游士奇材。諸辨士為方略者，妄作妖言，諂諛王，王喜，多賜金錢，而謀反滋甚㊄。

【註】㊀畔：同「叛」字。㊁武安侯田蚡。㊂逆：迎接。㊃即：如果。㊄滋甚：愈甚。

淮南王有女陵，慧，有口辯。王愛陵，常多予金錢，為中詗㊀長安，約結上左右。元朔三年，上賜淮南王几杖，不朝。淮南王王后荼，王愛幸之。王后生太子遷，遷取王皇太后外孫修成君女為妃。王謀為反具，畏太子妃知而內泄事，乃與太子謀，令詐弗愛，三月不同席。王乃詳為怒太子，閉太子使與妃同內三月，太子終不近妃。妃求去，王乃上書謝歸去之。王后荼、太子遷及女陵得愛幸王，擅國權，侵奪民田宅，妄致繫人㊁。

【註】㊀詗：偵探首都的情報。音炯（ㄐㄩㄥˇ）。㊁致繫：致人於罪而拘囚之。

元朔五年，太子學用劍，自以為人莫及，聞郎中雷被巧㊀，乃召與戲。被一再辭讓，誤中太子。太子怒，被恐。此時有欲從軍者輒詣京師，被即願奮擊匈奴。太子遷數惡被於王，王使郎中令斥免，欲以禁後㊁，被遂亡至長安，上書自明。詔下其事廷尉、河南。河南治㊂，逮淮南太子，王、王后計欲無遣太子，遂發兵反，計猶豫，十餘日未定。會有詔，即訊太子㊃。當是時，淮南相怒壽春丞留太子逮不遣，劾不敬。王以請相，相弗聽。

王使人上書告相，事下廷尉治。蹤跡連王，王使人候伺漢公卿，公卿請逮捕治王。王恐事發，太子遷謀曰：「漢使即逮王，王令人衣衞士衣，持戟居庭中，王旁有非是，則刺殺之，臣亦使人刺殺淮南中尉，乃舉兵，未晚。」是時上不許公卿請，而遣漢中尉宏即訊驗王。王聞漢使來，即如太子謀計。漢中尉至，王視其顏色和，訊王以斥靁被事耳，王自度無何，不發。中尉還，以聞。公卿治者曰：「淮南王安擁閼㊄奮擊匈奴者靁被等，廢格明詔，當弃市。」詔弗許。公卿請廢勿王，詔弗許。公卿請削五縣，詔削二縣。使中尉宏赦淮南王罪，罰以削地。中尉入淮南界，宣言赦王。王初聞漢公卿請誅之，未知得削地，聞漢使來，恐其捕之，乃與太子謀刺之如前計。及中尉至，即賀王，王以故不發。其後自傷曰：「吾行仁義見削，甚恥之。」然淮南王削地之後，其為反謀益甚。諸使道從長安來，為妄妖言，言上無男，漢不治，即喜；即言漢廷治，有男，王怒㊅，以為妄言，非也。

【註】㈠靁：即「雷」。巧：善於用劍。㈡王使郎中令責斥並免雷被之官，以使後人不敢再有效尤。㈢詔下其事於廷尉及河南，共治之。㈣就淮南而審訊太子。㈣擁閼：阻擋、壓制。㈥如果說漢廷很安定，或說漢帝有男、淮南王安便怒。

王日夜與伍被、左吳等案輿地圖㈠，部署兵所從入。王曰：「上無太子，宮車即㈡晏駕，廷臣必徵膠東王，不即常山王，諸侯並爭，吾可以無備乎！且吾高祖孫，親行仁義，陛下遇我厚，吾能忍之；萬世之後，吾寧能北面臣事豎子乎！」

【註】㈠案：研究、觀察。㈡即：如果。

王坐東宮，召伍被與謀，曰：「將軍上。」被悵然曰：「上寬赦大王，王復安得此亡國之語乎！臣聞子胥諫吳王，吳王不用，乃曰『臣今見麋鹿游姑蘇之臺也』。今臣亦見宮中生荊棘，露霑衣也。」王怒，繫伍被父母，囚之三月。復召曰：「將軍許寡人乎？」被曰：「不，直來為大王畫耳㈠。臣聞聰者聽於無聲，明者見於未形，故聖人萬舉萬全。昔文王一動而功顯于千世，列為三代，此所謂因天心以動作者也，故海內不期而隨。此千歲之可見者。夫百年之秦，近世之吳楚，亦足以喻國家之存亡矣。臣不敢避子胥之誅，願大王毋為吳王之聽。昔秦絕聖人之道，殺術士，燔詩書，弃禮義，尚詐力，任刑罰，轉負海之粟致之西河〔二〕。當是之時，男子疾耕不足於糟糠〔三〕，女子紡績不足於蓋形。遣蒙恬築長城，東西數千里，暴兵露師常數十萬，死者不可勝數，僵尸千里，流血頃畝，百姓力竭，欲為亂者十家而五。又使徐福入海求神異物，還為偽辭曰：『臣見海中大神，言曰：「汝西皇之使邪？」臣答曰：「然。」「汝何求？」曰：「願請延年益壽藥。」神曰：「汝秦王之禮薄，得觀而不得取。」即從臣東南至蓬萊山，見芝成宮闕，有使者銅色而龍形，光上照天。於是臣再拜問曰：「宜何資以獻？」海神曰：「以令名男子若振女〔四〕與百工之事，即得之矣。」』秦皇帝大說，遣振男女三千人，資之五穀種種百工而行。徐福得平原廣澤，止王不來。於是百姓悲痛相思，欲為亂者十家而六。又使尉佗踰五嶺攻百越。尉佗知中國勞極，止王不來，使人上書，求女無夫家者三萬人，以為士卒衣補。秦皇帝可其萬五千人。於是百姓離心瓦解，欲為亂者十家而七。客謂高皇帝曰：『時可矣。』高皇帝曰：『待之，聖人當起東南閒。』不一年，陳勝吳廣發矣。高皇始於豐沛，一倡天下不期而響應者不可勝數也。此所謂蹈瑕候閒，因秦之亡而動者也。百姓願之，若旱之望雨，故起於行陳之中而立為天子，功高三王，德傳無窮。今大王見高皇帝得天下之易也，獨不觀近世之吳楚乎？夫吳王賜號為劉氏祭酒，復不朝，王四郡之眾，地方數千里，內鑄消銅以為錢，東煑海水以為鹽，上取江陵木以為船，一船之載當中國數十兩車，國富民眾。行珠玉金帛賂諸侯宗室大臣，獨竇氏不與。計定謀成，舉兵而西。破於大梁，敗於狐父㊄，奔走而東，至於丹徒，越人禽之，身死絕祀，為天下笑。夫以吳越之眾不能成功者何？誠逆天道而不知時也。方今大王之兵眾不能十分吳楚之一，天下安寧有萬倍於秦之時，願大王從臣之計。

大王不從臣之計，今見大王事必不成而語先泄也。臣聞微子過故國而悲，於是作麥秀之歌，是痛紂之不用王子比干也。故孟子曰『紂貴為天子，死曾不若匹夫』。是紂先自絕於天下久矣，非死之日而天下去之。今臣亦竊悲大王弃千乘之君，必且賜絕命之書，為羣臣先，死於東宮也。」於是（王）氣怨結而不揚，涕滿匡而橫流，即起，歷階而去。

【註】㈠畫：畫策，計畫。㈡負海：依海。㈢疾耕：努力耕作。積極耕作。㈣振女：童女。振男女：童男女。㈤狐父：在江蘇碭山縣南三十里。

王有孽子㈠不害，最長，王弗愛，王、王后、太子皆不以為子兄數。不害有子建，材高有氣，常怨望太子不省其父；又怨時諸侯皆得分子弟為侯，而淮南獨二子，一為太子，建父獨不得為侯。建陰結交，欲告敗太子，以其父代之。太子知之，數捕繫而榜笞建。建具知太子之謀欲殺漢中尉，即使所善壽春莊芷以元朔六年上書於天子曰：「毒藥苦於口利於病，忠言逆於耳利於行。今淮南王孫建，材能高，淮南王王后荼、荼子太子遷常疾害建。建父不害無罪，擅數捕繫，欲殺之。今建在，可徵問，具知淮南陰事。」書聞，上以其事下廷尉，廷尉下河南治。是時故辟陽侯孫審卿善丞相公孫弘，怨淮南厲王殺其大父，乃深構淮南事於弘，弘乃疑淮南有畔逆計謀，深窮治其獄。河南治建，辭引淮南太子及黨與。淮南王患之，欲發，問伍被曰：「漢廷治亂？」伍被曰：「天下治。」王意不說，謂伍被曰：「公何以言天下治也？」被曰：「被竊觀朝廷之政，君臣之義，父子之親，夫婦之別，長幼之序，皆得其理，上之舉錯遵古之道，風俗紀綱未有所缺也。重裝富賈，周流天下，道無不通，故交易之道行。南越賓服，羌僰入獻，東甌入降，廣長榆㈡，開朔方，匈奴折翅傷翼，失援不振。雖未及古太平之時，然猶為治也。」王怒，被謝死罪。王又謂被曰：「山東即有兵，漢必使大將軍將而制山東，公以為大將軍何如人也？」被曰：「被所善者黃義，從大將軍擊匈奴，還，告被曰：『大將軍遇士大夫有禮，於士卒有恩，眾皆樂為之用。騎上下山若蜚，材幹絕人。』被以為材能如此，數將習兵，未易當也。及謁者曹梁使長安來，言大將軍號令明，當敵勇敢，常為士卒先。休舍，穿井未通，須士卒盡得水，乃敢飲。軍罷，卒盡已度河，乃度。皇太后所賜金帛，盡以賜軍吏。雖古名將弗過也。」王默然。

淮南王見建已徵治，恐國陰事且覺，欲發，被又以為難，乃復問被曰：「公以為吳興兵是邪非也？」被曰：「以為非也。吳王至富貴也，舉事不當，身死丹徒，頭足異處，子孫無遺類。臣聞吳王悔之甚。願王孰慮之，無為吳王之所悔。」王曰：「男子之所死者一言耳。且吳何知反㊀，漢將一日過成皋者四十餘人㊁。今我令樓緩㊂先要成皋之口㊃，周被下潁川兵塞轘轅㊄、伊闕之道㊅，陳定發南陽兵守武關㊆。河南太守獨有雒陽耳，何足憂。然此北尚有臨晉關、河東、上黨與河內、趙國。人言曰『絕

【註】㊀孽子：庶出之子也。㊁長榆：塞名。

成皋之口，天下不通』。據三川之險，招山東之兵，舉事如此，公以為何如？」被曰：「臣見其禍，未見其福也。」王曰：「左吳、趙賢、朱驕如皆以為有福，什事九成，公獨以為有禍無福，何也？」被曰：「大王之羣臣近幸素能使眾者，皆前繫詔獄㊇，餘無可用者。」王曰：「陳勝、吳廣無立錐之地，千人之聚，起於大澤，奮臂大呼而天下響應，西至於戲而兵百二十萬㊈。今吾國雖小，然而勝兵者可得十餘萬㊉，非直適戍之眾㊀鐖鑿棘矜也㊁，公何以言有禍無福？」被曰：「往者秦為無道，殘賊天下。興萬乘之駕，作阿房之宮，收太半之賦，發閭左之戍㊂，父不寧子，兄不便弟，政苛刑峻，天下熬然若焦，民皆引領而望，傾耳而聽，悲號仰天，叩心而怨上，故陳勝大呼，天下響應。當今陛下臨制天下，一齊海內，汎愛蒸庶，布德施惠。口雖未言，聲疾雷霆，令雖未出，化馳如神，心有所懷，威動萬里，下之應上，猶影響也。而大將軍材能不特章邯、楊熊也。大王以陳勝、吳廣諭之，被以為過矣。」王曰：「苟如公言，不可徼幸邪？」被曰：「被有愚計。」王曰：「柰何？」被曰：「當今諸侯無異心，百姓無怨氣。朔方之郡田地廣，水草美，民徙者不足以實其地。臣之愚計，可偽為丞相御史請書，徙郡國豪桀任俠及有耐罪以上㈣，赦令除其罪，產五十萬以上者，皆徙其家屬朔方之郡，益發甲卒，急其會日。又偽為左右都司空上林中都官詔獄（逮）書，〔逮〕諸侯太子幸臣，如此則民怨，諸侯懼，即使辯武隨而說之㈤，儻可徼幸什得一乎？」王曰：「此可也。雖然，吾以為不至若此。」於是王乃令官奴入宮，作皇帝璽，丞相、御史、大將軍、軍吏、中二千石、都官令、丞印，及旁近郡太守、都尉印，漢使節法冠，欲如伍被計。使人偽得罪而西，事大將軍、丞相；一日發兵，使人即刺殺大將軍青，而說丞相下之，如發蒙耳㈥。

【註】㈠吳王怎道叛反叛的計略？此言吳王之無能不足以舉反叛之大事。㈡漢將一日過成臯者四十餘人，都是前往策劃滅吳的軍事情況。㈢樓緩：淮南將名。㈣成臯：在河南汜水縣東南二里。㈤轘轅：在河南偃師縣東南，接鞏縣登封二縣界。山路險阻，凡十二曲，將去復還，故曰轘轅。㈥伊闕，

在河南洛陽縣南十九里。㈦武關：在陝西商洛縣東九十里。㈧詔獄：不根據法律程序，而皇帝直接以命令逮捕臣民，囚之於獄。且不經過法律裁判，皇帝直接以命令處之。㈨戲：地名，亦水名，在陝西臨潼縣東。水出驪山，下流入渭，其地古有戲亭。項羽入關，進軍至戲，即在此地。㈩勝兵：可以擔任兵役者。⑪非直：不但。⑫錢：大鐮刀。⑬閭左：古時規定，在閭之左者不服兵役。秦時皆發之為兵遠戍，故以為秦之無道罪狀之一。⑭耐罪：一歲為罰作，二歲刑以上為耐，能任其罪，曰「耐」。⑮辯武：淮南能辯之人名，曰武。⑯如揭開物體上所蒙罩之一層東西，言其取之易也。

王欲發國中兵，恐其相、二千石不聽㈠。王乃與伍被謀，先殺相、二千石；偽失火宮中，相、二千石救火，至即殺之。計未決，又欲令人衣求盜衣，持羽檄，從東方來，呼曰「南越兵入界」，欲因以發兵。乃使人至廬江、會稽為求盜，未發。王問伍被曰：「吾舉兵西鄉，諸侯必有應我者；；即無應，柰何㈡？」被曰：「南收衡山以擊廬江，有尋陽之船，守下雉之城㈢，結九江之浦，絕豫章之口㈣，彊弩臨江而守，以禁南郡之下㈤，東收江都、會稽㈥，南通勁越，屈彊江淮閒㈦，猶可得延歲月之壽。」王曰：「善，無以易此。急則走越耳。」

【註】㈠相、二千石：為漢朝中央政府所直接派至各郡國主持地方軍政事宜之人，所以淮南王恐其不聽話，而欲先殺之。㈡如果沒有響應的。㈢下雉：縣名，在江夏郡。即在今湖北陽新縣東南。㈣豫章之口：即彭蠡湖口，北流出入江者。㈤南郡：秦置。湖北舊荊州、安陸、漢陽、武昌、黃州、德安、施南諸府及襄陽府之南境，皆其地。㈥江都：揚州。會稽：蘇州。㈦屈彊：即倔彊，抗命，不順從的樣子。

於是廷尉以王孫建辭連淮南王太子遷聞。上遣廷尉監因淮南中尉，逮捕太子。至淮南，淮南王聞，與太子謀召相、二千石，欲殺而發兵。召相，相至；內史以出為解㈠。中尉曰：「臣受詔使，不得見王。」王念獨殺相而內史中尉不來，無益也，即罷相㈡。王猶豫，計未決。太子念所坐者謀刺漢中尉㈢，所與謀者已死，以為口絕，乃謂王曰：「羣臣可用者皆前繫，今無足與舉事者。王以非時發㈣，恐無功，臣願會逮。」王亦偷欲休㈤，即許太子。太子即自剄不殊㈥。伍被自詣吏㈦，因告與淮南王謀反，反蹤跡具如此。

【註】㈠內史以外出為藉口而不至。㈡舍相而不殺。㈢太子自己考慮，以為自己所犯的罪名，不

過是謀刺漢中尉。㊃時機不成熟而發難。㊄偷：苟且，暫且。㊅自剄：自殺。不殊：不死。㊆自詣吏：自己到法官處去投案。

吏因捕太子、王后，圍王宮，盡求捕王所與謀反賓客在國中者，索得反具以聞。上下公卿治㊀，所連引與淮南王謀反列侯二千石豪傑數千人，皆以罪輕重受誅。衡山王賜，淮南王弟也，當坐收，有司請逮捕衡山王。天子曰：「諸侯各以其國為本，不當相坐。與諸侯王列侯會肄丞相諸侯議㊁。」趙王彭祖、列侯臣讓等四十三人議，皆曰：「淮南王安甚大逆無道，謀反明白，當伏誅。」膠西王臣端議曰：「淮南王安廢法行邪，懷詐偽心，以亂天下，熒惑百姓，倍畔宗廟㊂，妄作妖言。春秋曰：『臣無將，將而誅』。安罪重於將，謀反形已定。臣端所見其書節印圖及他逆無道事驗明白，甚大逆無道，當伏其法。而論國吏二百石以上及比者㊃，宗室近幸臣不在法中者，不能相教，當皆免官削爵為士伍，毋得宦為吏。其非吏，他贖死金二斤八兩㊄。以章臣安之罪，使天下明知臣子之道，毋敢復有邪僻倍畔之意。」丞相弘、廷尉湯等以聞，天子使宗正以符節治王。未至，淮南王安自剄殺㈥。王后荼、太子遷諸所與謀反者皆族。天子以伍被雅辭多引漢之美，欲勿誅。廷尉湯曰：「被首為王畫反謀，被罪無赦。」遂誅被。國除為九江郡。

【註】㈠上下公卿：上（天子）把這件案子交下於公卿等去處理。㈡諸侯王列侯，都到丞相那裏，與丞相諸侯會同商談。㈢倍畔：背叛。㈣謂真二百石及秩比二百石以上者。比吏而非真。㈤近幸之人，非吏人者，故曰「他」。㈥淮南王安在位凡四十二年。

衡山王賜，王后乘舒生子三人，長男爽為太子，次男孝，次女無采。又姬徐來生子男女四人，美人厥姬生子二人。衡山王、淮南王兄弟相責望禮節，閒不相能㈠。衡山王聞淮南王作為畔逆反具，亦心結賓客以應之，恐為所并。

【註】㈠閒：隔閡，怨隙。不能和睦相處。

元光六年，衡山王入朝，其謁者衞慶有方術，欲上書事天子，王怒，故劾慶死罪，彊榜服之㊀。衡山內史以為非是，卻其獄。王使人上書告內史，內史治，言王不直㊁。王又數侵奪人田，壞人冢以為田。有司請逮治衡山王。天子不許，為置吏二百石以上㊂。衡山王以此恚，與奚慈、張廣昌謀，求能為兵法候星氣者㊃，日夜從容王密謀反事㊄。

【註】㊀私刑拷打，強迫其認罪。㊁內史被治而具言王之不直。㊂凡二百石以上之吏，皆由中央政府委派，衡山王不得置吏。按漢之規定，吏四百石以下，由王自由委任，現皆取消其權。㊃治兵法，候星氣，皆為法所嚴禁。㊄從容即慫慂。誘勸。

王后乘舒死，立徐來為王后。厥姬俱幸。兩人相妒，厥姬乃惡㊀王后徐來於太子曰：「徐來使婢蠱道殺太子母㊁。」太子心怨徐來。徐來兄至衡山，太子與飲，以刃刺傷王后兄。王后怨怒，數毀惡太子於王。太子女弟無采，嫁弃歸，與奴姦，又與客姦。太子數讓無采，無采怒，不與太子通。王后聞之，即善遇無采。無采及中兄孝少失母，附王后，王后以計愛之，與共毀太子，王以故數擊笞太子。元朔四年中，人有賊傷王后假母者㊂，王疑太子使人傷之，笞太子。後王病，太子時稱病不侍。孝、王后、無采惡太子：「太子實不病，自言病，有喜色。」王大怒，欲廢太子，立其弟孝。王后知王決廢太子，又欲幷廢孝。王后有侍者，善舞，王幸之，王后欲令侍者與孝亂以汙之，欲幷廢兄弟而立其子廣代太子。太子爽知之，念后數惡己無已時，欲與亂以止其口。王后飲，太子前為壽，因據王后股，求與王后臥，王后怒，以告王。王乃召，欲縛而笞之。太子知王常欲廢己立其弟孝，乃謂王曰：「孝與王御者姦，無采與奴姦，王彊食，請上書。」即倍王去。王使人止之，莫能禁，乃自駕追捕太子。太子妄惡言，王械繫太子宮中。孝日益親幸。王奇孝材能，乃佩之王印，號曰將軍，令居外宅，多給金錢，招致賓客。賓客來者，微知淮南、衡山有逆計，日夜從容勸之。王乃使孝客江都人救赫、陳喜作輣車鏃矢㊃，刻天子璽，將相軍吏印。王日夜求壯士如周丘等，數稱引吳楚反時計畫，以約束。

衡山王非敢效淮南王求即天子位，畏淮南起幷其國，以為淮南已西，發兵定江淮之閒而有之，望如是。

【註】㈠惡：讒毀。㈡以蠱道殺太子之母。即用蠱毒置人飲食中，能使人昏狂失志。㈢假母：繼母，或曰父之旁妻。又曰傳母之類。㈣輣車：兵車。輣，音朋。

元朔五年秋，衡山王當朝，（六年）過淮南，淮南王乃昆弟語，除前郤㈠，約束反具。衡山王即上書謝病，上賜書不朝。

元朔六年中，衡山王使人上書請廢太子爽，立孝為太子。爽聞，即使所善白嬴之長安上書㈡，言孝作輣車鏃矢，與王御者姦，欲以敗孝。白嬴至長安，未及上書，吏捕嬴，以淮南事繫。王聞爽使白嬴上書，恐言國陰事，即上書反告太子爽所為不道弃市罪事。事下沛郡治。元（朔七）〔狩元〕年冬，有司公卿下沛郡求捕所與淮南謀反者未得，得陳喜於衡山王子孝家。吏劾孝首匿喜。孝以為陳喜雅數與王計謀反，恐其發之，聞律先自告除其罪，又疑太子使白嬴上書發其事，即先自告，告所與謀反者救赫、陳喜等。廷尉治驗，公卿請逮捕衡山王治之。天子曰：「勿捕。」遣中尉安、大行息即問王，王具以情實對。吏皆圍王宮而守之。中尉大行還，以聞，公卿請遣宗正、大行與沛郡雜治王。王聞，即自剄殺。孝先自告反，除其罪；坐與王御婢姦，弃市。王后徐來亦坐蠱殺前王后乘舒，及太子爽坐王告不孝，皆弃市。諸與衡山王謀反者皆族。國除為衡山郡。

【註】㊀談些兄弟間私人感情的話，打消以前的隔閡。㊁之：往也。

太史公曰：詩之所謂「戎狄是膺㊀，荊舒是懲」，信哉是言也。淮南、衡山親為骨肉，疆土千里，列為諸侯，不務遵蕃臣職以承輔天子㊁，而專挾邪僻之計，謀為畔逆，仍父子再亡國，各不終其身，為天下笑。此非獨王過也，亦其俗薄，臣下漸靡使然也㊂。夫荊楚僄勇輕悍，好作亂，乃自古記之矣。

【註】㊀膺：打擊。㊁不務：不專心致力於……。㊂漸靡：浸染誘動。

卷一百十九　循吏列傳第五十九

（本傳所述者，都是一些有名的愛民便民的清官良吏）

太史公曰：法令所以導民也，刑罰所以禁姦也。文武不備，良民懼然身修者㈠，官未曾亂也㈡。奉職循理，亦可以為治，何必威嚴哉？

【註】㈠懼然：即「慢然」，驚畏而肅敬的樣子。懼，音遽（ㄐㄩˋ）。㈡官：政治的風氣。

孫叔敖者，楚之處士也㈠。虞丘相進之於楚莊王㈡，以自代也。三月為楚相，施教導民，上下和合，世俗盛美，政緩禁止㈢，吏無姦邪，盜賊不起。秋冬則勸民山採，春夏以水㈣，各得其所便，民皆樂其生。

【註】㈠處士：處於鄉野不求仕進之知識分子。㈡虞丘：複姓，楚大夫采邑，以邑為氏。㈢政緩：為政採取緩和政策，不採取暴烈手段。禁止：法禁停止使用，即不採取強迫控制方法。㈣秋冬之時，勸民到山上採伐林木，到了春夏水勢漲大的時候，即可以隨水運出。

莊王以為幣輕，更以小為大㊀，百姓不便，皆去其業。市令言之相曰：「市亂，民莫安其處，次行不定㊁。」相曰：「如此幾何頃乎㊂？」市令曰：「三月頃。」相曰：「罷，吾今令之復矣㊃。」後五日，朝，相言之王曰：「前日更幣，以為輕。今市令來言曰『市亂，民莫安其處，次行之不定』。臣請遂令復如故。」王許之，下令三日而市復如故㊄。

楚民俗好庳車㊅，王以為庳車不便馬，欲下令使高之。相曰：「令數下，民不知所從，不可。王必欲高車，臣請教閭里使高其梱㊆。乘車者皆君子，君子不能數下車。」王許之。居半歲，民悉自高其車。

【註】㊀楚莊王改變幣制，改輕幣為重幣。㊁次行：停留或行走。㊂像這樣混亂情形，有多長時間了？㊃相說：「不必再往下講了（罷！），我現在就叫他們恢復使用舊日的幣制。」㊄下令三日而市場秩序恢復如故。㊅庳車：車身很低的車子。㊆梱：門限。車身高則門限易過，車身低則門限難過，所以使閭里的門限都提高，則乘車者亦非提高其車身不可。

此不教而民從其化，近者視而效之，遠者四面望而法之。故三得相而不喜，知其材自得之也㈠；三去相而不悔，知非己之罪也㈡。

【註】㈠三次得為宰相而不喜，知道是憑自己的材力而得，不是憑著投機取巧得來的。㈡三次失掉了宰相而不後悔，知道不是由於自己的錯誤，可以問心而無愧。（關於孫叔敖的故事，《說苑》中有一段，很有趣。說是孫叔敖為宰相的時候，全國的官民都來慶賀，只有一位老頭兒，穿著粗布的衣服，戴著白色的帽子，來的最後，而且表示很哀悼的樣子，說道：「有的人，身為貴官而驕人，這種人，必然為大眾所拋棄；有的人，官位已高而把攬權勢，這種人，必然為君主所厭惡；有的人，俸祿已經很厚而尚不知足，總想找機會多撈幾個，這種人，必然為禍患所包圍。」孫叔敖對於這位老先生非常之尊敬，再拜致意，表示敬謹接受。並且懇求老先生再多指教。老先生就說：「官位已經高了，但是，要把意思放得卑下；官職已經大了，但是，要把心志放得細小；俸祿已經厚了，但是，要謹慎於決不貪取。你能謹守這三個條件，就可以把楚國治好。」）

子產者，鄭之列大夫也㈠。鄭昭君之時，以所愛徐摯為相，國亂，上下不親，父子不和。大宮子期言之君，以子產為相。為相一年，豎子不戲狎，斑白不提挈㊁，僮子不犂畔㊂。二年，市不豫賈㊃。三年，門不夜關㊄，道不拾遺㊅。四年，田器不歸㊆。五年，士無尺籍㊇，喪期不令而治。治鄭二十六年而死，丁壯號哭，老人兒啼，曰：「子產去我死乎！民將安歸？」

【註】㊀諸大夫之列。㊁斑白：老年人。不提挈：手中不提拿東西，因為青年人知禮，樂於為之服務。㊂不犂田邊之地，因為田邊之空地，都是行人道路，如果犂了田邊的空地，道路就越變越窄，而公共交通為之破壞。鄭國的僮子們，在子產教導之下，都尊重公益，所以不犂田邊之道。㊃不豫賈：賈同「價」，不豫價，即不二價，不豫先要價錢，然後還價錢，不漫天要價，也不就地還價，總之，值幾個是幾個，一言為定，決無二價。㊄門不夜關：即夜不閉戶。㊅路上沒有人拾了他人遺忘的東西，而歸為已有，總是報於公益機構處理。㊆言耕田之器具，放在農田中，以備明日之用，不必再帶回家中了。㊇士無尺籍：士，士兵，服兵役的人。尺籍：記載軍令的手冊，叫尺籍。言士兵們不必要什麼軍令手冊，而自然就是一個標準的軍人，能完成對國家的義務。（關於子產的故事，《左傳》上記載甚多，孔子特別尊敬他的為人與治政，說他是「古之遺愛也」。）

公儀休者，魯博士也。以高弟為魯相㊀。奉法循理，無所變更，百官自正。使食祿者不得與下民爭利㈡，受大者不得取小㈢。

【註】㈠高第：凡舉官選士成績之優美者，謂之「高第」，言其所得評分之高也。㈡食國家俸祿之公職人員，不得兼營商業活動，以與民爭利。㈢官吏不得兼職兼薪。一人一職。

客有遺相魚者㈠，相不受。客曰：「聞君嗜魚，遺君魚，何故不受也？」相曰：「以嗜魚，故不受也。今為相，能自給魚；今受魚而免，誰復給我魚者？吾故不受也㈡。」食茹而美㈢，拔其園葵而弃之。見其家織布好，而疾出其家婦，燔其機，云「欲令農士工女安所讎其貨乎㈣？」

【註】㈠遺：贈送。㈡今日為了受魚而被免職，宰相不幹了，誰還給我送魚呢？這就是我所以不受送魚的道理。㈢茹：葵瓜子。㈣趕快把家中的巧婦驅逐出去了，燒毀其織布的機子。說道：「這樣一來，想著叫那些農工士女怎樣出售（讎）其貨物呢？」（公儀休因織巧而休其家婦，有失中道，為官吏不與民爭利則可，但為民興利更有積極價值，假使以其家婦高巧的織布技術，擴大傳授於一般農家婦女，作為有利之家庭副業，豈非更利民更愛民乎？中國古代有許多清官高吏，決不貪取民間分文，其品節可敬可佩。但是，過分偏激，以至於輕視生產，所以造成中國科學技術之長期延滯，以及

民間生活之窮苦艱困。今後中國知識分子，如不將其聰明才智投之於農工生產，中國將永還脫離不了愚昧與窮困。）

石奢者，楚昭王相也。堅直廉正，無所阿避㈠。行縣㈡，道有殺人者，相追之，乃其父也。縱其父而還自繫焉㈢。使人言之王曰：「殺人者，臣之父也。夫以父立政，不孝也；廢法縱罪，非忠也：臣罪當死㈣。」王曰：「追而不及，不當伏罪，子其治事矣㈤。」石奢曰：「不私其父，非孝子也；不奉主法，非忠臣也。王赦其罪，上惠也；伏誅而死，臣職也。」遂不受令，自刎而死㈥。

【註】㈠阿：徇私情。避：怕權勢而退避。㈡行縣，到各縣去考察政治。㈢自繫：自投於獄。㈣身為宰相，父親殺人，殺人者抵罪，任何人不能逃此法律。但是，從自己的手，殺了犯法的父親，以建立政治紀綱，自己又覺得是不孝。而赦免自己的父親不治罪，破壞國家的法令，又是不忠。在如此矛盾苦痛之下，只有自殺。㈤楚昭王說：「追趕殺人的人，並沒有追上，不一定就是你的父親，糊糊塗塗的算了，你不必自己認罪，照常辦你的公事好了。」㈥但是，石奢一點不苟且，終於自殺。

李離者，晉文公之理也㈠。過聽殺人㈡，自拘當死㈢。文公曰：「官有貴賤，罰有輕重。下吏有過，非子之罪也㈣。」李離曰：「臣居官為長，不與吏讓位；受祿為多，不與下分利。今過聽殺人，傳其罪下吏，非所聞也㈤。」辭不受令。文公曰：「子則自以為有罪，寡人亦有罪邪㈥？」李離曰：「理有法，失刑則刑，失死則死。公以臣能聽微決疑，故使為理。今過聽殺人，罪當死。」遂不受令，伏劍而死㈦。

【註】㈠理：大理官，司法部長。㈡過聽：聽：判案。過聽，把案子斷錯了，不當死而判以死罪，致人於死。㈢他自己要賠償生命，於是自拘於獄而請求執行死刑。㈣晉文公說：「這是在下邊的法官們之錯誤，並不是你的罪過。」㈤李離說：「臣身為長官，應有的地位，不讓於部下一點；應得的薪俸，不分給部下分文；現在由於判案錯誤而致人於死，把罪過加於（傳，即附，加也）部下，有功則歸之於己，有害則加之部下，這種道理，我從來沒有聽說過。」㈥晉文公說：「你自以為有罪而代部下受罪，那麼，你是我的部下我也應當代你而受罪了。」㈦李離說「話不能這樣講，因為判案有明白的條文規定：被告不應當受刑，而判案錯誤，處之以刑，則判案錯誤者，就應當受其所判錯誤之刑；被告不應當處死，而判案錯誤，處之以死，則判案錯誤者，就應當受其所判錯誤之死刑。

公因為相信我能夠審斷微妙，解決疑難的案件，所以使我擔任大理官，現在由於判案錯誤而致人於死，沒有別的話講，只有自己接受死罪。」遂拔劍自殺而死。（這種法官，真是以生命保障國家法律的尊嚴，其精神，千年萬載後永遠是閃光照人。）

太史公曰：孫叔敖出一言，郢市復㊀。子產病死，鄭民號哭㊁。公儀子見好布而家婦逐㊂。石奢縱父而死，楚昭名立㊃。李離過殺而伏劍，晉文以正國法㊄。

【註】㊀孫叔敖出一言，而郢都的市面恢復。㊁子產病死，鄭國的人民全體痛哭。㊂公儀子見好布而逐其家婦以免與民爭利。㊃石奢縱父而死，楚昭王立了好名譽。㊄李離因為判案錯誤，致人於死，不惜拔劍自殺以抵命，使晉文公奠定了國法的嚴正。

卷一百二十　汲、鄭列傳第六十

汲黯字長孺，濮陽人也㊀。其先有寵於古之衞君㊁。至黯七世，世為卿大夫。黯以父任㊂，孝景時為太子洗馬，以莊見憚㊃。孝景帝崩，太子即位，黯為謁者㊄。東越相攻㊅，上使黯往視之。不至㊆，至吳而還㊇，報曰：「越人相攻，固其俗然，不足以辱天子之使。」河內失火，延燒千餘家，上使黯往視之。還報曰：「家人失火，屋比㊈延燒，不足憂也。臣過河南㊉，河南貧人傷水旱萬餘家，或父子相食，臣謹以便宜，持節發河南倉粟以振貧民⑪。臣請歸節，伏矯制之罪⑫。」上賢而釋之，遷為滎陽令。黯恥為令，病歸田里。上聞，乃召拜為中大夫。以數切諫，不得久留內，遷為東海太守。黯學黃老之言⑬，治官理民，好清靜，擇丞史而任之⑭。其治，責大指而已，不苛小⑮。黯多病，臥閨閤內不出。歲餘，東海大治。稱之。上聞，召以為主爵都尉⑯，列於九卿。治務在無為而已，弘大體⑰，不拘文法⑱。

【註】㈠濮陽：在河南滑縣東北，今河北省之濮陽縣南。古屬於衞國。㈡汲：衞邑，其大夫所治之邑，以邑為氏，故姓汲。六國時，衞弱，但稱君。㈢父任：大臣任舉其子弟為官。㈣洗馬：官名，秦置，漢因之。為東宮官屬，職比謁者，太子出，則前驅導威儀。本作「先馬」，猶言先導之馬也。莊：威嚴，莊嚴。㈤謁者：官名，掌賓讚及奉詔出使。㈥東越：福建。㈦不至：沒有走到。㈧吳：江蘇。㈨屋比：鄰居之房屋。㈩河南：洛陽。⑪振：救濟。⑫矯制：詐稱受皇帝之詔命。⑬言：道，學說，理論。⑭丞史：如淳曰：「律：太守、都尉、諸侯內史、史各一人。卒史書佐各十人，總言『丞史』」。⑮責成其重要事情，對於小事不吹毛求疵。⑯主爵都尉：掌列侯。漢武帝時改為右扶風。⑰弘大體：弘揚、發揮事物之重要精神。⑱不拘文法：不注重表面形式及死板的條例。即重實質不重形式。

黯為人性倨㈠，少禮，面折㈡，不能容人之過。合己者善待之，不合己者不能忍見，士亦以此不附焉。然好學，游俠，任氣節，內行脩絜，好直諫，數犯主之顏色，常慕傅柏、袁盎之為人也㈢。善灌夫、鄭當時及宗正劉弃㈣。亦以數直諫，不得久居位。

【註】㈠倨：簡傲。㈡面折：當面直言他人的短處。㈢傅柏：梁人，為梁孝王之將，素性伉直。

㈣劉弃：《漢書》稱為劉棄疾。

當是時，太后弟武安侯蚡為丞相，中二千石來拜謁，蚡不為禮。然黯見蚡未嘗拜，常揖之。天子方招文學儒者，上曰吾欲云云㈠，黯對曰：「陛下內多欲而外施仁義，柰何欲效唐虞之治乎！」上默然，怒，變色而罷朝。公卿皆為黯懼。上退，謂左右曰：「甚矣，汲黯之戇也㈡！」羣臣或數黯㈢，黯曰：「天子置公卿輔弼之臣，寧令從諛承意，陷主於不義乎？且已在其位，縱愛身，柰辱朝廷何！」

【註】㈠云云：猶言如此，如此。㈡戇：音壯（ㄓㄨㄤˋ），愚直，死硬派。㈢數：責備。

黯多病，病且滿三月，上常賜告者數㈠，終不愈。最後病，莊助為請告。上曰：「汲黯何如人哉？」助曰：「使黯任職居官，無以踰人㈡。然至其輔少主，守城深堅，招之不來，麾之不去，雖自謂賁育亦不能奪之矣㈢。」上曰：「然。古有社稷之臣，至如黯，近之矣㈣。」

【註】㈠漢制：病滿三月，則當免官，汲黯數次病滿三月，武帝特別優待，賜以假期，仍令居官。㈡任職居官，在平常狀況下，並沒有過人的表現。㈢輔少主，守堅城，在非常狀況下，他能表現出非常堅貞的氣節，雖孟賁、夏育亦不能動搖其志向。㈣社稷之臣：安定國家的重臣，不是一般投機取巧的政客官僚可比。

大將軍青侍中，上踞厠而視之㈠。丞相弘燕見，上或時不冠。至如黯見，上不冠不見也。上嘗坐武帳中㈡，黯前奏事，上不冠，望見黯，避帳中，使人可其奏㈢。其見敬禮如此。

【註】㈠厠：溷厠，大便之地，又謂牀邊為厠。㈡武帳：置兵闌（兵器架子）五兵於帳中，以示威也。㈢可：允准。

張湯方以更定律令為廷尉㈠，黯數質責湯於上前，曰：「公為正卿，上不能褒先帝之功業㈡，下不能抑天下之邪心，安國富民，使囹圄空虛㈢，二者無一焉。非苦就行㈣，放析就功㈤，何乃取高皇帝約束紛更之為㈥？公以此無種矣㈦。」黯時與湯論議，湯辯常在文深小苛㈧，黯伉厲守高不能屈㈨，忿發罵曰：

「天下謂刀筆吏不可以為公卿㈩，果然。必湯也㈡，令天下重足而立，側目而視矣㈢！」

【註】㈠廷尉：官名，掌刑獄，漢嘗更名大理，後仍名廷尉。㈡褒：音包（ㄅㄠ），發揚光大。㈢囹圄：監獄。㈣非苦就行：以暴惡與苦毒，完成其行為。言張湯主持刑獄，手段殘暴與苦毒。㈤放析就功：儘量分析網羅，致人於罪，以完成其工作。言張湯主持刑獄，分析至於纖微，加人以罪名，而實則無罪。㈥為什麼把高皇帝寬宏大量的約法三章，而紛亂改變了呢？㈦你絕對是要斷子絕孫了。㈧文深：咬文嚼字，舞文弄法，毫無人情理性。陰險毒辣，用心深刻，毫無忠恕人道之念。小苛：吹毛求疵，小罪織成大罪，苛刻陰毒。㈨伉厲：伉直猛烈，浩然正氣，敢於反抗暴惡勢力。㈩刀筆吏：古時簡牘用竹木，以刀代筆，故曰刀筆。獄史之掌案牘者，叫作「刀筆吏」。㈡必湯也：假定是張湯得勢。㈢一定會把天下弄得恐怖不安，人民都要累足（重足）而立，斜眼相看。形容其恐怖之甚，腳不前大步行動，動輒得罪；眼不敢正面看人，惟恐惹禍。

是時，漢方征匈奴，招懷四夷。黯務少事，乘上閒㈠，常言與胡和親，無起兵。上方向儒術㈡，尊公孫弘。及事益多，吏民巧弄㈢。上分別文法㈣，湯等數奏決讞㈤以幸。而黯常毀儒，面觸弘等徒懷詐飾智㈥以阿人主取容㈦，而刀筆吏專深文巧詆㈧，陷人於罪，使不得反其真㈨，以勝為功㈩。上愈益貴弘、湯，弘、湯深心疾黯⑪，唯天子亦不說也⑫，欲誅之以事⑬。弘為丞相，乃言上曰：「右內史界⑭部中多貴人宗室，難治⑮，非素重臣不能任⑯，請徙黯為右內史。」為右內史數歲，官事不廢。

【註】㈠趁著皇帝閒暇的時間。㈡向：傾向。㈢巧弄：投機取巧，玩弄法律。㈣分別文法：擴充條文，詳細規定。㈤讞：音彥（ㄧㄢˋ），平議罪獄，曰讞。引用法條，平議罪獄，而奏於天子，以判定其罪，曰「決讞」。㈥心懷欺騙，裝扮能幹（智）。㈦諂媚人主以取容悅。㈧深文：以陰毒之心，利用法律條文，陷人於非其有之罪。巧詆：很巧妙的加人以罪名而毀辱其名譽，敗壞其身家。㈨無罪者被陷以罪，使無罪之人永遠不得恢復其無罪的真實情況。㈩務以戰勝無罪之人為本領。⑪疾：恨。⑫說：同「悅」。⑬欲假借事由以誅之。⑭右內史：即京兆尹，（首都市長）。⑮首都之地，都住些特權的皇親國舅，達官貴人，所以難治。⑯重臣：有聲望有魄力之大臣。

大將軍青既益尊，姊為皇后，然黯與亢禮㈠。人或說㈡黯曰：「自天子欲羣臣下大將軍㈢，大將軍尊重益貴，君不可以不拜。」

黯曰：「夫以大將軍有揖客㈣，反不重邪㈤？」大將軍聞，愈賢黯，數請問國家朝廷所疑，遇黯過於平生㈥。

【註】㈠亢禮：平等對待，以禮自持，決不降志辱身。㈡說：讀「稅」，勸說。㈢下大將軍：低身於大將軍之前。㈣揖客：與主人分庭抗禮，只平揖而不下拜之客。㈤難道還不算是尊重大將軍嗎？㈥遇：待遇。

淮南王謀反，憚黯，曰：「好直諫，守節死義，難惑以非。至如說丞相弘，如發蒙振落耳㈠。」

【註】㈠發蒙振落：發蒙二字，即「伐萌」，言斬伐剛剛萌芽之物。振落：言搖蕩即將凋落之葉。形容事之至易者。不過，普通解釋，都以為：物體之上蒙了一層東西而揭去之，葉將落而振動之，皆形容事之至易。但如此解釋，顯然是極不相稱的兩件事，硬湊為一個術語。不如採取前一種解釋，是一件先後有關之事，而成為一個順理成章之術語。

天子既數征匈奴有功，黯之言益不用。

始黯列為九卿，而公孫弘、張湯為小吏。及弘、湯稍益貴，與黯同位，黯又非毀弘、湯等㈠。已而弘至丞相，封為侯；湯至御史大夫；故黯時丞相史皆與黯同列，或尊用過之。黯褊心㈡，不能無少望㈢，見上，前言曰：「陛下用羣臣如積薪耳，後來者居上㈣。」上默然。有閒黯罷，上曰：「人果不可以無學㈤，觀黯之言也日益甚。」

居無何㈥，匈奴渾邪王率眾來降，漢發車二萬乘。縣官無錢㈦，從民貰馬㈧。民或匿馬，馬不具㈨。上怒，欲斬長安令。黯曰：「長安令無罪，獨斬黯，民乃肯出馬。且匈奴畔其主而降漢，漢徐以縣次傳之，何至令天下騷動，罷弊中國㈩而以事夷狄之人乎！」上默然。及渾邪至，賈人與市者，坐當死者五百餘人。黯請閒，見高門㈠，曰：「夫匈奴攻當路塞，絕和親，中國興兵誅之，死傷者不可勝計，而費以巨萬百數㈡。臣愚以為陛下得胡人，皆以為奴婢以賜從軍死事者家；所鹵獲，因予之，以謝天下之苦，塞百姓之心。今縱不能，渾邪率數萬之眾來降，虛府庫賞賜，發良民侍養，譬若奉驕子。愚民安知市買長安中物而文吏繩以為闌出財物于邊關乎㊂？陛下縱不能得匈奴之資以謝天下，又以微文㊃殺無知者五百餘人，是所謂『庇其葉而傷其枝』者也，臣竊為陛下不取也。」上默然，不許，曰：「吾久不聞汲黯之言，今又復妄發矣。」後數月，黯坐小法，會赦免官。於是黯隱於田園。

【註】㊀非毀：誹謗而毀辱之。㊁褊心：度量褊狹。㊂少望：些微的怨望、牢騷。㊃用人如堆積柴薪，越靠後者越堆在上邊，所謂後來者居上。這是諷刺漢武帝不用人才。㊄一個人實在是不可以沒有修養（學）。㊅沒有多久的時間。㊆縣官：指天子而言，不敢明言天子，故曰「縣官」。㊇貰：音事（ㄕˋ），賒貸。㊈不具：不夠。㊉罷弊：即疲弊。⑪高門：未央宮中有高門殿。⑫巨萬：萬萬。⑬闌出：與外人交易，不得法律許可，而妄出妄入，皆治罪。漢律：吏民不得持兵器與鐵器與外夷交易，雖在京師，亦不得有此種交易。一般愚民不知此律，所以犯法，被官吏繩之以罪。⑭微文：細微的法條。

居數年，會更五銖錢㊀，民多盜鑄錢，楚地尤甚。上以為淮陽，楚地之郊，乃召拜黯為淮陽太守。黯伏謝不受印，詔數彊予，然後奉詔。詔召見黯，黯為上泣曰：「臣自以為塡溝壑㈡，不復見陛下，不意陛下復收用之。臣常有狗馬病，力不能任郡事，臣願為中郎，出入禁闥㈢，補過拾遺㈣，臣之願也。」上曰：「君薄淮陽邪㈤？吾今召君矣㈥。顧淮陽吏民不相得㈦，吾徒得君之重，臥而治之㈧。」黯既辭行，過大行李息，曰：「黯弃居郡，不得與朝廷議也。然御史大夫張湯智足以拒諫，詐足以飾非，務巧佞之語，辯數之辭，非肯正為天下言，專阿主意。主意所不欲，因而毀之；主意所欲，因而譽之。好興事，舞文法㈨，內懷詐以御主心，外挾賊吏以為威重㈩，公列九卿，不早言之，公與之俱受其僇矣。」息畏湯，終不敢言。黯居郡如故治，淮陽政清。後張湯果敗㈡，上聞黯與息言，抵息罪。令黯以諸侯相秩居淮陽㈢。七歲而卒。

【註】㈠元狩五年行五銖錢。㈡死於溝壑。㈢出入於皇帝左右。㈣勸說皇帝，遇皇帝有闕失之事，能隨時幫助改正。㈤你以淮陽為不重要而不屑意去嗎？㈥你去了之後，我很快就召你回朝。㈦願：但是想到淮陽官民相處不和洽。㈧我但願得到你的重名，睡在牀上就可以把淮陽治好了。㈨舞

弄法律條文。⑩賊吏：心地陰毒殘酷的法吏。⑪武帝元鼎二年，張湯有罪自殺。⑫諸侯王相，位在郡守上，秩真二千石，月得百五十斛，一歲總共得一千八百石。二千石，月得一百二十斛，一歲共得一千四百四十石。

卒後，上以黯故，官其弟汲仁至九卿，子汲偃至諸侯相。黯姑姊子司馬安亦少與黯為太子洗馬。安文深㊀巧善宦㊁，官四至九卿，以河南太守卒。昆弟以安故，同時至二千石者十人。濮陽段宏始事蓋侯信，信任宏，宏亦再至九卿，然衛人仕者皆嚴憚汲黯，出其下㊂。

【註】㊀文深：外表假冒為善而內心陰弄深刻。㊁巧善宦：巧於作官。㊂衛人之作官者，都是十分的害怕汲黯，低聲下氣以事之，不敢與之相亢。

鄭當時者，字莊，陳人也。其先鄭君嘗為項籍將；籍死，已而屬漢。高祖令諸故項籍臣名籍㊀，鄭君獨不奉詔。詔盡拜名籍者為大夫，而逐鄭君。鄭君死孝文時。

【註】㊀名籍：在高祖之前，稱項籍之名。另一種解釋：凡是過去作過項籍的部下者，都要登記其

姓名籍貫。

鄭莊以任俠自喜，脫張羽於戹㈠，聲聞梁楚之閒。孝景時，為太子舍人。每五日洗沐，常置驛馬長安諸郊㈡，存諸故人㈢，請謝賓客，夜以繼日，至其明旦，常恐不徧。莊好黃老之言，其慕長者如恐不見。年少官薄，然其游知交皆其大父行㈣，天下有名之士也。武帝立，莊稍遷為魯中尉、濟南太守、江都相，至九卿為右內史。以武安侯魏其時議㈤，貶秩為詹事，遷為大農令。

【註】㈠張羽：梁孝王之將，楚相之弟，其故事詳於〈韓安國傳〉中。鄭當時曾解救張羽於困阨。㈡長安城外四面之郊。㈢存：存問。㈣大父行：祖父之輩。㈤議田蚡及竇嬰事。

莊為太史㈠，誡門下：「客至，無貴賤無留門者㈡。」執賓主之禮，以其貴下人。莊廉，又不治其產業，仰奉㈢賜以給諸公。然其餽遺人，不過算器食㈣。每朝，候上之閒，說未嘗不言天下之長者。其推轂士及官屬丞史，誠有味其言之也㈤，常引以為賢於己。未嘗名吏㈥，與官屬言，若恐傷之。聞人之善言，進之上，唯恐後。山東士諸公以此翕然稱鄭莊。

【註】㊀莊為太史：《漢書》是：「當時為大吏」，可知「太史」二字是錯誤，應以「大吏」為是。鄭當時為大農令，列於九卿，所以謂之「大吏」，大大的官吏也。㊁不分貴賤，不得滯留於門下。言其好士，隨到隨接見。㊂奉：即俸字。㊃不過招待一頓飯。算：竹器，所以量物者。㊄其推薦之言甚美。㊅未嘗直呼部屬之名。

鄭莊使視決河，自請治行五日㊀。上曰：「吾聞『鄭莊行，千里不齎糧』，請治行者何也？」然鄭莊在朝，常趨和承意，不敢甚引當否。及晚節，漢征匈奴，招四夷，天下費多，財用益匱。莊任人賓客為大農僦人㊁，多逋負㊂。司馬安為淮陽太守，發其事，莊以此陷罪，贖為庶人。頃之，守長史㊃。上以為老，以莊為汝南太守。數歲，以官卒。

【註】㊀治行：準備行裝。㊁任人：被保證之人。如富商大賈之類。賓客：親朋，門下食客之類。為大農各項專賣事業之承租人或包商。僦：音就（ㄐㄧㄡˋ），租，包租。㊂虧空，虧欠，拖欠。㊃長史：丞相長史。

鄭莊、汲黯始列為九卿，廉，內行脩絜。此兩人中廢，家貧，賓客益落㈠。及居郡，卒後家無餘貲財。莊兄弟子孫以莊故，至二千石六七人焉。

【註】㈠落：零落，離散。

太史公曰：夫以汲、鄭之賢，有勢則賓客十倍，無勢則否，況眾人乎！下邽㈠翟公有言，始翟公為廷尉，賓客闐門㈡；及廢，門外可設雀羅。翟公復為廷尉，賓客欲往，翟公乃大署其門曰：「一死一生，乃知交情。一貧一富，乃知交態。一貴一賤，交情乃見㈢。」汲、鄭亦云，悲夫！

【註】㈠下邽：故城在今陝西渭南縣東北五十里。邽，音圭。㈡闐門，即填門，滿門。㈢真正的交情，只有在生、死、禍、福、富、貴、貧、賤，的變化之中，才能考驗出來。

卷一百二十一　儒林列傳第六十一

太史公曰：余讀功令㈠，至於廣厲學官之路㈡，未嘗不廢書而歎也㈢。曰：嗟乎！夫周室衰而關雎作，幽厲微而禮樂壞㈣，諸侯恣行，政由彊國㈤。故孔子閔王路廢而邪道興㈥，於是論次㈦詩書，修起禮樂。適齊聞韶，三月不知肉味。自衛返魯㈧，然後樂正，雅頌各得其所。世以混濁莫能用㈨，是以仲尼干七十餘君無所遇㈩，曰「苟有用我者，期月而已矣⑪。」西狩獲麟⑫，曰「吾道窮矣」。故因史記作春秋⑬，以當王法⑭，其辭微而指博⑮，後世學者多錄焉。

【註】㈠功令：即學令，以命令督導學生功課之進行。㈡厲：勸勉。㈢廢書而歎：有所感，把書置之於旁而興歎。㈣周幽王厲王之時，國力衰微而禮樂崩壞。㈤一切政令，由強國操縱，把持。㈥閔：痛惜於王者的道路毀滅，而邪者的道路興盛。㈦論次：整理。㈧魯哀公十一年，（西曆紀元前四八四年），孔子自衛返魯。㈨世局混亂，沒有人能信任孔子以行其道。㈩游說各國，訪求七十餘君，始終遇不到一個行道之君。（所謂七十餘君，只言其訪問君主之多，並不是確實的統計數字）。

㈡假定有國君能用我而實行我的主義，只要有一年的時間，就可以發生效果。㈢西狩獲麟：在魯哀公十四年（西曆紀元前四八一年）。當時有人以獲麟的消息，告訴孔子，孔子就說：「為什麼來呢？為什麼來呢？」無限傷心，不由得淌下淚來，孔子就以袂擦淚，說著「我的道真正是窮途難行了！」㈢因：參考。史記：存於魯國圖書室的各國歷史資料。㈣以作為王道政治的法典。孔子作《春秋》，即欲以撥亂世而返之於王道。㈤文辭微少而啟示（指）則極廣博。

自孔子卒後，七十子之徒散游諸侯，大者為師傅卿相，小者友教士大夫，或隱而不見。故子路居衞㈠，子張居陳㈡，澹臺子羽居楚㈢，子夏居西河㈣，子貢終於齊㈤。如田子方㈥、段干木㈦、吳起㈧、禽滑釐之屬㈨，皆受業於子夏之倫，為王者師。是時獨魏文侯好學。後陵遲㈩以至于始皇，天下並爭於戰國，儒術既絀焉㈡，然齊魯之閒，學者獨不廢也。於威、宣之際，孟子、荀卿之列，咸遵夫子之業而潤色之，以學顯於當世。

【註】㈠子路比孔子小九歲，居於衞，為邑宰，先孔子而死於衞君之難。㈡子張姓顓孫，名師，比孔子小四十八歲。㈢子羽姓澹臺，名滅明，比孔子小三十九歲。有弟子三百人，從遊諸國，享名於諸侯。但其貌不揚，孔子曾言：「以貌取人，失之子羽」。㈣子夏姓卜，名商，比孔子小四十四歲。

後居西河教授（西河在山西汾州），有弟子三百人。為魏文侯之師。㊄子貢姓端木，名賜，比孔子小三十一歲，能言善辯，為當時有名之外交人才，他能夠存魯，亂齊，破吳，強晉，而霸越，十年之中，他操縱著國際局勢的變化。㊅田子方，戰國衞人，文侯師之，稱為仁人。㊆段干木，戰國芮城人，曾為魏文侯師，文侯過其閭必式。㊇吳起：戰國衞人，嘗學於曾子，初仕魯。後聞魏文侯賢，往歸之，文侯以為將，擊秦，拔五城，其後為魏相公叔所忌，讒之，起奔楚，楚任之為相，南平百越，北卻三晉，西伐秦，諸侯皆患楚之強。楚之貴戚大臣多怨起，卒被楚所殺。㊈禽滑氂：《呂覽・當染篇》謂禽滑氂學於墨翟。㊉陵遲：衰落，走下坡。㊁黜：廢替，不得勢，居於劣勢。

及至秦之季世，焚詩書，阬術士㊀，六藝從此缺焉。陳涉之王也，而魯諸儒持孔氏之禮器往歸陳王。於是孔甲為陳涉博士㊁，卒與涉俱死。陳涉起匹夫，驅瓦合適戍㊂，旬月以王楚，不滿半歲竟滅亡，其事至微淺，然而縉紳先生之徒負孔子禮器往委質為臣者㊃，何也？以秦焚其業，積怨而發憤于陳王也㊄。

【註】㊀坑儒：相傳陝西新豐縣溫湯西南有馬谷，谷之西岸有坑，即秦始皇坑儒之地也。㊁孔甲：孔子八世孫，名鮒，字甲。㊂瓦合：如破瓦之相合，言其無強密之組織。㊃委質：即委贄，始相見之禮。㊄積怨：深沉的仇恨。發憤於陳王：事奉陳王，幫助陳王，請求陳王為之執仇解恨。

及高皇帝誅項籍，舉兵圍魯，魯中諸儒尚講誦習禮樂，弦歌之音不絕，豈非聖人之遺化，好禮樂之國哉？故孔子在陳，曰「歸與歸與！吾黨之小子狂簡㊀，斐然成章，不知所以裁之㊁。」夫齊魯之閒於文學，自古以來，其天性也。故漢興，然後諸儒始得脩其經蓺，講習大射鄉飲之禮㊂。叔孫通作漢禮儀，因為太常㊃，諸生弟子共定者，咸為選首，於是喟然歎興於學。然尚有干戈，平定四海，亦未暇遑庠序之事也㊄。孝惠、呂后時，公卿皆武力有功之臣。孝文時頗徵用，然孝文帝本好刑名之言㊅。及至孝景，不任儒者，而竇太后又好黃老之術，故諸博士具官待問，未有進者㊆。

【註】㊀狂簡：志大而疏略於事，不合規矩繩墨。㊁裁：加以制裁，使之規律化。㊂大射、鄉飲：都是羣體運動與羣體聯歡的禮節。㊃太常：官名，秦曰奉常，漢改曰太常，掌宗廟禮儀。㊄沒有功夫關心教育的事情。㊅刑名：舊時在官署辦理刑事判牘的幕友，謂之「刑名」。㊆具官：形式上有此種官員的設置，但不被信用。

及今上即位，趙綰、王臧之屬明儒學㈠，而上亦鄉之㈡，於是招方正賢良文學之士。自是之後，言詩於魯則申培公㈢，於齊則轅固生㈣，於燕則韓太傅㈤。言尚書自濟南伏生㈥。言禮自魯高堂生㈦。言易自菑川田生。言春秋於齊魯自胡毋生㈧，於趙自董仲舒。及竇太后崩，武安侯田蚡為丞相，絀黃老、刑名百家之言㈨，延文學儒者數百人，而公孫弘以春秋白衣為天子三公㈩，封以平津侯。天下之學士靡然鄉風矣㈪。

【註】㈠屬：類，輩。㈡鄉：同「向」，親近。㈢培，申公之名。㈣固，轅生之名。㈤韓太傅：韓嬰，為常山王太傅。㈥伏生：名勝，字子賤。㈦高堂：複姓。㈧胡毋：複姓。㈨絀：罷絀，壓制。㈩古之未仕者，著白衣。㈪靡然鄉風：一面倒的傾向於儒學之風氣。

公孫弘為學官㈠，悼道之鬱滯㈡，乃請曰：「丞相御史言：制曰『蓋聞導民以禮，風之以樂。婚姻者，居室之大倫也。今禮廢樂崩，朕甚愍焉㈢。故詳延天下方正博聞之士，咸登諸朝。其令禮官勸學，講議洽聞典禮，以為天下先。太常議，與博士弟子，崇鄉里之化，以廣賢材焉』。謹與太常臧、博士平等議曰：聞三代之道，鄉里有教，夏曰校，殷曰序，周曰庠㊃。其勸善也，顯之朝廷；其懲惡也，加之刑罰。故教化之行也，建首善自京師始，由內及外。今陛下昭至德，開大明，配天地，本人倫，勸學脩禮，崇化厲賢，以風四方，太平之原也。古者政教未洽，不備其禮，請因舊官而興焉。為博士官置弟子五十人，復其身㊄。太常擇民年十八已上，儀狀端正者，補博士弟子。郡國縣道邑有好文學，敬長上，肅政教，順鄉里，出入不悖所聞者，令相長丞上屬所二千石㊅，二千石謹察可者，當與計偕㊆，詣太常，得受業如弟子。一歲皆輒試，能通一蓺以上，補文學掌故缺㊇；其高弟可以為郎中者，太常籍奏。即有秀才異等㊈，輒以名聞。其下事學若下材及不能通一蓺㊉，輒罷之，而請諸不稱者罰。臣謹案詔書律令下者⑪，明天人分際⑫，通古今之義⑬，文章爾雅⑭，訓辭深厚⑮，恩施甚美⑯。小吏淺聞，不能究宣，無以明布諭下⑰。治禮次治掌故⑱，以文學禮義為官⑲，遷留滯⑳。

請選擇其秩比二百石以上，及吏百石通一蓺以上，補左右內史、大行卒史㉑。比百石已下，補郡太守卒史：皆各二人，邊郡一人。先用誦多者㉒，若不足，乃擇掌故補中二千石屬㉓，文學掌故補郡屬㉔，備員㉕。請著功令。佗如律令。」制曰：「可。」自此以來，則公卿大夫士吏斌斌多文學之士矣㉖。

【註】①學官：掌教育之官。②痛心於儒道之暗而不明（鬱），沮而不通（滯）。③甚愍：非常之傷心。愍，音敏（ㄇㄧㄣˇ），傷惜。④鄉學之名，夏曰「校」，殷曰「序」，周曰「庠」。孟子曰：「學，則三代共之，皆所以明人倫也」。⑤復其身：免除其本身之租稅與勞役工作。⑥令：縣令。相：侯相。長：縣長。丞：縣丞。二千石：謂郡守及諸王相也。⑦隨上計吏，俱至京師。漢制，郡國每歲遣吏到京師，進呈計簿，謂之上計吏。郡國所保荐之人，亦隨上計吏一同到京師，即謂之「當與計偕」。⑧缺：官職之空位，如言「出缺」，「補缺」。⑨即有：如有。⑩若：與，及，如「不事學若下材及不能通一藝」，即言「不勸學與下等的材質以及不能通一藝者」。而保荐不符合者，都要受罰。⑪臣謹案所頒下的詔書律令。⑫明白於天道人道的分際。⑬通達於古今的義理。⑭文章非常之典雅。（《爾雅》，書名，今用作形容辭）。⑮訓辭的意義，也很深厚。⑯所以施恩於知識青年者，用意至美。⑰但是一般見聞淺陋的小吏，不能夠澈底宣達天子之意，不能夠使下邊

完全明瞭天子之心。⑱現在要首先選拔治禮的人才，其次是治掌故的人才。⑲以明於文學禮義之人為官。⑳過去由於治文學禮義而留滯未升者，現在應該予以遷升。㉑補左右內史及大行之卒史。左內史，後改為左馮翊，右內史，後改為右扶風；大行，後改為大鴻臚，其屬內皆有卒史之官，故使之補卒史也。㉒誦多：謂背誦經義章句比他人為多也。錢大昕曰：「公孫弘本意以詔書爾雅深厚，非俗吏所能解，故選文學掌故補卒史，所謂「以儒術緣飾吏事也」。安得云不藉其實用乎？「備員」，「蓋蒙上不足之文，謂如有不足，當以文學掌故充之，勿使缺額耳」。如淳云：「漢儀：弟子射策，甲科百人，補郎中；乙科二百人，補太子舍人，皆秩比二百石。次，郡國文學，秩百石」。㉓二千石屬：即謂內史大行卒史。㉔郡屬：即謂郡卒史。㉕備員：補足其員額。㉖斌斌：文質溫雅的樣子。

申公者，魯人也㊀。高祖過魯，申公以弟子從師入見高祖于魯南宮㊁。呂太后時，申公游學長安，與劉郢同師㊂。已而郢為楚王，令申公傅其太子戊㊃。戊不好學，疾申公㊄。及王郢卒，戊立為楚王，胥靡申公㊅。申公恥之，歸魯，退居家教，終身不出門，復謝絕賓客，獨王命召之乃往㊆。弟子自遠方至受業者百餘人。申公獨以詩經為訓以教，無傳㊇疑者則闕不傳㊈。

【註】㊀《漢書》云：「申公少與楚元王俱事齊人浮丘伯，受詩。」㊁《括地志》云：「泮宮在兗

州曲阜縣西南二百里魯城內宮之內。」鄭云：「泮之言半也，其制半於天子之辟雍。」㊂《漢書》云：「呂太后時，浮丘伯在長安，申公與元王郢俱卒學。」㊃徐廣曰：「楚元王劉交以文帝元年薨，子郢立。文帝四年，郢薨，子戊立。」㊄疾：厭惡而折磨之。㊅胥靡：作苦工之徒刑。楚王戊不好學，折磨其師傅申公，待之如胥靡，使之作苦工。㊆王：魯恭王。㊇無傳：不作詩傳。㊈有疑者，則空闕起來，不加以傳授。

蘭陵王臧既受詩，以事孝景帝為太子少傅，免去。今上初即位，臧迺上書宿衛上，累遷，一歲中為郎中令。及代趙綰亦嘗受詩申公，綰為御史大夫。綰、臧請天子，欲立明堂以朝諸侯，不能就其事，乃言師申公。於是天子使使束帛㊀加璧安車駟馬迎申公㊁，弟子二人乘軺傳從㊂。至，見天子。天子問治亂之事，申公時已八十餘，老，對曰：「為治者不在多言，顧力行何如耳㊃。」是時天子方好文詞，見申公對，默然㊄。然已招致，則以為太中大夫，舍魯邸，議明堂事。太皇竇太后好老子言，不說儒術，得趙綰、王臧之過以讓上，上因廢明堂事，盡下趙綰、王臧吏㊅，後皆自殺。申公亦疾免以歸，數年卒。

【註】㊀束帛：古聘問之禮物。以帛立端相向捲之，而成一疋，五疋為一束，謂之「束帛」。㊁安車：坐乘之車，古者大夫七十而致事。適四方，乘安車。此為尊老敬賢之特別優待，常人不得乘也。㊂軺：音堯（一ㄠˊ），馬車。㊃「為政不在多言，顧力行何如耳！」這是一句千古名言，與孔子所謂「政者，正也，子率以正，孰敢不正？」完全符合。「力行」，即「正己」的功夫。如果不能力行，不能正己，則「己不正，焉能正人？」政治就要完全失敗了。所以為政不在多言，只在正己而正人，「修己以安百姓」。㊄默然：漢武帝好大喜功，誇言無實，所以聽申公的教訓，接受不下，意趣索然，而默不作聲。㊅下⋯吏：下之於吏即交付法官判罪。

弟子為博士者十餘人：孔安國至臨淮太守㊀，周霸至膠西內史，夏寬至城陽內史，碭魯賜至東海太守，蘭陵繆生至長沙內史，徐偃為膠西中尉，鄒人闕門慶忌㊁為膠東內史。其治官民皆有廉節，稱其好學。學官弟子行雖不備，而至於大夫、郎中、掌故以百數。言詩雖殊，多本於申公。

【註】㊀孔安國：孔鮒之弟子襄為惠帝博士，遷為長沙太傅，生忠。忠生武及安國。安國師事申公，治古文尚書，以今文字讀之。承詔作書傳，又作古文《孝經傳》，《論語訓辭》，官至諫大夫，臨淮太守。㊁闕門慶忌：姓闕門，名慶忌。

清河王太傅轅固生者，齊人也。以治詩，孝景時為博士。與黃生爭論景帝前。黃生曰：「湯武非受命，乃弒也。」轅固生曰：「不然。夫桀紂虐亂，天下之心皆歸湯武，湯武與天下之心而誅桀紂，桀紂之民不為之使而歸湯武，湯武不得已而立，非受命為何？」黃生曰：「冠雖敝，必加於首；履雖新，必關於足㊀。何者，上下之分也。今桀紂雖失道，然君上也；湯武雖聖㊁，臣下也。夫主有失行，臣下不能正言匡過以尊天子，反因過而誅之，代立踐南面，非弒而何也？」轅固生曰：「必若所云，是高帝代秦即天子之位，非邪？」於是景帝曰：「食肉不食馬肝，不為不知味；言學者無言湯武受命，不為愚。」遂罷。是後學者莫敢明受命放殺者。

【註】㊀關於足：《漢書》為「貫於足」，即穿在腳上。關、貫二字，古通用。㊁依孟子及國父之論斷，皆以為湯武誅桀紂之革命，是順天應人的行動，完全是聖人的舉動。而黃生之論，乃完全為無道之君主說法，是最阻害歷史前進的反動思想。

竇太后好老子書，召轅固生問老子書。固曰：「此是家人言耳㈠。」太后怒曰：「安得司空城旦書乎㈡？」乃使固入圈刺豕。景帝知太后怒而固直言無罪，乃假固利兵，下圈刺豕㈢，正中其心，一刺，豕應手而倒，太后默然，無以復罪，罷之。居頃之，景帝以固為廉直，拜為清河王太傅。久之，病免。

【註】㈠竇太后好《老子》之書，而厭惡儒家法家之學。不料轅固生很坦白的侮辱老子學說是家人奴僕之言，不值一提。㈡於是惹得竇太后大怒，就反言譏罵儒家學說為司空城旦之書。「司空」者，主持監獄之事也；「城旦」者，徒刑也，言儒家學說是監獄徒刑之書，以禮法而陷人入罪，何如老子學說之無為而治？所以竇太后反擊轅固生說：「難道老子之書不及儒家監獄刑徒之書嗎？」㈢交給轅固生以鋒利的武器，使之刺彘。

今上初即位，復以賢良徵固。諸諛儒㈠多疾毀固㈡，曰「固老」，罷歸之。時固已九十餘矣。固之徵也，薛人公孫弘亦徵，側目而視固㈢。固曰：「公孫子，務正學以言，無曲學以阿世㈣！」自是之後，齊言詩皆本轅固生也。諸齊人以詩顯貴，皆固之弟子也。

【註】㊀諛儒：利用儒術以諂媚君主之知識分子。㊁疾毀：忌恨而毀謗之。㊂側目：不敢正眼而視。㊃須要根據正道真理而發言，決不可以邪曲之學說，阿附世俗。這兩句話，是千古名言，知識分子之使命，即在於此。

韓生者㊀，燕人也。孝文帝時為博士，景帝時為常山王太傅㊁。韓生推詩之意而為內外傳數萬言，其語頗與齊魯閒殊，然其歸一也。淮南賁生受之。自是之後，而燕趙閒言詩者由韓生。韓生孫商為今上博士。

【註】㊀韓生，名嬰。㊁憲王舜。

伏生者㊀，濟南人也。故為秦博士。孝文帝時，欲求能治尚書者，天下無有，乃聞伏生能治，欲召之。是時伏生年九十餘，老，不能行，於是乃詔太常使掌故朝錯往受之。秦時焚書，伏生壁藏之。其後兵大起，流亡，漢定，伏生求其書，亡數十篇，獨得二十九篇，即以教于齊魯之閒。學者由是頗能言尚書，諸山東大師無不涉尚書以教矣㊁。

【註】㊀伏生：名勝。㊁涉：涉獵，瀏覽，學習，研究之意。

伏生教濟南張生及歐陽生，歐陽生教千乘兒寬㊀。兒寬既通尚書，以文學應郡舉，詣博士受業，受業孔安國。兒寬貧無資用，常為弟子都養㊁，及時時閒行傭賃㊂，以給衣食。行常帶經㊃，止息則誦習之。以試第次，補廷尉史。是時張湯方鄉學㊄，以為奏讞掾㊅，以古法議決疑大獄，而愛幸寬。寬為人溫良，有廉智，自持，而善著書、書奏、敏於文，口不能發明也。湯以為長者，數稱譽之。及湯為御史大夫，以兒寬為掾，薦之天子。天子見問，說之。張湯死後六年，兒寬位至御史大夫。九年而以官卒。寬在三公位，以和良承意從容得久，然無有所匡諫；於官，官屬易之㊆，不為盡力。張生亦為博士。而伏生孫以治尚書徵㊇，不能明也㊈。

【註】㊀千乘：地名，故城在今山東高苑縣北二十五里。㊁都養：為同學們造飯。㊂閒行：有時作，有時不作，不是經常的工作。傭賃：即受僱於人，而為人作工，以取報酬。㊃行動的時候，常常攜帶著經書。㊄鄉：即「向」。㊅撰擬刑獄判決罪狀的助手。㊆易之：輕視他。㊇伏生的孫子以治《尚書》的名義被徵召。㊈但是他對於《尚書》並不能有所闡揚發明。

自此之後，魯周霸、孔安國，雒陽賈嘉㊀，頗能言尚書事。孔氏有古文尚書㊁，而安國以今文讀之，因以起其家。逸書得十餘篇，蓋尚書滋多於是矣。

【註】㊀賈嘉：賈誼之孫。㊁《史記索隱》引孔臧與安國書云：「舊書潛於壁室，欻爾（忽然。欻，音忽ㄏㄨ。）復出，古訓復申。唯聞《尚書》二十八篇，取象二十八宿，何圖乃有百篇？即知以今讐（校對）古，隸篆推科鬥，以定五十餘篇，並為之傳也。」〈藝文志〉曰：二十九篇，得多十六篇。

諸學者多言禮，而魯高堂生最本。禮固自孔子時而其經不具，及至秦焚書，書散亡益多，於今獨有士禮，高堂生能言之。而魯徐生善為容㊀。孝文帝時，徐生以容為禮官大夫。傳子至孫徐延、徐襄。襄，其天姿善為容，不能通禮經；延頗能，未善也。襄以容為漢禮官大夫，至廣陵內史。延及徐氏弟子公戶滿意㊁、桓生、單次㊂，皆嘗為漢禮官大夫。而瑕丘蕭奮㊃以禮為淮陽太守。是後能言禮為容者，由徐氏焉。

【註】㊀容：禮容，禮的儀容形式，隨著各種場合的變化，而禮的容貌表情亦為之變化，如《禮記・玉藻篇》所謂：「凡行容惕惕，廟中齊齊（嚴肅的樣子），朝庭濟濟翔翔（在朝庭辦公之地，態度表情要威儀盛大的樣子）。君子之容舒遲（一個有修養的君子，他的舉止態度要閑雅從容）。見所尊者齊遬（遇見尊長的時候，便即刻表示肅然起敬）。足容重（腳的動作要穩重）。手容恭（手的動作要恭敬，不要指東畫西）。目容端（眼的表現要端莊正派，不要斜視怒視或擠眉弄眼）。口容止（嘴的表現要靜止，不要亂抽動或大張口）。聲容靜（說話的風度要安靜，不要怪聲暴語）。頭容直（頭的表現要正直，不要搖頭擺尾）。氣容肅（氣度要嚴肅，不要滑頭滑腦或氣勢陵人）。立容德（站立的表情要表示出很有德行的樣子，不要東倒西歪）。我們在這裏只少舉幾項，事實上，「容」的範圍很廣。可見「容」在禮經上是一種專門研習的學問，所以徐生以「容」為禮官大夫。㊁公戶，姓也。滿意，名也。㊂桓生，人也。單次：姓單，名次。㊃瑕丘：縣名，故城在今山東滋陽縣西二十五里。

自魯商瞿受易孔子㈠，孔子卒，商瞿傳易，六世至齊人田何，字子莊㈡，而漢興。田何傳東武人王同子仲，子仲傳菑川人楊何。何以易，元光元年徵，官至中大夫。齊人即墨成以易至城陽相㈢。廣川人孟但以易為太子門大夫。魯人周霸，莒人衡胡，臨菑人主父偃，皆以易至二千石。然要言易者本於楊何之家。

【註】㈠商姓，瞿名，字子木。㈡《漢書》云：「商瞿授東魯橋庇子庸（姓橋，名庇，字子庸）；子庸授江東馯臂子弓（姓馯，名臂，字子弓。馯，音韓）；子弓授燕周醜子家（姓周，名醜，字子家）；子家授東武孫虞子乘（姓孫，名虞，字子乘）；子乘授齊田何子裝（姓田，名何，字子裝）。」㈢即墨，姓也；成，名也。

董仲舒，廣川人也㈠。以治春秋，孝景時為博士。下帷講誦，弟子傳以久次相受業，或莫見其面，蓋三年董仲舒不觀於舍園㈡，其精如此。進退容止，非禮不行，學士皆師尊之。今上即位，為江都相㈢。以春秋災異之變推陰陽所以錯行㈣，故求雨閉諸陽，縱諸陰，其止雨反是。行之一國，未嘗不得所欲。中廢為中大夫，居舍，著災異之記。是時遼東高廟災，主父偃疾之，取其書奏之天子㊄。天子召諸生示其書，有刺譏。董仲舒弟子呂步舒不知其師書，以為下愚。於是下董仲舒吏㊅，當死，詔赦之。於是董仲舒竟不敢復言災異。

【註】㊀廣川：縣名，今河北棗強縣東三十里。㊁三年不觀於舍園，可知其為三年不出房門。㊂江都：故城在今江蘇、江都縣西南四十六里。仲舒當時事武帝之兄易王。㊃錯行：交錯運行。㊄仲舒為災異記，草稿成而未上奏，主父偃仇恨仲舒，故盜竊其書而奏之於上。㊅交付仲舒於刑獄之吏論罪。

董仲舒為人廉直。是時方外攘四夷，公孫弘治春秋不如董仲舒，而弘希世用事㊀，位至公卿。董仲舒以弘為從諛。弘疾之，乃言上曰：「獨董仲舒可使相膠西王。」膠西王素聞董仲舒有行，亦善待之。董仲舒恐久獲罪，疾免居家。至卒，終不治產業，以脩學著書為事㊁。故漢興至于五世之閒，唯董仲舒名為明於春秋，其傳公羊氏也。

【註】㊀希世用事：熱中現實，阿徇時好，所以能得志作官，掌握事權。㊁董仲舒為漢代醇儒，其言曰：「正其義不謀其利，明其道不計其功」，為千古名訓。

胡毋生㊀，齊人也。孝景時為博士，以老歸教授。齊之言春秋者多受胡毋生，公孫弘亦頗受焉。

【註】㊀胡毋生，字子都，治公羊春秋、董仲舒甚敬佩之，著書稱其德。

瑕丘江生為穀梁春秋㊀。自公孫弘得用，嘗集比其義，卒用董仲舒。

仲舒弟子遂者㊁：蘭陵褚大，廣川殷忠，溫呂步舒。褚大至梁相。步舒至長史，持節使決淮南獄，於諸侯擅專斷，不報，以春秋之義正之，天子皆以為是。弟子通者，至於命大夫；為郎、謁者、掌故者以百數。而董仲舒子及孫皆以學至大官。

【註】㊀瑕丘：故城在今山東滋陽縣。江生受穀梁春秋及詩於魯申公。武帝時，江生與董仲舒同為博士，仲舒通五經，能持論，善屬文，江生口才遲鈍，議論不如董仲舒，而丞相公孫弘亦治公羊春秋，於是武帝乃尊公羊之學，而公羊之學遂大興盛。㊁遂：名位成達。

卷一百二十二　酷吏列傳第六十二

孔子曰：「導之以政㈠，齊之以刑㈡，民免而無恥㈢。導之以德㈣，齊之以禮㈤，有恥且格㈥。」老氏稱：「上德不德，是以有德㈦；下德不失德，是以無德㈧。法令滋章，盜賊多有㈨。」

太史公曰：信哉是言也！法令者治之具㈩，而非制治清濁之源也⑪。昔天下之網嘗密矣⑫，然姦偽萌起⑬，其極也⑭，上下相遁⑮，至於不振⑯。當是之時，吏治若救火揚沸⑰，非武健嚴酷，惡能勝其任而愉快乎⑱！言道德者⑲，溺其職矣。故曰「聽訟，吾猶人也㉑，必也使無訟乎㉒。」「下士聞道大笑之㉓。」非虛言也。漢興，破觚而為圜㉔，斲雕而為朴㉕，網漏於吞舟之魚㉖，而吏治烝烝㉗，不至於姦㉘，黎民艾安㉙。由是觀之，在彼不在此㉚。

【註】㈠以政令來領導人民，㈡以刑罰來統一人民，㈢其結果，人民只是苟免偷生而毫無自覺自愧發奮向上之心。㈣以道德來領導人民，㈤以禮義來統一人民，㈥那麼，人民不僅有發奮向上之

決心，而且有改邪歸正之行為。㊆上等的政治，是有德政於人民，而閉口不言自己的德政，所以人民們都有德行了。㊇下等的政治，是有德政於人民，而口口聲聲自我宣傳，惟恐怕人民忘記自己的德政，所以人民就沒有德行了。這是由於政風的厚薄，影響於社風的醇澆。㊈最下焉者，是依靠法令，結果，法令越來越增加，條例越來越詳細，規定越來越清楚，而竊盜賊犯便越來越繁多了。㊉由此可知法令者不過是政治的表面工具，⑪而決不是政治清濁的澈底辦法。⑫昔日天下的法網可以說是很嚴密的了。⑬但是姦惡詐偽紛紛而起，⑭發展到了最惡化的時候，⑮上下互相蒙蔽，互相推諉，⑯以至於委靡不振。⑰這個時候，以救急為先務，好像是救火揚沸一樣，⑱非以緊急手段，趕快撲滅不可，就好像對於痲痺腐敗的政治，非以猛烈嚴酷的手段割瘡消毒不可。⑲這個時候，如果再談仁義道德的溫和辦法。⑳那就要失其職責而達不成任務了。㉑孔子說：審判訟案，我和別人是一樣，並沒有不同之處。㉒如果一定要我說出我有什麼不同於他人之處，那就是我心心念念希望大家永遠沒有爭訟之事！㉓老子說：沒有知識的人，一聽說有道理的話，便哈哈傻笑。㉔漢之初興，破方稜的東西而為圓形（意思就是說變嚴刑峻法而為輕簡）。㉕斲毀雕刻華麗之物而為簡單樸質（意思就是說變秦之苛法而為約法三章）㉖法網之疏闊，把那些很大的能夠吞舟之魚都漏掉了。㉗然而吏治純厚善良（烝烝），㉘沒有作姦犯法的事。㉙老百姓們和平安定。㉚由此觀之，治天下在道德不在乎法令。

高后時，酷吏獨有侯封，刻轢宗室㈠，侵辱功臣。呂氏已敗，遂夷侯封之家。孝景時，鼂錯以刻深，頗用術輔其資㈡，而七國之亂，發怒於錯，錯卒以被戮。其後有郅都、寧成之屬。

【註】㈠刻轢：苦害欺壓。轢，音歷（ㄌㄧˋ）。㈡刻深：苛刻深求。或解為苛刻陰毒。

郅都者㈠，楊人也㈡。以郎事孝文帝。孝景時，都為中郎將，敢直諫，面折大臣於朝。嘗從入上林，賈姬如廁㈢，野彘卒入廁㈣。上目都㈤，都不行。上欲自持兵救賈姬㈥，都伏上前曰：「亡一姬，復一姬進，天下所少寧賈姬等乎？陛下縱自輕，柰宗廟太后何！」上還，彘亦去。太后聞之，賜都金百斤，由此重郅都。

【註】㈠郅：音質（ㄓˋ）。㈡楊縣：在今山西，洪洞縣東南十五里。㈢如廁：如，往也，往廁所去。㈣卒：同猝，忽然。㈤以目看都示意。㈥兵：武器。

濟南瞯氏㈠宗人三百餘家，豪猾㈡，二千石莫能制，於是景帝乃拜都為濟南太守。至則族滅瞯氏首惡，餘皆股栗㊂。居歲餘，郡中不拾遺，旁十餘郡守畏都如大府㊃。

【註】㊀瞯：音咸（ㄒㄧㄢˊ），姓。㊁豪猾：豪強橫行，藐視法度。㊂股栗：兩腿發抖，言其恐懼之甚也。㊃大府：高級官府，如丞相府、將軍府之類。

都為人勇，有氣力，公廉，不發私書㊀，問遺無所受㊁，請寄無所聽㊂。常自稱曰：「已倍親而仕，身固當奉職死節官下，終不顧妻子矣。」

郅都遷為中尉。丞相條侯至貴倨也，而都揖丞相㊃。是時民朴，畏罪自重，而都獨先嚴酷，致行法不避貴戚，列侯宗室見都側目而視，號曰「蒼鷹㊄。」

【註】㊀以私事而來之函件，不折開看。㊁問遺：餽贈禮物。㊂請寄：請託。㊃揖：與丞相分庭抗禮，平揖而不下拜。㊄蒼鷹：比喻酷吏之兇鷙。

臨江王徵詣中尉府對簿㊀，臨江王欲得刀筆為書謝上，而都禁吏不予。魏其侯使人以閒與臨江王。臨江王既為書謝上，因自殺。竇太后聞之，怒，以危法中都㈡，都免歸家。孝景帝乃使使持節拜都為鴈門太守，而便道之官，得以便宜從事。匈奴素聞郅都節，居邊，為引兵去，竟郅都死不近鴈門㈢。匈奴至為偶人象郅都㈣，令騎馳射莫能中，見憚如此。匈奴患之。竇太后乃竟中都以漢法。景帝曰：「都忠臣。」欲釋之。竇太后曰：「臨江王獨非忠臣邪？」於是遂斬郅都。

【註】㈠對簿：受審問。㈡危法：嚴峻之法。中都：中傷郅都，欲置之於死。㈢一至於郅都之死，匈奴不敢近鴈門。㈣偶人，木偶人。

寧成者，穰人也㈠。以郎謁者事景帝。好氣，為人小吏，必陵其長吏㈡；為人上，操下如束溼薪㈢。猾賊任威㈣。稍遷至濟南都尉㈤，而郅都為守。始前數都尉皆步入府，因吏謁守如縣令，其畏郅都如此。及成往，直陵都出其上。都素聞其聲，於是善遇，與結驩。久之，郅都死，後長安左右宗室多暴犯法，於是上召寧成為中尉㈥。其治效郅都，其廉弗如，然宗室豪桀皆人人惴恐。

【註】㈠穰：音攘（ㄖㄤˊ），地名，在今河南鄧縣外城東南隅。㈡為人家的小幹部，必陵侮其高級幹部。㈢為人家的上級，控制其下級，就如同綑束濕水的薪柴似的。㈣猾賊：刻薄姦狡。任威：任性使威。㈤都尉：掌佐守典武職甲卒，秩比二千石，有丞，秩皆六百石。㈥中尉：掌徼循京師，武帝太初元年，更名執金吾。天子出行，職主先導，以禦非常。

武帝即位，徙為內史㈠。外戚多毀成之短，抵罪髡鉗㈡。是時九卿罪死即死，少被刑，而成極刑，自以為不復收，於是解脫㈢，詐刻傳出關歸家㈣。稱曰：「仕不至二千石，賈不至千萬，安可比人乎！」乃貰貸買陂田千餘頃，假貧民㈤，役使數千家。數年，會赦。致產數千金，為任俠，持吏長短㈥，出從數十騎。其使民威重於郡守㈦。

【註】㈠內史：掌治京師。㈡髡：音坤（ㄎㄨㄣ），古之刑法，剃去其髮。鉗：古之刑法，以鐵束頸，曰鉗。㈢解脫其刑具。㈣傳：出關之符信。㈤假：出租於貧民。㈥掌握著官吏的陰私，加以

脅制。㊆其役使人民的威力，比郡守還要重。

周陽㈠由者，其父趙兼以淮南王舅父侯周陽，故因姓周陽氏。由以宗家任為郎㈡，事孝文及景帝。景帝時，由為郡守。武帝即位，吏治尚循謹甚，然由居二千石中，最為暴酷驕恣。所愛者，撓法活之㈢，所憎者，曲法誅滅之。所居郡，必夷其豪㈣。為守，視都尉如令。為都尉，必陵太守，奪之治㈤。與汲黯俱為忮㈥，司馬安之文惡㈦，俱在二千石列㈧，同車未嘗敢均茵伏㈨。

【註】㈠周陽：故城在山西聞喜縣東二十九里。㈡與國家有外戚姻屬，比於宗室，故曰「宗家」。㈢撓法：枉法，曲解法條。㈣夷：剷除，平除。㈤侵奪太守政治之權。㈥與汲黯俱為忮：《漢書》為「與汲黯為忮」，中間沒有「俱」字，以《漢書》為是，《史記》之「俱」字，係多餘。且下邊只隔一句，即有「俱在二千石」之語，則前一「俱」字更無用矣。這句話應該顛倒來講，即「與汲黯為忮」，可解為「與為忮之汲黯」。「為忮」二字，係形容汲黯之個性，言其個性忌刻。同下句之文法是一樣，都該顛倒解釋。㈦司馬安之文惡：應顛倒解釋為「文惡之司馬安」，「文惡」形容司馬安之邪惡，言其以文法傷害人也。㈧言忌刻之汲黯，與以文法害人之司馬安，與周陽由都是二千石的官職，㈨三個人共坐一車，汲黯和司馬安都要讓服周陽由，不敢和他均茵席而坐，自處其偏坐，而

讓周陽由坐正位。可見周陽由之厲害。汲黯和司馬安都是當時有名的厲害人物，但是，與周陽由相處，卻成為「小巫見大巫」了。茵：車中所鋪之蓆蓐也。伏：憑也，古者男子立乘憑軾。軾，與前橫木也，乘車者有所敬，則俯而憑之。

由後為河東都尉，時與其守勝屠公㈠爭權，相告言罪。勝屠公當抵罪㈡義不受刑，自殺，而由弃市。

【註】㈠勝屠：姓也。勝屠，即申屠。㈡抵罪：隨罪之輕重，處以相當之刑。

自寧成、周陽由之後，事益多，民巧法㈠，大抵吏之治類多成、由等矣。

【註】㈠巧法：投機取巧而破壞法律。

趙禹者，斄人㈠。以佐史補中都官㈡，用廉為令史㈢，事太尉亞夫。亞夫為丞相，禹為丞相史，府中皆稱其廉平，然亞夫弗任，曰：「極知禹無害㈣，然文深㈤，不可以居大府㈥。」今上時，禹以刀筆吏積勞，稍遷為御史。上以為能，至太中大夫。

與張湯論定諸律令，作見知㈦，吏傳得相監司㈧。用法益刻，蓋自此始。

【註】㈠斄：音胎（ㄊㄞ），地名，陝西武功縣。㈡以佐史補京師諸官府為吏。㈢用廉：因為廉潔。㈣很知道趙禹廉平，不破壞法律。㈤但是，他持法深重苛刻，殘酷無情。㈥不可以在大機關（如丞相府、總督府）中擔任工作。㈦見知：漢律，吏知他人犯罪而不檢舉者，與之同罪。此之謂「見知法」。㈧傳：即「轉」，彼此互相輪轉。監司：即監伺，或監視。即官吏彼此互相監視互相偵察，互相告訐。

張湯者，杜人也㈠。其父為長安丞，出，湯為兒守舍㈡。還而鼠盜肉，其父怒，笞湯。湯掘窟得盜鼠及餘肉，劾鼠掠治㈢，傳爰書㈣，訊鞫㈤論報，幷取鼠與肉，具獄磔堂下㈦。其父見之，視其文辭如老獄吏㈧，大驚，遂使書獄㈨。父死後，湯為長安吏，久之。

【註】㈠杜：古國名，在今陝西長安縣東南故杜陵縣地。㈡湯為小兒，在家守門。㈢劾鼠：彈劾鼠之罪狀。掠治：拷打問罪。㈣傳問鼠罪而紀錄於文書。㈤訊：考問口供。鞫（音ㄐㄩˊ）：反復窮

追。㈥論報：論斷鼠罪，報之於上，而獲得批准。㈦手續完備，鼠之罪名確定（具獄），於是殺鼠，分裂鼠之肢體於堂下。㈧他的父親看到他判決鼠罪的文章，好像是很老練的獄吏之口氣一樣。㈨遂而叫他學習刑獄文書之事。

周陽侯始為諸卿時㈠，嘗繫長安㈡，湯傾身為之㈢。及出為侯，大與湯交，徧見湯貴人㈣。湯給事內史，為寧成掾，以湯為無害㈤，言大府㈥，調為茂陵尉，治方中㈦。

【註】㈠周陽侯：田勝也，武帝母王太后之同母弟也。武帝始立而封為周陽侯。㈡昔日未為侯時，曾因罪而繫於長安獄中。㈢竭盡全力以相助。㈣普徧的介紹湯於貴人之前。㈤無害：廉明能幹。㈥舉薦於丞相府。㈦主持造陵的土功工程。（土功以方計算，故曰「方中」。）

武安侯為丞相㈠，徵湯為史，時薦言之天子，補御史，使案事㈡。治陳皇后蠱獄㈢，深竟黨與㈣。於是上以為能，稍遷至太中大夫。與趙禹共定諸律令，務在深文㈤，拘守職之吏㈥。已而趙禹遷為中尉，徙為少府，而張湯為廷尉，兩人交驩，而兄事禹。禹為人廉倨。為吏以來，舍毋食客㈦。公卿相造請禹㈧，禹終不報謝㈨，務在絕知友賓客之請，孤立行一意而已。見文法輒取㈩，亦不覆案㈡，求官屬陰罪㈢。湯為人多詐，舞智以御人㈢。始為小吏，乾沒㈣，與長安富賈田甲、魚翁叔之屬交私㈤。及列九卿，收接天下名士大夫，己心內雖不合，然陽浮慕之㈥。

【註】㈠武安侯：田蚡。因田勝之介紹，湯得以認識武安侯。㈡案事：案驗事之內情。㈢蠱獄：女巫以術為蠱以詛人，武帝時，有人誣奏陳皇后埋木人為蠱以詛帝，故興巫蠱之獄。㈣深究窮追，把陳皇后的黨與，完全查出。㈤深刻用法。（文者，法令條文。）㈥以深刻的法條，控制（拘）在職的官吏，使之聽從指揮。㈦家無食客，不招待客人。㈧相往（造）禹府請安問候。㈨禹不回拜。㈩只要引用法條，即取以判罪。㈡並不再度審問其罪名與法條是否尚符？罪名是否可以成立？㈢暗地刺探同僚與部屬的陰私生活，吹毛求疵，掘其罪惡。㈢舞智：玩弄聰明。㈣乾沒：勾結商賈，假公濟私，不參加股本，而取得額外紅利，謂之「乾沒」。現今亦有「乾股」「乾份」，即官吏與商人勾結，官吏借政治地位以掩護商人，商人則以其所得之暴利，分與官吏一部分，即謂之「乾沒」。㈤魚：姓也。㈥陽：表面。浮：虛為姿態，假裝。言其內心雖不贊成某人，但是，表面上還裝作很敬慕某人。

是時上方鄉文學㈠，湯決大獄，欲傅古義㈡，乃請博士弟子治尚書、春秋補廷尉史，亭疑法㈢。奏讞疑事㈣，必豫先為上分別其原㈤，上所是，受而著讞決法㈥廷尉絜令揚主之明㈦。奏事即譴㈧，湯應謝㈨，鄉上意所便㈩，必引正、監、掾史賢者⑪，曰：「固為臣議如上責臣⑫，臣弗用⑬，愚抵於此⑭。」罪常釋⑮。閒即奏事⑯，上善之⑰，曰：「臣非知為此奏，乃正、監、掾史某為之⑱。」其欲薦吏⑲，揚人之善⑳蔽人之過如此㉑。所治即上意所欲罪㉒，予監史深禍者㉓，即上意所欲釋㉔，與監史輕平者㉕。所治即豪㉖，必舞文巧詆㉗；即下戶羸弱㉘，時口言㉙，雖文致法㉚，上財察㉛。於是往往釋湯所言㉜。湯至於大吏㉝，內行脩也㉞。通賓客飲食㉟。於故人子弟為吏及貧昆弟㊱，調護之尤厚㊲。其造請諸公，不避寒暑㊳。是以湯雖文深意忌不專平㊴，然得此聲譽㊵而刻深吏多為爪牙用者，依於文學之士㊶。丞相弘數稱其美。及治淮南、衡山、江都反獄，皆窮根本㊷。嚴助及伍被，上欲釋之。湯爭曰：「伍被本畫反謀，而助親幸出入禁闥爪牙臣，乃交私諸侯如此，弗誅，後不可治。」於是上可論之。其治獄所排大臣自為功㊸，多此類。於是湯益尊任，遷為御史大夫㊹。

【註】㊀鄉：即「向」，傾向。㊁傅古義：傅，傅會，附會，使兩種不同之物，發生關係，如以刑獄附會於仁義，以法家之學附會於儒家之道，以霸道為骨子，而附會於王道以為點綴。㊂亭：平，均，調整使之平。遇法之可疑者，則根據《尚書》、《春秋》之義，以調平之。㊃遇事之可疑者，作成斷詞以奏於上。㊄一定豫先為天子分析其原因，剖別其理由。㊅天子認以為是而可行者，則受而著之於斷詞，以作判決之法條。㊆廷尉把天子的命令，寫在公告的木板之上，以宣揚天子的明聖。㊇報告工作如被譴責（即，如果）。㊈湯就承認錯誤而謝罪。㊉順著天子的意思之便利。⑪一定要舉出主持工作的幹部及助手之賢者。⑫他們原先替我建議的辦法，正如天子所責成於我的辦法，⑬但是因為我沒有採用他們的意見，所以才犯了這種錯誤。⑭我真是想不到我竟然笨到這種地步！⑮他自己首先把自己責備一番，天子以為他坦白認錯，虛心受過，所以即使有錯誤，也常常得到諒解。⑯有的時候，如果報告工作。⑰天子以為甚善。⑱他不自居其功，便說道：「我自己本來不知道這樣的辦法，都是那些主持工作的幹部和助手們去做的」。⑲他推薦部下，⑳宣揚他們的長處，㉑掩飾他們的短處。常常這樣。㉒所治：辦理治罪案件。如果（即）是天子之意要加之以罪

者，㉓就把這種案子交給那些深刻殘酷幸災樂禍的法官去辦。㉔如果是天子之意要予以釋放者，㉕就把這種案子交給那些性情溫和持法輕平的法官去辦。㉖如果所要治罪的是豪強惡霸，㉗他一定要舞弄法律條文，巧發深詆，必致之於絕地；㉘如果碰到貧窮的下戶，或孱弱的老病。㉙他常常在天子面前，以口頭替他們求情，㉚但是表面上也致之於法，㉛但是經過天子察考裁示（財：即「裁」）之後，㉜往往按照湯所求情之話，予以釋放。㉝張湯能夠升到高官大吏，㉞私下的行為，很是修明。㉟與賓客互相交際飲食。㊱對於故人的子弟之為吏者以及貧窮的昆弟，㊲照護的更其殷厚。㊳他親自往諸公府上請安問好，是寒暑不避的。㊴所以湯雖然用法深刻，內心忌妬，不能很客觀的處事平正，㊵但是卻能得到了好的聲譽。㊶而深刻陰毒之吏為他作爪牙之用者，也多半能夠結託於文學儒林之士以為掩護。㊷挖底掘穴，窮治其根本，斬草除根。㊸巧發排害諸大臣，自以為功。㊹元狩二年，湯為御史大夫（副丞相）。

會渾邪等降，漢大興兵伐匈奴，山東水旱，貧民流徙，皆仰給縣官①，縣官空虛。於是承上指②，請造白金及五銖錢，籠天下鹽鐵③，排富商大賈④，出告緡令⑤，鉏豪彊幷兼之家⑥，舞文巧詆以輔法⑦。湯每朝奏事，語國家用，日晏⑧，天子忘食。丞相取充位⑨，天下事皆決於湯。百姓不安其生⑩，騷動⑪，縣官所興⑿，未獲其利⒀，姦吏並侵漁⒁，於是痛繩以罪。則自公卿以下，至於庶人，咸指湯⒂。湯嘗病，天子至自視病，其隆貴如此。

【註】㊀縣官：稱朝廷，不敢直言朝廷，故以縣官稱之。有時專指天子而言。所以漢時所謂之「縣官」，是指中央政府，不是指縣政府。㊁張湯順應皇上的心意（指，意向）。㊂由政府獨佔（籠，即壟斷、政府專賣、不准商人經營）鹽鐵的利益。㊃排斥富商大賈。㊄告緡令：命令商賈各自向政府報告其實際財產之數目，以作政府征稅之根據。如果商人隱匿財產，報告不實，則鼓勵他人告發，沒收其財產，而以一半給予告發之人以為獎金。這就是告緡令。這個命令一實行，誣告的案件越多，犯罪的人滿天下，幾乎弄得天下大亂。㊅鉏：即「鋤」字，剷除。㊆舞弄法律條文，以陰毒狡詐（巧）的手段，加以誣陷（詆），以幫助（輔）嚴刑峻法的實施。㊇日晏：論事甚多，故至於天色很晚的時候才離開。㊈張湯以副相而在天子面前言聽計從，所以弄得真正的丞相變成為掛名義的充員。㊉百姓不能安居樂業，⑾所以社會怨離而動亂起來。⑿朝廷所與辦的獨佔事業，⒀朝廷並未得到實際的利益。⒁而貪官污吏反而有了掠財漁利的機會。⒂從上到下都指責張湯。

匈奴來請和親，羣臣議上前。博士狄山曰：「和親便。」上問其便，山曰：「兵者兇器，未易數動。高帝欲伐匈奴，大困平城，乃遂結和親。孝惠、高后時，天下安樂。及孝文帝欲事匈奴，北邊蕭然苦兵矣。孝景時，吳楚七國反，景帝往來兩宮閒，寒心者數月。吳楚已破，竟景帝不言兵㊀，天下富實。今自陛下舉兵擊匈奴，中國以空虛，邊民大困貧。由此觀之，不如和親。」上問湯，湯曰：「此愚儒，無知。」狄山曰：「臣固愚忠，若御史大夫湯乃詐忠。若湯之治淮南、江都，以深文痛詆諸侯，別疏骨肉，使蕃臣不自安㊁。臣固知湯之為詐忠。」於是上作色曰㊂：「吾使生居一郡，能無使虜入盜乎？」曰：「不能。」曰：「居一縣？」對曰：「不能。」復曰：「居一障閒㊃？」山自度辯窮且下吏㊄，曰：「能。」於是上遣山乘鄣㊅。至月餘，匈奴斬山頭而去。自是以後，羣臣震慴㊆。

【註】㊀竟：終也。言終景帝之世不談用兵之事。㊁蕃：即「藩」，邊疆大臣，謂之「藩臣」。㊂作色：臉色大變，發怒的樣子。㊃障閒：鄣，邊塞險要之處，別築為城，置官兵守之，以為鄣蔽而禦敵寇。㊄自度：自己揣想。且：即將。下吏：下之於獄而交付法官治罪。㊅乘鄣：乘，登也，

登鄣塞而守之。㈦羣臣震怖而失氣，言皆恐怖而屜服也。

湯之客田甲，雖賈人，有賢操。始湯為小吏時，與錢通㈠，及湯為大吏，甲所以責湯行義過失，亦有烈士風。

【註】㈠有通財之來往。

湯為御史大夫七歲，敗。

河東人李文嘗與湯有郤㈠，已而為御史中丞，恚，數從中文書事有可以傷湯者，不能為地㈡。湯有所愛史魯謁居，知湯不平，使人上蜚變告文姦事㈢，事下湯，湯治論殺文，而湯心知謁居為之。上問曰：「言變事縱跡安起？」湯詳㈣驚曰：「此殆㈤文故人怨之。」謁居病臥閭里主人，湯自往視疾，為謁居摩足。趙國以治鑄為業，王數訟鐵官事，湯常排趙王。趙王求湯陰事㈥。謁居嘗案趙王㈦，趙王怨之，幷上書告：「湯，大臣也，史謁居有病，湯至為摩足，疑與為大姦。」事下廷尉。謁居病死，事連其弟，弟繫導官㈧。湯亦治他囚導官，見謁居弟，欲陰為之㈨，而詳不省㊉。謁居弟弗知，怨湯，使人上書告湯與謁居謀，其變告李文⑪。事下減宣。宣嘗與湯有郤，及得此事，窮竟其事⑫，未奏也。會人有盜發孝文園瘞錢⑬，丞相青翟朝，與湯約俱謝，至前，湯念獨丞相以四時行園，當謝，湯無與也，不謝。丞相謝，上使御史案其事。湯欲致其文丞相見知⑭，丞相患之。三長史皆害湯，欲陷之。

【註】㊀郤：同「隙」，仇恨。㊁從文書中找出張湯的錯誤，凡是可以打擊張湯者，都要儘量挑剔，決不給張湯留一點餘地。㊂蜚變：即飛變，飛語，匿名報告，揑造謠言以誣人。㊃詳：即「佯」。㊄殆：大概。㊅陰事：暗地的私事。㊆案察其事而治之以罪。㊇導官：太官之別名。時以諸獄皆滿，故暫時繫拘囚犯於此。㊈想著暗地幫他的忙。㊉而假裝為沒有看見他。⑪變告：即告變，揑造李文之罪，而匿名緊急告變。⑫窮竟：深追其事，以求水落石出。⑬瘞：埋也，埋錢於墓中以送葬也。瘞，音意（ㄧˋ）。⑭湯欲陷害丞相以見知故縱之罪。

始長史朱買臣，會稽人也㊀。讀春秋。莊助使人言買臣，買臣以楚辭與助俱幸，侍中，為太中大夫，用事；而湯乃為小吏，跪伏使買臣等前。已而湯為廷尉，治淮南獄，排擠莊助，買臣固心望㈡。及湯為御史大夫，買臣以會稽守為主爵都尉，列於九卿。數年，坐法廢，守長史，見湯，湯坐牀上，丞史遇買臣弗為禮。買臣楚士㈢，深怨，常欲死之。王朝，齊人也。以術至右內史。邊通，學長短㈣，剛暴彊人也，官再至濟南相。故皆居湯右㈤，已而失官㈥，守長史，詘體於湯㈦。湯數行丞相事，知此三長史素貴，常凌折之。以故三長史合謀曰：「始湯約與君謝，已而賣君；今欲劾君以宗廟事，此欲代君耳。吾知湯陰事。」使吏捕案湯左田信等㈧曰湯且欲奏請㈨，信輒先知之㈩，居物致富⑪，與湯分之，及他姦事。事辭頗聞。上問湯曰：「吾所為，賈人輒先知之，益居其物，是類有以吾謀告之者⑫。」湯不謝⑬。湯又詳⑭驚曰：「固宜有。」減宣亦奏謁居等事。天子果以湯懷詐面欺，使使八輩簿責湯⑮。湯具自道無此，不服。於是上使趙禹責湯。禹至，讓湯曰⑯：「君何不知分也⑰。君所治夷滅者幾何人矣⑱？今人言君皆有狀，天子重致君獄⑲，欲令君自為計⑳，何多以對簿為㉒?」湯乃為書謝曰:「湯無尺寸功,起刀筆吏,陛下幸致為三公,無以塞責。然謀陷湯罪者,三長史也。」遂自殺。

【註】㊀朱買臣,吳人,此時蘇州為會稽郡。㊁望:怨恨。㊂周末越王句踐滅吳,楚威王滅越,吳之地總屬楚,故謂買臣為楚士。㊃長短:戰國時代之策士說客,憑其三寸不爛之舌,遊說各國君主,分析時局,部陳利害,以合縱連横之謀,說長道短,博取祿位,無堅定之立揚,亦無確實之主張,如張儀蘇秦之流是也。㊄此數人,昔日地位皆居張湯之上(右)。㊅已而:即「既而」,以後。㊆詘體:昔日位在湯上,今日位在湯下,故不得不降低身分以事湯,而心實在不甘。㊇左:同「佐」字,助手。㊈且:將也。㊉輒:每也,常常。⑪居物:屯積貨物,造成物價上漲,而後出售以取大利。⑫我之所為,商人常常事先知道,因而他們便越發屯積貨物,好像有人把我的計劃,事先告訴商人似的。⑬湯不謝罪。⑭詳:即「佯」字。⑮輩:先後等次,先後班次。如八輩,即言先後有八個班次。簿責:以書面責備。⑯讓:責斥。⑰分:分際,分限,邊際。⑱經你的手所辦的案子而滅門斬族者有多少人家了?⑲重:很不願意。即言天子很不願意把你押在牢裏。⑳想讓你自己去打算(即言想讓你自動而死),㉑何必再多說廢話。

湯死，家產直㊀不過五百金，皆所得奉賜，無他業。昆弟諸子欲厚葬湯，湯母曰：「湯為天子大臣，被汙惡言而死㊁，何厚葬乎！」載以牛車，有棺無槨。天子聞之，曰：「非此母不能生此子。」乃盡案誅三長史。丞相青翟自殺。出田信㊂。上惜湯，稍遷其子安世。

【註】㊀直：即價值之「值」。㊁被惡言所污辱而死。㊂把田信從獄中釋出。

趙禹中廢，已而為廷尉。始條侯以為禹賊深㊀，弗任。及禹為少府，比九卿。禹酷急，至晚節，事益多，吏務為嚴峻，而禹治加緩，而名為平。王溫舒等後起，治酷於禹。禹以老，徙為燕相。數歲，亂悖有罪，免歸。後湯十餘年，以壽卒于家。

【註】㊀賊深：殘酷陰毒。

義縱者，河東人也。為少年時，嘗與張次公俱攻剽㊀為羣盜。縱有姊姁㊁，以醫幸王太后。王太后問：「有子兄弟為官者乎？」

姊曰：「有弟無行，不可。」太后乃告上，拜義姁弟縱為中郎，補上黨郡中令。治敢行㊂，少蘊藉㊃，縣無逋事，舉為第一。遷為長陵及長安令，直法行治，不避貴戚。以捕案太后外孫脩成君子仲㊄，上以為能，遷為河內都尉。至則族滅其豪㊅穰氏之屬，河內道不拾遺。而張次公亦為郎，以勇悍從軍，敢深入，有功，為岸頭侯。

【註】㊀攻剽：打家刼舍。㊁姁：音煦（ㄒㄩˇ）。㊂敢行：獨斷敢幹。㊃蘊藉：含蓄。㊄王太后之女，號脩成君，其子名仲。㊅豪：地方上的土霸。

寧成家居，上欲以為郡守。御史大夫弘曰：「臣居山東為小吏時，寧成為濟南都尉，其治如狼牧羊。成不可使治民。」上乃拜成為關都尉。歲餘，關東吏隸郡國出入關者㊀，號曰「寧見乳虎㊁，無值寧成之怒㊂。」義縱自河內遷為南陽太守，聞寧成家居南陽，及縱至關，寧成側行送迎，然縱氣盛，弗為禮。至郡，遂案寧氏，盡破碎其家。成坐有罪，及孔、暴之屬皆犇亡㊃，南陽吏民重足一迹㈤。而平氏㈥朱彊、杜衍㈦、杜周為縱牙爪之吏，任用，遷為廷史。軍數出定襄，定襄吏民亂敗，於是徙縱為定襄太守。縱至，掩定襄獄中重罪輕繫二百餘人，及賓客昆弟私入相視㈧亦二百餘人。縱一㈨捕鞠㈩，曰「為死罪解脫⑪。」是日皆報殺四百餘人。其後郡中不寒而栗，猾民佐吏為治⑫。

【註】㈠隸：閱也。㈡乳虎：乳子之虎。虎性本暴，特別母虎在其乳子之時，性更暴。顏師古曰：「猛獸產乳，養護其子，則搏噬過常。」㈢值：遭遇，碰上。㈣孔、暴，二姓，皆強門豪族。㈤重足：累足而行，言其恐怖之甚。一迹：一行的足迹。因其累足而行，不敢雙足並行，故行過之後只有一條線。㈥平氏：今河南、桐柏縣。㈦杜衍：故城在今河南、南陽縣西南二十三里。㈧到獄中去會見囚人。㈨一：完全，全部的。㈩鞠：窮治其罪。⑪把這些到獄中會見囚犯之賓客昆弟，都加以罪名，說他們是來替犯人解開桎梏鎖鐐的。漢律：諸囚徒私解脫桎梏鉗赭，加罪一等；為人解脫，與同罪。義縱對於來獄會見之人都加以罪名，說他們是來為其親戚子弟解脫桎梏的，於是都殺。栗：顫抖。⑫豪猾之民，反而幫助這些酷吏，來推行苛暴之治。

是時趙禹、張湯以深刻為九卿矣，然其治尚寬㈠，輔法而行，而縱以鷹擊毛摯為治㈡。後會五銖錢白金起，民為姦，京師尤甚，乃以縱為右內史㈢，王溫舒為中尉。溫舒至惡，其所為不先言縱，縱必以氣淩之，敗壞其功。其治，所誅殺甚多，然取為小治㈣，姦益不勝㈤，直指始出矣㈥。吏之治以斬殺縛束為務㈦，閻奉以惡用矣。縱廉，其治放郅都。上幸鼎湖，病久，已而卒起幸甘泉，道多不治，上怒曰：「縱以我為不復行此道乎？」嗛之㈨。至冬，楊可方受告緡，縱以為此亂民，部吏捕其為可使者。天子聞，使杜式治，以為廢格沮事㈩，弃縱市。後一歲，張湯亦死。

【註】㈠尚寬：比較猛苛的還算寬大。並不是真正的寬大。㈡鷹擊毛摯：鷹，猛鳥，趾有鈎爪，眼極明銳，盤旋空中，無微不見，獵者多養之以逐禽兔。鷹之出擊，全身羽毛奮發，故曰「鷹擊毛摯」。摯，同「鷙」字，即猛然奮張其羽毛之意。㈢右內史：即京兆尹。㈣取：得也，僅得小治，沒有大效。㈤姦偽越來越甚，無法制止。㈥直指：由於違禁犯法者眾，於是武帝遣直指使者衣繡衣，杖斧，分部逐捕羣盜，亦曰繡衣直指。直指就是天子派人到各地方，直接推行天子的意旨，具有最高權威，只要直指認為該殺該斬，就徑自執行，權力高於一切法令之上。㈦各地方官吏的執行政務，以

斬殺束縛為本領，可以想見漢武帝時政治暴惡至於如何程度。㈧卒：同「猝」字，忽然的。㈨嗛：音咸（ㄒㄧㄢˊ），啣恨。㈩廢格詔書，敗壞已成之事。

王溫舒者，陽陵人也㈠。少時椎埋為姦㈡。已而試補縣亭長，數廢。為吏，以治獄至廷史。事張湯，遷為御史。督盜賊，殺傷甚多，稍遷至廣平都尉。擇郡中豪敢任吏十餘人，以為爪牙，皆把其陰重罪㈢，而縱使督盜賊，快其意所欲得。此人雖有百罪，弗法㈣；即有避，因其事夷之，亦滅宗㈤。以其故齊趙之郊盜賊不敢近廣平，廣平聲為道不拾遺㈥。上聞，遷為河內太守。

【註】㈠陽陵：故城在今陝西咸陽縣東。㈡椎埋：盜掘墳墓。椎，掘也，掘發已埋之人，故謂之椎埋。又有人解釋椎殺人而埋之。後一種解釋，不如前一種解釋之佳。㈢把持其暗私而刑重之罪行。㈣弗法：不治之以法。㈤即：如果。如果有所畏避，而不敢繼續蠻幹者，即以其陰重之罪行治之，殺其人而滅其門。㈥廣平得到了「道不拾遺」的榮譽（聲）。

素居廣平時，皆知河內豪姦之家，及往，九月而至。令郡具私馬五十四匹，為驛自河內至長安，部吏如居廣平時方略㈠，捕郡中豪猾，郡中豪猾相連坐千餘家。上書請，大者至族，小者乃死，家盡沒入償臧㊁。奏行不過二三日，得可事㊂。論報㊃，至流血十餘里㊄。河內皆怪其奏，以為神速。盡十二月，郡中毋聲㊅，毋敢夜行，野無犬吠之盜。其頗不得，失之旁郡國黎來㊆，會春㊇，溫舒頓足㊈歎曰：「嗟乎，令冬月益展一月㊉，足吾事矣㊀！」其好殺伐行威不愛人如此。天子聞之，以為能，遷為中尉。其治復放河內，徙諸名禍猾吏與從事㊁，河內則楊皆、麻戍，關中楊贛、成信等。義縱為內史，憚未敢恣治㊂。及縱死，張湯敗後，徙為廷尉㊃，而尹齊為中尉。

【註】㊀如同治廣平的辦法。㊁完全沒收其家產以賠償其過去所貪得之贓物。臧：同「贓」。㊂呈文報上之後，不過兩三天，就可以接到皇帝批准的公事。㊃論報：判決其刑罪而執行之。㊄殺人太多，所以流血十餘里。㊅一郡之中，人人害怕，所以屏氣不敢作聲，而成為鴉雀無聲。㊆他在本郡得不到目標（所要整治之人），便到（之）鄰近的郡（旁郡）去追求（黎來、《漢書》是「追求」）。（《史記》的全句是「其頗不得失之旁郡國黎來」。內中之「失」字，是多餘之字，應讀為「其頗不得，之旁郡追求」，意義明顯。此係依《漢書》而解。）㊇春天到了，不准殺人。㊈頓足：以足擊

地，即「剁腳」。⑩假定把冬天（准許殺人的時間）再延長一個月。⑪就可以把我的工作（殺人的工作）完成了。⑫徙：調動。名禍：出名的害人魔手。猾吏：陰險殘酷的惡吏，與從事：與之共同工作。⑬義縱為內史的時侯，王溫舒有所畏懼，還不敢任性放手的大殺大刮。⑭及至義縱死了，張湯失敗了，王溫舒徙為廷尉。

尹齊者，東郡茌平人㈠。以刀筆稍遷至御史。事張湯，張湯數稱以為廉武，使督盜賊，所斬伐不避貴戚。遷為關內都尉，聲甚於寧成。上以為能，遷為中尉，吏民益凋敝。尹齊木彊少文㈡，豪惡吏伏匿而善吏不能為治㈢，以故事多廢，抵罪㈣。上復徙溫舒為中尉，而楊僕以嚴酷為主爵都尉。

【註】㈠茌平：故城在今山東茌平縣西二十里。茌，音持（ㄔˊ）。㈡木強：質鈍，不和柔。㈢豪惡之吏隱藏不為所用，而善良之吏，怕事敷衍，沒有魄力以治事。㈢所以公事廢弛以至於坐罪。

楊僕者，宜陽人也㈠。以千夫為吏㈡。河南守案舉以為能，遷為御史，使督盜賊關東。治放尹齊㈢，以為敢摯行㈣。稍遷至主爵都尉，列九卿。天子以為能。南越反，拜為樓船將軍，有功，封將梁侯。為荀彘所縛㊄。居久之，病死。

【註】㊀宜陽：今河南宜陽縣。㊁武帝時，以軍用不足，令民得出錢買官，所謂武功爵，千夫若五大夫之爵。㊂放：即「倣」，倣效，效法。㊃摯：同「鷙」，猛烈攻擊。以果敢猛擊而推行政令。㊄楊僕與左將軍荀彘俱擊朝鮮，為彘所縛，以罪當誅，贖為庶人。

而溫舒復為中尉。為人少文㊀，居廷惛惛不辯㊁，至於中尉則心開。督盜賊㊂，素習關中俗，知豪惡吏，豪惡吏盡復為用，為方略。吏苛察，盜賊惡少年投缿㊃購告言姦㊄，置伯格長㊅以牧司姦盜賊㊆。溫舒為人諂㊇，善事有埶者㊈；即無埶者㊉，視之如奴⑪。有埶家⑫，雖有姦如山⑬，弗犯⑭；無埶者⑮，貴戚必侵辱⑯。舞文巧詆下戶之猾⑰，以焄大豪⑱。其治中尉如此。姦猾窮治，大抵盡靡爛獄中⑲，行論無出者⑳。其爪牙吏虎而冠㉑。於是中尉部中中猾以下皆伏㉒，有勢者為游聲譽㉓，稱治㉔。治數歲，其吏多以權富㉕。

【註】㊀少文：缺少文學，沒有學問。㊁為廷尉，在辦公廳內，昏昏蒙蒙，沒有工作能力。㊂但

是，一旦為中尉，叫他去捉強盜，平土匪，他就開心的了不得，很有信心，很有興趣。㊃投缿：缿，音厚（ㄏㄡˋ），瓦器，所以盛受秘密報告之文書。㊄收買密告姦罪情報。㊅設置街道邑落各地方基層組織之首長。㊆以監察盜賊活動。㊇讇：即「諂」，巴結有勢之人。㊈極會侍候有勢力之人。㊉即：如也。如果你沒有勢力。⑪他看待你便如看待奴僕一樣。⑫對於有權勢的人家。⑬即使人家有罪惡如山一樣的大，⑭他也不敢去碰人家。⑮對於無勢力的人家，⑯即使是貴戚之家，也一定要欺侮。⑰舞弄法條以陷誣下戶的刁猾者。⑱以諷示（焄，發出氣味，使人聞之而知警）強有力的大豪。⑲靡爛：即糜爛，受了毒刑，皮肉橫裂。⑳只要一判罪，沒有一個能活著出來的。㉑虎而冠：性情殘暴如虎，而戴著人的帽子。㉒中尉所管轄的勢力範圍之內，中等以下的流氓地痞，都蟄伏而不敢動。㉓有勢力的人，再為他宣揚名譽。㉔所以都稱讚他能夠維持治安，很有幹才。㉕他的部下，多與有勢有錢的人相勾結而得到了權力與金錢。

溫舒擊東越還㊀，議有不中意者，坐小法抵罪免。是時天子方欲作通天臺㊁而未有人，溫舒請覆中尉脫卒，得數萬人作㊂。上說，拜為少府。徙為右內史，治如其故㊃，姦邪少禁。坐法失官。復為右輔，行中尉事，如故操。

【註】㊀元鼎六年，出會稽，破東越（福建）。㊁《三輔舊事》云：「起甘泉，通天臺，高五十

丈。」㊂覆：查核。中尉地區範圍之內，該當卒而聽脫不當卒者，現在查核出來有數萬人之多，就叫他們去作工以建築通天臺。㊃如同過去的作風一樣。

歲餘，會宛軍發㊀，詔徵豪吏，溫舒匿其吏華成，及人有變告溫舒受員騎錢㊁，他姦利事，罪至族，自殺。其時兩弟及兩婚家亦各自坐他罪而族。光祿徐自為曰：「悲夫，夫古有三族，而王溫舒罪至同時而五族乎！」

【註】㊀發兵伐大宛。㊁員騎：正額之騎士。

溫舒死，家直累千金㊀。後數歲，尹齊亦以淮陽都尉病死，家直不滿五十金。所誅滅淮陽甚多，及死，仇家欲燒其戶，尸亡去歸葬㊁。

【註】㊀家直：家產的價值。㊁尹齊死未及歛，恐怨家欲燒之，屍遂飛去。

自溫舒等以惡為治㊀，而郡守、都尉、諸侯二千石欲為治者，其治大抵盡放溫舒㊁，而吏民益輕犯法，盜賊滋起。南陽有梅免、白政，楚有殷中、杜少，齊有徐勃，燕趙之閒有堅盧、范生之屬。大羣至數千人，擅自號㊂，攻城邑，取庫兵，釋死罪，縛辱郡太守、都尉，殺二千石，為檄告縣趣具食㊃；小羣（盜）以百數，掠鹵鄉里者，不可勝數也。於是天子始使御史中丞、丞相長史督之。猶弗能禁也，乃使光祿大夫范昆、諸輔都尉及故九卿張德等衣繡衣，持節，虎符發兵以興擊，斬首大部或至萬餘級，及以法誅通飲食㊄，坐連諸郡，甚者數千人。數歲，乃頗得其渠率㊅。散卒失亡，復聚黨阻山川者㊆，往往而羣居，無可柰何。於是作「沈命法」㊇，曰羣盜起不發覺，發覺而捕弗滿品者，二千石以下至小吏主者皆死。其後小吏畏誅，雖有盜不敢發，恐不能得，坐課累府，府亦使其不言。故盜賊寖多㊈，上下相為匿，以文辭避法焉㊉。

【註】㊀以惡道整治人民。㊁放：即「倣」，倣效，效法。㊂自立名號。㊃趣：同「促」。㊄為罪盜送飲食者亦犯死罪。㊅渠率：盜賊的首領。㊆以山川之險阻為據點而反抗。㊇沈命法，凡隱藏盜賊者，即沈沒其生命。㊈於是小吏怕被誅而死，雖有盜亦不敢舉發，怕的是捉不住盜而受罪，

且連累上級機關亦受罪；上級機關也使下級小吏不要告發。於是上下互為隱匿，因而盜賊就越來越多了。⑩以表面的公文辭令言無盜賊，而逃避法令的責任。

減宣者，楊人也㊀。以佐史無害㊁給事河東守府。衛將軍青使買馬河東，見宣無害，言上，徵為大廐丞㊂。官事辨，稍遷至御史及中丞。使治主父偃及治淮南反獄，所以微文深詆㊃，殺者甚眾，稱為敢決疑。數廢數起，為御史及中丞者幾二十歲。王溫舒免中尉，而宣為左內史。其治米鹽㊄，事大小皆關其手，自部署縣名曹實物㊅，官吏令丞不得擅搖㊆，痛以重法繩之㊇。居官數年，一切郡中為小治辨㊈，然獨宣以小致大㊉，能因力行之⑪，難以為經⑫。中廢。為右扶風，坐怨成信⑬，信亡藏上林中，宣使郿令⑭格殺信，吏卒格信時，射中上林苑門，宣下吏詆罪，以為大逆，當族，自殺。而杜周任用。

【註】㊀減宣：姓減，名宣。楊：故城在山西洪洞縣東南十五里。㊁無害：援引法律，存心寬平，不枉法以害人。㊂大僕屬官有大廐，各五丞一尉。㊃以細微的條文，而深刻陰毒，加以誣陷。㊄米鹽小事，他也自己去管。言其作事瑣碎。米鹽二字，合為一形容詞。㊅親自佈置縣中各科室的實物

名色位置。㈦官吏令丞不得私自動搖。㈧如敢動搖，即以重法治罪。㈨一切郡中為忙於小事而致受貶（辨）。㈩惟獨減宣能從小事而發展至於大事。㈡他有充分的精力以實行。㈢但是不足以為常法。㈢成信：宣之部屬。㈣郿：今陝西郿縣。

杜周者，南陽杜衍人。義縱為南陽守，以為爪牙，舉為廷尉史。事張湯，湯數言其無害，至御史。使案邊失亡㈠，所論殺甚眾㈡。奏事中上意，任用，與減宣相編㈢，更為中丞十餘歲㈣。

【註】㈠案查邊地郡縣主守貪污吞沒，而使國家蒙受損失之狀況。㈡被判罪而殺死者甚眾。（顏師古解釋為案查由於虜敵入寇而失亡之人畜甲兵及倉庫損失之情況。顏說不是，因其不能與下句之「論殺甚眾」相聯繫。既然由於外寇而受損失，何必論殺甚眾？必於由於官吏貪沒公物而受損失，所以「論殺甚眾」。）㈢相編：相為次第，順次聯繫。㈣更：互為調換。

其治與宣相放㈠，然重遲㈡，外寬㈢，內深次骨㈣。宣為左內史，周為廷尉，其治大放㈤張湯而善候伺㈥。上所欲擠者，因而陷之；上所欲釋者，久繫待問而微見㈦其冤狀。客有讓周曰：「君為天子決平㈧，不循三尺法㈨，專以人主意指為獄。獄者固如是乎？」周曰：「三尺安出哉㈩？前主所是著為律(一一)，後主所是疏為令(一二)，當時為是(一三)，何古之法乎(一四)！」

【註】㈠相放：即「相倣」，相倣佛，相類似。㈡慎重考慮而決斷遲鈍。㈢外表好像寬大。㈣而內心陰沉險毒，用法殘酷，以至於入骨。㈤放：即倣，倣效。㈥善於觀望天子的意向。㈦見：表現，顯現。㈧以公平判斷刑獄。㈨以法律書之於三尺竹簡之上，故曰三尺法。㈩三尺法從那裏來的呢？(一一)前主認以為是的，就著為律。(一二)後主認以為是的，就書為令。(一三)只要合於當時之用，就算是對的，(一四)何必一定要用古人之法呢？

至周為廷尉，詔獄㈠亦益多矣。二千石繫者㈡新故相因㈢，不減百餘人。郡吏大府㈣舉之廷尉㈤，一歲至千餘章㈥。章大者連逮證案數百㈦，小者數十人㈧；遠者數千㈨，近者數百里㈩。會獄(一一)，吏因責如章告劾(一二)，不服，以笞掠定之(一三)。於是聞有逮皆亡匿(一四)。獄久者至更數赦(一五)十有餘歲而相告言，大抵盡詆以不道(一六)以上。廷尉及中都官詔獄逮至六七萬人(一七)，吏所增加十萬餘人(一八)。

【註】㈠詔獄：根本不經過任何法律手續，只憑皇帝的一紙詔書，即逮捕人而囚之於獄。㈡二千

石：按漢時，內自九卿郎將，外至郡守、尉，皆秩二千石，所以二千石在漢時都是高級官吏，自中央之丞相以至於地方之邊疆大臣，皆在其內。㊂舊的還沒有出來，新的又進去，所以謂之新舊相積累（因）。㊃郡吏：指太守而言。大府：丞相府，御史府。㊄大府及郡吏所經手的案件，都要送到廷尉那裏去辦理。㊅一年要有一千多件的案子。㊆一件案子常常要逮捕有關連的人數百之多。㊇小者也有數十人。㊈遠者有數千里之地。㊉近者也有幾百里。⑪所有這些有關的一干人等，都要押解到京師來會審。⑫獄吏責成這些受刑的人，要依照所起訴的罪狀來認罪。⑬如果不服從，就以鞭子苦刑拷打，必逼其招供而後已。⑭於是一聽說有被捕的消息，都逃亡或藏躲起來。⑮案子時間久者，竟至於經過幾次的赦令為期十餘年，而還在繼續偵察，搜索資料。⑯到了最後，大多數都誣陷以大逆不道之罪而斬門滅族。⑰廷尉及京師之中各官府，因受詔令而被捕繫獄者，至六七萬人之多。⑱下級的獄吏，附和詔令而羅致之罪犯，又增加了十有餘萬。

周中廢，後為執金吾㊀，逐盜，捕治桑弘羊、衞皇后昆弟子刻深㊁，天子以為盡力無私，遷為御史大夫㊂。家兩子，夾河為守㊃。其治暴酷皆甚於王溫舒等矣。杜周初徵為廷史，有一馬，且不全；及身久任事，至三公列，子孫尊官，家訾累數巨萬矣㊄。

【註】㊀執金吾：官名，主管京師治安，秦之時，名為中尉，至漢武帝之時，改為執金吾。應劭曰：

「吾者，禦也，掌執金革以禦非常。」顏師古曰：「金吾，鳥名也，主避不祥。天子出行，職主先導以禦非常，故執此鳥之象，因以名官。」㈡刻深：苛刻陰狠。㈢天漢三年為御史大夫。據《漢書》謂杜周死於太始二年。㈣杜周的大兒二兒皆為太守，一為河內太守，一為河南太守，故曰夾河為守。㈤巨萬：萬萬。

太史公曰：自郅都、杜周十人者，此皆以酷烈為聲。然郅都伉直，引是非，爭天下大體。張湯以知陰陽，人主與俱上下，時數辯當否，國家賴其便。趙禹時據法守正。杜周從諛，以少言為重。自張湯死後，網密㈠，多詆嚴㈡，官事寖以耗廢。九卿碌碌奉其官㈢，救過不贍㈣，何暇論繩墨之外乎㈤！然此十人中，其廉者足以為儀表，其汙者足以為戒，方略教導，禁姦止邪，一切亦皆彬彬質有其文武焉。雖慘酷，斯稱其位矣。至若蜀守馮當暴挫，廣漢李貞擅磔人，東郡彌僕鋸項㈥，天水駱璧推咸㈦，河東褚廣妄殺，京兆無忌、馮翊殷周蝮鷙㈧，水衡閻奉朴擊賣請㈨，何足數哉！何足數哉㈩！

【註】㈠網密：法網嚴密，嚴刑峻法。㈡詆：誣陷，誣害，無罪而加之以死罪。嚴：苛刻。㈢平

平庸庸，毫無建樹，糊糊塗塗的做官，混時間。㊃擔心害怕，惟恐怕自身出了毛病。㊄那還有閒工夫再談那些規矩繩墨以外的問題呢？㊅姓彌，名僕。以鋸斷人的脖子。㊆推咸：推咸乃「椎成」二字之誤，椎成者，即以椎擊而成其罪，所謂「苦打成招」是也。㊇蝮：蛇蠍之類，言其毒如蛇蠍也。鷙：言其猛如鷹鳥也。王念孫謂蝮乃「愎」字之誤，言其剛愎自用也。鷙：言其猛暴也。㊈朴擊：以棒擊人，逼其認罪。賣請：以金錢買賣，可以贖命。㊉連言「何足數哉」，即謂像這些暴虐的酷吏，真是太多太多，數也數不盡，只能舉出幾個最厲害的罷了。

卷一百二十三　大宛列傳第六十三

大宛㈠之跡㈡，見自張騫㈢。張騫，漢中人。建元中為郎。是時天子問匈奴降者，皆言匈奴破月氏王㈣，以其頭為飲器㈤，月氏遁逃而常怨仇匈奴，無與共擊之㈥。漢方欲事滅胡㈦，聞此言，因欲通使。道必更匈奴中㈧，乃募能使者。騫以郎應募，使月氏，與堂邑氏（故）胡奴甘父㈨俱出隴西。經匈奴，匈奴得之，傳詣單于㈩。單於留之，曰：「月氏在吾北，漢何以得往使？吾欲使越，漢肯聽我乎？」留騫十餘歲，與妻，有子，然騫持漢節不失。

【註】㈠大宛：古國名，在大月氏之東北，今俄領中亞細亞之佛爾哈那州。陳致平先生所著之《中華通史》以為今俄屬之吉爾吉斯坦（Kirghiz）。㈡跡：路線，通往大宛的路線。㈢見：發現。㈣月氏：古國名，本居於甘肅之敦煌、祈連間。漢時為匈奴所破，西走阿母河，征服大夏，都河北，曰大月氏。留居故地者為小月氏。大月氏強盛時，奄有印度恒河流域、克什米爾、阿富汗及蔥嶺東西地。㈤飲器：飲酒之器，或曰溺小便之器。㈥沒有同盟國家與之共擊匈奴。㈦欲從事於滅胡工作。㈧更：經

過。㈨堂邑縣人家胡奴名甘父。下云「堂邑父」者，蓋史家從省，唯稱「堂邑父」而略去「甘」字。
㈩傳：轉送到。

居匈奴中，益寬㈠，騫因與其屬亡鄉月氏㈡，西走數十日至大宛。大宛聞漢之饒財，欲通不得，見騫，喜，問曰：「若欲何之㈢？」騫曰：「為漢使月氏，而為匈奴所閉道。今亡，唯王使人導送我。誠得至，反漢，漢之賂遺王財物不可勝言。」大宛以為然，遣騫，為發導繹㈣，抵康居㈤，康居傳致大月氏㈥。大月氏王已為胡所殺，立其太子為王。既臣大夏而居，地肥饒，少寇，志安樂，又自以遠漢，殊無報胡之心。騫從月氏至大夏，竟不能得月氏要領㈦。

【註】 ㈠對於他監視的越放鬆了。㈡向月氏之路逃亡。（鄉：即向）。㈢若：你。㈣繹：即「譯」，通達西方語言之人，為之翻譯。㈤康居：今俄領之哈薩克（Hazakh）。（據陳致平先生《中華通史》所註。）㈥傳致：轉致。㈦要領：肯定的答覆。

留歲餘，還，並南山㈠，欲從羌中歸㈡，復為匈奴所得。留歲餘，單于死，左谷蠡王攻其太子自立，國內亂，騫與胡妻及堂邑父俱亡歸漢。漢拜騫為太中大夫，堂邑父為奉使君。

【註】㈠並南山：沿南山而行。㈡想從張掖之路線而回國。

騫為人彊力，寬大信人，蠻夷愛之。堂邑父故胡人，善射，窮急射禽獸給食。初，騫行時百餘人，去十三歲，唯二人得還。

騫身所至者大宛、大月氏、大夏、康居，而傳聞其旁大國五六，具為天子言之。曰：

大宛在匈奴西南，在漢正西，去漢可萬里。其俗土著，耕田，田稻麥。有蒲陶酒。多善馬，馬汗血㈠，其先天馬子也㈡。有城郭屋室。其屬邑大小七十餘城，眾可數十萬。其兵弓矛騎射㈢。其北則康居，西則大月氏，西南則大夏㈣，東北則烏孫㈤，東則扜罙㈥、于窴㈦。于窴之西，則水皆西流，注西海；其東水東流，注鹽澤㈧。鹽澤潛行地下，其南則河源出焉。多玉石，河注中國。而樓蘭、姑師㈨邑有城郭，臨鹽澤。鹽澤去長安可五千里。匈奴右方居鹽澤以東，至隴西長城，南接羌，鬲漢道焉⑩。

【註】㊀大宛出良馬，日行千里，至日中而汗血，血從前肩髆出，以用力多之故。㊁這種善馬的祖先，稱曰「天馬」。所以牠們都是天馬的子嗣。相傳大宛國有高山，其上有良馬，不可得，因取五色母馬置其下，使與交配而生駒，皆汗血，故號曰「天馬子」。㊂兵：武器。㊃大夏：今之阿富汗。㊄烏孫：在今新疆溫宿縣以北，伊寧縣以南之地。㊅扜罙：在今新疆和闐境。㊆于窴：在今新疆和闐境。㊇鹽澤：即蒲昌海，即今新疆吐魯番縣西南之羅布泊是也。廣袤三四百里，其水皆潛行地下，南出於積石山為中國河。㊈樓蘭：即鄯善，在新疆羅布泊之東南。今為鄯善縣。姑師：即車師，今新疆吐魯番、昌吉、奇台等縣地。⑩鬲：即「隔」字，隔絕也。

烏孫在大宛東北可二千里，行國㊀，隨畜，與匈奴同俗。控弦者數萬，敢戰。故服匈奴㊁，及盛，取其羈屬，不肯往朝會焉。

【註】㊀行國：與「居國」相對而言。「行國」是游牧為生的國家。「居國」是農業為主要生活的國家。㊁故：過去。言烏孫過去服從匈奴，到了牠強盛以後，只是有個名義上的聯繫，實際並不服從了，連朝會也不肯去了。

康居在大宛西北可二千里，行國，與月氏大同俗。控弦者八九萬人。與大宛鄰國。國小，南羈事月氏㊀，東羈事匈奴㊁。

【註】㊀南邊受月氏的束縛而事奉月氏。㊁東邊受匈奴的束縛而事奉匈奴。

奄蔡㊀在康居西北可二千里，行國，與康居大同俗。控弦者十餘萬。臨大澤，無崖，蓋乃北海云。

【註】㊀奄蔡：今俄領高加索之地。

大月氏㊀在大宛西可二三千里，居嬀水北。其南則大夏，西則安息㊁，北則康居。行國也，隨畜移徙，與匈奴同俗。控弦者可一二十萬。故時彊，輕匈奴，及冒頓立，攻破月氏，至匈奴老上單于，殺月氏王，以其頭為飲器。始月氏居敦煌、祁連閒，及為匈奴所敗，乃遠去，過宛，西擊大夏而臣之，遂都嬀水北，為王庭。其餘小眾不能去者，保南山羌，號小月氏。

【註】㊀月氏初居敦煌以東，祁連山以西。在俄之中亞東南部，東起後阿賴山，西至阿母河。又跨

河而南，兼有布哈爾及阿富汗北境，並蔥嶺山中諸小部地。㊁安息：古國名，今之伊朗國。

安息在大月氏西可數千里。其俗土著㊀，耕田，田稻麥，蒲陶酒。城邑如大宛。其屬小大數百城，地方數千里，最為大國。臨媯水，有市，民商賈用車及船，行旁國或數千里。以銀為錢，錢如其王面，王死輒更錢，效王面焉㊁。畫革旁行以為書記㊂。其西則條枝，北有奄蔡、黎軒㊃。

【註】㊀土著而定居，已由游隨牧而進為農業生產。㊁以銀為錢，錢面鑄有國王之形像。老王死，而新王立，則又依新王之面貌而鑄新錢。錢之背面是王后的像。㊂文字畫於硬革之上，橫行而寫，以為記事。㊃黎軒：《漢書》作「犂靬」，《後漢書》稱為「大秦」。《後漢書》云：「大秦一名犂鞬，在西海之西，東西南北各數千里，有城四百餘所。土多金銀奇寶，有夜光璧、明月珠、駭雞犀、火浣布、珊瑚、琥珀、琉璃、瑯玕、朱丹、青碧，珍怪之物，率出大秦。」《魏略》云：「大秦在安息、條支西大海之西，故俗謂之海西。從安息界乘船直載海西，遇風利時，三月可到。風遲，或一二年。其公私宮室為重屋，郵驛亭置如中國。從安息繞海北陸到其國，人民相屬，十里一亭，三十里一置，無盜賊，其俗人長大平正，似中國人而胡服。」大秦，即羅馬帝國。

條枝㊀在安息西數千里，臨西海。暑溼。耕田，田稻。有大鳥，卵如甕㊁。人眾甚多，往往有小君長，而安息役屬之，以為外國。國善眩㊂。安息長老傳聞條枝有弱水㊃、西王母，而未嘗見。

【註】㊀條枝：今阿拉伯之地。㊁大鳥蒼色，舉頭八九尺，張翅丈餘，食大麥，卵大如甕。㊂善眩：善於玩弄魔術，使人眼花撩亂，莫明其妙，以為神奇，如吞刀、吐火、種樹、屠人、截馬之術，皆是。㊃弱水：《玄中記》云：「天下之弱者，有崑崙之弱水，鴻毛不能載也。」（即不能載鴻毛）。西王母：《山海經》云：「玉山，西王母所居。」《穆天子傳》云：「周穆王好神仙，觴西王母於瑤池之上。」《搜神記》云：「羿請不死之藥於西王母，嫦娥竊以奔月。」

大夏㊀在大宛西南二千餘里嬀水南。其俗土著，有城屋，與大宛同俗。無大（王）〔君〕長，往往城邑置小長。其兵弱，畏戰。善賈市。及大月氏西徙，攻敗之，皆臣畜大夏。大夏民多，可百餘萬。其都曰藍市城，有市販賈諸物。其東南有身毒國㊁。

【註】㊀大夏：古國名，即今阿富汗北部之地。㊁身毒國：一名天竺，即今之印度。

騫曰：「臣在大夏時，見邛竹杖、蜀布(一)。問曰：『安得此？』大夏國人曰：『吾賈人往市之身毒。身毒在大夏東南可數千里。其俗土著，大與大夏同，而卑溼暑熱云。其人民乘象以戰。其國臨大水焉。』以騫度之(二)，大夏去漢萬二千里，居漢西南。今身毒國又居大夏東南數千里，有蜀物，此其去蜀不遠矣。今使大夏(三)，從羌中，險(四)，羌人惡之；少北，則為匈奴所得；從蜀宜徑(五)，又無寇。」天子既聞大宛及大夏、安息之屬皆大國，多奇物，土著，頗與中國同業，而兵弱，貴漢財物；其北有大月氏、康居之屬，兵彊，可以賂遺設利朝也(六)。且誠得而以義屬之，則廣地萬里，重九譯(七)，致殊俗(八)，威德徧於四海。天子欣然，以騫言為然，乃令騫因蜀犍為(九)發閒使(一〇)，四道並出：出駹(一一)，出冄(一二)，出徙(一三)出邛、僰，皆各行一二千里。其北方閉氐、筰(一四)，南方閉巂(一五)、昆明。昆明之屬無君長，善寇盜，輒殺略漢使，終莫得通。然聞其西可千餘里有乘象國，名曰滇越(一六)，而蜀賈姦出物者或至焉，於是漢以求大夏道始通滇國。初，漢欲通西南夷，費多，道不通，罷之。及張騫言可以通大夏，乃復事西南夷。

【註】㊀邛竹杖：邛山所出之竹杖。邛山在西康滎經縣西南五十里。山出竹，高節，實中，可為杖。蜀布：四川之布。在漢時已銷售到阿富汗等地可能更早在漢以前，㊁度：推測。㊂出使於大夏。㊃險：道路險阻。㊄從四川往大夏，按理應當是最為捷便（徑：直接而便利）。㊅可以餽贈財物，施（設）之以利，而誘其來朝。㊆重九譯：與遠邦異域相交際，初時言語不通，必須輾轉相譯，以得其意，重者，輾轉重覆之意，九譯者，翻譯至於經過九種語言，形容其輾轉翻譯之費口舌，並不一定是九個數字。㊇招致許多民情風俗不相同的國家；都來歸服。㊈犍為：在今四川犍為縣。㊉間使：利用間隙而行的使者。⑪駹：音忙（ㄇㄤˊ），夷種名。冉：異種名。此兩族皆生活於今日四川茂縣一帶之地。⑫徙：在今西康天全縣。⑬邛：在西康西昌縣。僰：在今西康雅安縣。⑭筰：定筰，在今西康鹽源縣。⑮巂：在西康西昌縣。昆明：在雲南省昆明縣。⑯滇國：雲南省之舊雲南府地。

騫以校尉從大將軍擊匈奴，知水草處，軍得以不乏，乃封騫為博望侯㊀。是歲元朔六年也㊁。其明年，騫為衞尉，與李將軍俱出右北平擊匈奴。匈奴圍李將軍㊂，軍失亡多；而騫後期當斬，贖為庶人。是歲漢遣驃騎破匈奴西城，數萬人，至祁連山。

其明年，渾邪王率其民降漢㈣，而金城㈤、河西㈥西並㈦南山㈧至鹽澤㈨空無匈奴。匈奴時有候者到⑩，而希矣。其後二年，漢擊走單于於幕北⑪。

【註】㈠博望侯：〈地理志〉：南陽有博望縣。顏師古以為張騫之所以封為博望侯者，以其瞻望之廣博也。㈡元朔六年（西曆紀元前一二三年）。㈢李將軍：李廣。㈣元狩二年（西曆紀元前一二一年）匈奴渾邪王降漢。㈤金城：故城在今甘肅、皐蘭縣西北黃河北岸。㈥河西：泛指黃河以西之地，如今之陝西、甘肅、及蒙古之鄂爾多斯、阿拉善、額濟納皆是。㈦並：沿著。㈧南山：即祁連山，自蔥嶺東亙新疆南部，為阿爾金山。東經青海及甘、涼道地，是為祁連山。又東南與秦嶺接。《漢書》所謂「西域南北有大山，其南山東出金城，與漢南山（秦嶺、終南山）屬」，是也。㈨鹽澤：在新疆吐魯番之東。⑩偶然也有斥候的人來，但是，很少了。⑪幕北：即漠北，大沙漠之北。

是後天子數問騫大夏之屬。騫既失侯，因言曰：「臣居匈奴中，聞烏孫王號昆莫，昆莫之父，匈奴西邊小國也。匈奴攻殺其父㈠，而昆莫生弃於野。烏嗛肉蜚其上㈡，狼往乳之㈢。單于怪以為神，而收長之。及壯，使將兵，數有功，單于復以其父之民予昆莫，令長守於西城。昆莫收養其民，攻旁小邑，控弦數萬，習攻戰。單于死，昆莫乃率其眾遠徙，中立，不肯朝會匈奴。匈奴遣奇兵擊，不勝，以為神而遠之，因羈屬之，不大攻。今單于新困於漢，而故渾邪地空無人。蠻夷俗貪漢財物，今誠以此時而厚幣賂烏孫，招以益東，居故渾邪之地，與漢結昆弟，其勢宜聽，聽則是斷匈奴右臂也㈣。既連烏孫，自其西大夏之屬皆可招來而為外臣。」天子以為然，拜騫為中郎將，將三百人，馬各二匹，牛羊以萬數，齎金幣帛直數千巨萬，多持節副使，道可使，使遺之他旁國㈤。

【註】 ㈠《漢書》云：「其父名難兜靡，本與大月氏俱在祁連、敦煌間，小國也。大月氏攻殺難兜靡，奪其地之人民，亡走匈奴。」㈡嗛肉：即「銜肉」。蜚：即「飛」字。㈢乳之：以乳飲之。㈣張騫勸說武帝厚結烏孫，打通河西走廊，奪取西域控制權，對匈奴施以包圍，即所謂「斷匈奴右臂」之戰略。甚有見地。㈤「道可使，使遺之他旁國」：應為：「道可使，便遺之他旁國」。就是說，如果有通路可以派人出使的話，便遣派使人到其他鄰近的國家。

騫既至烏孫，烏孫王昆莫見漢使如單于禮，騫大慙，知蠻夷貪，乃曰：「天子致賜，王不拜則還賜。」昆莫起拜賜，其他如故。騫諭使指曰：「烏孫能東居渾邪地，則漢遣翁主㈠為昆莫夫人。」烏孫國分，王老，而遠漢㈡，未知其大小，素服屬匈奴日久矣，且又近之，其大臣皆畏胡，不欲移徙，王不能專制。騫不得其要領㈢。昆莫有十餘子，其中子曰大祿，彊，善將眾㈣，將眾別居萬餘騎。大祿兄為太子，太子有子曰岑娶，而太子蚤死。臨死謂其父昆莫曰：「必以岑娶為太子，無令他人代之。」昆莫哀而許之，卒以岑娶為太子。大祿怒其不得代太子也，乃收其諸昆弟，將其眾畔㈤，謀攻岑娶及昆莫。昆莫老，常恐大祿殺岑娶，予岑娶萬餘騎別居，而昆莫有萬餘騎自備，國眾分為三，而其大總取羈屬昆莫，昆莫亦以此不敢專約於騫㈥。

【註】㈠翁主：漢時稱諸王之女為翁主。㈡遠漢：與漢地距離較遠。㈢沒有得到肯定的答覆。㈣善於領導眾人。㈤率領其眾人叛變。㈥不敢獨自作主與張騫有約定。

騫因分遣副使使大宛、康居、大月氏、大夏、安息、身毒、于寘、扜罙及諸旁國。烏孫發導譯送騫還，騫與烏孫遣使數十人，馬數十匹報謝，因令窺漢，知其廣大㈠。

【註】㈠烏孫的使者與張騫一同來到漢朝報謝，藉著這個機會，叫他們看看漢家的廣大、富厚、民眾、物博。

騫還到，拜為大行㈠，列於九卿。歲餘，卒。烏孫使既見漢人眾富厚，歸報其國，其國乃益重漢。其後歲餘，騫所遣使通大夏之屬者皆頗與其人俱來㈡，於是西北國始通於漢矣。然張騫鑿空㈢，其後使往者皆稱博望侯，以為質於外國㈣，外國由此信之。

【註】㈠大行：主管外交之官。㈡西域各國皆派人隨張騫前所派之使者來到漢朝。㈢鑿空：張騫是打開西域交通孔道的第一個英雄，故稱之為「鑿空」。㈣以取信於外國。

自博望侯騫死後，匈奴聞漢通烏孫，怒，欲擊之。及漢使烏孫，若㈠出其南，抵大宛、大月氏相屬㈡，烏孫乃恐，使使獻馬，願得尚漢女翁主為昆弟。天子問羣臣議計，皆曰「必先納聘，然後乃遣女。」初，天子發書易㈢，云「神馬當從西北來」。得烏孫馬好，名曰「天馬」。及得大宛汗血馬，益壯，更名烏孫馬曰「西極」，名大宛馬曰「天馬」云㈣。而漢始築令居以西㈤，初置酒泉郡以通西北國。因益發使抵安息、奄蔡、黎軒、條枝、身毒國㈥。而天子好宛馬，使者相望於道。諸使外國一輩㈦大者數百，少者百餘人，人所齎操大放博望侯時㈧。其後益習而衰少焉。漢率一歲中使多者十餘，少者五六輩，遠者八九歲，近者數歲而反。

【註】㈠若：乃也，竟然。㈡相屬：相連續，一連串的。㈢發書易：應為「發易書」，用以卜卦也。㈣漢武帝得了大宛天馬，非常高興，作歌以誌其盛，曰：「天馬來兮從西極，經萬里兮歸有德。承威靈兮降外國，涉流沙兮四夷服。」㈤令居：故城在今甘肅平番縣西北。㈥郭嵩燾曰：「西域傳：康居西北二千里，有奄蔡國，臨大澤，無厓，即北海。其地距安息諸國絕遠，疑所謂北海者，即雷翥海之北境，今謂之裏海。其南境之鳥滸河，界波斯。故自奄蔡達安息黎軒諸國，皆所通西域至遠

之地。終西漢之世，惟安息遣使貢獻，餘國雖經遣使，固未一通中國也。後漢《西域傳》：大秦國一名犂鞬，即今義大利，西隔地中海，為安息所閡（阻塞），漢使亦未能一至。班史亦約略言之，不覩其始末也。㈦一輩：一次，一班，一組。㈧放：即「倣」，效也。

是時漢既滅越，而蜀、西南夷皆震，請吏入朝。於是置益州、越巂、牂柯、沈黎、汶山郡，欲地接以前通大夏㈠。乃遣使柏始昌、呂越人等歲十餘輩，出此初郡㈡抵大夏，皆復閉昆明㈢，為所殺，奪幣財，終莫能通至大夏焉。於是漢發三輔罪人㈣，因巴蜀士數萬人，遣兩將軍郭昌、衞廣等往擊昆明之遮漢使者㈤，斬首虜數萬人而去。其後遣使，昆明復為寇，竟莫能得通。而北道酒泉抵大夏，使者既多，而外國益厭漢幣，不貴其物。

【註】㈠欲土地相連接以前進而通於大夏。㈡初郡：初設之郡，後皆叛而幷廢之。㈢被昆明所閉塞。㈣三輔：漢以京兆、左馮翊、右扶風為三輔，今陝西省中部之地。㈤遮：隔絕。

自博望侯開外國道以尊貴，其後從吏卒皆爭上書言外國奇怪利害，求使㈠。天子為其絕遠，非人所樂往，聽其言，予節㈡，募吏民毋問所從來，為具備人眾遣之㊂，以廣其道㊃。來還不能毋侵盜幣物，及使失指㊄，天子為其習之，輒覆案致重罪㊅，以激怒令贖㊆，復求使。使端無窮㊇，而輕犯法㊈。其吏卒亦輒復盛推外國所有㊉，言大者予節⑪，言小者為副⑫，故妄言無行之徒皆爭效之⑬。其使皆貧人子，私縣官齎物⑭，欲賤市以私其利外國⑮。外國亦厭漢使人人有言輕重⑯，度漢兵遠不能至⑰，而禁其食物以苦漢使⑱。漢使乏絕積怨，至相攻擊。而樓蘭、姑師小國耳，當空道⑲，攻劫漢使王恢等尤甚。而匈奴奇兵時時遮擊使西國者。使者爭徧言外國災害，皆有城邑，兵弱易擊。於是天子以故遣從驃侯破奴將屬國騎及郡兵數萬，至匈河水，欲以擊胡、胡皆去。其明年，擊姑師，破奴與輕騎七百餘先至，虜樓蘭王，遂破姑師。因舉兵威以困烏孫、大宛之屬。還，封破奴為浞野侯⑳。王恢數使，為樓蘭所苦，言天子，天子發兵令恢佐破奴擊破之，封恢為浩侯。於是酒泉列亭鄣至玉門矣㉑。

【註】㈠求為出使之人。㈡予之以為使之符節。㈢吏民有願從往者，不問其由來之身世，皆准其

應募。㈣以推廣其向外發展的路線。㈤來來往往不能沒有侵盜幣物及違背天子意旨的情形。㈥天子因為他們慣於假冒欺騙，所以常常查核審問，加之以重罪。㈦漢法：死罪皆准其贖罪，罪愈重則贖金愈多，贖金愈多則必愈請出使以便有機會多侵盜或做筆貿易多賺錢，以撈回贖罪的損失。如此，相激相盪，即所謂「激怒令贖」是也。㈧請求出使之藉口（端）無窮。㈨而輕以犯法。㈩出使的吏卒，常常大肆吹噓外國的珍寶奇物。⑪頭號會吹的人，就給以正使的符節。⑫小號會吹的人，也給以副使的名義。⑬所以一些胡說八道的吹牛之徒，都爭相效法，成為一項熱門職業。⑭其實，這些使者都是一些窮光蛋的子弟，他們把政府所交給的財物，本來是叫他們拿到外國去宣揚中國之進步與殷富。⑮他們卻視為私有之物，想著賣給外國，回國後以賤價報於政府。而自己吞沒其盈利。⑯外國人也討厭漢朝的使者，說話不實在，彼此所言，輕重不一，矛盾百出。⑰又推測漢兵遠不能到。⑱所以就虐待漢使。⑲當走廊來往的交通衝道。空道：即孔道。⑳元封三年（西曆紀元前一〇八年），破奴封浞野侯。因其有破姑師，虜樓蘭王之功。㉑玉門關：在今甘肅敦煌縣西一百五十里陽關之西北，為通西域之要道。

烏孫以千匹馬聘漢女，漢遣宗室女江都翁主㈠往妻烏孫，烏孫王昆莫以為右夫人。匈奴亦遣女妻昆莫，昆莫以為左夫人。昆莫曰「我老」，乃令其孫岑娶妻翁主㈡。烏孫多馬，其富人至有四五千匹馬。

【註】㈠江都王建之女，名細君，出嫁於烏孫王昆莫。時在元封六年。公主處身於荒漠絕域，曾作詩自悲，詩曰：「吾家嫁我兮天一方，遠託異國兮烏孫王。穹廬為室兮旃為牆，以肉為食兮酪為漿；居常思土兮心內傷，願為黃鵠兮歸故鄉。」㈡昆莫死，傳位於其孫兒岑娶，按烏孫的習俗，公主亦必須嫁於岑娶，以祖母嫁於其孫，此為中國人所絕不能接受，公主於是上書於武帝，訴苦，言其不願嫁。武帝答以「在其國，從其俗，我欲與烏孫共滅胡。」於是公主無救矣。

初，漢使至安息，安息王令將二萬騎迎於東界。東界去王都數千里。行比至，過數十城，人民相屬甚多。漢使還，而後發使隨漢使來觀漢廣大，以大鳥卵及黎軒善眩人㈠獻于漢。及宛西小國驩潛、大益，宛東姑師、扜罙、蘇薤之屬，皆隨漢使獻見天子。天子大悅。

【註】㈠郭嵩燾曰：「西域傳：安息王以大鳥卵及黎軒眩人獻於漢。而於烏弋山離國亦云：有大鳥卵如甕。後漢、西域傳：條支國出大雀，其卵如甕。永元十三年，安息獻條支大鳥，時謂之安息雀。安息，今波斯，烏弋山離及俾路芝，條支今阿剌伯。據西城傳：獻大鳥卵者，安息也，而其種，實出

條支，烏弋山離，蓋皆近海炎地也，其性不能耐寒，僅後漢時一來獻，餘皆獻卵而已。今阿剌伯出此鳥，名駝鳥，其形如駝，可以挽車。西人尤重其卵，以為供具。或朱綠之，飾以金銀。宋祁謂：大鳥與卵並獻。蓋未究其實否。」眩：同幻，魔術也，如吞刀、吐火之類的魔術。

而漢使窮河源，河源出于窴，其山多玉石，采來㈠，天子案古圖書㈡，名河所出山曰崑崙云㈢。

【註】㈠漢使採石，帶之歸漢。㈡案：考查。㈢王闓運曰：「爾雅：西方之美者，有崑崙墟之球琳琅玕，故以玉石名河所出山為崑崙。」

是時上方數巡狩海上，乃悉從外國客，大都多人則過之㈠，散財帛以賞賜，厚具以饒給之，以覽示漢富厚焉㈡。於是大觳抵，出奇戲諸怪物，多聚觀者㈢，行賞賜，酒池肉林，令外國客徧觀各倉庫府藏之積，見漢之廣大㈣，傾駭之㈤。及加其眩者之工，而觳抵奇戲歲增變，甚盛益興，自此始。

【註】㈠大都市，人口眾多，則經過之。㈡以展覽並表示大漢帝國之富厚。㈢角觝戲：兩兩相當角力，技藝射御，故名角觝，亦作角抵。元封三年，作角抵戲。作各種遊戲表演，以號召民眾來看

戲，使外國人看到中國人民之眾多。四見：即「現」，表現。五使外國人驚駭於中國之地大人眾，物阜財多。

西北外國使，更來更去(一)。宛以西，皆自以遠，尚驕恣晏然(二)，未可詘以禮羈縻而使也(三)。自烏孫以西至安息，以近匈奴，匈奴困月氏也，匈奴使持單于一信，則國國傳送食(四)，不敢留苦；及至漢使，非出幣帛不得食，不市畜不得騎用。所以然者，遠漢，而漢多財物，故必市乃得所欲(五)，然以畏匈奴於漢使焉。宛左右以蒲陶為酒，富人藏酒至萬餘石，久者數十歲不敗。俗嗜酒，馬嗜苜蓿。漢使取其實來(六)，於是天子始種苜蓿、蒲陶肥饒地。及天馬多，外國使來眾，則離宮別觀旁盡種蒲陶、苜蓿極望(七)。自大宛以西至安息，國雖頗異言，然大同俗(八)，相知言。其人皆深眼，多鬚顏，善市賈，爭分銖。俗貴女子，女子所言而丈夫乃決正(九)。其他皆無絲漆，不知鑄錢器。及漢使亡卒降，教鑄作他兵器(一〇)。得漢黃白金，輒以為器，不用為幣。

【註】(一)遞互來去，前後不絕。(二)驕傲放肆，滿不在乎的樣子。(三)不能夠屈之以禮，羈縻而使。

㈣一國緊接一國轉輪而送食。㈤必須買（市）而後能得其所欲。㈥實：種籽。㈦極望：滿眼盡是。㈧大致風俗相同。㈨女子所言。丈夫取之以作決定。㈩漢人之逃亡於西方者，教導西人以鑄造各種武器的方法。（這可以作為當時中國文化與西方文化交流之證明。）

而漢使者往既多，其少從率多進熟於天子㈠，言曰：「宛有善馬在貳師城，匿不肯與漢使。」天子既好宛馬，聞之甘心㈡，使壯士車令等持千金及金馬以請宛王貳師城善馬。宛國饒漢物，相與謀曰：「漢去我遠，而鹽水中數敗㈢，出其北有胡寇，出其南乏水草。又且往往而絕邑，乏食者多。漢使數百人為輩來㈣，而常乏食，死者過半，是安能致大軍乎？無柰我何。且貳師馬，宛寶馬也。」遂不肯予漢使。漢使怒，妄言，椎金馬而去㈤。宛貴人怒曰：「漢使至輕我！」遣漢使去，令其東邊郁成遮攻殺漢使，取其財物。於是天子大怒。諸嘗使宛姚定漢等言宛兵弱，誠以漢兵不過三千人，彊弩射之，即盡虜破宛矣。天子已嘗使浞野侯攻樓蘭㈥，以七百騎先至，虜其王，以定漢等言為然，而欲侯寵姬李氏，拜李廣利為貳師將軍㈦，發屬國六千騎，及郡國惡少年數萬人，以往伐宛。期至貳師城取善馬，故號「貳師將軍」㈠。趙始成為軍正，故浩侯王恢使導軍，而李哆為校尉，制軍事。是歲太初元年也㈧。而關東蝗大起，蜚西至敦煌。

【註】㈠少從：少年從使出國的人。率多：大多數。進熟於天子：與天子多見面而成為熟識之人。㈡決心以求之，必須求到手而後甘心。㈢胡三省曰：「裴矩西域記鹽水在西州高昌縣東南，去瓜州一千三百里，並沙磧之地，道路不可準，惟以人畜骸骨及駝馬糞為標驗，由此，數有死亡。」㈣數百人成羣（輩）而來。㈤妄言：狂聲罵詈。椎破金馬而去。㈥已經曾派人攻鄯善。㈦武帝欲封其寵姬李氏之兄弟為侯。就以李廣利為貳師將軍，發兵伐宛。（就此一事，可證明漢武帝之窮兵黷武，原來為的是取悅於其寵姬李氏，並不是為什麼國家民族的立場而戰的。）㈧哆：音尺（ㄔˇ）。㈨太初元年：西曆紀元前一〇四年。

貳師將軍軍既西過鹽水，當道小國恐，各堅城守，不肯給食。攻之不能下。下者得食，不下者數日則去。比至郁成㈠，士至者不過數千，皆飢罷㈡。攻郁成，郁成大破之，所殺傷甚眾㈢。貳師將軍與哆、始成等計：「至郁成尚不能舉，況至其王都乎？」

引兵而還。往來二歲。還至敦煌，士不過什一二㊃。使使上書言：「道遠多乏食；且士卒不患戰，患飢。人少，不足以拔宛。願且罷兵，益發而復往。」天子聞之，大怒，而使使遮玉門，曰軍有敢入者輒斬之，貳師恐，因留敦煌。

【註】㊀比：及也。㊁罷：即「疲」。㊂郁成是個小地方，就把漢軍打得大敗。㊃出征的兵士有數萬人，而生還者不過十分之一二，損失如此之太，而武帝不檢討，且一意孤行。

其夏，漢亡浞野之兵二萬餘於匈奴㊀。公卿及議者皆願罷擊宛軍，專力攻胡。天子已業誅宛㊁，宛小國而不能下，則大夏之屬輕漢，而宛善馬絕不來，烏孫、侖頭易苦漢使矣㊂，為外國笑。乃案言伐宛尤不便者鄧光等㊃，赦囚徒材官㊄，益發惡少年及邊騎，歲餘而出敦煌者六萬人，負私從者不與㊅。牛十萬，馬三萬餘匹，驢騾橐它以萬數。多齎糧，兵弩甚設㊆，天下騷動，傳相奉伐宛㊇，凡五十餘校尉。宛王城中無井，皆汲城外流水，於是乃遣水工徙其城下水空以空其城㊈。盡發戍甲卒十八萬，酒泉、張掖北，置居延、休屠以衞酒泉，而發天下七科適㈩，及載糒給貳師。轉車人徒相連屬至敦煌。而拜習馬者⑪二人為執驅校尉，備破宛擇取其善馬云。

【註】㈠太初二年，浞野侯（趙破奴）擊匈奴，死亡兩萬餘人。㈡已業：即業已。㈢輕看（易）漢使而虐待之（苦）。㈣案言伐宛不便者：查問主張伐宛不便者，加以罪罰。㈤赦免囚徒中武勇之軍事犯。㈥負私裝以從軍者，尚未計算在六萬人之中。㈦武器都很充足。㈧傳：同「轉」。㈨徙其城下水空（孔，通水入城之孔道），欲斷絕水流，使不得進城，致城中人於涸死。㈩七科謫：吏有罪，一也；亡命，二也；贅壻，三也；賈人，四也；故有市籍，五也；父母有市籍，六也；大父母有市籍，七也。共七科。武帝天漢四年，發天下七科謫出朔方。⑪習馬者：熟練於馭馬之技術者。

於是貳師後復行，兵多，而所至小國莫不迎，出食給軍。至侖頭㈠，侖頭不下，攻數日，屠之。自此而西，平行至宛城㈡，漢兵到者三萬人。宛兵迎擊漢兵，漢兵射敗之，宛走入葆乘其城㈢。貳師兵欲行攻郁成，恐留行而令宛益生詐㈣，乃先至宛，決其水源㈤，移之，則宛固已憂困圍其城，攻之四十餘日，其外城壞，虜宛貴人勇將煎靡㈦。宛大恐，走入中城。宛貴人相與謀曰：「漢所為攻宛，以王毋寡匿善馬而殺漢使㈧。今殺王毋寡而出善馬，漢兵宜解；即不解㈨，乃力戰而死，未晚也。」宛貴人皆以為然，共殺其王毋寡，持其頭遣貴人使貳師，約曰：「漢毋攻我。我盡出善馬，恣所取，而給漢軍食。即不聽㈩，我盡殺善馬，而康居之救且至㈡。至，我居內，康居居外，與漢軍戰。漢軍熟計之㈢，何從？」是時康居候視漢兵㈢，漢兵尚盛，不敢進。貳師與趙始成、李哆等計：「聞宛城中新得秦人，知穿井㈣，而其內食尚多。所為來，誅首惡者毋寡。毋寡頭已至，如此而不許解兵，則堅守，而康居候漢罷而來救宛㈤，破漢軍必矣。」軍吏皆以為然，許宛之約。宛乃出其善馬，令漢自擇之，而多出食食給漢軍。漢軍取其善馬數十匹，中馬以下牡牝三千餘匹，而立宛貴人之故待遇漢使善者名昧蔡㈥以為宛王，與盟而罷兵。終不得入中城。乃罷而引歸。

【註】㈠侖頭：《漢書・李廣利傳》為「輪臺」。即今新疆輪臺縣，在焉耆城西南六百八十里。土

名玉古爾，或作布古爾。㊁平行：沒有阻難，很順利的進行。㊂葆：即「保」，入城而保衞。乘：登也，登上於城堡而守衞之。㊃留行：停留其行進。㊄決壞其水源，移之，使水不得入城。㊅宛因城中無水飲，則困擾。㊆煎靡：宛貴人之名，為將而勇。㊇毋寡：宛王之名。㊈即：如也。如果漢兵不解圍。㊉如果不聽從。⑪且：將也。⑫仔細的打算一下。⑬候：暗地偵探。⑭穿井：鑿井之術。⑮等候漢兵疲弊而來救宛。⑯昧蔡：原係大宛之將。

初，貳師起敦煌西，以為人多，道上國不能食㊀，乃分為數軍，從南北道。校尉王申生、故鴻臚壺充國等千餘人，別到郁成。郁成城守，不肯給食其軍。王申生去大軍二百里，偵而輕之，責郁成。郁成食不肯出，窺知申生軍日少，晨用三千人攻，戮殺申生等，軍破，數人脫亡，走貳師。貳師令搜粟都尉上官桀往攻破郁成。郁成王亡走康居，桀追至康居。康居聞漢已破宛，乃出郁成王予桀，桀令四騎士縛守詣大將軍。四人相謂曰：「郁成王漢國所毒㊁，今生將去㊂，卒失大事㊃。」欲殺，莫敢先擊，上邽騎士趙弟最少，拔劍擊之，斬郁成王，齎頭。弟、桀等遂及大將軍。

【註】㈠沿道的國家不能供給食物。㈡毒：恨。㈢現在把他活著（生）送去（將）。㈣倉猝（卒）之間，恐怕會壞了（失）大事。（怕他萬一在半路上逃跑，或被人劫走）。

初，貳師後行，天子使使告烏孫，大發兵并力擊宛㈠。烏孫發二千騎往，持兩端，不肯前，貳師將軍之東，諸所過小國聞宛破，皆使其子弟從軍入獻，見天子，因以為質焉。貳師之伐宛也，而軍正趙始成力戰，功最多；及上官桀敢深入，李哆為謀計，軍入玉門者萬餘人，軍馬千餘匹。貳師後行，軍非乏食㈡，戰死不能多㈢，而將吏貪㈣，多不愛士卒㈤，侵牟之㈥，以此物故眾㈦。天子為萬里而伐宛㈧，不錄過㈨，封廣利為海西侯。又封身斬郁成王者騎士趙弟為新畤侯。軍正趙始成為光祿大夫，上官桀為少府，李哆為上黨太守。軍官吏為九卿者三人，諸侯相、郡守、二千石者百餘人，千石以下千餘人。奮行者官過其望㈩，以適過行者皆絀其勞⑪。士卒賜直四萬金⑫。伐宛再反⑬，凡四歲而得罷焉。

【註】㈠并力：合力。㈡軍隊並非缺乏糧食。㈢戰死的人不能太多。㈣但是，由於將吏貪汙。

㊄多數不愛惜士卒。㊅並且還要侵吞士卒的財物及口糧。㊆所以死（物故）的人還是很多。㊇天子因為他們奔走萬里而伐宛。㊈所以不記錄他們的罪過。⑩報奮勇而自動從軍者，都賞之以官而過於其所希望。⑪帶著罪過而從軍者，都扣除其功勞，而不加賞，所謂「將功贖罪」是也。⑫全部賞賜價值是四萬斤。⑬兩次伐大宛。

漢已伐宛，立昧蔡為宛王而去。歲餘，宛貴人以為「昧蔡善諛，使我國遇屠㊀」，乃相與殺昧蔡，立毋寡昆弟曰蟬封為宛王，而遣其子入質於漢。漢因使使賂賜以鎮撫之㊁。

【註】㊀「我國」：乃大宛貴人等共語時，自稱其國之詞。㊁使使：派遣使者。

而漢發使十餘輩至宛西諸外國，求奇物，因風覽以伐宛之威德㊀。而敦煌置酒泉都尉㊁；西至鹽水，往往有亭。而侖頭有田卒數百人㊂，因置使者護田積粟，以給使外國者㊃。

【註】㊀藉機會誇耀並展示討伐大宛的威德。㊁或以為「酒」字當為「淵」字，因敦煌有淵泉縣也。㊂侖頭：即輪臺。㊃以供給出使於外國者。

太史公曰：禹本紀言「河出崑崙。崑崙其高二千五百餘里，日月所相避隱為光明也㈠。其上有醴泉、瑤池。」今自張騫使大夏之後也，窮河源㈡，惡睹本紀所謂崑崙者乎㈢？故言九州山川，尚書近之矣㈣。至禹本紀、山海經所有怪物，余不敢言之也㈤。

【註】㈠日月相避而發光明。㈡張騫出使大夏，要探溯黃河發源之地。㈢他怎麼能看到〈禹本紀〉所說的崑崙，而以崑崙為黃河之源呢？㈣所以要講到九州山川，《尚書》所記近於事實。㈤至於〈禹本紀〉、及《山海經》所描寫之奇奇怪怪的事物，我不敢多說。（即言其不敢相信。）王先謙曰：「太史公不敢斥言武帝志窮荒遠之失，據崑崙之非實以寓諷也。」

卷一百二十四　游俠列傳第六十四

韓子㈠曰：「儒以文亂法㈡，而俠以武犯禁㈢。」二者皆譏㈣，而學士多稱於世云㈤。至如以術取宰相卿大夫㈥，輔翼其世主㈦，功名俱著於春秋㈧，固無可言者㈨。及若季次、原憲㈩，閭巷人也⑪，讀書懷獨行君子之德⑫，義不苟合當世⑬，當世亦笑之⑭。故季次、原憲終身空室蓬戶，褐衣疏食不厭⑮。死而已四百餘年⑯，而弟子志之不倦⑰。今游俠，其行雖不軌於正義⑱，然其言必信，其行必果⑲，已諾必誠，不愛其軀，赴士之阸困⑳，既已存亡死生矣㉑，而不矜其能㉒，羞伐其德㉓，蓋亦有足多者焉㉔。

【註】㈠韓子：即韓非，戰國時，韓之諸公子，研究刑名法術之學，與李斯並事荀卿，著書名《韓非子》。㈡儒者以繁文空論敗壞法律。㈢而俠士以勇武好鬥破犯禁令。㈣兩種人都有可指責（譏）的地方。㈤但是有許多儒學之士，為世人所稱道。㈥至於以儒術取得宰相卿大夫（暗裏指公孫弘等而言，司馬遷對公孫弘極為卑視，責其曲學阿世）。㈦輔助其世主。㈧功名俱著於歷史（春秋泛指歷史資料而言，非指孔子所作之《春秋》也。）㈨更其是不用講了（言其本來就為人所稱頌）。㈩公晳

哀，字季次，未嘗仕，孔子稱之。原憲：春秋時代，宋人，字子思，故又作原思，孔子弟子，家貧，蓬戶甕牖，上漏下濕，匡坐而弦歌。子貢往見之，曰：「嘻！何病？」原憲曰：「憲聞之：無財謂之貧，學而不能行，謂之病。今憲，貧也，非病也」。子貢逡巡而有愧色。㊁閭巷：窮鄉僻巷。㊂懷：抱負。獨行：志節高尚，不隨世俗而浮沉。德：品行。㊃為了保持正義，所以不肯與當世苟且附和。㊃而當世之人，也笑他們是傻瓜。㊄蓬戶：編蓬草以為門戶。褐衣：賤者衣褐，故稱貧賤之人，曰褐。疏食：粗惡之食物。不厭：不以褐衣疏食為苦而厭惡之。有人把厭字解為「饜」字，誤解之至。㊅死而已經有四百餘年之久。㊆而他的弟子們到現在還紀念著而不忘。㊇游俠的行為，雖不合於正義的軌轍。㊈果斷：果決。㊉不愛他們自己的生命，而冒險犯難以救別人的危急與窮困。㊀已經使亡者得存，死者得生了。㊀但是，他們決不矜誇自己的本領。㊀而以自我宣傳為可恥。㊀像這種俠人俠士，實在也有值得令人欽佩的地方。

且緩急，人之所時有也㊀。太史公曰：昔者虞舜窘於井廩㊁，伊尹負於鼎俎㊂，傅說匿於傅險㊃，呂尚困於棘津㊄，夷吾桎梏㊅，百里飯牛㊆，仲尼畏匡，菜色陳、蔡㊇。此皆學士所謂有道仁人也，猶然遭此菑㊈，況以中材而涉亂世之末流乎？其遇害何可勝道哉㊉！

【註】㈠緩急：意料不到的患難與危急，是人們所時常有的。（從文字的表面上看，是說緩和與危急，但從全文的內心來看，只是指著意料不到的災禍而言，且就其所引用之歷史人物故事而言，亦皆為遭遇意外災禍之人與事，故此句如此翻譯）。㈡舜之父瞽瞍，舜之弟象，皆日以殺舜為事。瞽瞍使舜淘井，舜下井之後，瞽瞍把井口塞住。瞽瞍使舜修倉廩，舜上廩之後，瞽瞍把梯子拿去，這都是要置舜於死地。所以謂之「舜窘於井廩」。㈢伊尹窮困之時，負著鼎俎以求為湯王作廚子。㈣傅說：殷高宗時賢相。初時代替刑徒作苦工於傅巖之野，高宗夢賢，終於求得傅說，因舉以為相。㈤呂尚：姜太公窮時，在棘津的渡口，為人撐船。㈥管仲名夷吾，事公子糾，及小白立為桓公，公子糾死，管仲被囚。㈦百里奚初事虞公，七年而無所遇，知虞之將亡，乃去而之秦，為人養牛，其後，秦穆公用之為相，七年而成霸。㈧孔子被圍於匡，困於陳蔡。㈨菑：同「災」，意外的災禍。㈩況以中材而處於亂世之末，遭遇災禍，是說也說不完的。

鄙人有言曰：「何知仁義，已饗其利者為有德㈠。」故伯夷醜周，餓死首陽山㈡，而文武不以其故貶王㈢；跖、蹻暴戾㈣，其徒誦義無窮㈤。由此觀之，「竊鉤者誅，竊國者侯，侯之門仁義存」，非虛言也㈥。

【註】㈠一般粗陋無知的人們說道：「我不知道什麼叫作『仁義』？只知道我自己能享到利益者，

就是有恩德。」㈢所以伯夷以周武王之行為為醜惡，於是義不食周粟，而餓死於首陽山。㈢但是，文武並不以伯夷之醜詆，而貶損了其王者的名號。㈣秦國之盜跖，與楚國之莊蹻，大家都說他們兩個是暴戾嗜殺的強盜。㈤但是，他們的徒子徒孫們卻歌誦他們的義氣是無窮無盡的好。㈥這樣看起來，《莊子》所謂：「偷竊一個小小的鐵鉤的人，雖然是犯了雞毛蒜皮的小罪，必然會受誅罰；相反的，偷竊一個大大的國家的人，雖然是犯了滔天的大罪，但是，照樣的稱王稱侯。只要是公侯之門，就有仁義的存在。」這話真不是虛話啊！

今拘學或抱咫尺之義，久孤於世㈠，豈若卑論儕俗，與世沈浮而取榮名哉㈡！而布衣之徒，設取予然諾㈢，千里誦義㈣，為死不顧世㈤，此亦有所長㈥，非苟而已也㈦。故士窮窘而得委命㈧，此豈非人之所謂賢豪閒者邪㈨？誠使鄉曲之俠，予季次、原憲比權量力，效功於當世，不同日而論矣㈩。要以功見言信，俠客之義又曷可少哉㈡！

【註】㈠現今一些執固不化的學者，抱持著短短的一點義理，落落寡合，長期的孤立於世。㈡何如把調子放得低一點，與俗人的見解拉平，隨世俗為浮沈以取得光榮的名聲呢？㈢但是，一個布衣的粗人，只要認為是應該收取的，或者是應該給人的，或者是應該承諾的，便一言為定，斷然而行。設

者，極端重視之意。㊃使千里之遠的人們聽到他的行為，不由得也歌誦他的義氣。㊄像這種人，為義而死，不顧現實（世）的利害。㊅這也是他們大大的長處。㊆並不是可以輕而易舉的辦得到的！㊇所以一個士人在窮窘情況下而能夠達觀任命。㊈豈不就是人們所說的賢達豪傑中之人嗎？㊉假使把鄉曲閭的俠士，和季次、原憲，比較權能，角賽力量，評定他們對於當世的功效，那就不可以同日而論了。（意思是指俠客有功於當世。）㊁總而言之（要），出言必信，當世見功，俠客的義舉，怎麼可以少得了呢？

古布衣之俠，靡得而聞已㊀。近世延陵㊁、孟嘗、春申、平原、信陵之徒，皆因王者親屬，藉於有土卿相之富厚㊂，招天下賢者，顯名諸侯，不可謂不賢者矣。比如順風而呼，聲非加疾，其執激也㊃。至如閭巷之俠，脩行砥名，聲施於天下㊄，莫不稱賢，是為難耳。然儒、墨皆排擯不載㊅。自秦以前，匹夫之俠，湮滅不見，余甚恨之。以余所聞，漢興有朱家、田仲、王公、劇孟、郭解之徒，雖時扞當世之文罔㊆，然其私義廉絜退讓，有足稱者㊇。名不虛立㊈，士不虛附㊉。至如朋黨宗彊比周㊁，設財役貧㊂，豪暴侵淩孤弱㊃，恣欲自快㊄，游俠亦醜之㊄。余悲世俗不察其意㈥，而猥以朱家、郭解等令與暴豪之徒同類而共笑之也㈦。

【註】㊀古代布衣之俠，已經是不可得而聽說了。㊁延陵：吳公子季札。顧炎武曰：「延陵，謂季札，以其徧游上國，與名卿相結，解千金之劍而繫冢樹，有俠士之風也。」孟嘗：齊之田文。春申：楚之黃歇。平原：趙勝。信陵：魏公子無忌。㊂有土：有國家，即言諸侯。憑藉諸侯卿相之富厚的條件。㊃那是由於客觀形勢的激盪而然。㊄修整德行，砥礪名節。聲名傳播於天下。㊅儒家墨家都排斥這些俠士而不記載其人其事。㊆雖然時常觸犯當世的條文法網。㊇但是他們私人行為的廉潔退讓，實在有許多值得稱美的。㊈名聲不是憑空無故而建立的。㊉士民不是憑空無故而附從的。⑪至於像那些朋黨強宗，比周結合，假託營私。⑫利用財富的優勢（設），役使貧窮的小民。⑬憑藉豪暴的強力，侵淩孤兒寡婦。⑭放縱情欲，以取快樂。⑮這種行為，游俠之士，亦認為是醜惡可恨。⑯我實在痛心那些世俗之人，不明白俠士們的真心實意。⑰就糊糊塗塗的誤把朱家、郭解等與那些惡暴土豪列在一起而不分青紅皀白的加以嘲笑，真是太不講理了。

魯朱家者，與高祖同時。魯人皆以儒教，而朱家用俠聞㊀。所藏活豪士以百數㊁，其餘庸人不可勝言㊂。然終不伐其能㊃，歆其德㊄，諸所嘗施，唯恐見之㊅。振人不瞻，先從貧賤始㊆。家無餘財，衣不完采㈧，食不重味㈨，乘不過軥牛㈩。專趨人之急，甚己之私。既陰脫季布將軍之阸㈡，及布尊貴，終身不見也。自關以東，莫不延頸願交焉㈢。

【註】㈠用：以也。言魯人以儒教，而朱家以俠聞。㈡豪士：豪傑之士。㈢庸人：無名小卒之類。㈣伐：自我誇揚。不自誇其本領。㈤歆：羨也，滿也。不自滿其德行。㈥凡是他所曾經施過恩德的，惟恐怕別人見而知之。即所謂「為善不欲人知」也。㈦救濟別人的不足，先從最窮的人開始。㈧衣服沒有完整的顏色。就是說，衣服破了，隨便補補就穿，當然是各種色采不同了。㈨吃飯沒有兩個菜。㈩軥牛：小牛也。軥，音夠（ㄍㄡˋ）。㈡陰脫：暗地解脫。㈢延頸：伸長頸子。

楚田仲以俠聞，喜劍，父事朱家㈠，自以為行弗及。田仲已死，而雒陽有劇孟。周人以商賈為資，而劇孟以任俠顯諸侯。吳楚反時，條侯為太尉，乘傳車㈡將至河南㈢，得劇孟，喜曰：「吳楚舉大事而不求孟，吾知其無能為已矣。」天下騷動，宰相得之若得一敵國云㈣。劇孟行大類朱家，而好博，多少年之戲。然劇孟母死，自遠方送喪蓋千乘。及劇孟死，家無餘十金之財。而符離㈤人王孟亦以俠稱江淮之間。

【註】㈠父事：以事父之道，事朱家。㈡傳車：傳驛之車，一站轉送一站之車。㈢河南：洛陽。㈣宰相：《漢書》為「大將」。大將若是能得到一個劇孟，就好像得勝了一個敵國一樣，可見劇孟影響力之大。㈤符離：今安徽宿縣治。

是時濟南瞯氏㈠、陳周庸㈡亦以豪聞，景帝聞之，使使盡誅此屬。其後代㈢諸白、梁韓無辟㈣、陽翟薛兄㈤、陝韓孺㈥紛紛復出焉。

【註】㈠瞯氏為郅都所誅。瞯音閒。㈡周庸：姓周，名庸，陳國人。㈢代：代郡也。人有白氏，豪俠非一，故曰「諸」。㈣姓韓，名無辟，梁國人。㈤陽翟：今河南禹縣。㈥陝：係「郟」字之誤，今河南郟縣。

郭解，軹人也㈠，字翁伯，善相人者許負外孫也。解父以任俠，孝文時誅死。解為人短小精悍，不飲酒。少時陰賊㈡感慨㈢不快意，身所殺甚眾。以軀借交報仇㈣，藏命㈤作姦剽攻㈥，（不）

休（及）〔乃〕鑄錢掘冢⑦，固不可勝數。適有天幸⑧，窘急常得脫，若遇赦⑨。及解年長，更折節為儉⑩，以德報怨，厚施而薄望⑪。然其自喜為俠益甚。既已振人之命⑫，不矜其功⑬，其陰賊著於心⑭，卒發於睚眦如故云⑮。而少年慕其行，亦輒為報仇，不使知也。解姊子負解之勢⑯，與人飲，使之嚼⑰。非其任⑱，彊必灌之⑲。人怒，拔刀刺殺解姊子，亡去⑳。解姊怒曰：「以翁伯之義，人殺吾子，賊不得㉑。」弃其尸於道，弗葬，欲以辱解。解使人微知賊處㉒。賊窘自歸，具以實告解。解曰：「公殺之固當，吾兒不直㉓。」遂去其賊㉔，罪其姊子，乃收而葬之。諸公聞之，皆多解之義㉕，益附焉。

【註】①軹：音只。漢縣名，故城在今河南濟源縣東南十三里。今軹城鎮。②陰賊：陰毒賊狠。③慨：《漢書》作「慼慨」，《史記》只有「慨」字，上缺一「慼」字，應為「慼慨」，不滿現狀，牢騷多端。④以自己的身體借於朋友去報仇。⑤藏命：藏匿犯法亡命之人。⑥剽攻：打家劫舍。⑦私自鑄錢，製成貨幣。掘冢：盜掘墳墓。⑧適：恰好碰到幸運。⑨若：或也，或者遇到大赦。⑩折節：改變作風。⑪所給於他人者厚，而所希望他人給於自己者則薄。⑫振：救也。⑬矜：誇

揚。㈣陰毒賊狠藏於內心。㈤卒：終於。發：爆發，發作。睚眦：張目忤視的樣子，怒氣冲冲的。言其終於在怒氣之下爆發如故云。㈥負：仗恃。㈦嚼：同「釂」，乾杯，喝乾。㈧不能乾杯。㈨必強灌之。㈩逃走。⑪捉不到兇手。⑫暗地偵查賊之住處。⑬不直：輸理，沒有道理。⑭遣之使去。⑮大家都稱讚（多）解的講道理、有正義。（多，稱讚，敬重）。

解出入，人皆避之。有一人獨箕倨視之㈠，解遣人問其名姓。客欲殺之㈡。解曰：「居邑屋至不見敬㈢，是吾德不脩也，彼何罪？」乃陰屬尉史㈣曰：「是人，吾所急也㈤，至踐更時脫之㈥。」每至踐更，數過，吏弗求㈦。怪之，問其故，乃解使脫之。箕踞者乃肉袒謝罪㈧。少年聞之，愈益慕解之行。

【註】㈠箕倨：即箕踞，古者坐於席，沒有今日椅櫈之類的坐具，所以坐則跪，行則以膝而前，謂之敬。箕踞者，坐席而伸其兩腳於前，為狀如箕，謂之失禮。㈡客：解的打手。㈢居於家鄉，居於本村。㈣尉史：縣政府辦理兵役的官吏。㈤急：迫切需要之人。㈥到了他該服兵役（踐更）的時候，請把他免除。㈦每次該服役的時候，都是如此，過了幾次，辦理兵役的人，總是不找他。㈧肉袒：脫去上衣，露出肩膀，表示認罪之意。

雒陽人有相仇者，邑中賢豪居閒者以十數㈠，終不聽。客乃見郭解。解夜見仇家，仇家曲聽解㈡。解乃謂仇家曰：「吾聞雒陽諸公在此閒，多不聽者。今子幸而聽解，解柰何乃從他縣奪人邑中賢大夫權乎㈢！」乃夜去，不使人知，曰：「且無用，（待我）待我去，令雒陽豪居其閒，乃聽之㈣。」

【註】㈠居閒：從中調停，勸其和好。㈡曲聽：委曲遷就而聽從解的調停。㈢我聽說洛陽諸位賢豪，從中調停多次，你們都不聽；現在幸而聽從我的調停，但是，我怎可以從別人的縣中奪去人家賢大夫的職權呢？㈣於是，他就夜間離去，不使人知，只告訴仇家說：「暫且不要聽我的辦法，等我走了之後，再請洛陽賢士大夫居間調停，然後你們就聽從他們的調解。」

解執恭敬，不敢乘車入其縣廷㈠。之旁郡國，為人請求事㈡，事可出，出之㈢；不可者，各厭其意，然後乃敢嘗酒食㈣。諸公以故嚴重之㈤，爭為用。邑中少年及旁近縣賢豪，夜半過門常十餘車，請得解客舍養之㈥。

【註】㈠不敢坐著車子進入縣政府的衙門。㈡之：往。到旁近的郡國衙門，為人請求什麼事情。

㊂事情可能免出者，就設法免出之；㊃不可能免出者，也叫他們認為滿意（厭），然後才敢吃喝人家的酒食。㊄以此之故，諸公對於他特別敬重。㊅解喜歡藏匿亡命之人，所以邑中少年及旁近縣中的賢士豪傑，常常在半夜到他家送來十幾輛車子，情願把解的客人接到自己的家中養活，分擔解的困難。

及徙豪富茂陵也㊀，解家貧，不中訾㊁，吏恐，不敢不徙。衞將軍為言：「郭解家貧不中徙。」上曰：「布衣權至使將軍為言，此其家不貧㊂。」解家遂徙。諸公送者出千餘萬㊃。軹人楊季主子為縣掾，舉徙解。解兄子斷楊掾頭㊄。由此楊氏與郭氏為仇。

【註】㊀漢武帝元朔二年（西曆紀元前一二七年），徙豪富於茂陵，此係主父偃之建議。偃說上曰：「天下豪傑幷兼，亂眾之民，皆可徙茂陵，內實京師，外銷姦猾，此所謂不誅而害除。」上從之。㊁家財在三百萬以上者，為合格。解家貧，不合格。㊂布衣之人，有權力使將軍替他說話，這就證明他的家不貧。㊃諸公餽送金錢，達千餘萬之多。㊄楊季主的兒子為縣長的助理官，提出徙解的建議。解的哥哥的兒子就把楊兒殺了。

解入關，關中賢豪知與不知，聞其聲，爭交驩解。解為人短小，不飲酒，出未嘗有騎。已又殺楊季主。楊季主家上書，人又殺之闕下。上聞，乃下吏捕解。解亡，置其母家室夏陽㊀，身至臨晉㊁。臨晉籍少公素不知解，解冒，因求出關㊂。籍少公已出解，解轉入太原，所過輒告主人家。吏逐之，跡至籍少公。少公自殺，口絕。久之，乃得解。窮治所犯，為解所殺，皆在赦前。軹有儒生侍使者坐，客譽郭解，生曰：「郭解專以姦犯公法，何謂賢！」解客聞，殺此生，斷其舌。吏以此責解，解實不知殺者㊃。殺者亦竟絕㊄，莫知為誰㊅。吏奏解無罪。御史大夫公孫弘議曰：「解布衣為任俠行權，以睚眦殺人，解雖弗知，此罪甚於解殺之。當大逆無道㊆。」遂族郭解翁伯㊇。

【註】㊀夏陽：在今陝西韓城縣南二十里。㊁臨晉：在今陝西大荔縣。㊂冒：假稱姓名，偽造姓名。㊃解實在不知殺人的兇手是誰？㊄殺人的兇手也始終沒有下落。㊅誰也不知兇手是那個。㊆當處以大逆無道之罪。㊇遂斬滅郭解之族。

自是之後，為俠者極眾，敖而無足數者㈠。然關中長安樊仲子，槐里趙王孫，長陵高公子，西河郭公仲，太原鹵公孺，臨淮兒長卿，東陽田君孺，雖為俠而逡逡有退讓君子之風㈡。至若北道姚氏㈢，西道諸杜，南道仇景，東道趙他、羽公子，南陽趙調之徒，此盜跖居民閒者耳㈣，曷足道哉！此乃鄉者朱家之羞也㈤。

【註】㈠敖：驕倨的樣子。無足數：沒有值得稱道的地方。㈡逡逡：同「恂恂」，謹信的樣子。㈢北道：即北方，北路。㈣民閒的盜跖。㈤鄉者：即向者，昔日。

太史公曰：吾視郭解，狀貌不及中人，言語不足採者㈠。然天下無賢與不肖，知與不知，皆慕其聲，言俠者皆引以為名。諺曰：「人貌榮名，豈有既乎㈡！」於戲，惜哉！

【註】㈠言語沒有可採取的道理。㈡人的狀貌以光榮的名聲為裝飾，則其稱譽還會有窮盡嗎？

（附錄：荀悅對於游俠的批評）

荀悅曰：「世有三游，德之賊也。立氣勢，作威福，結私交，以立強於世者，謂之游俠。飾辨辭，設詐謀，馳逐於天下，以要時勢者，謂之游說。色取仁以合時，好連黨類，立虛譽以為權利者，謂之游行。此三者，傷道害德，敗法惑世，亂之所由生也。簡父兄之尊，而崇賓客之禮，薄骨肉之恩，而篤朋友之愛；忘修身之道，而求眾人之譽；割衣食之業，以供饗宴之好，苞苴盈於門庭，聘問交於道路，書記繁於公文，私務重於官事，於是流俗成而王道壞矣。是以聖王在上，善惡要於功罪，而不淫於毀譽，聽其言而責其事，舉其名而指其實，故虛偽之行不得設，誣罔之辭不得行，則風俗定而大化成矣。」

卷一百二十五　佞幸列傳第六十五

諺曰「力田不如逢年㈠，善仕不如遇合」，固無虛言㈡。非獨女以色媚，而士宦亦有之。

昔以色幸者多矣。至漢興，高祖至暴抗也㈢，然籍孺以佞幸；孝惠時有閎孺㈣。此兩人非有材能，徒以婉佞貴幸㈤，與上臥起㈥，公卿皆因關說㈦。故孝惠時郎侍中皆冠鵕鸃，貝帶㈧，傅脂粉㈨，化閎、籍之屬也㈩。兩人徙家安陵㈡。

【註】㈠力田：努力耕田。年：好年成，風調雨順之年。㈡實在不是虛話。㈢暴抗：粗暴猛烈。㈣籍：人名。孺：幼小。閎：人名。㈤婉佞：婉順柔媚。㈥與皇上同臥同起。㈦公卿大臣們都憑藉他們在皇帝面前為之請託說情。關說：關，通也，謂公卿有所言說，皆靠佞幸之人為之通報。顏師古曰：「關說者，言由之而納說，亦如行者之有關津。」㈧郎、侍中：皆在宮內侍候皇帝之近臣。鵕鸃：鳥名，其羽毛可以飾冠。趙武靈王服貝帶鵕鸃。秦破趙以其冠賜侍中。漢亦襲用之。鵕，音迅（ㄒㄩㄣˋ）。鸃，音宜（ㄧˊ）。貝帶：以貝飾帶。㈨傅：塗抹，如女人打扮一般，臉上塗抹脂粉。㈩都變化成閎、籍一類的人物。㈡安陵：惠帝葬埋之陵邑。

孝文時中寵臣，士人則鄧通，宦者則趙同、北宮伯子。北宮伯子以愛人長者㊀；而趙同以星氣幸㊁，常為文帝參乘㊂；鄧通無伎能。鄧通，蜀郡南安人也㊃，以濯船㊄為黃頭郎㊅。孝文帝夢欲上天，不能，有一黃頭郎從後推之上天，顧見其衣裻帶後穿㊆。覺㊇而之漸臺㊈，以夢中陰目求推者郎㊉，即見鄧通，其衣後穿，夢中所見也。召問其名姓，姓鄧氏，名通，文帝說焉⑪，尊幸之日異。通亦愿謹，不好外交，雖賜洗沐，不欲出⑫。於是文帝賞賜通巨萬以十數⑬，官至上大夫⑭。文帝時時如鄧通家遊戲⑮。然鄧通無他能，不能有所薦士，獨自謹其身以媚上而已。上使善相者相通，曰「當貧餓死」。文帝曰：「能富通者在我也。何謂貧乎？」於是賜鄧通蜀嚴道銅山⑯，得自鑄錢，「鄧氏錢」布天下⑰。其富如此。

【註】㊀姓北宮，名伯子。以愛人而忠厚，見幸。㊁星氣：古有占星與望氣之術，以占候吉凶。㊂參乘：即「驂乘」。乘車之法，導者居左，御者居中，又有一人處車之右，以備傾倒，在車右之人，即曰驂乘，亦作陪乘。㊃南安：故城在今四川夾江縣西北二十里。㊄濯船：濯，同「櫂」，舟

旁撥水之具，短曰楫，長曰櫂。濯船：謂持櫂以行船也。㊅頭戴黃帽子之郎，曰黃頭郎。㊆褭：音篤。衫襦之橫腰者。帶後穿：革帶背後之下處，有個洞。㊇覺：音教。醒也。㊈漸臺：水上之臺也，水浸之故名。未央宮西有蒼池，池中有漸臺。㊉暗地裏用目尋找推之升天的郎官。㊁說：同「悅」。㊂賜洗沐：賜之以洗沐的休假，得以外出。㊂賞賜鄧通十幾次，每一次的賞錢，都在萬萬（鉅萬）以上。㊃上大夫：月俸二千石，與卿相之祿秩相等，而親信過之。㊄如：往、入。文帝常常到鄧通家遊戲。㊅西康雅州榮經縣東北有銅山，即鄧通鑄錢處。㊆鄧家的錢，佈滿天下。

文帝嘗病癰㊀，鄧通常為帝唶吮之㊁。文帝不樂，從容問通曰：「天下誰最愛我者乎？」通曰：「宜莫如太子。」太子入問病，文帝使唶癰，唶癰而色難之㊂。已而聞鄧通常為帝唶吮之㊃，心慙，由此怨通矣。及文帝崩，景帝立，鄧通免，家居。居無何，人有告鄧通盜出徼外鑄錢㊄。下吏驗問㊅，頗有之，遂竟案㊆，盡沒入鄧通家，尚負責數巨萬㊇。長公主賜鄧通，吏輒隨沒入之㊈，一簪不得著身㊉。於是長公主乃令假衣食㊁。竟不得名一錢，寄死人家㊂。

【註】㊀癰：瘡而化膿。㊁唶吮：以口吸膿而出。唶：音作（ㄗㄨㄛˋ）。唶吮：吸也。㊂色難：

有難色，有不樂意噉膿的表情。㈣已而：即「既而」，以後。㈤徼外：邊塞之外。㈥交付法官查案審問。㈦竟案：結案，判定其罪。㈧責：同「債」。㈨半路就吞沒了，不給鄧通。㈩簪：音贊平聲（ㄗㄢ）一根簪子也不得戴在身上。㈡借給以衣食，免得送錢被吏所吞沒。㈢名：佔有。不得名一錢：即不得佔有一個錢，言其一錢沒有。

孝景帝時，中無寵臣，然獨郎中令周文仁，仁寵最過庸，乃不甚篤㈠。

【註】㈠庸：常也，泛也，言周仁之得寵幸，過於一般人。但是，也不是十分親厚。篤：厚也。

今天子中寵臣，士人則韓王孫嫣，宦者則李延年。嫣者，弓高侯孽孫也㈠。今上為膠東王時，嫣與上學書相愛。及上為太子，愈益親嫣。嫣善騎射，善佞。上即位，欲事伐匈奴，而嫣先習胡兵，以故益尊貴，官至上大夫，賞賜擬於鄧通。時嫣常與上臥起。江都王入朝，有詔得從入獵上林中。天子車駕蹕道未行，而先使嫣乘副車，從數十百騎，騖馳視獸。江都王望見，以為天子，辟從者㈡，伏謁道傍㈢。嫣驅不見㈣。既過，江都王怒，為皇太后泣曰：「請得歸國入宿衛，比韓嫣㊄。」太后由此嗛嫣㊅。嫣侍上，出入永巷不禁㊆，以姦聞皇太后。皇太后怒，使使賜嫣死。上為謝㊇，終不能得，嫣遂死。而案道侯韓說㊈，其弟也，亦佞幸。

【註】㊀高弓侯：韓王信之子穨當。孽孫：庶出之孫。㊁辟：同「避」字。㊂伏謁：伏首屈身而致敬。㊃驅車直前，不下車相見。㊄願意還封爵於天子，而請求回都供宿衛。㊅嗛：同「銜」，恨也。㊆永巷：宮中之長巷，幽閉宮女之處。㊇謝罪，請原諒。㊈說：同「悅」。

李延年，中山人也。父母及身兄弟及女，皆故倡也。延年坐法腐㊀，給事狗中㊁。而平陽公主言延年女弟善舞，上見，心說之㊂，及入永巷，而召貴延年。延年善歌，為變新聲，而上方興天地祠，欲造樂詩歌弦之。延年善承意，弦次初詩㊃。其女弟亦幸，有子男。延年佩二千石印，號協聲律，與上臥起，甚貴幸，埒如韓嫣也㊄。久之，寖與中人亂㊅，出入驕恣。及其女弟李夫人卒後，愛弛，則禽誅延年昆弟也㊆。

【註】㈠因犯法而受腐刑，割去其生殖器。㈡為狗監。㈢說：郎「悅」。㈣初詩：新造之樂章，配弦而歌之。㈤埒：音勒（ㄌㄜˋ），相等，比。㈥寖：漸漸的。㈦禽：同「擒」。

自是之後，內寵嬖臣大底外戚之家，然不足數也。衛青、霍去病亦以外戚貴幸，然頗用材能自進。太史公曰：甚哉愛憎之時㈠！彌子瑕之行㈡，足以觀後人佞幸矣。雖百世可知也㈢。

【註】㈠愛憎是隨著時間而變化的，受愛的時候，幸福無邊。色衰愛弛，動輒見憎，終不免於滅族殺身。㈡以彌子瑕為例，衛靈公之時，寵愛彌子瑕，衛國法，竊駕君車者斷其足。彌子瑕母病，竊駕君車以出，衛靈公聞而賢之，曰：「孝哉！」又與公游果木園，食桃而甘，以其半給公，公曰：「愛我哉！」既而色衰愛弛，得罪於靈公，靈公曰：「此人曾竊駕吾車，又曾啗我以其剩餘之桃，宜治之以罪。」㈢從彌子瑕的故事，可以看佞幸者命運之變化，雖百世以後的事，也可以一推而知矣。

卷一百二十六　滑稽列傳第六十六

孔子曰：「六藝於治一也㈠。禮以節人㈡，樂以發和㈢，書以道事㈣，詩以達意㈤，易以神化㈥，春秋以義㈦。」太史公曰：天道恢恢㈧，豈不大哉！談言微中㈨，亦可以解紛㈩。

【註】㈠六藝對於治國平天下的道理，是互為作用，整個而不可分的。㈡《禮經》所以節制人的行為。㈢《樂經》所以發揚社會和氣。㈣《書經》所以敍述歷史故事。㈤《詩經》所以表達地方民意。㈥《易經》所以探討天神變化。㈦《春秋》所以嚴正民族大義。㈧天道廣大，無所不包。㈨談論微妙，曲中事理。㈩也可以解決人際關係的紛擾與困惑。

淳于髡者㈠，齊之贅壻也㈡。長不滿七尺，滑稽多辯㈢，數使諸侯㈣，未嘗屈辱。齊威王之時喜隱㈤，好為淫樂長夜之飲，沈湎不治㈥，委政卿大夫。百官荒亂，諸侯並侵，國且危亡，在於旦暮㈦，左右莫敢諫。淳于髡說之以隱㈧曰：「國中有大鳥，止王之庭㈨，三年不蜚又不鳴㈩，王知此鳥何也？」王曰：「此鳥不飛則已，一飛沖天；不鳴則已，一鳴驚人。」於是乃朝諸縣令長七十二人，賞一人，誅一人，奮兵而出㊁。諸侯振驚㊂，皆還齊侵地。威行三十六年。語在田完世家中。

【註】㊀姓淳于，名髡。髡：音坤（ㄎㄨㄣ）。㊁贅壻：男子家貧，沒有聘財，以身為質，附屬於女家，謂之贅壻。㊂滑稽：機智多端，觸景發言，指桑喻槐，借東道西，隱語暗示，啟人省悟，幽默詼諧，輕鬆愉快。這就是「滑稽」二字的主要內容。㊃數次出使於各國諸侯之間。㊄隱語：隱匿其本事，而借他辭以出之，今所謂「謎語」是也。㊅沈湎：迷戀於酒。㊆旦暮：頃刻之間，言其危亡之急，朝不保夕。㊇說：諷勸，以隱語諷勸之，而不明白直言。㊈止：宿住。㊉蜚：即「飛」字。㊁奮兵：猛然出兵。㊂振驚：即「震驚」。

威王八年，楚大發兵加齊㊀。齊王使淳于髡之趙請救兵㊁，齎金百斤㊂，車馬十駟。淳于髡仰天大笑，冠纓索絕㊃。王曰：「先生少之乎？」髡曰：「何敢！」王曰：「笑豈有說乎？」髡曰：「今者臣從東方來，見道傍有禳田者㊄，操一豚蹄，酒一盂，祝曰：『甌窶滿篝㊅，汙邪滿車㊆，五穀蕃熟，穰穰滿家㊇。』

臣見其所持者狹而所欲者奢，故笑之㊈。」於是齊威王乃益齎黃金千溢㊉，白璧十雙，車馬百駟。髡辭而行，至趙。趙王與之精兵十萬，革車千乘。楚聞之，夜引兵而去。

【註】㊀加：壓迫。㊁之：往。㊂齎：音咨（ㄗ），供給，餽給。㊃索絕：索、盡也，二完全斷絕。㊄禳田：向田神祈禱，請保祐，賜以豐年。㊅甌窶：荒坡瘠狹之地。甌，音歐（ㄡ）。小盆也。窶，音巨（ㄐㄩˋ），高地狹小之區。篝：音溝（ㄍㄡ），籠也。㊆汙邪：低窪之田。㊇穰：音禳（ㄖㄤˊ）。禾莖。大意言，向田神祈禱的人，只拿了一塊豬蹄，一杯酒，祈禱著說：「田神呀！請您大顯神靈，使我那些瘠坡不毛之地，都能夠收穫到滿籠滿筐的穀物；使我那些低窪崎嶇之田，都能夠收獲到滿車滿載的糧食，請您保祐我五穀豐登，黍稷滿家。」㊈我看見那個祈禱的人，帶給田神的禮物是那樣的又小又少，而所要求於田神的報答又是這樣的又大又多！真使我忍不住仰天大笑。㊉溢：二十四兩，曰溢。

威王大說㊀，置酒後宮，召髡賜之酒。問曰：「先生能飲幾何而醉？」對曰：「臣飲一斗亦醉，一石亦醉。」威王曰：「先生飲一斗而醉，惡能飲一石哉、其說可得聞乎？」髡曰：「賜酒大王之前，執法在傍，御史在後，髡恐懼俯伏而飲，不過一斗徑醉矣㈡。若親有嚴客，髡帣韝鞠䏌㈢，侍酒於前，時賜餘瀝㈣，奉觴上壽㈤，數起，飲不過二斗徑醉矣。若朋友交游，久不相見，卒然相覩㈥，歡然道故㈦，私情相語，飲可五六斗徑醉矣。若乃州閭之會，男女雜坐㈧，行酒稽留㈨，六博投壺㈩，相引為曹⑪，握手無罰⑫，目眙不禁⑬，前有墮珥⑭，後有遺簪⑮，髡竊樂此，飲可八斗而醉二參⑯。日暮酒闌⑰，合尊促坐⑱，男女同席，履舄交錯⑲，杯盤狼藉，堂上燭滅，主人留髡而送客，羅襦襟解，微聞薌澤⑳，當此之時，髡心最歡，能飲一石。故曰酒極則亂，樂極則悲；萬事盡然，言不可極㉑，極之而衰。」以諷諫焉。齊王曰：「善。」乃罷長夜之飲，以髡為諸侯主客㉒。宗室置酒，髡嘗在側。

【註】㈠說：同「悅」。㈡徑：與「竟」通，竟然而醉。㈢帣：音捲（ㄐㄩㄢˇ），收攏，捲起袖子。韝：音鉤（ㄍㄡ），臂衣也。鞠：彎曲。䏌：同「跽」字，音忌（ㄐㄧˋ）跪也。曲膝而跪。㈣餘瀝：剩餘的酒。瀝，音歷（ㄌㄧˋ）。酒滴也。㈤奉觴上壽：敬酒於長者祝其福壽。㈥忽然相見。

㈦道故：敍說離別後的故事。㈧混亂而坐，亂七八糟而坐。㈨稽留：留連。㈩六博：古遊戲之事。博：箸也，以竹為之，長六分。投壺：古賓主燕飲時相與娛樂之事，設壺一，使賓主以次投矢於其中，勝者酌酒以飲不勝者。㈡角賽的對敵兩方，謂之曹，如分曹射覆是也。㈢男女之間，自由握手，不受責罰。㈢眙：同「瞪」字，男女之間，可以相互直視，不受禁止。㈣珥：音耳（ㄦˇ），女子以珠玉為耳飾。㈤簪：插髮的針，如「玉簪」。形容男女成羣的在狂歡極樂之時，女子也放浪形骸，耳環也脫了，玉簪也掉了。㈥十分有兩三分醉意。㈦酒闌：酒意甚深。㈧促坐：促膝而坐。㈨舄：音夕（ㄒㄧˋ），鞋子。㈩薌澤：香氣也。薌，同「香」字。㈡就是說，什麼事情都不可作到極點。㈢主持外交事務。

其後百餘年，楚有優孟。

優孟㈠，故楚之樂人也㈡。長八尺，多辯，常以談笑諷諫。楚莊王之時，有所愛馬，衣以文繡，置之華屋之下，席以露牀㈢，啗以棗脯㈣。馬病肥死，使羣臣喪之㈤，欲以棺槨大夫禮葬之㈥。左右爭之㈦，以為不可。王下令曰：「有敢以馬諫者，罪至死。」優孟聞之，入殿門，仰天大哭。王驚而問其故。優孟曰：「馬者王之所愛也，以楚國堂堂之大，何求不得，而以大夫禮葬之，薄，請以人君禮葬之。」王曰：「何如？」對曰：「臣請以彫玉為棺，文梓為椁，楩楓豫章為題湊㈧，發甲卒為穿壙，老弱負土，齊趙陪位於前，韓魏翼衛其後，廟食太牢，奉以萬戶之邑。諸侯聞之，皆知大王賤人而貴馬也。」王曰：「寡人之過一至此乎㈨！為之柰何？」優孟曰：「請為大王六畜葬之。以壠竈為椁㈩，銅歷為棺⑪，齎以薑棗⑫，薦以木蘭⑬，祭以糧稻，衣以火光，葬之於人腹腸。」於是王乃使以馬屬太官⑭，無令天下久聞也。

【註】㈠優：倡優。孟：倡優之名也。㈡故：原先。樂人：奏樂的人。㈢露牀：牀之無幃幔者。㈣棗脯：棗乾，棗之乾肉。㈤使羣臣為其愛馬守喪。㈥欲以大夫之禮葬之。㈦爭：同「諍」，諫勸。㈧題湊：以最有名的楩楓豫章之木，製為棺材之前額。㈨竟然至於如此嗎？㈩壠竈：以土壠為竈，居鬲外如椁。⑪銅歷：歷，即釜鬲，以銅為釜鬲，居竈中如棺。⑫齎：供給。以薑棗為佐料而調味之。⑬薦：獻也，獻之以木蘭，即用木蘭作薪柴而燒煮之。總而言之，就是把馬肉燒燒吃了。⑭太官：官名，主管天子飲食。屬少府。

楚相孫叔敖知其賢人也，善待之。病且死，屬其子曰㊀：「我死，汝必貧困。若㊁往見優孟，言我孫叔敖之子也。」居數年，其子窮困負薪㊂，逢優孟，與言曰：「我，孫叔敖子也。父且死時㊃，屬我貧困往見優孟。」優孟曰：「若無遠有所之㊄。」即為孫叔敖衣冠，抵掌談語㊅。歲餘，像孫叔敖，楚王及左右不能別也。莊王置酒，優孟前為壽。莊王大驚，以為孫叔敖復生也，欲以為相。優孟曰：「請歸與婦計之，三日而為相。」莊王許之。三日後，優孟復來。王曰：「婦言謂何？」孟曰：「婦言慎無為，楚相不足為也。如孫叔敖之為楚相，盡忠為廉以治楚，楚王得以霸。今死，其子無立錐之地，貧困負薪以自飲食。必如孫叔敖，不如自殺。」因歌曰：「山居耕田苦，難以得食。起而為吏，身貪鄙者餘財，不顧恥辱。身死家室富，又恐受賕枉法㊆，為姦觸大罪，身死而家滅。貪吏安可為也、念為廉吏，奉法守職，竟死不敢為非，廉吏安可為也、楚相孫叔敖持廉至死，方今妻子窮困負薪而食，不足為也！」於是莊王謝優孟，乃召孫叔敖子，封之寢丘四百戶㈧，以奉其祀。後十世不絕。此知可以言時矣㈨。

【註】㈠屬：即「囑」，囑咐也。㈡若：汝，你。㈢負薪：任力役之事。負薪賣柴。㈣且：將。㈤你不要往遠的地方去。㈥穿戴孫叔敖的衣冠，模仿孫叔敖抵掌談語的姿態。㈦財：贓貨。㈧寢丘：在今河南固始縣。㈨由此可知說話要把握時機。

其後二百餘年，秦有優旃。

優旃者㈠，秦倡侏儒也。善為笑言，然合於大道。秦始皇時，置酒而天雨，陛楯者皆沾寒㈡。優旃見而哀之，謂之曰：「汝欲休乎？」陛楯者皆曰：「幸甚。」優旃曰：「我郎呼汝，汝疾應曰諾。」居有頃，殿上上壽呼萬歲。優旃臨檻大呼曰：「陛楯郎！」郎曰：「諾。」優旃曰：「汝雖長，何益，幸雨立。我雖短也，幸休居。」於是始皇使陛楯者得半相代㈢。

【註】㈠旃：音占（ㄓㄢ），秦優之名。㈡陛楯：秦官名，執楯立於殿陛之側以任警衛者。沾寒：因沾雨而身寒也。㈢半相代：輪流更替，一半值班，一半休息。

始皇嘗議欲大苑囿㈠，東至函谷關，西至雍、陳倉㈡。優旃曰：「善。多縱禽獸於其中，寇從東方來，令麋鹿觸之足矣。」始皇以故輟止。

【註】㈠大：擴大。㈡陳倉：在今陝西寶雞縣東。

二世立，又欲漆其城。優旃曰：「善。主上雖無言，臣固將請之㈠。漆城雖於百姓愁費，然佳哉！漆城㈡蕩蕩㈢，寇來不能上。即欲就之㈣，易為漆耳㈤，顧難為蔭室㈥。」於是二世笑之，以其故止。居無何，二世殺死，優旃歸漢，數年而卒。

【註】㈠主上雖不言，我也要請求。㈡漆城：以漆刷城為美觀。㈢蕩蕩：光滑。㈣即：如果。如果想完成這種漆城工作。㈤塗漆是很容易的。㈥塗漆之後，如果沒有蔭室的遮蔽，而露之於外，則液體必不能乾，但是，這麼大的城，如何能夠作個蔭室呢？所以塗漆不難，難在於沒有大的蔭室。

太史公曰：淳于髡仰天大笑，齊威王橫行。優孟搖頭而歌，負薪者以封。優旃臨檻疾呼，陛楯得以半更㈠。豈不亦偉哉！

【註】㈠半更：輪流更換，一半值班，一半休息。

褚先生曰：臣幸得以經術為郎，而好讀外家傳語㈠。竊不遜讓，復作故事滑稽之語六章，編之於左。可以覽觀揚意，以示後世好事者讀之，以游心駭耳，以附益上方太史公之三章㈡。

【註】㈠外家傳語：即史傳雜說之書，非正經也。㈡褚先生所作之故事六章，以附益太史公之三章，故下六章皆非太史公之言，而褚先生附益之者也。

武帝時有所幸倡郭舍人者，發言陳辭雖不合大道，然令人主和說㈠。武帝少時，東武侯母常養帝㈡，帝壯時，號之曰「大乳母」。率一月再朝。朝奏人，有詔使幸臣馬游卿以帛五十匹賜乳母，又奉飲糒飧養乳母㈢。乳母上書曰：「某所有公田，願得假倩之㈣。」帝曰：「乳母欲得之乎？」以賜乳母。乳母所言，未嘗不聽。有詔得令乳母乘車行馳道中。當此之時，公卿大臣皆敬重乳母。乳母家子孫奴從者橫暴長安中，當道掣頓人車馬㈤，奪人衣服。聞於中，不忍致之法。有司請徙乳母家室，處之於邊。奏可。乳母當入至前，面見辭。乳母先見郭舍人，為下泣。舍人曰：「即入見辭去，疾步數還顧㊅。」乳母如其言，謝去，疾步數還顧。郭舍人疾言罵之曰：「咄！老女子！何不疾行、陛下已壯矣，寧尚須汝乳而活邪？尚何還顧！」於是人主憐焉悲之，乃下詔止無徙乳母，罰謫譖之者㊆。

【註】㊀說：即「悅」。㊁東武：故城在今山東武城縣西。㊂糒：音備（ㄅㄟˋ），乾飯。飧：音孫（ㄙㄨㄣ），水和飯。㊃假倩：假借。倩，音慶（ㄑㄧㄥˋ）。借也。㊄掣頓：挽止，阻止別人的車馬，使不得行。㊅走得很快，而又不斷的回頭看。表示留戀不捨之狀。㊆處罰那些說乳母壞話的人。

武帝時，齊人有東方生名朔，以好古傳書，愛經術，多所博觀外家之語。朔初入長安，至公車上書㊀，凡用三千奏牘㊁。公車令兩人共持舉其書，僅然能勝之㊂。人主從上方讀之㊃，止，輒乙其處㊄，讀之二月乃盡㊅。詔拜以為郎，常在側侍中。數召至前談語，人主未嘗不說也㊆。時詔賜之食於前。飯已，盡懷其餘肉持去，衣盡汙㊇。數賜縑帛，擔揭而去㊈。徒用所賜錢帛，取少婦於長安中好女(一〇)。率取婦一歲所者即棄去(一一)，更取婦。所賜錢財盡索之於女子(一二)。人主左右諸郎半呼之「狂人」。人主聞之，曰：「令朔在事無為是行者，若等安能及之哉(一三)！」朔任其子為郎，又為侍謁者，常持節出使。朔行殿中，郎謂之曰：「人皆以先生為狂。」朔曰：「如朔等，所謂避世於朝廷閒者也。古之人，乃避世於深山中。」時坐席中，酒酣，據地歌曰(一四)：「陸沈於俗(一五)，避世金馬門。宮殿中可以避世全身，何必深山之中，蒿廬之下。」金馬門者，宦〔者〕署門也，門傍有銅馬，故謂之曰「金馬門」。

【註】㈠公車：衞尉屬官有公車司馬，掌殿司馬門，夜徼宮，天下上事及闕下，凡所徵召，皆總領之。秩六百石。顏師古曰：「公車令屬衞尉，上書者所詣也」。漢時應徵之人，皆由公家以車遞送，即古之所謂「乘傳」，清之所謂「馳驛」也。公車署名，公車所在，因以名。諸待詔者皆居以待命。㈡一篇奏文，總共用了三千木簡（牘，書版也）。㈢兩個人共抬其書，勉強抬得動。㈣從前頁依次而讀之。㈤讀到那個地方停止的時候，就在那個地方做個記號（乙）。㈥斷斷續續的讀了兩個月，才把那篇呈文讀完。㈦說：同「悅」。㈧皇帝常常賞他一起吃飯，飯吃完了，剩下的菜肉，他都帶

走，把衣服弄得髒兮兮的。㊈擔揭：把皇帝所賞賜的綢緞，擔起就走。㊉徒用：專一用在……。把皇帝所賞賜的金錢綢緞，專一作為在長安城中娶美女少婦之用。㊁大概用一年即扔掉，另外再娶。㊂皇帝賞賜他那麼多的金銀財物，都在女人身上花光了。（盡索：花得一乾二淨）。㊂假使東方朔居官任職沒有這種行為，你們那個能夠趕得上他呢？（漢武帝替東方朔打圓場，說東方朔居官任職是一個很能幹的人才，只是私生活上有點小毛病而已）。㊃據地：以手拍地。㊃陸沈：無水而沈。莊子云：「方且與世違，而心不屑與之俱，是陸沈者也。」不滿於現實，而又不能不生存於現實之中，只好糊糊塗塗的過。

時會聚宮下博士諸先生與論議，共難之曰：「蘇秦、張儀一當萬乘之主，而都㊀卿相之位，澤及後世。今子大夫修先王之術，慕聖人之義，諷誦詩書百家之言，不可勝數。著於竹帛，自以為海內無雙，即可謂博聞辯智矣。然悉力盡忠以事聖帝，曠日持久，積數十年，官不過侍郎，位不過執戟，意者尚有遺行邪㊁？其故何也？」東方生曰：「是固非子所能備也㊂。彼一時也，此一時也，豈可同哉！夫張儀、蘇秦之時，周室大壞，諸侯不朝，力政爭權㊃，相禽以兵㊄，幷為十二國，未有雌雄，得士者彊，失士者亡，故說聽行通，身處尊位，澤及後世，子孫長榮。今非然也。聖帝在上，德流天下，諸侯賓服，威振四夷，連四海之外以為席，安於覆盂，天下平均，合為一家，動發舉事，猶如運之掌中。賢與不肖，何以異哉？方今以天下之大，士民之眾，竭精馳說，並進輻湊者，不可勝數。悉力慕義，困於衣食，或失門戶。使張儀、蘇秦與僕並生於今之世，曾不能得掌故㈥，安敢望常侍侍郎乎！傳曰：『天下無害菑㈦，雖有聖人，無所施其才；上下和同，雖有賢者，無所立功。』故曰時異則事異。雖然，安可以不務修身乎？詩曰：『鼓鍾于宮，聲聞于外。鶴鳴九皋，聲聞于天。』苟能修身，何患不榮！太公躬行仁義七十二年，逢文王，得行其說，封於齊，七百歲而不絕。此士之所以日夜孜孜，修學行道，不敢止也。今世之處士，時雖不用，崛然獨立，塊然獨處，上觀許由，下察接輿，策同范蠡，忠合子胥，天下和平，與義相扶，寡偶少徒，固其常也。子何疑於余哉！」於是諸先生默然無以應也。

【註】㈠都：居於。㈡遺行：不檢點的行為，有錯失的行為。㈢這原來不是你所能完全知道的。㈣力政：即「力征」，積極用力於征奪。㈤禽：即「擒」字。㈥掌故：太常官屬，主故事者。㈦菑：同「災」字。

建章宮後閤重櫟㈠中有物出焉，其狀似麋。以聞，武帝往臨視之。問左右羣臣習事通經術者，莫能知。詔東方朔視之。朔曰：「臣知之，願賜美酒粱飯大飧臣，臣乃言。」詔曰：「可。」已㈡又曰：「某所有公田魚池蒲葦數頃，陛下以賜臣，臣朔乃言。」詔曰：「可。」於是朔乃肯言，曰：「所謂騶牙者也㈢。遠方當來歸義，而騶牙先見。其齒前後若一，齊等無牙，故謂之騶牙。」其後一歲所，匈奴混邪王果將十萬眾來降漢。乃復賜東方生錢財甚多。

【註】㈠重櫟：櫟，欄干之類。欄楯之下，有重欄之處。㈡已：既而，之後。㈢騶牙：獸名，即騶虞，或作騶吾，白質黑文，尾長於軀，其齒前後若一，齊等無牙，故名騶牙，不食生物，不履生草。騶，音鄒（ㄗㄡ）。

至老，朔且死時㈠，諫曰：「詩云『營營青蠅㈡，止于蕃㈢。愷悌君子，無信讒言。讒言罔極㈣，交亂四國㈤』。願陛下遠巧佞，退讒言。」帝曰：「今顧東方朔多善言㈥？」怪之㈦。居無幾何㈧，朔果病死。傳曰㈨：「鳥之將死，其鳴也哀；人之將死，其言也善。」此之謂也。

【註】㈠且：將。㈡營營：汙穢的青蠅往往來來的飛聲。㈢落在藩籬之上。㈣讒言如果讓其沒有限度的發展。㈤就會使四方的國家互相疑猜而為禍亂。㈥顧：乃也，今乃東方朔多善言？即謂：為什麼東方朔近來多進善言？㈦武帝大為奇怪。㈧停了沒有幾天。㈨傳曰：《論語》上所說。

武帝時，大將軍衞青者，衞后兄也㈠，封為長平侯。從軍擊匈奴，至余吾水上而還㈡，斬首捕虜，有功來歸，詔賜金千斤。將軍出宮門，齊人東郭先生以方士待詔公車㈢，當道遮衞將軍車㈣，拜謁曰：「願白事。」將軍止車前，東郭先生旁車言曰：「王夫人新得幸於上，家貧。今將軍得金千斤，誠以其半賜王夫人之親，人主聞之必喜。此所謂奇策便計也。」衞將軍謝之曰：

「先生幸告之以便計，請奉教。」於是衞將軍乃以五百金為王夫人之親壽。王夫人以聞武帝。帝曰：「大將軍不知為此。」問之安所受計策，對曰：「受之待詔者東郭先生。」詔召東郭先生，拜以為郡都尉。東郭先生久待詔公車，貧困飢寒，衣敝，履不完。行雪中，履有上無下，足盡踐地。道中人笑之，東郭先生應之曰：「誰能履行雪中，令人視之，其上履也，其履下處乃似人足者乎？」及其拜為二千石，佩青緺㊄出宮門，行謝主人。故所以同官待詔者，等比祖道於都門外㊅。榮華道路，立名當世。此所謂衣褐懷寶者也㊆。當其貧困時，人莫省視㊇；至其貴也，乃爭附之。諺曰：「相馬失之瘦㊈，相士失之貧㊉。」其此之謂邪？

【註】㊀衞后子夫之弟。㊁余吾水：在朔方縣故城東北，即在鄂爾多斯右翼後旗境內。㊂方士：方術之士，如求神仙，鍊金丹，及禁呪祈禱諸術，始於周時，盛於秦漢，為後世道家所自出。㊃遮：阻攔。㊄青緺：漢制：印綬，公侯用紫色，九卿用青色。青緺，即青綬，青色的絲帶以承受印環者。緺，音螺（ㄌㄨㄛˊ）。㊅同僚集體（等比）為他餞行（祖道）於都門之外。㊆衣服雖賤而內懷寶

物。㈧省視：理睬。㈨相馬的時候，常常看錯了瘦馬。㈩相士的時候，常常看錯了貧士。此言馬不可以瘦相，士不可以貧相。以瘦相馬，常常失掉了千里馬；以貧相士，常常失掉了大偉人。

王夫人病甚，人主至自往問之曰：「子當為王，欲安所置之？」對曰：「願居洛陽。」人主曰：「不可。洛陽有武庫、敖倉，當關口，天下咽喉。自先帝以來，傳不為置王㈠。然關東國莫大於齊，可以為齊王。」王夫人以手擊頭，呼「幸甚」。王夫人死，號曰「齊王太后薨」。

【註】㈠傳：轉授教命，以上一代所授之教命轉授於下一代，迭相轉授。

昔者，齊王使淳于髡獻鵠於楚。出邑門，道飛其鵠㈠，徒揭空籠㈡，造詐成辭㈢，往見楚王曰：「齊王使臣來獻鵠，過於水上，不忍鵠之渴，出而飲之㈣，去我飛亡。吾欲刺腹絞頸而死㈤，恐人之議吾王以鳥獸之故令士自傷殺也㈥。鵠，毛物，多相類者，吾欲買而代之，是不信而欺吾王也㈦。欲赴佗國奔亡，痛吾兩主使不通㈧。故來服過，叩頭受罪大王㈨。」楚王曰：「善，齊王有信士若此哉㈩！」厚賜之，財倍鵠在也㈡。

【註】㈠在路上，鵠飛跑了。㈡單單提著空籠往見楚王。㈢揑造了一篇假話。㈣把鵠拿出來飲水。㈤我想自殺而死。㈥恐怕人家批評大王說您以小小的鳥兒而使士人傷心自殺。㈦我想再買一個類似的鵠作為代替，又覺得這是不信實而欺騙大王。㈧我想逃亡別的國家，又痛心於這樣一來會使兩國之主失去和氣。㈨所以想來想去，只有直來認罪。我磕頭請求大王治罪。㈩楚王聽了之後，大為稱讚，說道：「齊王有這樣信實的人才啊！」㈡於是厚厚的賞賜他，賞賜的財物比鵠兒不飛去，還要加倍的多。

武帝時，徵北海太守詣行在所㈠。有文學卒史王先生者㈡，自請與太守俱，「吾有益於君」，君許之。諸府掾功曹白云：「王先生嗜酒，多言少實，恐不可與俱。」太守曰：「先生意欲行，不可逆㈢。」遂與俱。行至宮下，待詔宮府門。王先生徒懷錢沽酒，與衞卒僕射飲㈣，日醉，不視其太守。太守入跪拜。王先生謂戶郎曰：「幸為我呼吾君至門內遙語。」戶郎為呼太守。太守來，望見王先生。王先生曰：「天子即問君何以治北海㈤令無盜賊，君對曰何哉？」對曰：「選擇賢材，各任之以其能，賞異等，罰不肖。」王先生曰：「對如是，是自譽自伐功，不可也。願君對言，非臣之力，盡陛下神靈威武所變化也㈥。」太守曰：「諾。」召入，至于殿下，有詔問之曰：「何以治北海，令盜賊不起？」叩頭對言：「非臣之力，盡陛下神靈威武之所變化也。」武帝大笑，曰：「於呼㈦！安得長者之語而稱之㈧！安所受之㈨？」對曰：「受之文學卒史。」帝曰：「今安在？」對曰：「在宮府門外。」有詔召拜王先生為水衡丞㈩，以北海太守為水衡都尉。傳曰：「美言可以市㈠，尊行可以加人㈡。君子相送以言㈢，小人相送以財㈣。」

【註】㈠行在：天子巡行所在之處，即謂之「行在」。㈡卒史：官名，文學卒史在郡國佐郡守辦理文教工作。㈢逆：拒絕。㈣與衞兵們射侯（靶）而飲酒。㈤即：如果。天子如果問你何以能夠治北海使無盜賊？你將怎樣答覆呢？㈥這完全是天子神靈威武所潛移默化而然。㈦於呼：即「嗚呼」。㈧你怎麼樣能說出這種長者的話呢？㈨是誰個教給你的？㈩水衡：官名，漢置水衡都尉，水衡丞，掌上林苑，兼主財務。漢時財用之機構凡三所，曰司農、少府、水衡，除司農外，少府、水衡，皆天

子之私府。㈡美好的話言，值得買取。㈢尊貴的行為，值得高人。（比人高一等）。㈢君子贈人以言。㈣小人贈人以金錢。

魏文侯時，西門豹為鄴令㈠。豹往到鄴，會長老，問民之所疾苦。長老曰：「苦為河伯娶婦，以故貧。」豹問其故，對曰：「鄴三老、廷掾常歲賦斂百姓，收取其錢得數百萬，用其二三十萬為河伯娶婦，與祝巫共分其餘錢持歸。當其時，巫行視小家女好者，云是當為河伯婦，即娉取。洗沐之，為治新繒綺縠衣，閒居齋戒；為治齋宮河上，張緹絳帷㈡，女居其中。為具牛酒飯食，（行）十餘日。共粉飾之，如嫁女床席，令女居其上，浮之河中。始浮，行數十裏乃沒。其人家有好女者，恐大巫祝為河伯取之，以故多持女遠逃亡。以故城中益空無人，又困貧，所從來久遠矣。民人俗語曰『即不為河伯娶婦㈢，水來漂沒，溺其人民』云。」西門豹曰：「至為河伯娶婦時，願三老、巫祝、父老送女河上，幸來告語之，吾亦往送女。」皆曰：「諾。」

【註】㈠鄴：故城在今河南臨漳縣西四十里。㈡緹：黄赤色之帛。張起黄赤色的帷幕。㈢即：如

果。

至其時，西門豹往會之河上。三老、官屬、豪長者、里父老皆會，以人民往觀之者三二千人。其巫，老女子也，已年七十。從弟子女十人所㈠，皆衣繒單衣，立大巫後。西門豹曰：「呼河伯婦來，視其好醜。」即將女出帷中，來至前。豹視之，顧謂三老、巫祝、父老曰：「是女子不好，煩大巫嫗為人報河伯，得更求好女，後日送之。」即使吏卒共抱大巫嫗投之河中。有頃，曰：「巫嫗何久也？弟子趣之㈡！」復以弟子一人投河中。有頃，曰：「弟子何久也？復使一人趣之！」復投一弟子河中。凡投三弟子。西門豹曰：「巫嫗弟子是女子也，不能白事㈢，煩三老為入白之。」復投三老河中。西門豹簪筆磬折㈣，嚮河立待良久㈤。長老、吏傍觀者皆驚恐。西門豹顧曰：「巫嫗、三老不來還，柰之何？」欲復使廷掾與豪長者一人入趣之。皆叩頭。叩頭且破，額血流地，色如死灰。西門豹曰：「諾，且留待之須臾㈥。」須臾，豹曰：「廷掾起矣。狀河伯留客之久，若皆罷去㊆歸矣。」鄴吏民大驚恐，從是以後，不敢復言為河伯娶婦。

【註】㊀所：不定之詞，大約之詞，如「從弟子女十人所」，即「從弟子女十人許」，言其大約有十人也。㊁趣：即「促」，催促，催巫嫗速返。㊂白：報告。㊃簪筆：古人插筆於首，有事則書笏。《史記正義》云：「簪筆，謂以毛裝簪頭，長五寸，插在冠前，謂之為筆，言插筆備禮也」。磬折：言身軀曲僂，若石磬之形曲折也。㊄鄉河：面對著河。㊅待之須臾：稍等片刻。㊆若：你們，汝等。

西門豹即發民鑿十二渠㊀，引河水灌民田，田皆溉。當其時，民治渠少煩苦㊁，不欲也。豹曰：「民可以樂成，不可與慮始。今父老子弟雖患苦我，然百歲後期令父老子孫思我言。」至今皆得水利，民人以給足富。十二渠經絕馳道㊂，到漢之立，而長吏以為十二渠橋絕馳道，相比近，不可。欲合渠水㊃，且至馳道合三渠為一橋。鄴民人父老不肯聽長吏㊄，以為西門君所為也，賢君之法式不可更也。長吏終聽置之㊅。故西門豹為鄴令，名聞天下，澤流後世，無絕已時㊆，幾可謂非賢大夫哉㊇！

【註】㊀發民：動員民眾。㊁民眾治渠稍微（少）感覺煩苦。㊂馳道：天子車馬所行之道，秦始

皇二十七年，治馳道。㊃地方官吏以為十二渠斷絕馳道，欲使之合併為一渠。㊄鄴地人民反對。㊅地方官吏只好置之不管。㊆沒有斷絕的時候。㊇幾：通「豈」，豈可謂非賢大夫哉？怎可以說他不是賢大夫啊？

傳曰：「子產治鄭，民不能欺；子賤治單父，民不忍欺；西門豹治鄴，民不敢欺。」三子之才能誰最賢哉？辨治者當能別之㊀。

【註】㊀集解云：魏文帝問羣臣：「三不欺，於君德孰優？」太尉鍾繇、司徒華歆、司空王朗對曰：「臣以為：君任德，則臣感義而不忍欺；君任察，則臣畏覺而不能欺；君任刑，則臣畏罪而不敢欺。任德感義，與夫導德齊禮有恥且格，等趨者也。任察畏罪，與夫導政齊刑免而無恥，同歸者也。孔子曰：『為政以德，譬如北辰，居其所而眾星拱之』。考以斯言，論以斯義，臣等以為不忍欺，不能欺，優劣之懸，在於權衡，非徒低昂之差，乃鈞銖之覺也。且前志稱『仁者安仁，智者利仁，畏罪者強仁』，校其仁者，功則無以殊；核其為仁者，則不得不異。安仁者，性善者也；利仁者，力行者也；強仁者，不得已者也。三仁相比，則安仁優矣。易稱『神而化之，使民宜之』，若君化使民然也。然則安仁之化與夫強仁之化，優劣亦不得不相懸絕也。然則三臣之不欺雖同，所以不欺，異矣。則純以恩義崇不欺，與以威察成不欺，既不可同概而比量，又不得錯綜而易處。」

卷一百二十七　日者列傳第六十七

墨子曰：「墨子北之齊，遇日者。日者曰：『帝以今日殺黑龍於北方，而先生之色黑，不可以北』。墨子不斷，遂北，至淄水，墨子不遂而反焉。日者曰：『我謂先生不可以北』。」可知「日者」即卜筮之人。

自古受命而王，王者之興何嘗不以卜筮決於天命哉！其於周尤甚，及秦可見。代王之入，任於卜者㈠。太卜之起，由漢興而有。

【註】㈠代王：漢文帝由代王而為帝。先是諸呂為亂，丞相陳平，太尉周勃討平之，派人至代迎代王入都繼帝位，代王與其左右計議入京與否，猶豫不定，乃卜之於龜，卦兆得「大橫」，占曰：「大橫更更，余為天王，夏啟以光。」於是乃決定入京。所以司馬遷謂「代王之人，任於卜者。」

司馬季主者，楚人也。卜於長安東市。

宋忠為中大夫，賈誼為博士，同日俱出洗沐㈠，相從論議，誦易先王聖人之道術，究徧人情，相視而歎。賈誼曰：「吾聞古之聖人，不居朝廷，必在卜醫之中。今吾已見三公九卿朝士大夫，皆可知矣。試之卜數中以觀采㈡。」二人即同輿而之市，游於卜肆中。天新雨㈢，道少人，司馬季主閒坐，弟子三四人侍，方辯天地之道㈣，日月之運，陰陽吉凶之本。二大夫再拜謁。司馬季主視其狀貌，如類有知者，即禮之，使弟子延之坐。坐定，司馬季主復理前語，分別天地之終始，日月星辰之紀㈤，差次仁義之際㈥，列吉凶之符㈦，語數千言，莫不順理。

【註】㈠洗沐：漢官五日一假洗沐。㈡之：往也。卜數：術數。觀采：觀察其情況。㈢新雨：剛剛下過雨。㈣方：正在。㈤曰月星辰運行的規律。㈥差次仁義的分際。㈦列舉吉凶的證驗。

宋忠、賈誼瞿然而悟㈠，獵纓㈡正襟危坐㈢，曰：「吾望先生之狀，聽先生之辭，小子竊觀於世，未嘗見也。今何居之卑，何行之汙？」

【註】㈠瞿然：驚心的樣子。瞿，音巨（ㄐㄩˋ）。㈡獵纓：攬纓。㈢正襟：正其衣襟。危坐：端端正正的坐著。

司馬季主捧腹大笑曰：「觀大夫類有道術者㊀，今何言之陋也，何辭之野也！今夫子所賢者何也？所高者誰也？今何以卑汙長者㊁？」

【註】㊀看你們兩位好像有一點道德學術的樣子。㊁但是你們為什麼卑視長者污辱長者呢？

二君曰：「尊官厚祿，世之所高也，賢才處之。今所處非其地，故謂之卑。言不信，行不驗，取不當，故謂之汙。夫卜筮者，世俗之所賤簡也㊀。世皆言曰：『夫卜者多言誇嚴以得人情㊁，虛高人祿命以說人志㊂，擅言禍災以傷人心㊃，矯言鬼神以盡人財㊄，厚求拜謝以私於己㊅。』此吾之所恥，故謂之卑汙也。」

【註】㊀賤簡：輕視而慢待。㊁為人算命的人，說些多方面的話，忽而誇大，忽而嚴肅，以揣摩（得）對方的情況。㊂虛誕的捧揚對方的官運將來如何亨通，財運將來如何發達，家運將來如何福祿滿堂，以博取對方的歡心。㊃肯定獨斷，鐵板子釘釘的說對方將來會有什麼大災大難以摧毀對方的心理。㊄自稱能夠請神驅鬼，以騙取對方的金錢。㊅最後，漫天要價，非要對方拿出多少錢以為

代價不可。

司馬季主曰：「公且安坐。公見夫被髮童子乎？日月照之則行，不照則止，問之日月疵瑕吉凶，則不能理。由是觀之，能知別賢與不肖者寡矣。

「賢之行也，直道以正諫，三諫不聽則退。其譽人也不望其報，惡人也不顧其怨，以便國家利眾為務。故官非其任不處也，祿非其功不受也；見人不正，雖貴不敬也；見人有汚，雖尊不下也；得不為喜，去不為恨；非其罪也，雖累辱而不愧也。

「今公所謂賢者，皆可為羞矣。卑疵而前㊀，孅趨而言㊁；相引以勢，相導以利；比周賓正㊂，以求尊譽，以受公奉㊃；事私利，枉主法㊄，獵農民㊅；以官為威㊆，以法為機㊇，求利逆暴：譬無異於操白刃劫人者也。初試官時，倍力為巧詐，飾虛功執空文以誷主上㊈，用居上為右㊉；試官不讓賢陳功，見偽增實，以無為有，以少為多，以求便勢尊位；食飲驅馳，從姬歌兒，不顧於親，犯法害民，虛公家：此夫為盜不操矛弧者也⑪，攻而不用弦刃者也，欺父母未有罪而弒君未伐者也㊂。何以為高賢才乎？

【註】㊀卑疵：過分謙恭，卑躬折腰。㊁孅趨：柔聲下氣，媚語諂笑。㊂比周：朋比為姦。賓正：即「擯正」，排斥正人。㊃奉：俸祿。㊄枉曲君主的法令。㊅獵取農民的權益。㊆以官職為威力。㊇以法律為工具。㊈諣：欺蒙，蒙蔽。㊉因而爬上了高的位置。⑪不拿武器的強盜。⑫欺父母不被判罪，弒君上不被誅罰。

「盜賊發不能禁，夷貊不服不能攝㊀，姦邪起不能塞㊁，官秏亂不能治㊂，四時不和不能調，歲穀不孰㊃不能適㊄。才賢不為㊅，是不忠也㊆；才不賢而託官位㊇，利上奉㊈，妨賢者處㊉，是竊位也⑪；有人者進⑫，有財者禮⑬，是偽也⑭。子獨不見鴟梟之與鳳皇翔乎⑮？蘭芷芎藭弃於廣野，蒿蕭成林⑯，使君子退而不顯眾，公等是也⑰。

【註】㊀攝：音設（ㄕㄜˋ），平定。㊁塞：填堵。㊂秏：同「耗」，廢弛，虛耗，敗壞。官常敗亂。不能整治。㊃孰，同「熟」。㊄適：調理。㊅有賢才而不努力工作。㊆這是不忠於國家。

㈧不是賢才而居於高位。㈨拿著國家優厚的薪俸。㈩妨害有能力者的出路。㈡這就是竊據職位，尸位素餐。㈢有人事關係者就進級加官。㈢有財富者就另眼看待，禮貌有加。㈣這就是虛偽欺騙。㈤惡鳥與鳳凰同飛。㈥芝蘭之類的香草，棄之於曠野。而蒿蕭之類的雜草，反而茂盛成林。㈦使有品德的君子廢退不用，不能顯現於大眾之前，都是你們這些人幹的勾當。

「述而不作，君子義也㈠。今夫卜者，必法天地㈡，象四時㈢，順於仁義，分策定卦，旋式正棊㈣，然後言天地之利害，事之成敗。昔先王之定國家，必先龜策日月，而後乃敢代㈤；正時日，乃後入㈥，家產子必先占吉凶，後乃有之㈦。自伏羲作八卦，周文王演三百八十四爻而天下治。越王句踐放文王八卦㈧以破敵國，霸天下。由是言之，卜筮有何負哉㈨！

【註】㈠君子言行的原理原則。㈡效法天地。㈢模仿四時。㈣策：蓍也，以蓍草占筮休咎。式：即「栻」，古時用以占卜之具。栻之形，上圓象天，下方法地，用之則轉天綱加地之辰，故云「旋式」。棊：筮之狀，蓋謂卜以作卦也。㈤代：代天而為治。㈥占卜合宜之時日而後振旅返師（入）。㈦家中將生子，必先占其吉凶，而後決定收留。㈧放：即「倣」，效也。㈨卜筮有何虧負於人？

「且夫卜筮者，埽除設坐，正其冠帶，然後乃言事，此有禮也。言而鬼神或以饗，忠臣以事其上，孝子以養其親，慈父以畜其子，此有德者也。而以義置數十百錢㈠，病者或以愈，且死或以生㈡，患或以免，事或以成，嫁子娶婦或以養生：此之為德，豈直數十百錢哉㈢！此夫老子所謂『上德不德，是以有德』㈣。今夫卜筮者利大而謝少㈤，老子之云豈異於是乎？

【註】㈠以服務的精神（義）只收（置）數十百錢。㈡且死：將死。㈢直：僅僅的。言豈是僅僅的數十百錢啊！㈣第一流的有德之人，是自己辦了許多有德於人的事，而不自言其德，所以才算是真正有德的人。㈤有利於人者大，而人之所以報酬於他者少。

「莊子曰：『君子內無飢寒之患，外無劫奪之憂，居上而敬，居下不為害，君子之道也。』今夫卜筮者之為業也，積之無委聚㈠，藏之不用府庫，徙之不用輜車，負裝之不重，止而用之無盡索之時㈡。持不盡索之物，游於無窮之世，雖莊氏之行未能增於是也，子何故而云不可卜哉？天不足西北，星辰西北移㈢；地不足東南，以海為池㈣；日中必移，月滿必虧；先王之道，乍存乍亡。公責卜者言必信，不亦惑乎！

【註】㈠委聚：儲蓄。㈡索：窮盡也。不盡索，即用不盡也。㈢西北的天空不足，所以星辰向西北移動。㈣東南的土地不足，所以以海為池。此言一切的事物，都在變化不定的過程中。

「公見夫談士辯人乎？慮事定計，必是人也，然不能以一言說人主意㈠，故言必稱先王，語必道上古；慮事定計，飾先王之成功，語其敗害，以恐喜人主之志，以求其欲。多言誇嚴㈡，莫大於此矣。然欲彊國成功，盡忠於上，非此不立。今夫卜者，導惑教愚也。夫愚惑之人，豈能以一言而知之哉！言不厭多。

【註】㈠說：讀「稅」，勸導，遊說。㈡誇嚴：忽而誇大其可喜之狀，忽而警告其可怕（嚴重，危險）之情。

「故騏驥不能與罷驢為駟㈠，而鳳皇不與燕雀為羣，而賢者亦不與不肖者同列。故君子處卑隱以辟眾，自匿以辟倫㈡，微見德順以除羣害，以明天性，助上養下，多其功利，不求尊譽㊂。公之等喁喁者也㊃，何知長者之道乎！」

【註】㊀罷：同「疲」。駟：共駕一車。㊁辟：同「避」。倫：羣，輩。㊂多多的給社會盡力氣，謀福利。㊃你們都是些應聲蟲。

宋忠、賈誼忽而自失㊀，芒乎無色㊁，悵然噤口不能言㊂。於是攝衣而起，再拜而辭。行洋洋也㊃，出門僅能自上車，伏軾低頭㊄，卒不能出氣㊅。

【註】㊀忽：昏迷。㊁芒：發呆。㊂噤口：閉口。㊃洋洋：無所歸依的樣子。㊄軾：車前之橫木。㊅老是出不來氣的樣子。

居三日㊀，宋忠見賈誼於殿門外，乃相引屏語㊁相謂自歎曰：「道高益安，勢高益危。居赫赫之勢，失身且有日矣。夫卜而有不審㊂，不見奪糈㊃；為人主計而不審，身無所處。此相去遠矣，猶天冠地屨也。此老子之所謂『無名者萬物之始』也。天地曠曠，物之熙熙，或安或危，莫知居之㊄。我與若㊅，何足預彼哉㊆！彼久而愈安，雖曾氏之義㊇未有以異也。」

【註】㊀停了三天。㊁屏語：避人而私語。㊂審：仔細，正確。㊃糈：精米。㊄不知道如何處理。㊅若：汝，你。㊆預：干預。相比。㊇曾氏：即莊氏，莊周。

久之，宋忠使匈奴，不至而還，抵罪。而賈誼為梁懷王傅，王墮馬薨，誼不食，毒恨而死。此務華絕根者也㊀。

【註】㊀宋忠犯罪，賈誼憂恨而死，這些人都是貪務於表面的榮華富貴，所以斷絕其生命之根。

太史公曰：古者卜人所以不載者，多不見于篇。及至司馬季主，余志而著之。

褚先生曰：臣為郎時，游觀長安中，見卜筮之賢大夫，觀其起居行步，坐起自動，誓正其衣冠而當鄉人也，有君子之風。見性好解婦來卜㊀，對之顏色嚴振，未嘗見齒而笑也。從古以來，賢者避世㊁，有居止舞澤者㊂，有居民閒閉口不言，有隱居卜筮閒以全身者。夫司馬季主者，楚賢大夫，游學長安，通易經，術黃帝、老子㊃，博聞遠見。觀其對二大夫貴人之談言，稱引古明王聖人道，固非淺聞小數之能㊄。及卜筮立名聲千里者，各往往而在。傳曰：「富為上，貴次之；既貴各學一伎能立其身。」黃直，大夫也；陳君夫，婦人也：以相馬立名天下。齊張仲、曲成侯以善擊刺學用劍，立名天下。留長孺以相彘立名。滎陽褚氏以相牛立名。能以伎能立名者甚多，皆有高世絕人之風，何可勝言。故曰：「非其地，樹之不生㊅；非其意，教之不成。」夫家之教子孫，當視其所以好，好含苟生活之道㊆，因而成之。故曰：「制宅命子，足以觀士；子有處所，可謂賢人。」

【註】㊀對於美麗多情善解人意的婦人來卜。㊁避世：隱跡匿光，避絕塵世之污染。㊀舞澤：即「蕪澤」，蕪穢之澤畔。㊃術：即「述」，傳述黃帝、老子的學說。㊄小數：小小的術數，如算命先生之流。㊅樹：種植。㊆含苟：含垢，容物忍辱。

臣為郎時，與太卜待詔為郎者同署，言曰：「孝武帝時，聚會占家問之，某日可取婦乎？五行家曰可㈠，堪輿家曰不可㈡，建除家曰不吉㈢，叢辰家曰大凶㈣，曆家曰小凶㈤，天人家曰小吉㈥，太一家曰大吉㈦。辯訟不決，以狀聞。制曰：『避諸死忌，以五行為主。』」人取於五行者也。

【註】㈠五行家：術數家以金木水火土之五行，分配四時，謂其旺月為用事。㈡堪輿家：許慎謂堪為天道，輿為地道，合而言之，為天地之總名。今日則稱相地之風水者為堪輿。㈢建除家：選擇家以建除十二神定日之吉凶者。所謂十二辰，即「建、除、滿、平、定、執、破、危、成、收、開、閉。」如正月建寅，則寅為建，卯為除，辰為滿，巳為平，主生。午為定，未為執，主陷。申為破，主衡。酉為危，主杓。戌為成，主小德。亥為收，主大德。子為開，主太陽。丑為閉，主太陰。㈣叢辰家：星命及選擇家以十二辰所隨之善神惡煞，謂之叢辰，如天喜福德等為吉辰，大耗小耗等為凶辰，以為生命否泰時日宜忌之徵象。㈤曆家：研究天道日月星辰之運行與人道吉凶禍福之關係也。㈥天一家：研究天人相與之關係的術數家。㈦太一家：能知風雨水旱兵革飢饉疾疫等變化之術數家。

卷一百二十八　龜策列傳第六十八

《史記正義》謂：「史記，至元成間，十篇有錄無書。而褚少孫補景、武紀、將相年表、禮書、樂書、律書、三王世家、蒯成侯、日者、龜策列傳。日者、龜策言詞最鄙陋，非太史公之本意也。」

太史公曰：自古聖王將建國受命，興動事業，何嘗不寶卜筮以助善！唐虞以上，不可記已。自三代之興，各據禎祥。塗山之兆從而夏啟世㈠，飛燕之卜順故殷興㈡，百穀之筮吉故周王㈢。王者決定諸疑，參以卜筮，斷以蓍龜，不易之道也。

蠻夷氐羌雖無君臣之序，亦有決疑之卜。或以金石，或以草木，國不同俗。然皆可以戰伐攻擊，推兵求勝，各信其神，以知來事。

【註】㈠禹娶於塗山氏生啟。㈡簡狄見玄鳥墮卵，生契。㈢后稷播百穀。

略聞夏殷欲卜者，乃取蓍龜，已則弃去之㈠，以為龜藏則不靈，蓍久則不神。至周室之卜官，常寶藏蓍龜；又其大小先後，各有所尚，要其歸等耳㊁。或以為聖王遭事無不定，決疑無不見，其設稽神求問之道者，以為後世衰微，愚不師智，人各自安，化分為百室㊂，道散而無垠㊃，故推歸之至微，要絜於精神也㊄。或以為昆蟲之所長，聖人不能與爭。其處吉凶，別然否，多中於人㊅。至高祖時，因秦太卜官。天下始定，兵革未息。及孝惠享國日少，呂后女主，孝文、孝景因襲掌故，未遑講試，雖父子疇官㊆，世世相傳，其精微深妙，多所遺失。至今上即位，博開藝能之路，悉延百端之學，通一伎之士，咸得自效，絕倫超奇者為右，無所阿私，數年之閒，太卜大集。會上欲擊匈奴，西攘大宛，南收百越，卜筮至預見表像，先圖其利。及猛將推鋒執節，獲勝於彼，而蓍龜時日亦有力於此。上尤加意，賞賜至或數千萬。如丘子明之屬，富溢貴寵，傾於朝廷。至以卜筮射蠱道巫蠱，時或頗中㊇。素有眦睚不快，因公行誅，恣意所傷，以破族滅門者，不可勝數。百僚蕩恐㊈，皆曰龜策能言。後事覺姦窮，亦誅三族。

【註】㊀用畢，就扔掉。㊁大小先後，各有所崇尚，然其歸宿（宗旨）是一樣的。㊂教化分離而為百家（室，諸子百家之家）。㊃真理（主義，道）散解而無邊際（銀，音隱）。㊄絜：音協（ㄒㄧㄝˊ），契合，符合。㊅中：應驗，相合。讀「眾」（ㄓㄨㄥˋ）。㊆疇官：疇，即「籌」，計算之「籌碼」。卜筮必用籌碼。疇官，掌曆算卜筮之官。㊇以卜筮之術，瞄準蠱道與巫蠱而發掘之。㊈蕩恐：即震恐。

夫掺策定數㊀，灼龜觀兆，變化無窮，是以擇賢而用占焉，可謂聖人重事者乎！周公卜三龜㊁，而武王有瘳㊂。紂為暴虐，而元龜不占㊃。晉文將定襄王之位，卜得黃帝之兆㊄，卒受彤弓之命。獻公貪驪姬之色，卜而兆有口象㊅，其禍竟流五世。楚靈將背周室㊆，卜而龜逆，終被乾谿之敗㊇。兆應信誠於內，而時人明察見之於外，可不謂兩合者哉！君子謂夫輕卜筮，無神明者㊈，悖；背人道，信禎祥者，鬼神不得其正。故書建稽疑，五謀而卜筮居其二，五占從其多，明有而不專之道也㊉。

【註】㊀掺：即「捧」，捧持籌碼而決定吉凶之數，即用蓍以筮也。㊁《周書・金縢》：「乃卜三龜，一習吉。啟籥見書，乃幷是吉。」㊂瘳：病愈。㊃《商書・西伯戡黎》謂：「格人卜元龜，罔

敢知吉。」㊄《左傳》謂：「遇黃帝戰於阪泉之兆」。㊅〈晉語〉：「獻公卜伐驪戎，史蘇占之曰：『遇兆狹以銜骨，齒牙為猾，戎夏交捽，且懼有口』。」㊆《左傳》（昭公十三年）：「靈王卜，曰：『余尚得天下』，不吉。投龜詬天而呼曰：『是區區者而不余畀，余必自取之。』」詬：同「詬」，辱罵。詬，音夠（ㄍㄡˋ）。㊇乾谿：地名在今安徽亳縣。㊈無神論者，不承認有神的存在。㊉相信有鬼神，但不可完全信託鬼神。應以《尚書・洪範》之訓為是。

余至江南，觀其行事，問其長老，云龜千歲乃遊蓮葉之上，蓍百莖共一根㊀。又其所生㊁，獸無虎狼，草無毒螫。江傍家人常畜龜飲食之，以為能導引致氣，有益於助衰養老，豈不信哉！

【註】㊀靈蓍百年而一本生百莖。㊁蓍草所生之地。

褚先生曰：臣以通經術，受業博士，治春秋，以高第為郎，幸得宿衛，出入宮殿中十有餘年。竊好太史公傳。太史公之傳曰：「三王不同龜，四夷各異卜，然各以決吉凶，略闚其要，故作龜策列傳。」臣往來長安中，求龜策列傳不能得，故之大卜官㊀，問掌故文學長老習事者，寫取龜策卜事，編于下方。

【註】㈠之：往。

聞古五帝、三王發動舉事，必先決蓍龜。傳曰㈠：「下有伏靈，上有兔絲㈡；上有擣蓍㈢，下有神龜。」所謂伏靈者，在兔絲之下，狀似飛鳥之形。新雨已，天清靜無風，以夜捎兔絲去之㈣，即以篝燭此地㈤燭之，火滅㈥，即記其處，以新布四丈環置之，明即掘取之，入四尺至七尺，得矣，過七尺不可得。伏靈者㈦，千歲松根也，食之不死。聞蓍生滿百莖者，其下必有神龜守之，其上常有青雲覆之。傳曰：「天下和平，王道得，而蓍莖長丈，其叢生滿百莖。」方今世取蓍者，不能中古法度㈧，不能得滿百莖長丈者，取八十莖已上，蓍長八尺，即難得也。人民好用卦者，取滿六十莖已上，長滿六尺者，即可用矣。記曰：「能得名龜者，財物歸之，家必大富至千萬。」一曰「北斗龜」，二曰「南辰龜」，三曰「五星龜」，四曰「八風龜」，五曰「二十八宿龜」，六曰「日月龜」，七曰「九州龜」，八曰「玉龜」：凡八名龜。龜圖各有文在腹下，文云云者，此某之龜也。略記其大指，不寫其圖。取此龜不必滿尺二寸，民人得長七八寸，可寶矣。今夫珠玉寶器，雖有所深藏，必見其光，必出其神明，其此之謂乎！故玉處於山而木潤，淵生珠而岸不枯者，潤澤之所加也。明月之珠出於江海，藏於蚌中，蚗龍伏之㊈。王者得之，長有天下，四夷賓服。能得百莖蓍，并得其下龜以卜者，百言百當㊉，足以決吉凶。

【註】㊀此傳即太卜所得古占龜之說。㊁伏苓：千載松脂也。兔絲生其上而無根，一名女蘿。《淮南子》云：「千羊之松，下有伏苓，上有兔絲。」按郝懿行《爾雅義疏》引釋文：「在草曰兔絲，在木曰松蘿。」是仍為同類，不過所在之處有異耳。㊂擣蓍：擣，通「稠」，聚也，言叢生之蓍也。㊃捎：割去。㊄篝：音溝（ㄍㄡ）。籠也，蓋燃火而籠罩其上也。㊅氣自地中吹出滅之。㊆伏靈：即伏苓，松脂所化，非松根也。㊇合乎古之法度。中，合也。㊈蚗龍：係「蛟龍」。蚗，恐係錯字。㊉說一百句就有一百句的應驗。

神龜出於江水中，廬江郡常歲時生龜長尺二寸者二十枚輸太卜官，太卜官因以吉日剔取其腹下甲。龜千歲乃滿尺二寸。王者發軍行將，必鑽龜廟堂之上，以決吉凶。今高廟中有龜室，藏內以為神寶。

傳曰：「取前足臑骨㈠穿佩之，取龜置室西北隅懸之，以入深山大林中，不惑。」臣為郎時，見萬畢石朱方，傳曰：「有神龜在江南嘉林中。嘉林者，獸無虎狼，鳥無鴟梟，草無毒螫，野火不及，斧斤不至，是為嘉林㈡。龜在其中，常巢於芳蓮之上。左脅書文曰：『甲子重光，得我者匹夫為人君，有土正㈢，諸侯得我為帝王。』求之於白蛇蟠杅林中者㈣，齋戒以待，譺然㈤，狀如有人來告之，因以醮酒佗髮㈥，求之三宿而得。」由是觀之，豈不偉哉！故龜可不敬與？

【註】㈠臑：音猱（ㄋㄠˊ），上臂也，在牲畜曰臑。㈡《史記索隱》謂：「萬畢術中有石朱方，方中說嘉林中，故云傳曰。」王引之曰：「水經・決水注云：灌水導源廬江金蘭縣西北東陵鄉大蘇山，褚先生所謂神龜出於江灌之間，嘉林之中，蓋謂此水也。東北逕蓼縣故城西，而北注決水。是此傳原文本作神龜出於江灌之間。且其地在江北，非在江南，今本云，神龜在江南，蓋後人多聞江水，少聞灌水，故以意改之耳」。㈢有土：有國家也。正：長也。為國家的首長。㈣蟠杅：蟠據也，即盤據

也，屈曲而盤據於林中之白蛇。㊄ 譺然：恭敬的樣子。譺，音義（ㄧˋ）。㊅ 醮酒：灌地祭也。佗髮：被髮。佗，音駝（ㄊㄨㄛˊ）。

南方老人用龜支牀足，行二十餘歲，老人死，移牀，龜尚生不死。龜能行氣導引㊀。問者曰：「龜至神若此，然太卜官得生龜，何為輒殺取其甲乎？」近世江上人有得名龜，畜置之，家因大富。與人議，欲遣去。人教殺之勿遣，遣之破人家。龜見夢曰：「送我水中，無殺吾也。」其家終殺之。殺之後，身死，家不利。人民與君王者異道。人民得名龜，其狀類不宜殺也。以往古故事言之，古明王聖主皆殺而用之。

【註】 ㊀ 行氣：道家語吐納之術，亦曰服氣。行氣有數法，初學行氣，鼻中引氣而閉之，陰以心數至一百二十，乃以口微吐之。一日一夜有十二時，從半夜至日中六時為生氣，從日中至夜半六時為死氣，死氣之時，行氣無益，故曰仙人服六氣，此之謂也。行氣可以治百病，卻瘟疫，禁蛇虎，止瘡血，居水中，行火上，避飢渴，延年壽，其大者胎息而已。得胎息則道成矣。所謂「胎息」者，習閉氣而吞之，能不以口鼻呼吸，如在胞胎之中也。導引：道家養生之術，謂呼吸俯仰，屈伸手足，使氣血充足，身體輕舉也。

宋元王時得龜，亦殺而用之。謹連其事於左方，令好事者觀擇其中焉。

宋元王二年，江使神龜使於河，至於泉陽，漁者豫且舉網得而囚之，置之籠中。夜半，龜來見夢於宋元王曰：「我為江使於河，而幕網當吾路。泉陽豫且得我，我不能去。身在患中，莫可告語。王有德義，故來告訴。」元王惕然而悟。乃召博士衞平而問之曰：「今寡人夢見一丈夫，延頸而長頭，衣玄繡之衣而乘輜車，來見夢於寡人曰：『我為江使於河，而幕網當吾路。泉陽豫且得我，我不能去。身在患中，莫可告語。王有德義，故來告訴。』是何物也？」衞平乃援式而起㈠，仰天而視月之光，觀斗所指㈡，定日處鄉㈢。規矩為輔，副以權衡。四維已定，八卦相望。視其吉凶，介蟲先見㈣。乃對元王曰：「今昔壬子，宿在牽牛。河水大會，鬼神相謀。漢正南北，江河固期，南風新至，江使先來。白雲壅漢，萬物盡留。斗柄指日，使者當囚。玄服而乘輜車，其名為龜。王急使人問而求之。」王曰：

「善。」

【註】㈠式：即「栻」，古時用以占卜之具，以楓子棗心木為之。援栻：即旋栻正棊也。㈡斗：南斗，二十八宿之一。㈢鄉：即「向」。㈣介蟲：動物之有介殼以蔽體者，為蝦蟹龜鼈之類。

於是王乃使人馳而往問泉陽令曰：「漁者幾何家？名誰為豫且？豫且得龜，見夢於王，王故使我求之。」泉陽令乃使吏案籍視圖，水上漁者五十五家，上流之廬，名為豫且。泉陽令曰：「諾。」乃與使者馳而問豫且曰：「今昔汝漁何得？」豫且曰：「夜半時舉網得龜。」使者曰：「今龜安在？」曰：「在籠中。」使者曰：「王知子得龜，故使我求之。」豫且曰：「諾。」即系龜而出之籠中㈠，獻使者。

【註】㈠系：即「繫」，縛也。

使者載行，出於泉陽之門。正晝無見㈠，風雨晦冥㈡。雲蓋其上，五采青黃；雷雨並起，風將而行㈢。入於端門，見於東箱㈣。

身如流水，潤澤有光。望見元王，延頸而前，三步而止，縮頸而卻，復其故處。元王見而怪之，問衛平曰：「龜見寡人，延頸而前，以何望也？縮頸而復，是何當也？」衛平對曰：「龜在患中，而終昔囚㊄，王有德義，使人活之。今延頸而前，以當謝也，縮頸而卻，欲亟去也。」元王曰：「善哉！神至如此乎，不可久留；趣駕送龜㊅，勿令失期。」

【註】㊀大白天什麼東西都看不見。㊁風雨交加，天昏地暗。㊂將：送也。風送著牠走。㊃箱：通「廂」，廊側之房。㊄終昔：即終夕。㊅趣駕：即促駕。催促起行。

衛平對曰：「龜者是天下之寶也，先得此龜者為天子，且十言十當，十戰十勝。生於深淵，長於黃土。知天之道，明於上古。游三千歲，不出其域。安平靜正，動不用力。壽蔽天地，莫知其極。與物變化，四時變色。居而自匿，伏而不食。春倉夏黃，秋白冬黑。明於陰陽，審於刑德。先知利害，察於禍福。以言而當，以戰而勝，王能寶之，諸侯盡服。王勿遣也，以安社稷。」

元王曰：「龜甚神靈，降于上天，陷於深淵。在患難中。以我為賢。德厚而忠信，故來告寡人。寡人若不遣也，是漁者也。漁者利其肉，寡人貪其力，下為不仁，上為無德。君臣無禮，何從有福？寡人不忍，奈何勿遣！」

衛平對曰：「不然。臣聞盛德不報，重寄不歸；天與不受，天奪之寶。今龜周流天下，還復其所，上至蒼天，下薄泥塗㊀。還徧九州，未嘗愧辱，無所稽留。今至泉陽，漁者辱而囚之。王雖遣之，江河必怒，務求報仇。自以為侵㊁，因神與謀。淫雨不霽，水不可治。若為枯旱，風而揚埃，蝗蟲暴生，百姓失時。王行仁義㊂，其罰必來㊃。此無佗故，其祟在龜㊄。後雖悔之，豈有及哉！王勿遣也。」

【註】㊀薄：逼近。㊁龜自以為受欺侮。㊂王以仁義之心，同情於龜，放龜而去。㊃其懲罰一定會來的。㊄祟：作禍。

元王慨然而歎曰：「夫逆人之使，絕人之謀，是不暴乎？取人之有，以自為寶，是不彊乎？寡人聞之，暴得者必暴亡，彊取者必後無功。桀紂暴彊，身死國亡。今我聽子，是無仁義之名而有暴彊之道。江河為湯武，我為桀紂。未見其利，恐離其咎㊀。寡人狐疑，安事此寶，趣駕送龜，勿令久留。」

【註】㊀離：同「罹」，陷入，遭受。

衞平對曰：「不然，王其無患。天地之閒，累石為山。高而不壞，地得為安。故云物或危而顧安，或輕而不可遷；人或忠信而不如誕謾，或醜惡而宜大官，或美好佳麗而為眾人患。非神聖人，莫能盡言。春秋冬夏，或暑或寒。寒暑不和，賊氣相奸。同歲異節，其時使然。故令春生夏長，秋收冬藏。或為仁義，或為暴彊。暴彊有鄉㊀，仁義有時。萬物盡然，不可勝治。大王聽臣，臣請悉言之。天出五色，以辨白黑。地生五穀，以知善惡。人民莫知辨也，與禽獸相若。谷居而穴處，不知田作。

天下禍亂，陰陽相錯〔二〕。悤悤疾疾〔三〕，通而不相擇〔四〕。妖孽數見〔五〕，傳為單薄〔六〕。聖人別其生〔七〕，使無相獲〔八〕。禽獸有牝牡，置之山原；鳥有雌雄，布之林澤；有介之蟲，置之谿谷〔九〕。故牧人民，為之城郭，內經閭術〔一〇〕，外為阡陌。夫妻男女，賦之田宅〔一一〕，列其室屋〔一二〕。為之圖籍〔一三〕，別其名族〔一四〕，立官置吏，勸以爵祿。衣以桑麻，養以五穀。耕之耰之，鉏之耨之〔一五〕。口得所嗜，目得所美，身受其利。以是觀之，非彊不至〔一六〕。故曰田者不彊，囷倉不盈；商賈不彊，不得其贏〔一七〕；婦女不彊，布帛不精；官御不彊，其勢不成；大將不彊，卒不使令；侯王不彊，沒世無名。故云彊者，事之始也，分之理也〔一八〕，物之紀也〔一九〕。所求於彊，無不有也〔二〇〕。王以為不然，王獨不聞玉櫝隻雉，出於昆山；明月之珠，出於四海；鐫石拌蚌〔二一〕，傳賣於市〔二二〕；聖人得之，以為大寶。大寶所在，乃為天子。今王自以為暴，不如拌蚌於海也；自以為彊，不過鐫石於昆山也。取者無咎，寶者無患。今龜使來抵網，而遭漁者得之，見夢自言，是國之寶也，王何憂焉。」

【註】㊀鄉：即「向」。㊁陰陽雜錯混亂。㊂悤悤：急遽的樣子。疾疾：忙迫的樣子。㊃通：旁淫，曰通，即亂交之意。擇：分別。言男女之間，雜交亂交而不相分別。㊄妖孽的怪胎，常常發現。㊅傳：即「轉」。同姓相婚，生殖不繁，所以人口轉變而為單薄。㊆生：即「姓」字。後來有聖人出，才分別人們的姓氏，規定「同姓不婚」，這就是「別其姓」。㊇獲：爭奪也。使人們不要互相爭奪。㊈禽獸猶有牝牡之分，鳥猶有雌雄之別，可以人而不如禽獸嗎？所以聖人就要使夫妻男女，各有家室，編列戶籍，區別名族。這就是孟子所謂「明人倫」。這一段話，要緊的意思，應當如此理解。㊉經：規劃。閭術：鄉里鄰黨的組織。《禮記》：「術有序，國有學。」萬二千五百家為術。㊀賦：分配。㊂列：編制。㊂圖籍。戶口登記。㊃族：氏族。㊄耨：音槈（ㄋㄡˋ），除草。鉏：即「鋤」字。㊅彊：強制。硬性。堅強。奮發自強。積極努力。因為此字在此數句使用，不能以一個意義包括，故並列數義。㊆贏：盈利，發財。㊇名分職位的條理。㊈萬事萬物的規律。㊉凡事只要以自強不息的精神以求之，就沒有得不到的。㊁鐫：音捐（ㄐㄩㄢ），鑽也，斲也。拌：同「判」，割也。㊂傳賣：轉賣。

元王曰：「不然。寡人聞之，諫者福也，諛者賊也。人主聽諛，是愚惑也。雖然，禍不妄至㊀，福不徒來㊁。天地合氣，以生百財。陰陽有分，不離四時，十有二月，曰至為期。聖人徹焉㈢，身乃無災。明王用之，人莫敢欺。故云福之至也，人自生之；禍之至也，人自成之。禍與福同，刑與德雙。聖人察之，以知吉凶。桀紂之時，與天爭功，擁遏鬼神㈣，使不得通。是固已無道矣，諛臣有眾。桀有諛臣，名曰趙梁。教為無道，勸以貪狼。繫湯夏臺，殺關龍逢。左右恐死，偷諛於傍。國危於累卵，皆曰無傷。稱樂萬歲，或曰未央㈤。蔽其耳目，與之詐狂。湯卒伐桀，身死國亡。聽其諛臣，身獨受殃。春秋著之，至今不忘。紂有諛臣，名為左彊。誇而目巧㈥，教為象郎㈦。將至於天，又有玉牀。犀玉之器，象箸而羹㈧。聖人剖其心㈨，壯士斬其胻㈩。箕子恐死，被髮佯狂⑪。殺周太子歷，囚文王昌。投之石室，將以昔至明⑫。陰兢活之，與之俱亡。入於周地，得太公望。興卒聚兵，與紂相攻。文王病死，載尸以行。太子發代將，號為武王。戰於牧野，破之華山之陽。紂不勝，敗而還走，圍之象郎。自殺宣室⑬，身死不葬。頭懸車軫，四馬曳行。寡人念其如此⑭，腸如涫湯⑮。是人皆富有天下而貴至天子，然而大傲。欲無猒時，舉事而喜高，貪很而驕。不用忠信，聽其諛臣，而為天下笑。今寡人之邦，居諸侯之閒，曾不如秋毫。舉事不當，又安亡逃！」

【註】㈠禍不是無故而至。㈡福不是徒然而來。㈢徹：徹底瞭解。㈣擁：同「壅」。阻塞。㈤未央：未盡，未明，未至半夜。㈥目巧：目光靈巧。㈦象郎：郎，通「廊」，以象牙作廊室。㈧象箸：象牙筷子。㈨剖聖人之心。㈩斮壯士之胻。胻，音航（ㄏㄤˊ），腳脛。⑪假裝是瘋了。⑫昔：通「夕」。⑬宣室：天子之居。⑭想到這些。⑮涫湯：熱湯在腸內沸騰。涫，音貫（ㄍㄨㄢˋ）。

衞平對曰：「不然。河雖神賢，不如崑崙之山；江之源理，不如四海，而人尚奪取其寶，諸侯爭之，兵革為起。小國見亡，大國危殆，殺人父兄，虜人妻子，殘國滅廟，以爭此寶。戰攻分爭，是暴彊也。故云取之以暴彊而治以文理，無逆四時，必親賢士；與陰陽化，鬼神為使；通於天地，與之為友。諸侯賓服，民眾殷喜㈠。邦家安寧，與世更始。湯武行之，乃取天子，春秋著之，以為經紀。王不自稱湯武，而自比桀紂。桀紂為暴彊也，固以為常。桀為瓦室，紂為象郎。徵絲灼之，務以費氓。賦斂無度，殺戮無方。殺人六畜，以韋為囊。囊盛其血，與人縣而射之㈡，與天帝爭彊。逆亂四時，先百鬼嘗。諫者輒死，諛者在傍。聖人伏匿，百姓莫行。天數枯旱，國多妖祥㈢。螟蟲歲生，五穀不成。民不安其處，鬼神不享。飄風日起，正晝晦冥。日月並蝕，滅息無光。列星奔亂，皆絕紀綱。以是觀之，安得久長！雖無湯武，時固當亡。故湯伐桀，武王剋紂，其時使然。乃為天子，子孫續世；終身無咎，後世稱之，至今不已。是皆當時而行，見事而彊，乃能成其帝王。今龜，大寶也，為聖人使，傳之賢王，不用手足，雷電將之㈣；風雨送之，流水行之。侯王有德，乃得當之。今王有德而當此寶，恐不敢受；王若遣之，宋必有咎。後雖悔之，亦無及已。」

【註】㈠殷喜：深深的喜歡。㈡縣：同「懸」。㈢妖祥：妖禍。㈣將：送也。

元王大悅而喜。於是元王向日而謝，再拜而受。擇日齋戒，甲乙最良。乃刑白雉，及與驪羊；以血灌龜，於壇中央。以刀剝之，身全不傷。脯酒禮之，橫其腹腸。荊支卜之㈠，必制其創㈡。理達於理，文相錯迎㈢。使工占之，所言盡當。邦福重寶㈣，聞于傍鄉。殺牛取革，被鄭之桐㈤。草木畢分，化為甲兵㈥。戰勝攻取，莫如元王。元王之時，衞平相宋，宋國最彊，龜之力也。

【註】㈠荊支：支：通「枝」，以荊木之枝灼龜。㈡創：即「瘡」。㈢王念孫曰：「理達於理」，文不成義。「理達」當為「程達」。「程」「理」右半相似，又涉下「理」字而誤也。「程」與「呈」古字通，灼龜為兆，其理縱橫，呈達於外，故曰「程達於理，文相錯迎也」。《太平御覽・方術部》引此，正作「程達於理」。㈣福：通「副」，藏也。㈤以皮革而蒙於桐木之上，作鼓也。㈥草木都分散開來，變成甲兵。所謂「草木皆兵」，以打擊敵人。

故云神至能見夢於元王，而不能自出漁者之籠。身能十言盡當，不能通使於河，還報於江。賢能令人戰勝攻取，不能自解於刀鋒，免剝刺之患。聖能先知亟見，而不能令衞平無言。言事百全，至身而攣㈠；當時不利，又焉事賢！賢者有恆常，士有適然㈡。是故明有所不見，聽有所不聞；人雖賢，不能左畫方，右畫圓；日月之明，而時蔽於浮雲。羿名善射，不如雄渠、蠭門㈢；禹名為辯智，而不能勝鬼神。地柱折，天故毋椽，又柰何責人於全？孔子聞之曰：「神龜知吉凶，而骨直空枯㈣。日為德而君於天下，辱於三足之烏㈤。月為刑而相佐㈥，見食於蝦蟆㈦。謂辱於鵲㈧，騰蛇之神而殆於即且㈨。竹外有節理，中直空虛；松柏為百木長，而守門閭。日辰不全，故有孤虛㈩。黃金有疵，白玉有瑕。事有所疾，亦有所徐。物有所拘，亦有所據。罔有所數⑪，亦有所疏。人有所貴，亦有所不如。何可而適乎？物安可全乎？天尚不全，故世為屋，不成三瓦而陳之⑫，以應之天。天下有階⑬，物不全乃生也⑭。」

【註】㈠攣：被拘繫。㈡適然：偶然。㈢雄渠：《新序》曰：「楚雄渠子夜行，見伏石當道，以為虎而射之，應弦沒羽。」逢門：《淮南子》曰：「射者重以逢門子之巧」。劉歆《七略》有〈蠭門射法〉。㈣直：簡直是。徒徒是。㈤《春秋元命苞》：「日中有三足烏」。《淮南子》謂之踆烏。踆，猶蹲也。㈥日代表「德」，月代表「刑」而助日以照臨天下。㈦《淮南子・說林訓》「月照天

下，而蝕於蟾諸」，蟾諸，月中蝦蟆也。㈧郭璞曰：「蝟能制虎，見鵲仰地。」《淮南・萬畢》曰：「鵲令蝟反腹者，蝟憎其意而心惡之也。」㈨騰蛇：龍屬也。即且：「蝍蛆」，似蝗，大腹，食蛇腦。即且，蜈蚣也，狀如蚰蜒而大，黑色。㈩甲乙謂之日，子丑謂之辰。六甲孤虛法：甲子旬中無戌亥，戌亥即為孤，辰巳即為虛。甲戌旬中無申酉，申酉為孤，寅卯即為虛。甲申旬中無午未，午未為孤，子酉即為虛。甲午旬中無辰巳，辰巳為孤，戌亥即為虛。甲辰旬中無寅卯，寅卯為孤，申酉即為虛。甲寅旬中無子丑，子丑為孤，午未即為虛。」劉歆《七略》有〈風后孤虛〉二十卷。㈡罟：網也。數：讀「促」，細密的。《孟子》：「數罟不入洿池」。疏：粗漏的。㈢陳：乃「棟」字之誤。不成三瓦，謂中霤也，古者後室之霤，正當棟下，故云不成三瓦而棟之，即欠三瓦而棟之。㈢階：差別，距離，高下不等。言天下事物，差別不等。㈣生：即「性」，言天下任何事物之不能沒有缺陷，乃是天生的自然之性。所謂「上帝經常予人以缺陷」。

褚先生曰：漁者舉網而得神龜，龜自見夢宋元王，元王召博士衛平告以夢龜狀，平運式，定日月，分衡度，視吉凶，占龜與物色同，平諫王留神龜以為國重寶，美矣。古者筮必稱龜者，以其令名，所從來久矣。余述而為傳。

三月　二月　正月㈠　十二月　十一月　中關內高外下㈡　四

月首仰㊂　足開　肸開㊃　首俛大㊄　五月　橫吉　首俛大㊅　六月　七月　八月　九月　十月

【註】㊀正義謂：言正月、二月、三月，右轉周環終十二月者，日月之龜，腹下十二黑點為十二月，若二十八宿龜也。㊁中關、內高、外下，皆卜兆之狀。㊂首仰：兆首仰起。㊃肸：音琴（ㄑㄧㄣˊ），兆足歛也。矜開：當作「足肸」。㊄俛：音免，兆首伏也。㊅兆首伏而大。

卜禁曰：子亥戌不可以卜，及殺龜。日中如食已卜㊀。暮昏龜之徼也㊁，不可以卜。庚辛可以殺，及以鑽之。常以月旦祓龜㊂，先以清水澡之，以卵祓之㊃，乃持龜而遂㊄之，若常以為祖㊅。人若已卜不中，皆祓之以卵，東向立，灼以荊若㊆剛木，土卵指之者三㊇，持龜以卵周環之，祝曰：「今日吉，謹以粱卵焍黃㊈祓去玉靈之不祥。」玉靈必信以誠，知萬事之情，辯兆皆可占。不信不誠，則燒玉靈，揚其灰，以徵後龜。其卜必北向，龜甲必尺二寸。

【註】㊀日中如食，則日不明。已卜：已經卜也。㊁徼：音叫，徼繞不明也。㊂祓：音拂（ㄈㄨˊ），

拂洗之以水，雞卵摩之而呪。㈣以常月朝，清水洗之，以雞卵摩而呪之。㈤遂之：卜之。㈥祖：法也。言常以為法。㈦若：及，與也。㈧言卜不中，以土為卵，三度指之，三周繞之，以厭不祥也。㈨粱：米也。卵：雞子也。焍：音題，焦也。言以粱米雞卵，祓去龜之不祥。

卜先以造㈠灼鑽，鑽中已，又灼龜首，各三；又復灼所鑽中曰正身，灼首曰正足，各三。即以造三周龜，祝曰：「假之玉靈夫子。夫子玉靈，荊灼而心㈡，令而先知。而上行於天，下行於淵，諸靈數筴㈢，莫如汝信。今日良日，行一良貞。某欲卜，某即得而喜㈣，不得而悔。即得，發鄉我身長大，首足收人皆上偶。不得，發鄉我身挫折，中外不相應，首足滅去。」

【註】㈠造：通「竈」，燒荊木之處。㈡而：同「爾」。㈢筴：即「策」，籌也。㈣即：如果。

靈龜卜祝曰：「假之靈龜㈠，五巫五靈，不如神龜之靈，知人死，知人生。某身良貞，某欲求某物。即得也㈡，頭見足發，內外相應；即不得也，頭仰足肣，內外自垂。可得占。」

【註】㈠假之靈龜：即「假哉靈龜」，偉大的靈龜。㈡即：如果。

卜占㈠病者祝曰：「今某病困。死，首上開㈡，內外交駭，身節折；不死，首仰足肣。」

【註】㈠「占」字，疑衍。㈡首上開：疑為「首足開」。

卜病者祟曰：「今病有祟無呈㈠，無祟有呈。兆有中祟有內，外祟有外。」

【註】㈠呈：表現。

卜繫者出不出。不出，橫吉安；若出㈠，足開首仰有外。

【註】㈠若：及也。

卜求財物，其所當得。得，首仰足開，內外相應；即不得㈠，呈兆首仰足肣。

【註】㈠即：如果。按卜兆以首俛足開為類，首俛足肣為類。今各條有首俛無首仰，恐有傳寫之誤。

卜有賣若㊀買臣妾馬牛。得之，首仰足開，內外相應；不得，首仰足肣，呈兆若橫吉安。

【註】㊀若：及也。

卜繫盜聚若干人，在某所，今某將卒若干人，往擊之。當勝，首仰足開身正，內自橋，外下；不勝，足肣首仰，身首內下外高。卜求當行不行。行，首足開㊀；不行，足肣首仰，若橫吉安，安不行。

【註】㊀「首」字下，缺一「仰」字。

卜往繫盜，當見不見。見，首仰足肣有外；不見，足開首仰。卜往候盜㊀，見不見。見，首仰足肣，肣勝有外；不見，足開首仰。

【註】㊀候：偵察。

卜聞盜來不來。來，外高內下，足肣首仰；不來，足開首仰，若橫吉安，期之自次。

卜遷徙去官不去。去，足開有肣外首仰；不去，自去，即足肣，呈兆若橫吉安。

卜居官尚吉不。吉，呈兆身正，若橫吉安；不吉，身節折，首仰足開。

卜居室家吉不吉。吉，呈兆身正，若橫吉安；不吉，身節折，首仰足開。

卜歲中禾稼孰不孰。孰，首仰足開，內外自橋外自垂；不孰，足肣首仰有外。

卜歲中民疫不疫。疫，首仰足肣，身節有彊外；不疫，身正首仰足開。

卜歲中有兵無兵。無兵，呈兆若橫吉安；有兵，首仰足開，身作外彊情。

卜見貴人吉不吉。吉，足開首仰，身正，內自橋；不吉，首仰，身節折，足肣有外，若無漁。

卜請謁於人得不得。得，首仰足開，內自橋；不得，首仰足肣有外。

卜追亡人當得不得。得，首仰足肣，內外相應；不得，首仰足開，若橫吉安。

卜漁獵得不得。得，首仰足開，內外相應；不得，足肣首仰，若橫吉安。

卜行遇盜不遇。遇，首仰足開，身節折，外高內下；不遇，呈兆。

卜天雨不雨。雨，首仰有外，外高內下；不雨，首仰足開，若橫吉安。

卜天雨霽不霽。霽，呈兆足開首仰；不霽，橫吉。

命曰橫吉安。以占病，病甚者一日不死；不甚者卜日瘳，不死。繫者重罪不出，輕罪環出；過一日不出，久毋傷也。求財物買臣妾馬牛，一日環得；過一日不得。

行者不行。來者環至；過食時不至，不來。擊盜不行，行不遇；聞盜不來。徙官不徙。居官家室皆吉。歲稼不孰。民疾疫無疾。歲中無兵。見人行，不行不喜。請謁人不行不得。追亡人漁獵不得。行不遇盜。雨不雨。霽不霽。

命曰呈兆。病者不死。繫者出。行者行。來者來。市買得。追亡人得，過一日不得。問行者不到。

命曰柱徹。卜病不死。繫者出。行者行。來者來。（而）市買不得。憂者毋憂。追亡人不得。

命曰首仰足肣有內無外。占病，病甚不死。繫者解。求財物買臣妾馬牛不得。行者聞言不行。來者不來。聞盜不來。聞言不至。徙官聞言不徙。居官有憂。居家多災。歲稼中孰。民疾疫多病。歲中有兵，聞言不開。見貴人吉。請謁不行，行不得善言。追亡人不得。漁獵不得。行不遇盜。雨不雨甚。霽不霽。故其莫字皆為首備。問之曰，備者仰也，故定以為仰。此私記也。

命曰首仰足肣有內無外。占病，病甚不死。繫者不出。求財買臣妾不得。行者不行。來者不來。擊盜不見。聞盜來，內自驚，不來。徙官不徙。居官家室吉。歲稼不孰。民疾疫有病甚。歲中無兵。見貴人吉。請謁追亡人不得。亡財物，財物不出得。漁獵不得。行不遇盜。雨不雨。霽不霽。凶。

命曰呈兆首仰足肣。以占病，不死。繫者未出。求財物買臣妾馬牛不得。行不行。來不來。擊盜不相見。聞盜來不來。徙官不徙。居官久多憂。居家室不吉。歲稼不孰。民病疫。歲中毋兵。見貴人不吉。請謁不得。漁獵得少。行不遇盜。雨不雨。霽不霽。不吉。

命曰呈兆首仰足開。以占病，病篤死。繫囚出。求財物買臣妾馬牛不得。行者行。來者來。擊盜不見盜。聞盜來不來。徙官徙。居官不久。居家室不吉。歲稼不孰。民疾疫有而少。歲中毋兵。見貴人不見吉。請謁追亡人漁獵不得。行遇盜。雨不雨。霽小吉。

命曰首仰足肣。以占病，不死。繫者久毋傷也。求財物買臣妾馬牛不得。行者不行。擊盜不行。來者來。聞盜來。徙官聞言不徙。居家室不吉。歲稼不孰。民疾疫少。歲中毋兵。見貴人得見。請謁追亡人漁獵不得。行遇盜。雨不雨。霽不霽。吉。

命曰首仰足開有內。以占病者，死。繫者出。求財物買臣妾馬牛不得。行者行。來者來。擊盜行不見盜。聞盜來不來。徙官徙。居官不久。居家室不吉。歲孰。民疾疫有而少。歲中毋兵。見貴人不吉。請謁追亡人漁獵不得。行不遇盜。雨霽。霽小吉，不霽吉。

命曰橫吉內外自橋。以占病，卜日毋瘳死。繫者毋罪出。求財物買臣妾馬牛得。行者行。來者來。擊盜合交等。聞盜來來。徙官徙。居家室吉。歲孰。民疫無疾。歲中無兵。見貴人請謁追亡人漁獵得。行遇盜。雨霽，雨霽大吉。

命曰橫吉內外自吉。以占病，病者死。繫不出。求財物買臣妾馬牛追亡人漁獵不得。行者不來。擊盜不相見。聞盜不來。徙官徙。居官有憂。居家室見貴人請謁不吉。歲稼不孰。民疾疫。歲中無兵。行不遇盜。雨不雨。霽不霽。不吉。

命曰漁人。以占病者，病者甚，不死。繫者出。求財物買臣妾馬牛擊盜請謁追亡人漁獵得。行者行來。聞盜來不來。徙官不徙。居家室吉。歲稼不孰。民疾疫。歲中毋兵。見貴人吉。行不遇盜。雨不雨。霽不霽。吉。

命曰首仰足肣內高外下。以占病，病者甚，不死。繫者不出。求財物買臣妾馬牛追亡人漁獵得。行不行。來者來。擊盜勝。徙官不徙。居官有憂，無傷也。居家室多憂病。歲大孰。民疾疫。歲中有兵不至。見貴人請謁不吉。行遇盜。雨不雨。霽不霽。吉。

命曰橫吉上有仰下有柱。病久不死。繫者不出。求財物買臣妾馬牛追亡人漁獵不得。行不行。來不來。擊盜不行，行不見。聞盜來不來。徙官不徙。居家室見貴人吉。歲大孰。民疾疫。歲中毋兵。行不遇盜。雨不雨。霽不霽。大吉。

命曰橫吉榆仰。以占病，不死。繫者不出。求財物買臣妾馬牛至不得。行不行。來不來。擊盜不行，行不見。聞盜來不來。徙官不徙。居官家室見貴人吉。歲孰。歲中有疾疫，毋兵。請謁追亡人不得。漁獵至不得。行不得。行不遇盜。雨霽不霽。小吉。

命曰橫吉下有柱。以占病，病甚不環有瘳無死。繫者出。求財物買臣妾馬牛請謁追亡人漁獵不得。行來不來。擊盜不合。聞盜來來。徙官居官吉，不久。居家室不吉。歲不孰。民毋疾疫。歲中毋兵。見貴人吉。行不遇盜。雨不雨。霽。小吉。

命曰載所。以占病，環有瘳無死。繫者出。求財物買臣妾馬牛請謁追亡人漁獵得。行者行。來者來。擊盜相見不相合。聞盜來來。徙官徙。居家室憂。見貴人吉。歲孰。民毋疾疫。歲中毋兵。行不遇盜。雨不雨。霽霽。吉。

命曰根格。以占病者，不死。繫久毋傷。求財物買臣妾馬牛請謁追亡人漁獵不得。行不行。來不來。擊盜盜行不合。聞盜不來。徙官不徙。居家室吉。歲稼中。民疾疫無死。見貴人不得見。行不遇盜。雨不雨。大吉。

命曰首仰足肸外高內下。卜有憂，無傷也。行者不來。病久死。求財物不得。見貴人者吉。

命曰外高內下。卜病不死，有祟。（而）市買不得。居官家室不吉。行者不行。來者不來。繫者久毋傷。吉。

命曰頭見足發有內外相應。以占病者，起。繫者出。行者行。來者來。求財物得。吉。

命曰呈兆首仰足開。以占病，病甚死。繫者出，有憂。求財物買臣妾馬牛請謁追亡人漁獵不得。行（行）不行。來不來。擊盜不合。聞盜來來。徙官居官家室不吉。歲惡。民疾疫無死。歲中毋兵。見貴人不吉。行不遇盜。雨不雨。霽。不吉。

命曰呈兆首仰足開外高內下。以占病，不死，有外祟。繫者出，有憂。求財物買臣妾馬牛，相見不會。行行。來聞言不來。擊盜勝。聞盜來不來。徙官居官家室見貴人不吉。歲中。民疾疫有兵。請謁追亡人漁獵不得。聞盜遇盜。雨不雨。霽。凶。

命曰首仰足肣身折內外相應。以占病，病甚不死。繫者久不出。求財物買臣妾馬牛漁獵不得。行不行。來不來。擊盜有用勝。聞盜來來。徙官不徙。居官家室不吉。歲不孰。民疾疫。歲中。有兵不至。見貴人喜。請謁追亡人不得。遇盜凶。

命曰內格外垂。行者不行。來者不來。病者死。繫者不出。求財物不得。見人不見。大吉。

命曰橫吉內外相應自橋榆仰上柱（上柱足）足肣。以占病，病甚不死。繫久不抵罪。求財物買臣妾馬牛請謁追亡人漁獵不得。行不行。來不來。居官家室見貴人吉。徙官不徙。歲不大孰。民疾疫有兵。有兵不會。行遇盜。聞言不見。雨不雨。霽霽。大吉。

命曰頭仰足肣內外自垂。卜憂病者甚，不死。居官不得居。行者行。來者不來。求財物不得。求人不得。吉。

命曰橫吉下有柱。卜來者來。卜日即不至，未來。卜病者過一日毋瘳死。行者不行。求財物不得。繫者出。

命曰橫吉內外自舉。以占病者，久不死。繫者久不出。求財物得而少。行者不行。來者不來。見貴人見。吉。

命曰內高外下疾輕足發。求財物不得。行者行。病者有瘳。繫者不出。來者來。見貴人不見。吉。

命曰外格。求財物不得。行者不行。來者不來。繫者不出。不吉。病者死。求財物不得。見貴人見。吉。

命曰內自舉外來正足發。〔行〕者行。來者來。求財物得。病者久不死。繫者不出。見貴人見。吉。

此橫吉上柱外內（內）自舉足肣。以卜有求得。病不死。繫者毋傷，未出。行不行。來不來。見人不見。百事盡吉。

此橫吉上柱外內自舉柱足以作。以卜有求得。病死環起。繫留毋傷，環出。行不行。來不來。見人不見。百事吉。可以舉兵。

此挺詐有外。以卜有求不得。病不死，數起。繫禍罪。聞言毋傷。行不行。來不來。

此挺詐有內。以卜有求不得。病不死，數起。繫留禍罪無傷出。行不行。來者不來。見人不見。

此挺詐內外自舉。以卜有求得。病不死。繫毋罪。行行。來來。田賈市漁獵盡喜。

此狐狢。以卜有求不得。病死，難起。繫留毋罪難出。可居宅。可娶婦嫁女。行不行。來不來。見人不見。有憂不憂。

此狐徹。以卜有求不得。病者死。繫留有抵罪。行不行。來不來。見人不見。言語定。百事盡不吉。

此首俯足肣身節折。以卜有求不得。病者死。繫留有罪。望行者不來。行行。來不來。見人不見。

此挺內外自垂。以卜有求不晦。病不死，難起。繫留毋罪，難出。行不行。來不來。見人不見。不吉。

此橫吉榆仰首俯。以卜有求難得。病難起，不死。繫難出，毋傷也。可居家室，以娶婦嫁女。

此橫吉上柱載正身節折內外自舉。以卜病者，卜日不死，其一日乃死。

此橫吉上柱足肣內自舉外自垂。以卜病者，卜日不死，其一日乃死。

（為人病）首俛足詐有外無內。病者占龜未已，急死。卜輕失大，一日不死。

首仰足肣。以卜有求不得。以繫有罪。人言語恐之毋傷。行不行。見人不見。

大論曰：〔一〕外者人也，內者自我也；外者女也，內者男也。首俛者憂。大者身也，小者枝也。大法，病者，足肣者生，足開者死。行者，足開至，足肣者不至。行者，足肣不行，足開行。有求，足開得，足肣者不得。繫者，足肣不出，開出。其卜病也，足開而死者，內高而外下也㈠。

【註】㈠《史記考證》云：「周官太卜云：掌三兆之法，一曰玉兆，二曰瓦兆，三曰原兆。其經兆之體，皆百有二十，其頌皆千有二百。以邦事作龜之八命：一曰征，二曰象，三曰與，四曰謀，五曰果，六曰至，七曰雨，八曰瘳。卜師云：掌龜之四兆，一曰方兆，二曰功兆，三曰義兆，四曰弓兆。凡卜事眡高，揚火以作龜，致其墨。凡卜辨龜之上下左右陰陽，以授命龜者，而招相之。龜人云：掌

六龜之屬，各有名物，天龜曰靈屬，地龜曰繹屬，東龜曰果屬，西龜曰雷屬，南龜曰獵屬，北龜曰若屬。各以其物之色與其體辨之。凡取龜用秋時，攻龜用春時，各以其物入於龜室。上春釁龜，祭祀先卜，華氏云：掌共燋契，以待卜事。《禮記・玉藻》云：卜人定龜，史定墨，國君定體，皆與此記所言異。蓋少孫所傳，秦漢卜人之書，非三代之舊籍也。《漢書・藝文志》云：龜書五十二卷，夏龜二十六卷，南龜書二十八卷，巨龜三十六卷，皆亡佚不傳，在今欲徵古儀，獨賴此記，則少孫存錄之功，亦不可沒也。」

卷一百二十九　貨殖列傳第六十九

「貨殖」之名，出於《論語》，所謂「賜不受命，而貨殖焉。」殖者，生殖也；殖貨者，生殖資貨財利之謂也。

老子曰㈠：「至治之極㈡，鄰國相望，雞狗之聲相聞，民各甘其食，美其服，安其俗，樂其業，至老死不相往來。」必用此為務㈢，輓近世㈣塗民耳目㈤，則幾無行矣㈥。

【註】㈠老子姓李，名耳，謚曰聃，其所著書，名曰《老子》，主張無為而治，反對一切人為的教條與管制。㈡理想到極點的政治。㈢必：假設之辭。假定以這種原始的閉塞生活為目標。㈣輓：通「挽」。而想把近世的生活趨勢恢復於古代。㈤塗塞人民的耳目。㈥幾：恐怕之意。無：不。那恐怕是行不通的了。（由此開宗明義的幾句話，可以看出太史公貨殖傳的主張，是教人努力開發農、工、商業，以增加社會財富，而求得大眾生活之普遍滿足。有創造能力的人，開拓事業，積極致富，致富之後，廣行其德，以救貧窮，這是太史公最佩服的人。他最卑視那些「長守貧賤，好語仁義」的愚儒腐士，本身就是「泥菩薩過河，自身難保」，何以能做出兼善天下的大仁大義的事？仁義不是談空說玄，仁義是要靠著有實際物資，足以濟人之飢寒窮困，足以活人之鰥寡孤獨，足以助人之艱苦困

阨，足以利世之和樂幸福，此正孫中山先生民生主義之主張，完全正確，合乎社會進化的原理。

太史公曰：夫神農以前，吾不知已。至若詩書所述虞夏以來，耳目欲極聲色之好，口欲窮芻豢之味，身安逸樂，而心誇矜埶能之榮，使俗之漸民久矣㈠，雖戶說以眇論㈡，終不能化㈢。故善者因之㈣，其次利道之㈤，其次教誨之㈥，其次整齊之㈦，最下者與之爭㈧。

【註】㈠風俗之影響人民，為時已經是很久很久的了。㈡眇：音妙（ㄇㄧㄠˋ），玄妙的。即使把那些玄妙的理論到家家戶戶去宣傳。㈢終久也不能把人民追求現實生活的心理改變過來。㈣所以良好的政治，是因民之所欲而與之。㈤其次是順勢而予以輔導。㈥再其次是教誨人民不要損人以利己。㈦再其次是硬性的加以管約而整齊之。㈧最下是把一切生財致富的資源，全部的都把持在政府手裏，與民爭利，把人民都變為只有工作而無權利的奴隸。（今日毛匪在大陸一手把持農工商業的利益，就是這種最下的暴惡政治的典型。）

夫山西饒材、竹、穀㈠、纑㈡、旄、玉石；山東多魚、鹽、漆、絲、聲色；江南出枏㈢、梓、薑、桂、金、錫、連㈣、丹沙、犀、瑇瑁、珠璣、齒革；龍門、碣石㊄北多馬、牛、羊、旃裘、筋角；銅、鐵則千里往往山出棊置㊅；此其大較㊆也。皆中國人民所喜好，謠俗被服飲食奉生送死之具也㊇。故待農而食之，虞而出之㊈，工而成之，商而通之。此寧有政教發徵期會哉㊉？人各任其能，竭其力，以得所欲。故物賤之徵貴，貴之徵賤㊁，各勸其業，樂其事，若水之趨下，日夜無休時，不召而自來，不求而民出之。豈非道之所符，而自然之驗邪㊂？

【註】㊀穀：非五穀之穀，乃木名，皮可以造紙。㊁纑：音盧（ㄌㄨˊ），山中紵，可以為布。㊂枏：音南（ㄋㄢˊ）。常綠喬木，高十餘丈，可作棟樑。㊃連：未經煉過的鉛質。㊄碣石山：在河北省昌黎縣東南。㊅棊置：如棊子之佈置，言其普遍皆有。《管子》曰：「凡天下名山五千二百七十，出銅之山四百六十七，出鐵之山三千六百有九。山上有赭，其下有鐵，山上有鉛，其下有銀；山上有銀，其下有丹，山上有磁石，其下有金。」㊆大較：大概情形。㊇謠俗：社會習尚，一般通用的。㊈虞：中國自唐虞之時，即設有虞官，主管開發山林之工事。後世開礦亦在其中。㊉這些農、礦、工、商的發現，豈是由於政教的發徵期會嗎？（即言各種經濟事物的出現，都是由於人們生活的自然需要，而無待於政教的發徵期會。）期會：強性的要求。㊁此言一切貨物，都有一個自然的飽和狀

態，邊際限度，賤到極點，就必然轉而為貴；貴到極點，就必然轉而為賤。因為賤到極點，則無利可圖，於是乎人們不從事於生產運銷；既不生產運銷，則物資短缺。一方面是物資短缺，一方面是需要如故，於是乎形成為求過於供。求過於供，則價必轉升，賤之極則必貴，此所謂「賤之徵貴」。相反的，貴到極點，則人們羣起逐利，於是乎人們多從事於生產運銷。生產運銷多，則物資充斥。一方是物資充斥，另一方是需要減少，於是乎形成為供過於求。供過於求，則價必降落，貴之極則必賤，此所謂「貴之徵賤」。由此可知，供求必須保持一種相當平衡的狀態，而後可以維持物價穩定。㊂道：經濟原理。這豈不是符合於經濟原理，而應驗於自然趨勢嗎？

周書曰：「農不出則乏其食，工不出則乏其事，商不出則三寶絕，虞不出則財匱少。」財匱少而山澤不辟㊀矣。此四者，民所衣食之原也㊁。原大則饒㊂，原小則鮮㊃。上則富國，下則富家。貧富之道，莫之奪予㊄，而巧者有餘㊅，拙者不足㊆，故太公望封於營丘㊇，地潟鹵㊈，人民寡，於是太公勸其女功㊉，極技巧⑪，通魚鹽，則人物歸之⑫，繦至而輻湊⑬。故齊冠帶衣履天下⑭，海岱之閒斂袂而往朝焉⑮。其後齊中衰⑯，管子修之，設輕重九府⑰，則桓公以霸，九令諸侯⑱，一匡天下⑲；而管氏亦有三歸⑳，位在陪臣㉑，富於列國之君。是以齊富彊至於威、宣也。

【註】①而：則也。辟：即「闢」字。②原：同「源」，源泉。③源泉大，則富足。④源泉小，則缺少。⑤貧富之道，不是別人可以奪去，也不是別人可以給予的。完全在於自身的巧拙。⑥能夠動用聰明智慧，以從事於生產事業的創造者，則富餘充足。⑦沒有聰明智慧或有而不能動用以從事於生產事業的創造者，則貧窮缺乏。⑧營丘：在山東臨淄縣西北。⑨潟鹵：地質多鹹而不適於農作。⑩婦女工作。⑪極力發展製造技術。⑫人與貨物都奔赴於齊國。⑬如繈繩一般的絡繹不絕。如車水馬龍的奔騰而至。繈：音搶（ㄑㄧㄤˇ），繩索。⑭所以齊國的工業製品如冠帶衣履等物，傾銷市場，充滿天下。⑮禹貢青、徐二州之域，皆稱海岱，謂在東海與泰山之間也。斂袂：整斂其衣袖，表示肅敬之意。⑯中衰：中途衰弱。⑰輕重：《漢書・食貨志》謂：「管仲相桓公通輕重之權，曰：歲有凶穰，故穀有貴賤，令有緩急，故物有輕重。人君不理，則蓄賈游於市，乘民之不給，必倍其本矣。故萬乘之國，必有萬金之賈；千乘之國，必有千金之賈者，利有所并也。計本量委，則足矣。然而民有飢餓者，穀有所藏也。民有餘，則輕之，故人君斂之以輕；民不足，則重之，故人君散之以重。凡輕重斂散之以時，則準平。」又按〈管晏列傳〉謂：「貴輕重，慎權衡」又謂「輕重九府」，蓋皆指金錢貨幣而論。索隱謂「按九府，蓋錢之府藏，其書論鑄錢之輕重，故云輕重九府。」

⑱九次會合諸侯，即兵車之會三乘車之會六。又有另一種解釋，謂「九合」即「糾合」，和平團結之意，不必確指為九次也。⑲匡救了天下的混亂而使之統一，以擁護周朝為共君。⑳三歸：娶三姓之女。又解為臺名。㉑諸侯之臣，對天子而言，為陪臣，因其為臣之臣也。陪，重也，其君已為王臣，而已又為王臣之臣，故對王而言，自稱陪臣。

故曰：「倉廩實而知禮節，衣食足而知榮辱。」禮生於有而廢於無①。故君子富，好行其德②；小人富，以適其力③。淵深而魚生之，山深而獸往之，人富而仁義附焉④。富者得埶益彰⑤，失埶則客無所之⑥，以而不樂⑦。夷狄益甚⑧。諺曰：「千金之子，不死於市⑨。」此非空言也。故曰：「天下熙熙，皆為利來；天下壤壤，皆為利往⑩。」夫千乘之王，萬家之侯，百室之君，尚猶患貧，而況匹夫編戶之民乎⑪！

【註】①倉廩富實，然後才知道有禮節，衣食充足，然後才知道有榮辱。所以禮義是發生於富有，而毀棄於窮國。（這就是所謂「飢寒生盜心」。但是「飽煖思淫慾」者亦不少，「為富不仁」者，到處有，富足並不一定與仁義發生必然關係，這就看政治風氣之領導與社會教育之輔翼如何了。）②君子富，行善事，解救他人，這就是「好行其德」。③小人（指一般的人民）富，有健康的體格，就

可以發展（適）其勞力。㈣人必須先能富足，而後仁義才可以附帶而來。（因為富人有能力可以作些仁義之事，窮人雖欲作善事，但自顧不暇，當然沒有可能作仁義之事了。）㈤富者得了勢力而聲名越發彰揚。㈥如果失掉了勢力，則原來依附的客人，便沒有去處。㈦因而心裏邊大不高興。㈧由於心裏的不快，而關係越來越疏遠，就如同陌生的夷狄人似的。㈨俗話說：有身價的千金人家的子弟，寧願自殺，決不在稠人廣眾（市）的刑場之上，當眾受刑。這就是他知道榮辱之故。（古者，處重刑必於市，以警大眾，所謂「棄市」是也。）㈩熙熙壤壤：形容人羣往來紛錯，語言喧嘩，大家利益均霑，則嘻嘻哈哈，利害衝突，則吵吵鬧鬧，忽而喜笑，忽而翻臉，完全為的是利益。⑪編戶：平民編入戶口冊籍者。

昔者越王句踐困於會稽之上，乃用范蠡㈠、計然㈡。計然曰：「知鬭則修備㈢，時用則知物㈣，二者形則萬貨之情可得而觀已㈤。故歲在金、穰；水，毀；木，饑、火，旱。旱則資舟㈥，水則資車㈦，物之理也㈧。六歲穰，六歲旱，十二歲一大饑。夫糶㈨，二十病農㈩，九十病末⑪，末病則財不出⑫，農病則草不辟矣⑬，上不過八十⑭，下不減三十⑮，則農末俱利⑯，平糶齊物⑰，關市不乏⑱，治國之道也⑲。積著之理⑳，務完物㉑，無息幣㉒，以物相貿易，腐敗而食之貨勿留㉓，無敢居貴㉔，論其有餘不足㉕，則知貴賤㉖。貴上極則反賤㉗，賤下極則反貴㉘。貴出如糞土㉙，賤取如珠玉㉚，財幣欲其行如流水㉛。」修之十年，國富，厚賂戰士㉜，士赴矢石，如渴得飲㉝，遂報彊吳，觀兵中國㉞，稱號「五霸」。

【註】㈠范蠡：春秋時代楚人，仕越，扶越王句踐滅吳。遂由海入齊，變姓名為鴟夷子皮，治產，三致千金，再分散於親族之貧者。居陶，自號陶朱公。㈡計然：葵丘，濮上人，姓辛氏，字文子，其先晉國亡公子也，嘗南游於越，范蠡師事之。㈢知道戰鬥之必要，那麼，就要修治其備戰工作。㈣知道什麼時候用什麼東西，就知道如何儲備物資。㈤如果能夠研判出（形）時候的變化與物資的功用這兩個條件，那麼，萬種貨物的行情，就可以預先觀測出來了。㈥天旱的時候，就要儲備（資）舟船。㈦天雨的時候，就要儲備車輛。㈧這是把握貨物變化的道理。（天旱的時候，車價貴，船價賤，在價賤的時候，買進船隻，以待天雨之時，高價拋出，這就有錢可賺。如果在天旱之時，買車賣車，成本已高，那就無利可圖了。這就是所謂「人棄我取」的商業戰術。）㈨糶：音跳（ㄊㄧㄠˋ），米穀的出售價錢。㈩以二十的價錢出售，則穀賤傷農，有害於農民。⑪相反的，以九十的價錢出售，則穀貴病商，商人運銷，無利可圖。⑫有害於商人，商人不運銷，那麼，米穀就運送不出來了。

㉓有害於農民，農民終歲勤勞，不足以養其家口，那麼，田地就沒有人耕種了。㉔所以一定要維持一種平衡價錢，最高的米價不能超過於八十。㉕最低的米價，也不能降低於三十。㉖必須維持這種平衡水準。農商才能俱受其利，㉗物價才不致暴漲暴跌。㉘市場才不致缺乏供應。㉙這才是治國的經濟原理。㉚積著：著：儲貯也。積儲財富的道理。㉛完：圓滿。一定要使貨物周轉圓滿，即所謂「貨暢其流」。另一種解釋，完：牢固也，儲貯貨物一定要品質牢固的。㉜不要使金錢貨幣在那裏死放著，就是說，金融一定要流通。㉝食：同「蝕」，腐蝕。容易腐蝕的貨物不要存留。㉞不要在貨價已經漲得很貴的時候，老是屯積不出手。㉟能夠研究出貨物的過剩或是不足。㊱就可以知道物價的貴賤之變化。㊲物價貴到極點的時候就會變而為賤。㊳物價賤到極點的時候，就會變而為貴。㊴當物價貴的時候，你就趕快出手，就好像你拋棄糞土那樣的毫不吝惜。㊵當物價賤的時候，你就趕快收購，就好像收購金玉那樣的興致勃勃。㊶金錢財幣要活潑運用，就好像流水那樣的暢通無阻。㊷厚待戰士，薪給很高。㊸矢石：表示戰爭，士兵們踴躍作戰。㊹觀兵：展示軍力，表演武力。

范蠡既雪會稽之恥，乃喟然而歎曰：「計然之策七，越用其五而得意。既已施於國，吾欲用之家。」乃乘扁舟㊀，浮於江湖，變名易姓，適齊為鴟夷子皮㊁，之陶為朱公㊂。朱公以為陶天下之中，諸侯四通，貨物所交易也。乃治產積居，與時逐㊃而不責於人㊄。故善治生者，能擇人而任時㊅。十九年之中三致千金㊆。再分散與貧交疏昆弟。此所謂富好行其德者也㊇，後年衰老而聽子孫，子孫脩業而息之，遂至巨萬㊈。故言富者皆稱陶朱公。

【註】㊀扁舟：小舟，如「駕一葉之扁舟」。㊁往齊國改名為鴟夷子皮。㊂到定陶自名為朱公。㊃把握時機以追逐利潤。㊄而不與同業同行的人作錙銖必較的競爭。㊅所以善於經營商業者，能夠撇開（擇：通「釋」，舍開）對人的競爭，而專意在把握時機上用功夫。㊆致：賺到，獲致。㊇富而積德行善。㊈巨萬：萬萬。

子贛㊀既學於仲尼，退而仕於衞，廢著鬻財於曹、魯之閒㊁，七十子之徒，賜最為饒益。原憲不厭糟穅㊂，匿於窮巷。子貢結駟連騎，束帛之幣以聘享諸侯，所至，國君無不分庭與之抗禮㊃。夫使孔子名布揚於天下者，子貢先後之也。此所謂得埶而益彰者乎？

【註】㈠子贛：即子貢。㈡著：通「貯」，積儲。廢：賣出。鬻：賣出。廢著鬻財即言其經營買賣生意，即經商。㈢厭：饜也，飽也，言其窮得雖糟糠亦吃不飽。㈣各國君主對於子貢沒有不是平等相待的。

白圭，周人也。當魏文侯時，李克務盡地力㈠，而白圭樂觀時變㈡，故人弃我取㈢，人取我與㈣。夫歲孰取穀，予以絲漆㈤；繭出取帛絮，予之食㈥。太陰在卯，穰㈦；明歲衰惡㈧。至午，旱㈨；明歲美㈩。至酉，穰⑪；明歲衰惡⑫。至子，大旱⑬。明歲美，有水⑭；至卯⑮，積著率歲倍⑯。欲長錢，取下穀⑰；長石斗，取上種⑱。能薄飲食，忍嗜欲，節衣服，與用事僮僕同苦樂⑲，趨時若猛獸摯鳥之發⑳，故曰：「吾治生產，猶伊尹、呂尚之謀㉑，孫吳用兵，商鞅行法是也㉒。是故其智不足與權變㉓，勇不足以決斷㉔，仁不能以取予㉕，彊不能有所守㉖，雖欲學吾術，終不告之矣㉗。」蓋天下言治生祖白圭㉘。白圭其有所試矣㉙，能試有所長㉚，非苟而已也㉛。

【註】㈠專一想方法發揮土地的生產能力。㈡白圭喜歡觀察時機的變化。㈢別人賣出，我購入。

㊃別人購進，我賣出。㊄熟：成熟。歲熟的時候，買進穀物，而出賣絲漆。㊅繭下來的時候，買進帛絮，而出賣糧食。㊆太陰在卯，豐收。㊇第二年，收成就不好。㊈太陰在午，則天旱。㊉第二年是好年。⑪太陰在酉，則豐收。⑫第二年收成不好。⑬太陰在子，大旱。⑭第二年是好年。有水而不旱。⑮太陰在卯，轉了一輪，又該是豐收了。但有缺字。⑯積儲的利潤，大概是一年增加了一倍。⑰要想使金錢的價值增大，就要買下等的穀物。（因下等的穀物價廉，相形之下，就是金錢的價值增大。）⑱要想使石斗的生產增加，就要買上等的種籽。（因上等的種籽生殖能力強大。）⑲與從事於工作之勞工，同甘共苦。⑳追求時機，就像那些猛獸鷙鳥的發動一樣，瞄得準，抓得穩。㉑我經營生財事業，就像伊尹、呂尚那樣的老謀深算。㉒就像孫吳用兵，商鞅行法那樣的嚴格確實。㉓所以如果他的智慧不能夠通權達變。㉔他的勇氣不能夠決斷果敢。㉕他的仁厚不能夠義取義予。㉖他的強性不能夠鎮定堅守。㉗雖欲求教我的經營方術，我永遠也不會告訴他的。㉘所以天下講生財之道以白圭為祖師。㉙白圭的理論已經有過實際的考驗了。㉚經過實際的考驗，才知道他有真正獨到之處。㉛並不是空口瞎吹胡說八道的啊！

猗頓用盬鹽起㊀。而邯鄲郭縱以鐵冶成業㊁，與王者埒富。

【註】㊀猗頓：春秋時代魯國人，以賣鹽起家，富比王侯。盬：音古（ㄍㄨˇ）。盬鹽：不煉而直接可以食用之鹽．或謂河東大鹽為盬鹽，東海煮鹽為散鹽。孔叢子曰：「猗頓，魯之窮士也，耕則常

飢，桑則常寒。聞朱公富，往而問術焉。朱公告之曰：『子欲速富，當畜子牸。』於是乃適西河，大畜牛羊於猗氏之南，十年之間，其息不可計，貲擬王公，馳名天下，以其興富於猗氏，故曰猗頓。」由此看來，猗頓是畜牧家而兼鹽業家。猗氏：故城在今山西猗氏縣南二十里。㈡邯鄲：今河北邯鄲縣西南十里。鐵器之發明與使用，為農業工具之一大進步，而邯鄲縣郭縱最著名，可見邯鄲縣是重要產鐵地區。

烏氏倮㈠畜牧，及眾，斥賣㈡，求奇繒物㈢，間獻遺戎王㈣。戎王什倍其償，與之畜，畜至用谷量馬牛㈤。秦始皇帝令倮比封君，以時與列臣朝請㈥。而巴（蜀）寡婦清㈦，其先得丹穴㈧，而擅其利數世㈨，家亦不訾㈩。清，寡婦也，能守其業，用財自衞，不見侵犯。秦皇帝以為貞婦而客之，為築女懷清臺。夫倮鄙人牧長，清窮鄉寡婦，禮抗萬乘，名顯天下，豈非以富邪？

【註】㈠烏氏：縣名，在今甘肅平涼縣西北。倮：人名。㈡及眾：等到馬牛羊眾多的時候。斥賣：拋售出賣。㈢高貴的絲織物。㈣間獻：私獻，不以合法手續而貢獻。㈤不以個別數目為單位以量馬牛之多少，而以山谷為計量馬牛數目之單位。㈥列臣：即諸侯列侯。㈦巴：寡婦之邑。清：寡婦之名。㈧丹穴：產丹砂之處。丹砂即朱砂。㈨擅利：專利，只她一家經營，沒有第二家與之競爭。

⑩不訾：家產之富，至於無法計算。⑪禮抗：以平等之禮相待。

漢興，海內為一，開關梁㈠，弛山澤之禁㈡，是以富商大賈周流天下㈢，交易之物莫不通，得其所欲，而徙豪傑諸侯彊族於京師㈣。

【註】㈠關梁：邊界出入之要道，設有稽查行旅之機構。㈡弛：開放。㈢自由往來，遍行於天下。㈣彊族：在地方政治經濟上有影響力者。

關中自汧、雍以東至河、華㈠，膏壤沃野千里，自虞夏之貢以為上田㈡，而公劉適邠，大王、王季在岐，文王作豐，武王治鎬，故其民猶有先王之遺風，好稼穡，殖五穀，地重㈢，重為邪㈣。及秦文、德、繆居雍，隙隴蜀之貨物而多賈㈤。獻公徙櫟邑㈥，櫟邑北卻戎翟㈦，東通三晉，亦多大賈。孝、昭治咸陽，因以漢都，長安諸陵，四方輻湊並至而會，地小人眾，故其民益玩巧而事末也。南則巴蜀。巴蜀亦沃野，地饒巵㈧，薑、丹砂、石、銅、鐵、竹、木之器。南御滇僰八，僰僮㈨。西近邛笮，信馬、旄牛⑩。然四塞⑪，棧道千里⑫，無所不通，唯褒斜綰轂其口⑬，以所多易新鮮⑭。天水、隴西、北地、上郡、與關中同俗，然西有羌中之利，北有戎翟之畜，畜牧為天下饒。然地亦窮險；唯京師要其道⑮。故關中之地，於天下三分之一，而人眾不過什三；然量其富，什居其六⑯。

【註】①關中之地，包括自陝西之寶雞、鳳翔以東至陝西華陰縣以西之地，所謂「關中平原」。②貢：根據田壤高下之別以定賦稅。③地重：以土地為重，人民勤稼穡，安土重遷。④重為邪：重者，難也，人民很難於去作邪惡之事，即不容易為惡。⑤隙：孔道，走廊。甘肅四川與陝西接境，皆山嶺崎嶇，無大道可通，故彼此貨物貿易，皆穿經羊腸小道，故曰「隙」。由孔道引進隴蜀之貨物，即「隙隴蜀之貨物」。⑥櫟邑：故城在今陝西臨潼縣東北。⑦郤：即「却」，抵禦。翟：通「狄」。⑧巵：音支，煙支，胭脂。邛都出銅。臨邛出鐵。⑨御：統制。滇：雲南省昆明一帶之地。僰：音勃（ㄅㄛˊ）。地名：今四川宜賓縣一帶之地。僰地出賣僮僕奴隸，因其地人民性馴善服從。⑩邛：地名，今西康榮經縣一帶之地。筰：音作（ㄗㄨㄛˋ）地名，今四川茂縣一帶之地。旄：音毛。旄牛，獸名，其狀如牛。四節生毛，名曰旄牛。⑪四塞：四方都是邊塞之地，蠻夷所居之地。⑫棧道：山區險絕之處，傍山架木，以通道路。謂之「棧道」。⑬褒斜：谷名，陝西終南山之谷也。南口曰褒，

在褒城縣北。北口曰斜，在郿縣西南，長四百五十里。綰轂：聯繫並控制其交通之咽喉。

(十四)以其所多餘之物交換其所缺少之物。(十五)要：通「腰」，中心地帶。惟京師處於交通的中心地帶。

(十六)關中土地佔天下三分之一，人口佔天下十分之三，而財富佔天下十分之六。由此可見關中在西漢時代經濟勢力之強大。此研究西漢經濟史者所必加注視之資料。

昔唐人都河東(一)，殷人都河內(二)，周人都河南(三)。夫三河在天下之中，若鼎足，王者所更居也(四)，建國各數百千歲，土地小狹，民人眾，都國諸侯所聚會，故其俗纖儉習事(五)。楊、平陽，西賈秦、翟(六)、北賈種、代(七)。種、代，石北也(八)，地邊胡(九)，數被寇。人民矜懻忮，好氣(一〇)，任俠為姦，不事農商。然迫近北夷，師旅亟往(一一)，中國委輸時有奇羨(一二)。其民羯羠不均(一三)，自全晉之時固已患其慓悍(一四)，而武靈王益厲之(一五)，其謠俗猶有趙之風也(一六)，故楊、平陽陳掾其閒(一七)，得所欲。溫、軹西賈上黨(一八)，北賈趙、中山(一九)。中山地薄人眾，猶有沙丘紂淫地餘民(二〇)，民俗懁急(二一)，仰機利而食(二二)。丈夫相聚游戲，悲歌忼慨，起則相隨椎剽(二三)，休則掘冢作巧姦冶(二四)，多美物，為倡優。女子則鼓鳴瑟，跕屣(二五)，游媚貴富，入後宮，徧諸侯(二六)。

【註】㈠唐堯都於晉陽，故城在今山西太原縣。河東：黃河流經山西西部一帶之地，成南北線，故山西境內，在黃河以東者，統稱河東。㈡河內：河南省在黃河以北大部分之土地，皆屬於河內，而安陽（殷墟所在地），內黃、臨漳、汲縣皆其主要之地。㈢周平王東遷，建都洛陽，凡洛陽一帶之地，皆稱為河南。洛陽即稱為河南府。㈣更居：更迭變換而居。㈤纖細小氣，儉者，習知各事。㈥楊：晉邑名。平陽：今山西臨汾縣。賈：做生意買賣。秦：關內。翟：同「狄」。今陝西綏德、米脂、延長一帶之地，皆白狄所居。㈦種：地名，在蔚州，今察哈爾宣化一帶之地。代：地名，今山西雁門一帶之地。㈧石：石邑縣也，在河北常山，即在今日石家莊附近之地。㈨地區鄰接胡人。㈩懻：音冀（ㄐㄧˋ）倔強好鬥。忮：音志（ㄓˋ）妒忌好爭。好氣：負氣，衝突，缺乏理智。(一一)軍隊常常往來。(一二)委輸：運輸。以物置於車上，曰委；轉運至他處交卸，曰輸。奇羨：有多餘的。(一三)羯：音節（ㄐㄧㄝˊ）捷悍如羊。羠：音夷（ㄧˊ）性野好鬥。羯羠：捷悍好鬥。不均：不協和。無正性。(一四)僄悍：輕疾、剛果、勇悍。(一五)厲：激勵、鼓勵。(一六)風：作風、遺風、風氣。(一七)陳掾：奔走經營。(一八)溫：地名，今河南之溫縣。軹：地名，今河南之濟源縣。此兩縣，皆屬於古之所謂河內，後之所謂懷慶府。懷慶府一帶的人，向西可以和山西之上黨（今山西之長治一帶的地方）各地做買賣。(一九)向北可以和河北省之定縣（中山、趙）各地做買賣。(二〇)沙丘：在今河北平鄉縣東北，商紂王所作，即

所謂大聚樂戲於沙丘之臺是也。㊂懁急：急燥，懁，音還（ㄏㄨㄢˊ）。㊂機利：投機取巧所得之利益。不是正正當當經常可靠的工作。㊂椎剽：打家刼舍。㊃作巧：製造些巧偽之物。姦冶：一切犯的冶鑄，製造金屬器物。（這個地區，鐵產發達）。㊄跕屣：輕拖著沒有後跟的鞋子，即穿著拖鞋。跕，音帖（ㄊㄧㄝ）。㊅普徧的到各國諸侯的後宮之中為妃妾。

然邯鄲亦漳、河之閒㊀一都會也。北通燕、涿，南有鄭、衞。鄭、衞俗與趙相類，然近梁、魯，微重而矜節㊁，濮上之邑徙野王㊂，野王好氣任俠，衞之風也。

【註】㊀漳：河名，上游有二，一曰清漳，源出山西平定縣沾嶺。一曰濁漳：源出山西長子縣發鳩山。二水分流，至河南涉縣東南之合漳村，始合為一。又東南經河北大名縣南，入衞河。河：指黃河而言。㊁稍微持重，而矜尚節義。㊂野王：今河南沁陽縣。

夫燕亦勃、碣之閒㊀一都會也。南通齊、趙，東北邊胡。上谷至遼東，地踔遠㊁，人民希㊂，數被寇，大與趙、代俗相類，而民雕捍少慮㊃，有魚鹽棗栗之饒。北鄰烏桓、夫餘㊄，東綰穢貉、朝鮮、真番之利㊅。

【註】㈠燕：戰國時七雄之一，佔有今之河北省、遼寧省及朝鮮北部之地。碣石：河北昌黎縣之地。㈡踔：音卓（ㄓㄨㄛˊ）。高遠。㈢希：即「稀」，少也。㈣雕捍：言如雕性之悍戾，暴蠻。捍：即悍。㈤烏桓：部落名，東胡別種，漢初，匈奴滅其國，餘類保烏桓山（今內蒙古阿魯科爾沁西北一百四十里，有烏遼山，即其地），因以為號。夫餘：即扶餘，今遼北之昌圖、洮南以北及蒙古科爾沁諸旗皆其地。㈥穢貉：東夷國名，即薉貊，今安東鳳城縣東及朝鮮國之江原道，皆其地。真番：郡名。漢武帝滅朝鮮所置。今鴨綠佟佳兩江及興京附近之地。

洛陽東賈齊、魯、南賈梁、楚。故泰山之陽則魯，其陰則齊㈠。齊帶山海，膏壤千里，宜桑麻，人民多文綵布帛魚鹽。臨菑亦海岱之閒一都會也。其俗寬緩闊達，而足智，好議論，地重㈡，難動搖，怯於眾鬭，勇於持刺，故多劫人者，大國之風也㈢。其中具五民㈣。

【註】㈠〈齊世家〉曰：「齊自泰山屬之琅邪，北被於海，膏壤二千里，其民闊達多匿智。」㈡安土重遷。㈢季札觀樂，稱齊國為「泱泱乎大風也哉！」㈣五民：士、農、工、商、賈

而鄒、魯濱洙、泗，猶有周公遺風，俗好儒，備於禮，故其

民齪齪㈠。頗有桑麻之業，無林澤之饒。地小人眾，儉嗇㈡，畏罪遠邪㈢。及其衰，好賈趨利，甚於周人。

【註】㈠齪齪：循規蹈矩，拘謹小心。㈡儉樸惜費。㈢畏懼犯法而遠離邪惡。

夫自鴻溝以東㈠，芒、碭以北㈡，屬巨野㈢，此梁、宋也㈣。陶㈤、睢陽㈥亦一都會也。昔堯作於成陽，舜漁於雷澤㈦，湯止於亳㈧。其俗猶有先王遺風，重厚多君子，好稼穡，雖無山川之饒，能惡衣食㈨，致其蓄藏。

【註】㈠鴻溝：楚漢分界之處，在河南滎陽縣境。《史記》：「項王乃與漢王約：中分天下，割鴻溝以西者為漢，鴻溝而東者為楚。」按秦始皇引河水以灌大樑，謂之鴻溝。河水即今賈魯河之水，古時汴水之分流也。㈡芒、碭：二山名，在江蘇碭山縣東南，與河南永城縣接界。二山相距八里，漢高祖微時，嘗亡匿芒碭山中。今有皇藏峪，即高祖所匿處也。㈢巨野：山東鉅野縣。㈣這是開封、商邱一帶之地。㈤陶：山東定陶縣。㈥睢陽：春秋時代宋地，在今河南商邱縣。㈦作：興起。成陽：在山東定陶縣。雷澤：在山東濮縣東南，接荷澤縣界。㈧亳：在河南商邱縣北四十里。稱為北亳。湯王初次建都之地。㈨惡：粗劣也。

越、楚則有三俗㊀。夫自淮北沛、陳、汝南、南郡㊁，此西楚也㊂。其俗剽輕，易發怒，地薄，寡於積聚。江陵故郢都㊃，西通巫、巴㊄，東有雲夢之饒㊅。陳在楚夏之交㊆，通魚鹽之貨，其民多賈。徐、僮、取慮㊇，則清刻，矜己諾㊈。

【註】㊀越、楚：越滅吳，而擁有江淮以北之地。楚又滅吳，兼有吳越兩國之地。故言「越楚」。三俗：三種地區的風俗。㊁沛：徐州沛縣。陳：陳州，河南淮陽一帶之地。汝南：河南汝南縣一帶之地。正義以為汝州，非也。南郡：湖北舊荊州之漢陽、武昌、安陸、德安、施南及襄陽以南，皆其地。㊂這是西楚所包括之地區。㊃江陵：今湖北之江陵縣。㊄巫郡：今四川巫山縣一帶之地。巴郡：包括今四川奉節、雲陽、長壽、重慶以至瀘洲之地，即四川東南部之地。㊅雲夢：在湖北安陸縣南。雲在江北，夢在江南，方員八九百里，凡華容以北，安陸以南，枝江以東，皆其地。㊆夏：今河南禹縣。㊇徐：今江蘇徐州一帶之地。僮：地名，在下邳。取慮：今江蘇睢寧縣。㊈重視己諾之言，言必信。

彭城以東，東海、吳、廣陵，此東楚也㊀。其俗類徐、僮。朐、繒以北㊁，俗則齊。浙江南則越。夫吳自闔廬、春申、王濞三人招致天下之喜游子弟，東有海鹽之饒，章山之銅㊂。三江㊃、五湖之利㊄，亦江東一都會也。

【註】㊀東海：郡名，山東兗州府東南至江蘇邳縣以東至海，皆其地。治郯，今山東郯城縣。吳：蘇州。廣陵：楊州。這是東楚所包括的地區。㊁朐：縣名，在海州。朐：音劬（ㄑㄩˊ）。繒：縣名，故城在山東嶧縣東八十里。㊂章山：在江西南城縣。㊃三江：《史記正義》謂：「三江省，在蘇州東西三十里，名三江口。一，江西南上七十里至太湖，名曰松江，古笠澤江。一，江東南上七十里，曰：蜆湖，名曰上江，亦曰東江。一，江東北下三百餘里入海，名曰下江。」此所謂三江，皆太湖之支流也。其外，關於三江之說，解釋紛紛，茲不俱錄。㊄五湖：關於五湖之解釋，亦甚紛岐。《史記正義》謂：「五湖者，菱湖、游湖、莫湖、貢湖、胥湖。」皆在太湖東岸。韋昭以胥湖、蠡湖、洮湖、滆湖、太湖為五湖。《水經注》以長塘湖、太湖、射貴湖、上湖、滆湖為五湖。《後漢書・馮衍傳》註以滆湖、洮湖、射湖、貴湖、太湖為五湖。其他諸說不俱錄。

衡山、九江、江南㊀、豫章㊁、長沙，是南楚也，其俗大類西楚。郢之後徙壽春㊂，亦一都會也。而合肥受南北潮㊃，皮革、鮑、木輸會也㊄。與閩中、干越雜俗㊅，故南楚好辭㊆，巧說少信㈧。江南卑溼，丈夫早夭。多竹木。豫章出黃金，長沙出連㈨，錫，然堇堇物之所有，取之不足以更費⑩，九疑⑪、蒼梧⑫以南至儋耳者⑬，與江南大同俗，而楊越多焉⑭。番禺⑮亦其一都會也，珠璣、犀、瑇瑁、果、布之湊⑯。

【註】㈠江南：安徽宣城一帶之地。㈡豫章：江西南昌一帶之地。㈢壽春：今安徽壽縣一帶之地。㈣合肥縣係廬州治所，江淮之潮，南北俱至廬州。㈤合肥是南北皮革、鮑、木等貨物運輸會聚之地。㈥干越：謂吳與越，即江蘇、浙江。㈦好辭：喜歡說話。㈧巧於言說而缺少信用。㈨連：未經煉過的鉛質。⑩然僅僅是有這些礦物而已，如果真正開採的話，就不夠償付其本錢。⑪九疑山：在湖南寧遠縣南。⑫蒼梧：今廣西蒼梧縣一帶之地。⑬儋耳：即今之海南島。⑭而楊越（包括南越之廣東、廣西，東越之福建、浙江）兩州之風俗在該地區為多。⑮番禺：今之廣州。⑯廣州是珠璣、犀、瑇瑁、果、布，諸種貨物積聚之地。

潁川、南陽，夏人之居也㈠。夏人政尚忠朴，猶有先王之遺風。潁川敦愿。秦末世，遷不軌之民於南陽。南陽西通武關、鄖關㈡，東南受漢、江、淮。宛亦一都會也。俗雜好事，業多賈。其任俠，交通潁川，故至今謂之「夏人」。

【註】㊀夏：今河南、禹縣一帶之地。所以許昌（潁川）、南陽，都是夏人所居之地。㊁武關：在陝西、商縣。鄖關：正義謂：南陽西通武關，而無鄖關。蓋「鄖」當為徇，徇水上有關，在金州洵陽縣，即漢中也。

夫天下物所鮮所多，人民謠俗㊀，山東食海鹽，山西食鹽鹵，領南㊁、沙北㊂固往往出鹽，大體如此矣。

【註】㊀謠俗：生活習慣。㊁領南：即嶺南，五嶺之南，大庾嶺以南之地。㊂沙北：池、漢之北。

總之，楚越之地，地廣人希，飯稻羹魚，或火耕而水耨㊀，果隋蠃蛤㊁，不待賈而足，地埶饒食，無飢饉之患，以故呰窳偷生㊂，無積聚而多貧。是故江、淮以南，無凍餓之人，亦無千金之家。沂、泗水以北，宜五穀桑麻六畜，地小人眾，數被水旱之害，民好畜藏，故秦、夏、梁、魯好農而重民。三河、宛、陳亦然，加以商賈。齊、趙設智巧、仰機利。燕、代田畜而事蠶。

【註】㈠火耕水耨：燒草之後，下水種稻，草與稻並生，高七八寸，因悉芟去，復下水灌之，草死獨稻長。㈡果隋：《漢書・地理志》作「果蓏」，蓏，音裸（ㄌㄨㄛˇ）。《易・說卦傳》有「艮為果蓏」之句。應劭曰：「木實曰果，草實曰蓏」。張晏曰：「有核曰果，無核曰蓏」。臣瓚曰：「木上曰果，地上曰蓏」。不論如何解釋，皆當作名詞來講。另一種解釋，將「果隋」二字，當作動詞用者，如《史記正義》謂：「隋，今為『棰』，音同，上古少字也。果棰，猶棰疊包裹也。今楚越之俗，尚有『裹棰』之語。楚、越水鄉，足螺魚鼈，民多採捕積聚，棰疊包裹，煮而食之。班固不曉裹棰之方言，修太史公書述地理志，乃改云『果蓏蠃蛤』，非太史公意，班氏失之也。」細讀本段上下文之語氣，「果隋」二字，似以解作名詞為宜，即言江南各地魚米之鄉，一切果實蚌蛤，均不待販賣而自足。如以「果隋」為動詞，以為是楚越方言之，裹「棰」，則其證據稍為薄弱。王引之曰：「說卦傳有『艮為果蓏』，京房作『果墮』，『墮』與『隋』通，則果隋即果蓏」，亦以《漢書》為是。蠃：音裸（ㄌㄨㄛˇ）蚌類，通作「螺」。蛤，音格（ㄍㄜˊ），蛤蜊。蛤蟆，即蝦蟆。㈢呰：音紫（ㄗˇ），弱也。窳：音雨（ㄩˇ），粗劣，不堅固。呰窳：苟且懶惰。細讀此段，可辨出今昔經濟重心之轉化。漢時中國經濟重心在黃河流域；宋時中國經濟重心已轉化為長江流域；近百年來，中國經濟重心已轉化為長江與珠江流域。

由此觀之，賢人深謀於廊廟，論議朝廷；守信死節，隱居巖穴之士，設為名高者安歸乎？歸於富厚也㈠。是以廉吏久，久更富㈡，廉賈歸富㈢，富者，人之情性，所不學而俱欲者也㈣。故壯士在軍，攻城先登，陷陣卻敵，斬將搴旗㈤，前蒙矢石，不避湯火之難者，為重賞使也㈥。其在閭巷少年，攻剽椎埋㈦，劫人作姦，掘冢鑄幣㈧，任俠幷兼㈨，借交報仇，篡逐幽隱㈩，不避法禁，走死地如騖者⑪，其實皆為財用耳。今夫趙女鄭姬，設形容⑫，揳鳴琴⑬，揄長袂⑭，躡利屣⑮，目挑心招⑯，出不遠千里，不擇老少者⑰，奔富厚也⑱。游閑公子，飾冠劍，連車騎，亦為富貴容也。弋射漁獵，犯晨夜，冒霜雪，馳阬谷，不避猛獸之害，為得味也。博戲馳逐，鬭雞走狗，作色相矜⑲，必爭勝者，重失負也⑳。醫方諸食技術之人，焦神極能㉑，為重糈也㉒。吏士舞文弄法㉓，刻章偽書㉔，不避刀鋸之誅者，沒於賂遺也㉕。農工商賈畜長，固求富益貨也。此有知盡能索耳㉖，終不餘力而讓財矣㉗。

【註】㈠歸：最後的目的。賢人議論朝政而作官，隱士居於巖穴而求名，最後的目的是什麼呢？是

為的富厚。㈡清廉的官吏，表面上雖不求富，但是，官久自富。㈢廉價售貨的商賈，雖然價錢便宜，但是，最後的目的還是追求財富。㈣所以追求財富，是人們天生的性情，用不著學習，任何人都有這種念頭。㈤斬殺敵人的將帥，奪取敵人的旗幟。㈥為重重的賞賜所驅使。㈦攻剽：打家刼舍。椎埋：以椎殺人而掩埋之。㈧鑄幣：私自鑄錢，盜鑄。㈨幷兼：侵佔他人所有。㈩篡逐：強取豪奪。幽隱：窩藏人質，勒索財物，俗所謂「架票」。(十一)不顧死活，好像是飛奔似的向那危險的死地猛跑。(十二)美容打扮。(十三)揳：音戛（ㄐㄧㄚˊ），彈奏。揳琴，彈琴也。(十四)揄：音俞（ㄩˊ），揚擺著長的袖子。(十五)腳穿著輕便的舞鞋。(十六)杳眼挑情，芳心招魂。(十七)不遠千里而出門，不擇老少而獻身。(十八)為的什麼？為的是追逐財富。(十九)作色：變色。相矜：相競爭。(二十)怕的是（重）失敗。(二一)焦神：焦心勞神。極能：竭盡了力量。(二二)為的是重重的報酬（以糧物為代價）。(二三)玩弄法律條文，顛倒是非，以假公濟私。(二四)假刻印章，偽造文書。(二五)利令智昏，沈溺於賄賂而無以自拔。(二六)這是稍微有知識的人都能玩味出其中的道理啊！(二七)所以人們終於不遺餘力的要去爭奪財富了（讓：通「攘」，爭奪）。

諺曰：「百里不販樵，千里不販糴㈠。」居之一歲，種之以穀㈡；十歲，樹之以木㈢；百歲，來之以德㈣。德者，人物之謂也㈤。今有無秩祿之奉，爵邑之入，而樂與之比者㈥，命曰「素封」㈦。

【註】㈠有百里之地的距離，不可以作賣買薪柴的生意。有千里之地的距離，不可以作買賣糧食的生意。為什麼？因為物資笨重，價錢低微，搬卸困難，運輸不便，划不來。㈡在一個地方只住一年，可以種植穀物，因為穀物一年就可以收成。㈢在一個地方住上十年，可以種植樹木，因為樹木十年就可以長成有用之材。㈣在一個地方若是準備住上百年之久。那就要建立良好的人事關係。以善良的德行與社會相往來相招呼了。㈤什麼叫做「德」？「德」就是既有人且有物，人物俱全的基本要素。㈥其財力，其社會地位，足以與封君諸侯相比。㈦這種人，叫做「素封」，叫做「無冠之王」，不用封而等於封，不用作官而自然有人尊敬。不用采邑而自然家產億萬。

封者食租稅㈠，歲率戶二百，千戶之君則二十萬，朝覲聘享出其中，庶民農工商賈，率亦歲萬息二千（戶），百萬之家則二十萬，而更傜租賦出其中。衣食之欲，恣所好美矣㈡。故曰陸地牧馬二百蹄㈢，牛蹄角千㈣，千足羊，澤中千足彘，水居千石魚陂㈤，山居千章之材㈥。安邑千樹棗㈦；燕、秦千樹栗；蜀、漢、江陵千樹橘；淮北、常山已南，河濟之間千樹萩㈧，陳、夏千畝漆，齊魯千畝桑麻，渭川千畝竹，及名國萬家之城帶郭千畝㈨，畝鍾之田㈩，若千畝卮茜(十一)，千畦(十二)薑韭(十三)，此其人皆與千戶侯等，然是富給之資也(十四)。不窺市井，不行異邑，坐而待收，身有處士之義而取給焉(十五)。若至家貧親老，妻子軟弱，歲時無以祭祀，進醵，飲食被服，不足以自通(十六)，如此不慚恥，則無所比矣(十七)。

【註】㈠那些有封邑的諸侯們，吃他們封邑內的人口租稅。㈡大概每一年每一戶要繳納二百錢的租稅，有一千戶的封君，每一年的收入是二十萬，一切朝覲聘享的費用，都從這種收入中開支。一般經營農工商賈的平民，大概每一萬錢的年息是二千錢，有一百萬家產的人家，每年的利息收入可得二十萬，而一切兵役、力役的租稅，都從收入中開支，穿的吃的都可以稱心如意的美好了。㈢一匹馬有四蹄，則二百蹄為五十匹馬。㈣一頭牛有四蹄兩角，則為一百六十餘頭。㈤魚以斤計算，一石有一百二十斤，千石合計為十二萬斤。㈥章：一株成材的樹木，謂之一「章」。千章，即千株成材的樹木。㈦安邑：今山西解縣。千樹棗：即一千棵棗樹。㈧萩：即「楸」，落葉喬木，其材可為棋局。㈨萬家之城帶郭千畝：有萬家住戶之城市的四周郊外之地千畝。㈩每畝田能收穫一鍾者。(十一)若：及，與。卮：音支，可作胭脂之材料。茜：音倩（ㄑㄧㄢˋ），一名紅藍花，可作染料。(十二)畦：音希（ㄒㄧ），田的一區。二十五畝為小畦，五十畝為大畦。(十三)韭：音九（ㄐㄧㄡˇ），菜名，味甚美。

㈣然：語助詞，帶有「如此」之意。如此才是富足的憑藉。㈤處士：不作官之士。身有不作官的名義而財富充足。㈥若是談到家貧親老，妻子軟弱，歲時無有財力以祭祀祖先。鄉飲聚會，連衣服飲食，也不能自己供應（通）。㈦窮到這般程度，還不以為羞恥，那真是無以比擬的恥辱了。

是以無財作力㈠，少有鬥智㈡，既饒爭時㈢，此其大經也㈣。

【註】㈠所以沒有財富的人，是靠著勞力工作。㈡稍有財富的人，是靠著智慧競爭。㈢大有財富的人，是靠著爭取時機。㈣這就是生財致富的經濟原則。

今治生不待危身取給，則賢人勉焉㈠。是故本富為上㈡，末富次之㈢，姦富最下㈣。無巖處奇士之行，而長貧賤，好語仁義，亦足羞也㈤。

【註】㈠經營生計不需要冒險而能自足自給，那麼，賢人們也可以向這條路上努力了。㈡所以以經營農工生產事業而致富的人，是第一流的人。㈢以經營商業貿易而致富的人，是次一等的人。㈣至於以作姦犯法、盜鑄私錢、舞文弄法、假公濟私、偽造文書、貪求賄賂而致富的人，那是最下流的人了。㈤另外，還有一些人，他們並沒有隱於山林不事王侯的奇節高行，而長期貧賤，還喜歡高談仁義道德的陳腔爛調以自欺欺人，那也是足夠可恥的了。

凡編戶之民㈠，富相什則卑下之㈡，伯則畏憚之㈢，千則役㈣，萬則僕㈤，物之理也㈥。夫用貧求富㈦，農不如工㈧，工不如商㈨，刺繡文不如倚市門㈩，此言末業，貧者之資也⑪。通邑大都，酤一歲千釀⑫，醯醬千瓨⑬，漿千甔⑭，屠牛羊彘千皮⑮，販穀糶千鍾⑯，薪稾千車⑰，船長千丈⑱，木千章⑲，竹竿萬个⑳，其軺車百乘㉑，牛車千兩㉒，木器髹者千枚㉓，銅器千鈞㉔，素木鐵器若卮茜千石㉕，馬蹄躈千㉖，牛千足，羊彘千雙，僮手指千㉗，筋角丹沙千斤，其帛絮細布千鈞，文采千匹，榻布皮革千石㉘，漆千斗㉙，糵麴鹽豉千荅㉚，鮐鮆千斤㉛，鯫千石，鮑千鈞㉜，棗栗千石者三之㉝，狐鼦裘千皮㉞，羔羊裘千石㉟，旃席千具㊱，佗果菜千鍾㊲，子貸金錢千貫㊳，節駔會㊴，貪賈三之㊵，廉賈五之㊶，此亦比千乘之家㊷，其大率也㊸。佗雜業不中什二，則非吾財也㊹。

【註】㈠一般普通的平民，由於貧富的差距，就發生了心理與身份的不平等。㈡對於財富十倍於自己的人，就發生了一種自卑之感。㈢對於財富百倍於自己的人，就發生了一種畏懼之心。㈣對於財

富千倍於自己的人，則為之役使。㊄對於財富萬倍於自己的人，則為之奴僕。㊅這是世事上必然之理。㊆至於以貧窮而欲致富的方法。㊇從事於農業不如從事於工業。㊈從事於工業不如從事於商業。⑩從事於刺繡工作，不如在都市倚門賣笑。⑪這是說，下賤末業乃是窮人們由貧致富的腳踏石（資：憑藉）。⑫每年能賣出一千甕的酒。⑬每天能賣出醯（醯，音西（ㄒㄧ））醬一千瓨（音江（ㄐㄧㄤ），似罌，可盛十斤之容器）。⑭每年能賣出漿一千甔，音但（ㄉㄢˋ），大罌，可盛一石）。⑮每年能賣出牛、羊、豬之皮一千張。⑯每年能販賣出穀物千鍾（漢時以六斛四斗為一鍾）。⑰每年能賣出一千車的薪藁根。⑱每年能賣出船隻一千丈。⑲每年能賣出成材之木一千。⑳每年能賣出竹竿一萬條。㉑每年能賣出軺車一百乘（軺，音遙（ㄧㄠˊ），小車，又曰馬車）。㉒每年能賣出牛車一千輛。㉓每年能賣出漆成之木器一千件（髹，音休（ㄒㄧㄡ），漆也）。㉔每年能賣出銅器一千鈞。㉕每年能賣出素木、鐵器及卮茜一千石。㉖每年能賣出蹄躈合計共有一千的馬。（躈，音竅（ㄑㄧㄠˋ），尻骨。亦有解為口者。一匹馬有四蹄一躈，蹄躈合計為一千，則共為馬二百匹。上文言馬五十匹的賣價，足以與千戶侯的收入相比，此處又言馬二百匹的賣價，足以比千戶侯的收入，則前後似有矛盾。其他所舉之物，前後亦有矛盾者。由此可證古人經濟數字觀念之粗略，難以正確計較也）。㉗每年能販賣出一千手指的奴僕（一千手指，合計為一百個奴僕）。㉘榻布：布名，粗厚之布。㉙漆千斗：千桶也。顧炎武曰：「漢時已有大斗，用之以量粗貨。」）㉚糱麴：發酵之物，所以釀酒。（糱：音臬（ㄋㄧㄝˋ），釀酒用之酵物。）（麴，音渠（ㄑㄩˊ），把麥蒸過，使之發黴而成的酒母。」豉：音侍（ㄕˋ），以豆製成之食物，先將豆浸之蒸熟，覆藁發黴後，加以鹽椒等，然後入甕，泥封曝之，久而始成，名曰鹽豉。可以為食，或調味。千荅：即千苔，或千台。台，容器名，盛一斗六升。㉛鮐：音台（ㄊㄞˊ），海魚。鮆：音起（ㄑㄧˇ），刀魚。㉜鮿，音鄒，雜小的魚；鮑，腥臭之魚。㉝千石者三之：即三千石也。㉞狐鼦：狐裘，鼦裘。鼦：音雕（ㄉㄧㄠ），即貂也。鼠類，大如獺，產於北方寒帶，皮極暖，甚為珍貴。㉟千石，計其重量也。㊱旃席：旃，通「氈」，即可作地氈之席。㊲佗果菜千鍾：佗、其他，言除了以上的貨物之外，還有別的，如下文之所言。果菜：水菓，各種果實及菜蔬。千鍾，計算其重量。㊳子：利息。每年貸出一千串錢所得的利息，可以比封君之收入。㊴節駔會：會通兩家交易之人，所謂「牙郎」，即代客賣買貨物，從中說合，以抽取用金者，謂之「牙郎」，北方謂之「經紀」。節：品節，仲裁，評估物之貴賤而從事於中間說合以抽取用金，就是介紹人。㊵貪心的中間人，要三分取一。㊶便宜的中間人，要五分取一。㊷以上所說的各種商賈販賣，只要能擁有各種財富的數量，都可以與千乘之家（封君）相比。㊸這就是當時經濟的大概情形。㊹其他別的雜碎業務，獲利不能達到十分之二者，就不是我所謂「財」的定義了。

請略道當世千里之中，賢人所以富者，令後世得以觀擇焉。

蜀卓氏之先㊀，趙人也，用鐵冶富㊁。秦破趙，遷卓氏。卓氏

見虜略㊂，獨夫妻推輦，行詣遷處㊃。諸遷虜少有餘財，爭與吏，求近處㊄，處葭萌㊅。唯卓氏曰：「此地狹薄。吾聞汶山之下，沃野㊆，下有蹲鴟㊇，至死不飢㊈。民工於市，易賈。」乃求遠遷。致之臨邛㊉，大喜，即鐵山鼓鑄⑪，運籌策⑫，傾滇蜀之民⑬，富至僮千人。田池射獵之樂，擬於人君。

【註】㊀卓：姓，即〈司馬相如傳〉所謂卓王孫之先人。㊁以冶鐵而致富。㊂見虜略：被虜略。㊃夫妻推著小車前往被指定的遷地。㊄其他被遷徙的人，只要稍微有點錢，就爭著送紅包給那些辦理遷徙事務的官吏，只求著搬得近一點，不要遷得太遠了。㊅葭萌：縣名，故城在今四川昭化縣東南五十里。葭，音加（ㄐㄧㄚ）。㊆汶山：在四川茂縣。汶山之下有沃野，指成都平原而言。㊇蹲鴟（ㄔ）：大芋也，可食。㊈至死不飢：言永遠不至於飢餓。㊉臨邛：四川邛峽縣。⑪即，就也，依也。⑫運用計劃策略。⑬傾：壓倒的優勢。或作「利用」解，利用巴蜀當地之民作工。

程鄭，山東遷虜也，亦冶鑄，賈椎髻之民㊀，富埒卓氏㊁，俱居臨邛。

【註】㊀賈：通貨貿易。椎髻：把頭髮束起來，直立於頂，其形如椎。西南夷的人民，多如此打扮。

即言與西南夷之人民，通貨貿易。㈡埒：音樂（ㄌㄜˋ），相等，相比。

宛孔氏之先，梁人也㈠，用鐵冶為業。秦伐魏，遷孔氏南陽。大鼓鑄，規陂池㈡，連車騎，游諸侯，因通商賈之利，有游閑公子之賜與名㈢，然其贏得過當，愈於纖嗇㈣，家致富數千金，故南陽行賈盡法孔氏之雍容㈤。

【註】㈠梁：今河南開封。㈡規劃陂池之利。㈢有游閑公子之闊綽與聲名。（好贈賜於人，即表現闊綽。不當解作因其賜與於游閑公子而得名。文法不合。）㈣因為他出手大方，交際闊綽，故其所賺之錢，遠出於所應得之外，比那些小氣吝嗇的人們，勝之多多了。㈤雍容：寬宏大方。

魯人俗儉嗇，而曹邴氏㈠尤甚，以鐵冶起，富至巨萬。然家自父兄子孫約㈡，俛有拾，仰有取㈢，貰貸行賈徧郡國。鄒、魯以其故多去文學而趨利者，以曹邴氏也㈣。

【註】㈠曹：山東曹縣。㈡約：治家的規約。㈢俯有所拾，仰有所取，即言雙手萬能，人人必須工作，不能游手好閒。㈣鄒、魯各地的人都看著曹邴氏以經營工商業而致富，所以很多人都不讀書而經商以趨利了。

齊俗賤奴虜㊀，而刁閒㊁獨愛貴之。桀黠奴㊂，人所患也，唯刁閒收取，使之逐漁鹽商賈之利㊃，或連車騎，交守相㊄，然愈益任之。終得其力，起富數千萬。故曰「寧爵毋刁」㊅，言其能使豪奴自饒而盡其力。

【註】㊀奴虜：奴僕。㊁姓刁，名閒。㊂桀黠：性情凶狡的，惡暴的。㊃逐：追求。㊄豪奴有辦法，能夠連車騎，與守相往來。㊅按文句構造，應當是「寧刁毋爵」，寧為刁家奴，不作公家官。但是，原文是「寧爵毋刁」，這就與故事的本身完全不對應了。所以解釋者都是牽強揑造，或者增加些話頭以附會故事，結果，都不能使人滿意。讀古書常遇見這些困難，而後人又不敢直指其寫錯印錯，只好迂曲遷就以作解人，結果是陳陳相因，以錯傳錯。就這一句，我們的解釋是：「即使作大官，也不及刁閒。」把「寧」字解作「即使」。把「毋」字解作「不及」。

周人既纖㊀，而師史㊁尤甚，轉轂以百數㊂，賈郡國，無所不至㊃。洛陽街居在齊秦楚趙之中㊄，貧人學事富家㊅，相矜以久賈㊆，數過邑不入門㊇，設任此等㊈，故師史能致七千萬。

【註】㊀纖：小氣，嗇吝。㊁姓師，名史。㊂轉轂：轉運貨物的車輛。㊃販賣貿易於各郡國。

㊄街居：街通「介」，街居，即「介居」也，謂洛陽交接於齊（山東）秦（陝西）楚（湖北）趙（河北）而居其中。《左傳》有「介居兩大國之間」的成語，故敢確信其不誤。而不知其為成語者，即多方穿鑿曲解，費辭愈多而使人愈困擾，其實只要知其為成語，即輕順易解，無須費辭矣。清儒之所以較宋儒漢儒解經史為明白正確。即因他們在文字訓詁上認真研討。探本知源，知之為知之，不知則闕疑，不似漢儒之墨守一經，而宋儒望文生義也。㊅學事：模仿。㊆矜：誇耀，競爭，人們爭著以長期在外奔走販賣相誇耀。㊇所以常常過家鄉而不入家門。㊈設：大也。言師史大大的任用這般人，所以能致大富。

宣曲㈠任氏之先，為督道倉吏㈡。秦之敗也，豪傑皆爭取金玉，而任氏獨窖倉粟㈢。楚漢相距滎陽也㈣，民不得耕種，米石至萬㈤，而豪傑金玉盡歸任氏，任氏以此起富。富人爭奢侈，而任氏折節為儉㈥，力田畜。田畜人爭取賤賈㈦，任氏獨取貴善㈧。富者數世。然任公家約㈨，非田畜所出弗衣食㈩，公事不畢則身不得飲酒食肉㈪，以此為閭里率，故富而主上重之㈫。

【註】㈠宣曲：地名，漢高祖功臣有宣曲侯。㈡監督糧食使上道以運輸於倉庫之官吏。㈢窖：音叫（ㄐㄧㄠˋ），地穴，地窖。藏儲倉粟於地窖之中。㈣距：同「拒」對抗。㈤米價高漲，每一石至

一萬錢。㈥折節：生活委曲，竭力節約。㈦賤賈：賈，通「價」，賤賈，即「賤價」，價錢便宜的。關於購買田畜，人們都是爭著購買便宜的。㈧任氏獨獨的要購買那價錢貴而品質好的。㈨家約：家庭生活規約。㈩不是自己田畜所生產的決不使用，以免利權外溢。㈡對公家所應盡的完糧納稅之事，如果尚未完畢，那就不得飲酒食肉。㈢因此，為鄉里的表率，為君主所尊重。

塞之斥也㈠，唯橋姚㈡，已致馬千匹㈢，牛倍之，羊萬頭，粟以萬鍾計。吳楚七國兵起時，長安中列侯封君行從軍旅，齎貸子錢㈣，子錢家以為侯邑國在關東，關東成敗未決，莫肯與。唯無鹽氏出捐千金貸㈤，其息什之㈥。三月，吳楚平。一歲之中，則無鹽氏之息什倍，用此富埒關中。

【註】㈠斥：開放，以前是閉關，不准人民與胡人相貿易。現在關塞開放了。㈡姓橋，名姚。㈢致：獲致，得到。㈣出利息以借錢。㈤放出一千斤金子的貸款。㈥利息十倍。

關中富商大賈，大抵盡諸田㈠，田嗇、田蘭。韋家栗氏，安陵、杜杜氏，亦巨萬㈡。

【註】㈠大多數都是姓田的。㈡安陵的杜氏，杜陵的杜氏，也都是萬萬的家產。

此其章章尤異者也㈠，皆非有爵邑奉祿弄法犯姦而富㈡，盡椎埋去就㈢，與時俯仰㈣，獲其贏利，以末致財㈤，用本守之㈥，以武一切㈦，用文持之㈧，變化有概㈨，故足術也㈩。若至力農畜，工虞㈡商賈，為權利以成富，大者傾郡，中者傾縣，下者傾鄉里者，不可勝數。

【註】㈠以上所舉出的富商大賈，都是彰彰著名，最為特殊的人物。㈡他們都不是靠著官爵俸祿或是作姦犯法而致富。㈢椎埋：一字，係「推理」之誤，就是說，他們都是推究經濟的原理，決定何去何從。㈣隨著時機的變化而俯仰上下。㈤以商業獲致財富。㈥而以農業保守財富。㈦以猛烈手段（武）取得一切。㈧而以溫和手段維持一切。㈨千變萬化都有他們特異的風格與規範。㈩所以實在值得稱述。術：通「述」，稱述。㈡虞：開山澤之利。開礦。

夫纖嗇筋力㈠，治生之正道也，而富者必用奇勝。田農，掘業㈡，而秦揚以蓋一州㈢，掘冢，姦事也㈣，而田叔以起。博戲，惡業也，而桓發用（之）富㈤。行賈，丈夫賤行也，而雍樂成以饒。販脂辱處也㈥，而雍伯千金。賣漿，小業也，而張氏千萬。

洒削，薄技也，而郅氏鼎食㈦。胃脯簡微耳㈧，濁氏連騎。馬醫，淺方，張里擊鍾㈨。此皆誠壹之所致㈩。

【註】㈠纖嗇：儉省。筋力：勞動。㈡掘：係「拙」字之誤。種田務農是拙笨的職業。㈢秦國之揚氏以田農而富蓋（壓倒）一州。㈣盜掘冢墓是作姦犯法的事。㈤賭博之戲是賤惡的事情，而桓發因以致富。㈥販賣脂粉是羞辱的去處（脂粉，女人的化裝品，賣脂粉則必常與女人羣中往來，所以謂之羞辱的去處。有人解為脂油之脂，賣脂油有什麼可羞的呢？所以當為脂粉之脂。）㈦洒削：磨刀子。洗而磨之，使其鋒利。磨刀子是一種很簡單的技術，而郅氏以磨刀子發財。鼎食：列鼎而食，貴人之食。㈧胃脯：把羊胃調和以五味，製成乾肉，謂之「胃脯」。㈨馬醫：獸醫之專治病馬者。淺方：淺薄的方術。擊鐘：擊鐘而食，貴人之食，所謂「鐘鳴鼎食之家」是也。㈩這都是由於他們能夠專心一志集中精力於他們的事業之所致。

由是觀之，富無經業，則貨無常主㈠，能者輻湊㈡，不肖者瓦解㈢。千金之家比一都之君，巨萬者乃與王者同樂㈣。豈所謂「素封」者邪？非也㈤？

【註】㈠富而沒有經久的努力，則財貨就沒有固定的主人。㈡有能力者，財富輻湊而來。㈢沒有

能力者，財富瓦解而去。㈣財產萬萬的人，竟然與王者享受同等的快樂。㈤這豈不是所謂「無冠之王」嗎？

附記：讀了這一篇經濟史的資料，可以知道我們民族在春秋戰國以至前漢之間，在農、工、商、礦諸般經濟事業的開拓上，其魄力是如何之雄壯，其規模是如何之廣大，其前途是如何之光明，只可惜後代的人把聰明才智拋灑在官場地位的追逐上，而以言談農工生產商賈貿易為可鄙，既不屑於一談，更不樂於去作，於是乎我們中國經濟就沉淪於長期的貧困狀態中而莫能自拔。我們要想開拓今後的民族經濟，要想解脫「捧著金碗討飯吃」的愚昧狀態，除了遵照民生主義的指示積極奮發以外，沒有再好的途徑可走。

卷一百三十　太史公自序第七十

昔在顓頊㈠，命南正㈡重以司天，北至黎以司地。唐虞之際，紹重黎之後，使復典之㈢，至于夏商，故重黎氏世序天地。其在周，程伯休甫其後也㈣。當周宣王時，失其守而為司馬氏。司馬氏世典周史。惠襄之閒㈤，司馬氏去周適晉。晉中軍隨會奔秦，而司馬氏入少梁㈥。

【註】㈠顓頊：黃帝之孫，二十歲為帝，國於高陽（在河南杞縣，一說在河北高陽縣），其時大約在西曆紀元前兩千五百年左右。㈡正：長官。㈢典：主持其事。㈣程伯：程國之伯。程國在陝西咸陽縣東二十一里。休甫：其字也。㈤周惠王襄王之時，約在西曆紀元前六五〇年，上距顓頊之時已兩千年。㈥少梁：古梁國，在陝西韓城縣南二十二里。㈦司馬氏：周宣王時，程伯休甫已失典司天地之守，故僅以宣王所命之官，別為司馬氏也。

自司馬氏去周適晉，分散，或在衞，或在趙，或在秦。其在衞者，相中山。在趙者，以傳劍論顯㈠，蒯聵其後也㈡。在秦者名錯，與張儀爭論，於是惠王使錯將伐蜀，遂拔，因而守之。錯孫靳，事武安君白起。而少梁更名曰夏陽。靳與武安君阬趙長平軍，還而與之俱賜死杜郵㈢，葬於華池㈣。靳孫昌，昌為秦主鐵官，當始皇之時。蒯聵玄孫卬為武信君將㈤而徇朝歌。諸侯之相王，王卬於殷㈥。漢之伐楚，卬歸漢，以其地為河內郡。昌生無澤，無澤為漢市長。無澤生喜，喜為五大夫，卒，皆葬高門㈦，喜生談，談為太史公㈧。

【註】㈠以善於論劍而顯名於世。㈡蒯聵：有名之刺客。㈢杜郵：在陝西咸陽縣西。㈣華池：在陝西韓城縣西南七十里。㈤武信君：武臣也。㈥殷：在河南淇縣北。㈦高門：在陝西韓城縣西南十八里。㈧太史公：司馬談以太史丞為太史令，所謂「太史公」者乃司馬遷所著書尊其父而云然也。

太史公學天官於唐都㈠，受易於楊何㈡，習道論於黃子㈢。太史公仕於建元元封之閒㈣，愍學者之不達其意而師悖㈤，乃論六家之要指曰：

【註】㈠唐都：〈天官書〉云：「星則唐都也」。㈡楊何：菑川人，見〈儒林傳〉。㈢黃子：〈儒林

傳〉曰：「黃生好黃老之術」。㊃建元、元封之間，大概在西曆紀元前一四〇年至一一〇年之間。㊄愍：痛惜。師悖：師從背理之說。

易大傳：「天下一致而百慮，同歸而殊塗㊀。」夫陰陽、儒、墨、名、法、道德，此務為治者也，直所從言之異路，有省不省耳㊁。嘗竊觀陰陽之術，大祥而眾忌諱，使人拘而多所畏；然其序四時之大順，不可失也㊂。儒者博而寡要，勞而少功，是以其事難盡從；然其序君臣父子之禮，列夫婦長幼之別，不可易也㊃。墨者儉而難遵，是以其事不可徧循；然其彊本節用，不可廢也㊄。法家嚴而少恩；然其正君臣上下之分，不可改矣㊅。名家使人儉而善失真；然其正名實，不可不察也㊆。道家使人精神專一，動合無形，贍足萬物。其為術也，因陰陽之大順，采儒墨之善，撮名法之要，與時遷移，應物變化，立俗施事，無所不宜，指約而易操，事少而功多㊇。儒者則不然。以為人主天下之儀表也，主倡而臣和，主先而臣隨。如此則主勞而臣逸㊈。至於大道之要，去健羨，絀聰明，釋此而任術㊉。夫神大用則竭，形大勞則敝。形神騷動，欲與天地長久，非所聞也㈡。

【註】㈠《易大傳》說：「天下的道理，都是一樣的目的，而思慮卻有百般的紛歧；都是同樣的歸宿，而路線卻有多種的差異。」㈡講到陰陽、儒、墨、名、法、道德各家的學說，其目的都是處心積慮想把國家社會治理得和和平平安安穩穩，不過，他們所講的理路往往不同，有的詳盡，有的不詳盡，罷了。（直：但也，不過。省：詳審。）㈢我曾研究陰陽家的學術，太過於煩碎，而多所忌諱，使得人們拘謹小心而畏懼不堪。但是，他們排列四時之大的順序，是不可以遺棄的。（大祥：即太詳，太過詳細，即失之於煩瑣。）㈣學周孔之道的儒者，博學而缺要領，多勞而少功效，所以他們的要求難以完全遵從，但是，他們規劃君臣父子的禮制，排列夫婦長幼的分別，是不可以變更的。㈤墨者過於儉苦而難以實行，所以他們的要求不能夠全部遵循，但是，他們強本節用的主張，是不可以廢除的。㈥法家嚴峻而少恩情，但是，他們確定君臣上下的分別，是不可以改動的。㈦名家使人注重分析，反而很容易失去了事物的真相（所謂只見樹木不見森林）。但是，他們確定名與實的關係，是不可以不重視的。（儉：同「檢」，檢驗，分析。善：容易。）㈧道家使人精神專一，動作與無形相契合，使萬物俱得其贍足。他的方法，是利用（因）陰陽之大順，採取儒墨的長處，綜合名法的要點，隨同時勢的遷移，因應事物的變化，建立風氣，推進事業，無往而不得其宜。指示簡約而易於操持，事務減少而功效加多。㈨儒者不是這樣，儒者以為人君是天下的模範，君主必須倡之於

前，而臣下和之於後，君主必須行之於先，而臣下隨之於後，這樣一來，便是君主勞苦而臣下安逸。⑩至於道家的大道之要領，是要拋去世俗的貪利淫慾（健羨），廢黜個己的聰明才智，把這些都扔開而聽任於術數。㈡因為精神使用太多則涸竭，形體勞苦太甚則疲敝，如果形體與精神騷動不靜，要想與天地共長久，我從來沒有聽說過的。

夫陰陽四時、八位、十二度、二十四節各有教令㈠，順之者昌，逆之者不死則亡，未必然也㈡，故曰「使人拘而多畏」。夫春生夏長，秋收冬藏，此天道之大經㈢，弗順則無以為天下綱紀，故曰「四時之大順，不可失也。」

【註】㈠張晏曰：「八位：八卦位也。十二度：十二次也。二十四節：就中氣也。各有禁忌，謂日月也。」㈡這些教令，未必就是對的。㈢春生夏長，秋收冬藏，就是四時之大順。

夫儒者以六藝為法㈠。六藝經傳以千萬數，累世不能通其學㈡，當年不能究其禮，故曰「博而寡要，勞而少功。」若夫列君臣父子之禮，序夫婦長幼之別，雖百家弗能易也。

【註】㈠六藝：即六經，易、禮、樂、詩、書、春秋。㈡累世：屢世，積世。

墨者亦尚堯舜道㈠，言其德行曰：「堂高三尺，土階三等，茅茨不翦㈡，采椽不刮㈢，食土簋㈣，啜土刑㈤，糲粱之食㈥，藜藿之羹㈦。夏日葛衣，冬日鹿裘。」其送死，桐棺三寸，舉音不盡其哀㈧。教喪禮，必以此為萬民之率㈨。使天下法若此，則尊卑無別也㈩。夫世異時移，事業不必同，故曰「儉而難遵」㈡。要曰彊本節用㈢，則人給家足之道也。此墨子所長，雖百家弗能廢也。

【註】㈠尚：崇奉。㈡以茅覆屋，不加修剪。㈢采：同「採」，取也。取木為椽，不加刮削。㈣盛飯的簋（音癸ㄍㄨㄟˇ），是土燒成的。㈤盛羹的刑（同「型」），也是土燒成的。㈥吃的是粗糙的米（糲粱）。㈦喝的是豆葉（藜藿）的湯。㈧舉音：哭泣也。親人之死，不由得悲泣哀號，但不必過於哀傷，哭得連綿不止。㈨教萬民都要以此種喪禮為標準。㈩假定天下之人都以此為法，那就是尊卑沒有分別了。㈡過於儉嗇而難以實行。㈢彊本：努力於本務，即努力於農業生產。（農業經濟時代，以農為本，以商為末，故有重本輕末之語。）

法家不別親疏，不殊貴賤，一斷於法㈠，則親親尊尊之恩絕矣。可以行一時之計，而不可長用也，故曰「嚴而少恩」㈡。若尊主卑臣，明分職不得相踰越，雖百家弗能改也。

【註】㈠完全依據法律而判罪，不分親疏貴賤。㈡嚴酷而缺少情感。

名家苛察繳繞㈠，使人不得反其意㈡，專決於名而失人情㈢，故曰「使人儉而善失真」㈣。若夫控名責實，參伍不失，此不可不察也㈤。

【註】㈠苛察：毛舉細節，反覆推敲。繳繞：糾纏不止。㈡使人沒有可能恢復其本心誠意。㈢完全玩弄名詞而失卻了人的本性。㈣所以說「名家使人注重分析（儉：同「檢」）而最容易失去其真情」。㈤至於引名責實，參錯考驗，交互對證，以求明白實際，這是名家之所長，也不可不予以重視。

道家無為，又曰無不為㈠，其實易行，其辭難知㈡，其術以虛無為本，以因循為用㈢。無成埶，無常形㈣，故能究萬物之情㈤。不為物先，不為物後，故能為萬物主㈥。有法無法，因時為業㈦；有度無度，因物與合㈧。故曰「聖人不朽，時變是守㈨。虛者道之常也，因者君之綱也(一〇)。」羣臣並至，使各自明也(一一)。其實中其聲者謂之端，實不中其聲者謂之窾(一二)。窾言不聽，姦乃不生(一三)，賢不肖自分，白黑乃形(一四)。在所欲用耳，何事不成(一五)。乃合大道，混混冥冥(一六)。光燿天下(一七)，復反無名(一八)。凡人所生者神也，所託者形也(一九)。神大用則竭，形大勞則敝(二〇)，形神離則死。死者不可復生，離者不可復反，故聖人重之(二一)。由是觀之，神者生之本也，形者生之具也(二二)。不先定其神〔形〕，而曰「我有以治天下」，何由哉(二三)？

【註】(一)道家主張無為，但是，又是無不為。（《老子》三十七章，謂：「道常無為，而無不為，王侯若能守之，萬物將自化，化而欲作，吾將鎮之以無名之樸。」《老子》四十八章，謂：「為學（求知識日益（私欲日益），為道（求修養）日損（私欲日損），損之又損，以至於無為；無為而無不為。」）(二)就實際場合而言，是很容易去行的。就哲學理論（辭）而言，是很難以瞭解的。(三)其術以虛無為本體，以因循為應用。〔主觀上是虛無，不預存成見；及至客觀事物之來，則利用（因循）時勢而有所成就。這也就是孔子所謂「無意，無必，無固，無我。」不過，孔子不多講這些玄學哲理，老子則滿篇皆是。〕(四)沒有一成不變之勢，也沒有經常不易之形。(五)所以能夠推究萬物之情

實。㈥不跑在客觀事物之先，也不落在客觀事物之後，所以常能為萬物之主。（老子這種哲學，可以適用於政治戰鬥與軍事戰鬥而皆準，不論古今中外的歷史，凡成功者，皆隱隱與老子哲學相符合。以秦末的革命為例，在舊政權尚未動搖之際，而首先發難者，必先被犧牲，如陳涉、吳廣是也。及至舊政權已崩潰，而新政權已形成之時，如欲再來革命，亦必遭受摧殘，如韓信、陳豨、黥布、盧綰是也。所以陳涉、吳廣犯了老子所謂「不為物先」之忌，而韓信、盧綰等又犯了老子所謂「不為物後」之忌，惟漢高祖得了「不為物先，不為物後，故能為萬物主」之成果。漢高祖的成功，很得力於張良、陳平之政略與戰略之指導，所以取得最後之成功。項羽正因為無此種政略戰略之指導，雖然是百戰百勝，但有勝利而無戰果，無戰果之勝利，乃老子哲學所最唾棄者。因此，老子哲學是最藝術化的戰鬥哲學。此一戰鬥哲學，以虛靈不昧（清靜）為本，以因應時勢為用，以爭取戰果為其惟一之追求目標，倘使無益於最後戰果之獲致，雖百戰百勝不為也，雖驚天動地不聞也。馳名中外之《孫子兵法》，即以《老子》哲學為其靈魂也。）㈦可以有法，可以無法，因時勢需要為基礎（業，基業）；㈧可以有度，可以無度，與客觀（物）要求相配合。㈨所以說：聖人之所以能因應無窮者，主要是在於能把握（守）時勢的變化。㈩「虛」者，是道之基本原則，「因」者，是君之御眾綱領。㈡羣臣並至的時候，讓他們自由表現。㈢凡是他們的內心與他們說話的聲音相對應者，就是端正的人，凡是他們的內心與他們說話的聲音不相對應者，就是虛偽的人。㈢不聽虛偽的話，姦邪就不至於發生。㈣賢不肖自然就會分別出來，白黑自然就會表現出來。㈤只要你能領會這種大道，隨便你想使用於任何場合，無事不可以成功的。㊅當大道斂闔（合：闔也，闔閉也）的時候，好像是混混冥冥，黯然無光。㊆一旦放光，就可以照耀於天下。㊇然後又還原於無名之境。㊈人們所賴以生存者，是精神；所賴以寄託者，是形體。㊉精神太用則枯渴，形體太勞則疲敝。㊁形體離散，則死亡，死者不可以再生，離者不可以再返，所以聖人非常的重視。㊂這樣看起來，精神是生命的根本，形體是生命的器具。㊂如果一個人不能先穩定其精神，而說「我有辦法治天下」，憑甚麼呢？

（以上是司馬遷的父親〈論六家要旨〉，不是司馬遷的見解。他的父親司馬談是推崇老子之學說的，但是司馬遷本人是推崇孔子的，他的一切論點，都是以孔子的倫理觀，政治觀，人生觀為依據的。這是時代不同使然。在司馬談之時，黃老之學盛行於政府及民間，及至司馬遷之時政府逐漸尊崇儒者之道，而其師長如董仲舒等又係大儒，對其思想自必發生重大影響。所以父子之學術思想，不可混為一談，班固分別不清此點而談司馬遷為先黃老而後儒術，有欠公允。）

太史公既掌天官，不治民，有子曰遷。

遷生龍門㊀，耕牧河山之陽㊁，年十歲則誦古文㊂。二十而南游江、淮，上會稽㊃，探禹穴，闚九疑㊄，浮於沅、湘㊅；北涉汶、泗㊆，講業齊、魯之都，觀孔子之遺風，鄉射鄒、嶧㊇；戹困鄱、薛、彭城㊈，過梁、楚以歸。於是遷仕為郎中㊉，奉使西征巴、蜀以南，南略邛、筰、昆明，還報命㈡。

【註】㈠龍門：在陝西韓城縣北五十里。㈡在龍門山之南。㈢古文：古代書籍有以古文刻寫者，有以今文刻寫者，司馬遷十歲時所讀之古書，則係以古文刻寫者也。㈣會稽：在浙江紹興縣東南。禹巡狩至會稽而崩，因葬焉。上有孔穴，民間云禹入此穴，蓋即所謂「禹穴」也。㈤闚：同「窺」。九疑：山名，在湖南寧遠縣南六十里。㈥沅：水名，在湖南沅陵縣南。湘：水名，源出廣西興安縣之陽海山，東北流，至湖南零陵縣西，納瀟水，東北流，會衡陽之蒸水，是為三湘。或謂與沅水合，曰沅湘。合瀟湘、蒸湘，而稱三湘。㈦汶：水名，源出山東萊蕪縣，東北原山，西南流經泰安縣治東，又西至汶上縣，西南入運河。泗：水名，源出山東泗水縣陪尾山。㈧鄒：山東鄒縣。嶧：嶧山，在鄒縣北二十二里，地近曲阜。於此觀鄉射之禮。㈨鄱：古邾國之地，在今山東鄒縣東南。薛：在山東滕縣東南四十四里。彭城：在江蘇銅山縣。㈩郎中：官名，秦時，與侍郎，郎中，同隸於郎中令。以其為郎，居宮中，故曰郎中。㈡邛：在四川邛崍縣東南。筰：在四川茂縣。昆明：在雲南省。司馬遷出使西南，在漢武帝元封元年（西曆紀元前一一〇年，時三十六歲）。

是歲天子始建漢家之封㈠，而太史公留滯周南㈡，不得與從事㈢，故發憤且卒㈣。而子遷適使反，見父於河洛之間。太史公執遷手而泣曰：「余先周室之太史也。自上世嘗顯功名於虞夏，典天官事。後世中衰，絕於予乎？汝復為太史，則續吾祖矣。今天子接千歲之統，封泰山，而余不得從行，是命也夫，命也夫！余死，汝必為太史；為太史，無忘吾所欲論著矣。且夫孝始於事親，中於事君，終於立身。揚名於後世，以顯父母，此孝之大者。夫天下稱誦周公，言其能論歌文武之德，宣周邵之風，達太王王季之思慮，爰及公劉，以尊后稷也。幽厲之後，王道缺，禮樂衰，孔子脩舊起廢，論詩書，作春秋，則學者至今則之㊄。自獲麟以來，四百有餘歲。而諸侯相兼，史記放絕。今漢興，海內一統，明主賢君忠臣死義之士，余為太史而弗論載，廢天下之史文，余甚懼焉，汝其念哉！」遷俯首流涕曰：「小子不敏，請悉論先人所次舊聞，弗敢闕。」

【註】㊀封：封禪，於泰山上築土為壇以祭天，報天之功，曰封。於泰山下小山上除地，報地之功，曰禪。易姓而王，致太平，必封泰山，禪梁父。㊁周南：即洛陽。㊂不得參加其事。㊃因不得參加大典而內心不愉快，故致病。且卒：將死。㊄司馬談對其子言孔子論詩書，作《春秋》，為學者

之所效法的功勞，可見其仍係一尊孔子之人也。

卒三歲而遷為太史令，紬史記㈠石室金匱之書㈡。五年而當太初元年，十一月甲子朔旦冬至，天曆始改㈢，建於明堂，諸神受紀㈣。

【註】㈠紬：音抽（ㄔㄡ），搜集，研讀。㈡石室，金匱：皆藏圖書之處也。㈢天曆始改，而用夏正。夏代以寅月為歲首，是為夏正。㈣於明堂向各國諸侯宣佈施用夏曆，諸侯為羣神之主，諸侯皆受瑞紀，故曰「諸神受紀」。又解「紀」字為記事之記，言此時而記史記也，時遷年四十六歲。

太史公曰：「先人有言㈠：『自周公卒五百歲而有孔子。孔子卒後至於今五百歲，有能紹明世，正易傳，繼春秋，本詩書禮樂之際？』意在斯乎！意在斯乎㈡！小子何敢讓焉㈢。」

【註】㈠先人：即司馬遷稱其父司馬談也。㈡司馬遷仔細玩索他父親說話的意思，就是要勉勵他繼《春秋》之義，正《易傳》之道，本詩書禮樂之文化傳統，以著《史記》。可見司馬談乃是中國正統思想的闡揚者。其所論六家要旨特別強調老子哲學者，不過為遷就時勢之所尚而已。㈢「小子何敢讓焉」，即「當仁不讓」之義，言此為其義不容辭之責任也。

上大夫壺遂㈠曰：「昔孔子何為而作春秋哉？」太史公曰：「余聞董生曰㈡：『周道衰廢，孔子為魯司寇，諸侯害之，大夫壅之㈢，孔子知言之不用，道之不行也，是非二百四十二年之中㈣，以為天下儀表㈤，貶天子，退諸侯，討大夫，以達王事而已矣㈥。』子曰：『我欲載之空言，不如見之於行事之深切著明也㈦。』夫春秋，上明三王之道，下辨人事之紀，別嫌疑，明是非，定猶豫，善善惡惡，賢賢賤不肖，存亡國，繼絕世，補敝起廢，王道之大者也㈧。易著天地陰陽四時五行，故長於變㈨；禮經紀人倫，故長於行㈩；書記先王之事，故長於政㈡；詩記山川谿谷禽獸草木牝牡雌雄，故長於風㈢；樂樂所以立，故長於和㈢；春秋辯是非，故長於治人㈣。是故禮以節人，樂以發和，書以道事，詩以達意，易以道化，春秋以道義㈤。撥亂世反之正，莫近於春秋㈥。春秋文成數萬，其指數千㈦。萬物之散聚皆在春秋㈧。春秋之中，弒君三十六，亡國五十二，諸侯奔走不得保其社稷者不可勝數。察其所以，皆失其本已㈨。故易曰『失之豪釐，差以千里⑳。』故曰『臣弒君，子弒父，非一旦一夕之故也，其漸久矣㉑。』故有國者不可以不知春秋，前有讒而弗見，後有賊而不知㉒，為人臣者不可以不知春秋，守經事而不知其宜，遭變事而不知其權㉓。為人君父而不通於春秋之義者，必蒙首惡之名㉔。為人臣子而不通於春秋之義者，必陷篡弒之誅，死罪之名㉕。其實皆以為善，為之不知其義㉖，被之空言而不敢辭㉗。夫不通禮義之旨，至於君不君，臣不臣，父不父，子不子㉘。夫君不君則犯，臣不臣則誅，父不父則無道，子不子則不孝。此四行者，天下之大過也。以天下之大過予之，則受而弗敢辭㉙。故春秋者，禮義之大宗也㉚。夫禮禁未然之前，法施已然之後㉛；法之所為用者易見，而禮之所為禁者難知㉜。」

【註】㊀遂為詹事，秩二千石，故為上大夫。㊁董生：董仲舒也。㊂壅：阻擋，妨害，使之不能順利行其道。㊃是非：評論其是非善惡。㊄儀表：模範，行為的中準。㊅以宣達王道之事。㊆我以為空談道理，不如就他們的實際行為加以是非褒貶的評判，更為深切著明。㊇《春秋》一書，上以宣明三王的真理（道），下以辨察人事的紀律，分別嫌疑，明析是非，判定猶豫，表彰善人，痛斥

惡人，尊敬賢人，賤視不肖，存留已亡之國，繼續已絕之世，敝者補之，廢者起之，這些都是實施王道的重大事項。⑨《易經》著明天地陰陽四時五行的推衍，故長於通權達變。⑩《禮記》經記人倫規範，故長於實際行為。⑪《尚書》記述先王們的良法美事，故長於治政安民。⑫《詩經》記述各國的山川谿谷禽獸草木牝牡雌雄，故長於民間風謠。⑬《樂記》使人快快樂樂的立己立人，故長於羣體和睦。⑭《春秋》明辯是非，故長於治人淑世。⑮《禮》所以節制人們的行為，《樂》所以發揚社會的和氣，《書》所以宣傳先王的故事，《詩》所以表達內心的意思，《易》所以說明宇宙的變化，《春秋》所以佈導天地的正義。⑯把戰爭殘殺篡弒竊奪的亂世，挽撥過來而使之恢復於親善和平安定正常，再沒有比《春秋》更為明確切近了。⑰《春秋》文成數萬言，其所含蓄的意義（指）有數千種之多。⑱凡天地萬物散聚之理，皆在於《春秋》之內。⑲《春秋》之中，弒君事件有卅六，亡國事件有五十二，諸侯奔走不得保守其社稷的事件，不可勝數。仔細研察他們之所以演成這種敗局，都是由於他們失掉了「仁義」之基本條件之故。（已：同「矣」，語尾詞。）⑳所以《易經》上說：「失之於毫釐之微，結果會演變成千里之差。」㉑所以說：「臣弒其君，子弒其父，並不是一朝一夕的原因，乃是慢慢的、慢慢的長時間（久）的積累而成。」㉒所以有國家者，不可以不瞭解《春秋》，如果為人君而不瞭解《春秋》，那他便沒有是非善惡的標準，於是乎面前有讒臣而他看不見，背後有姦賊而他不覺察。㉓為人臣者，不可以不瞭解《春秋》。如果為人臣而不瞭解《春秋》，則他便沒有通權達變的能力，於是乎處於經常狀態而不知道理所當然；遭逢變動事故，而不知道權宜應急。㉔為人君父而不通曉於《春秋》之義理者，必然蒙受首惡的罪名。㉕為人臣子而不通曉於《春秋》之義理者，必然陷入於篡弒之誅，死罪之名。㉖其實他們的本心，都想著往好的地方去作，但是，由於他們不知道是非善惡的標準，不知道怎樣去作才是善的。所以盲人瞎馬，作出了不善之事，他們還不知道。㉗到了最後，被人加以亂臣賊子的罪言，他們也只好承當而無法推辭。（如趙盾被董太史兄弟書之為「弒君」，其實，弒君者並非趙盾，但是因為他當時執國政，處理不善，所以把這筆惡債就記在他賬上了。）㉘人們如果不通曉於禮義的要旨，就會造成君不君，臣不臣，父不父，子不子的惡局。㉙君不君，就要被臣下所冒犯；臣不臣，就要被君上所誅戮；父不父，就是無道；子不子，就是不孝，這四種行為，都是天下罪大惡極之事，由於不知禮義，闖下了大禍，最後，被人加以罪大惡極的名義，只好承當而無法推辭了。㉚所以《春秋》是禮義的最高標準（大宗）。㉛禮義的作用極大，禮義在人們沒有作出惡事之前，就有一種禁制的力量，至於法律，它不過是在人們已經作出惡事之後，來加以懲罰罷了。㉜法律的作用是很易看得見的，而禮義的功能是難以看見而為效無限的。

壺遂曰：「孔子之時，上無明君，下不得任用，故作春秋，垂空文以斷禮義㈠，當一王之法㈡。今夫子上遇明天子，下得守職，萬事既具，咸各序其宜，夫子所論，欲以何明㈢？」

【註】㈠垂留文字以為禮義判斷之標準。㈡當：代表，代替。代替一種王道的法則。㈢夫子的論點，想要說明什麼呢？

太史公曰：「唯唯，否否，不然㈠。余聞之先人曰：『伏羲至純厚，作易八卦。堯舜之盛，尚書載之，禮樂作焉。湯武之隆，詩人歌之。春秋采善貶惡，推三代之德，褒周室，非獨刺譏而已也㈡。』漢興以來，至明天子，獲符瑞，封禪，改正朔，易服色，受命於穆清㈢，澤流罔極㈣，海外殊俗，重譯款塞㈤，請來獻見者，不可勝道。臣下百官力誦聖德，猶不能宣盡其意。且士賢能而不用，有國者之恥；主上明聖而德不布聞，有司之過也。且余嘗掌其官，廢明聖德不載，滅功臣世家賢大夫之業不述，墮先人所言㈥，罪莫大焉。余所謂述故事，整齊其世傳，非所謂作也，而君比之於春秋，謬矣㈦。」

【註】㈠唯唯：謙應之辭，並未肯定其為是。否否：不同意之辭，亦未肯定其為不是。不然：最後肯定其為不然。㈡《春秋》採善貶惡，推崇三代之德政，褒揚周室之盛事，並非完全是刺譏，就算完了。㈢穆清：指上天也。言其受天之命。㈣德澤流達於無邊無盡之境。㈤重譯：外國與我國語

言不通，故必待輾轉翻譯而後能互通其意。款塞：款，和也。塞：邊塞也。款塞：即和邊也。或解款為「叩」，叩邊塞之門而來臣服也。㈥墮：破壞，荒棄。墮棄先父所囑咐之言。㈦我所謂述說故事，是整理資料，編排次序，並非是一種創作。

於是論次其文。七年而太史公遭李陵之禍㈠，幽於縲紲㈡。乃喟然而歎曰：「是余之罪也夫！是余之罪也夫！身毀不用矣㈢。」退而深惟㈣曰：「夫詩書隱約者㈤，欲遂其志之思也。昔西伯拘羑里㈥，演周易；孔子戹陳蔡，作春秋；屈原放逐，著離騷；左丘失明，厥有國語；孫子臏腳，而論兵法；不韋遷蜀，世傳呂覽；韓非囚秦，說難、孤憤；詩三百篇，大抵聖賢發憤之所為作也。此人皆意有所鬱結，不得通其道也㈦，故述往事，思來者。」於是卒述陶唐以來，至于麟止㈧，自黃帝始。

【註】㈠李陵係討伐匈奴眾將中之一員，其他將皆未與匈奴遇，只有李陵與匈奴惡戰多時，終以死傷過甚，戰敗而降。司馬遷言於武帝，說明李陵之忠勇，其降也，情非得也。武帝大怒，以為司馬遷為李陵講情，遂下於獄，處以腐刑。此即所謂遭李陵之禍者也。㈡縲紲：拘繫罪人的黑繩。代表「監獄」。㈢身毀：受了割勢之腐刑。則身體殘廢矣。㈣深惟：深深的考慮。㈤隱約：隱隱約約，不

明白說明其心中之意也。㈥羑里：在河南湯陰縣。㈦孔子戹於陳蔡，在作《春秋》之前。呂不韋《呂覽》編於放蜀之前。韓非〈說難〉、〈孤憤〉，作於囚秦之前。此皆與司馬遷之言相背。但亦不必深辯，要緊的是知道他的中心意思。中心意思是他的結論所謂「此人皆意有所鬱結，不得通其道，故述往事以思來者」。那麼，可以明明的知道，他所以作《史記》，一部份的理由，也是心有所鬱結，不得通其道，故發憤而為此書。㈧麟止：所謂「麟止」者，取《春秋》絕筆獲麟之意也。武帝因獲白麟，改號元狩。下及太初四年，凡二十二歲，再及太始二年，凡二十八歲。太始二年，更黃金為麟趾。蓋追記前瑞焉。而太史公藉以終其史，假設之辭耳。

五帝本紀第一，夏本紀第二，殷本紀第三，周本紀第四，秦本紀第五，始皇本紀第六，項羽本紀第七，高祖本紀第八，呂后本紀第九，孝文本紀第十，孝景本紀第十一，今上本紀第十二。三代世表第一，十二諸侯年表第二，六國年表第三，秦楚之際月表第四，漢諸侯年表第五，高祖功臣年表第六，景惠間功臣年表第七，建元以來侯者年表第八，王子侯者年表第九，漢興以來將相名臣年表第十。

禮書第一，樂書第二，律書第三，曆書第四，天官書第五，封禪書第六，河渠書第七，平準書第八。

吳太伯世家第一，齊太公世家第二，魯周公世家第三，燕召公世家第四，管蔡世家第五，陳杞世家第六，衞康叔世家第七，宋微子世家第八，晉世家第九，楚世家第十，越世家第十一，鄭世家第十二，趙世家第十三，魏世家第十四，韓世家第十五，田完世家第十六，孔子世家第十七，陳涉世家第十八，外戚世家第十九，楚元王世家第二十，荊燕王世家第二十一，齊悼惠王世家第二十二，蕭相國世家第二十三，曹相國世家第二十四，留侯世家第二十五，陳丞相世家第二十六，絳侯世家第二十七，梁孝王世家第二十八，五宗世家第二十九，三王世家第三十。

伯夷列傳第一，管晏列傳第二，老子韓非列傳第三，司馬穰苴列傳第四，孫子吳起列傳第五，伍子胥列傳第六，仲尼弟子列傳第七，商君列傳第八，蘇秦列傳第九，張儀列傳第十，樗里甘茂列傳第十一，穰侯列傳第十二，白起王翦列傳第十三，孟子荀卿列傳第十四，平原虞卿列傳第十五，孟嘗君列傳第十六，魏公子列傳第十七，春申君列傳第十八，范睢蔡澤列傳第十九，樂毅列傳第二十，廉頗藺相如列傳第二十一，田單列傳第二十二，魯仲連列傳第二十三，屈原賈生列傳第二十四，呂不韋列傳第二十五，刺客列傳第二十六，李斯列傳第二十七，蒙恬列傳第二十八，張耳陳餘列傳第二十九，魏豹彭越列傳第三十。黥布列傳第三十一，淮陰侯韓信列傳第三十二，韓信盧綰列傳第三十三，田儋列傳第三十四，樊酈滕灌列傳第三十五，張丞相倉列傳第三十六，酈生陸賈列傳第三十七，傅靳蒯成侯列傳第三十八，劉敬叔孫通列傳第三十九，季布欒布列傳第四十，袁盎晁錯列傳第四十一，張釋之馮唐列傳第四十二，萬石張叔列傳第四十三，田叔列傳第四十四，扁鵲倉公列傳第四十五，吳王濞列傳第四十六，魏其武安列傳第四十七，韓長孺列傳第四十八，李將軍列傳第四十九，衛將軍驃騎列傳第五十，平津主父列傳第五十一，匈奴列傳第五十二，南越列傳第五十三，閩越列傳第五十四，朝鮮列傳第五十五，西南夷列傳第五十六，司馬相如列傳第五十七，淮南衡山列傳第五十八，循吏列傳第五十九，汲鄭列傳第六十，儒林列傳第六十一，酷吏列傳第六十二，大宛列傳第六十三，游俠列傳第六十四，佞幸列傳第六十五，滑稽列傳第六十六，日者列傳第六十七，龜策列傳第六十八，貨殖列傳第六十九。

維我漢繼五帝末流，接三代絕業㊀。周道廢，秦撥去古文，焚滅詩書，故明堂石室金匱玉版㊁圖籍散亂。於是漢興，蕭何次律令㊂，韓信申軍法，張蒼為章程㊃，叔孫通定禮儀，則文學彬彬稍進，詩書往往閒出矣。自曹參薦蓋公言黃老，而賈生、晁錯明申、商，公孫弘以儒顯，百年之閒，天下遺文古事，靡不畢集。太史公仍父子相續，纂其職。曰：「於戲㊄！余維先人嘗掌斯事，顯於唐虞，至于周，復典之，故司馬氏世主天官㊅。至於余乎，欽念哉！欽念哉㊆！」罔羅天下放失舊聞㊇，王迹所興㊈，原始察終⑩，見盛觀衰⑪，論考之行事，略推三代，錄秦漢，上記軒轅，下至于茲，著十二本紀，既科條之矣。並時異世⑫，年差不明，作十表（一三）。禮樂損益（一四），律曆改易（一五），兵權（一六）山川鬼神（一七），天人之際（一八），承敝通變（一九），作八書。二十八宿環北辰，三十輻共一轂（二〇），運行無窮，輔拂股肱之臣配焉，忠信行道，以奉主上，作三十世家。扶義俶儻（二一），不令己失時（二二），立功名於天下，作七十列傳。凡百三十篇，五十二萬六千五百字，為太史公書序，略以拾遺補藝（二三），成一家之言，厥協六經異傳（二四），整齊百家雜語（二五），藏之名山，副在京師（二六），俟後世聖人君子。第七十。

太史公曰：余述歷黃帝以來至太初而訖，百三十篇。

【註】㈠三代聖王之事業，以仁義禮樂為本，至秦崇尚詐術，迷信暴力，故三代之業，至秦而絕，至漢而又復興，所以漢朝是接三代之絕業。㈡金匱：藏書籍之處。玉版：刻書籍之版。㈢次：訂正其次序。㈣章程：分條辨事之程式。㈤於戲：即「嗚乎」。㈥天官：主持對於天文現象的觀測。㈦欽念：敬謹的注意。㈧罔羅：同「網羅」，搜集。放失：放，遺棄。失，喪失。㈨王者的績業所以興起之故。㈩推究其開始，考察其終結。（一一）發現其所以興盛之因，觀察其所以衰亡之故。（一二）由於時代不同，世紀差異。（一三）年曆參互，紛亂不明，所以作十表，一看表則對比之下，使人觀念分明。（一四）〈禮書〉、〈樂書〉講歷代各因其需要，而禮樂有損益。（一五）〈律書〉、〈曆書〉、〈天官書〉，講律

曆之改易。⑯兵權：即〈兵書〉。司馬遷死後，書失，褚少孫以律書補之。⑰山川：即〈河渠書〉。鬼神：即〈封禪書〉。⑱天人之際：即〈天官書〉。⑲承敝通權：即〈平準書〉之所言。⑳二十八宿環繞北辰，言北辰居其所而眾星拱之，猶天子居其位而文武諸臣擁奉之也。三十輻共一轂，言如車輪中之三十條直木，皆聚攏於轂，猶天子之統攝諸臣也。㉑扶義：仗義而行。俶儻：同「倜儻」。卓異奇偉，聰明出眾，才智絕人。㉒善於把握時機，不使自己與時機相失。㉓補蓺：補六藝之闕。㉔協：協調也。異傳：如《春秋外傳》，《國語》，《子夏易傳》，《毛公詩傳》，《韓詩外傳》，《伏生尚書》大傳，皆是。言其所採用之資料，除六經外，又有各種異傳的資料。㉕齊：整齊。言其對於百家諸子之語，亦整齊選擇而用之。㉖副：副本也，正本之外，又有副本。

案：班固《漢書‧司馬遷傳》謂：「十篇缺，有錄無書。」可見到了後漢班固之時，《史記》已有十篇遺失。十篇為何？即〈景記〉、〈武紀〉、〈禮書〉、〈樂書〉、〈兵書〉（〈律書〉）、〈漢興以來將相年表〉、〈日者列傳〉、〈三王世家〉、〈龜策列傳〉、〈傅靳列傳〉。元成之間，褚先生補缺，作〈武帝記〉、〈三王世家〉、〈龜策〉、〈日者傳〉，言辭鄙陋，非遷原文。

附錄

一、司馬遷：報任少卿書

這一封書信，是司馬遷生命的自我寫照，可以當作是《史記》的自序，其重要性非常之大。讀了這封信，你才知道司馬遷何故而隱忍苟活，幽於糞土之中而不辭以作《史記》？讀了這封信，你才知道司馬遷的全生命、全人格，他的生命充滿了為國家為社會的熱情；他的人格剛正義氣，大公無私，代表著國士之風，豪傑之氣。讀了這封信，你才知道，司馬遷的《史記》，並不是一部普通的古人陳跡的抄寫，而是要「究天人之際，通古今之變，成一家之言」的民族文化之集大成，至其文學天才之靈光煥發，文章氣勢之壯闊挺拔，猶其餘焉者耳。所以「報任少卿書」一文，是《史記》的靈魂，在研讀《史記》的時候，應當把這一封書信中的活躍之司馬遷置於面前，先知其人而後讀其書，則書中之每一人，每一物，每一評，每一論，均有其基本之意義可尋矣。孟子曰：「讀其書，不知其人，可乎？」吾深願讀《史記》者，先瞭解《史記》作者之為人也。

太史公牛馬走司馬遷再拜言，少卿足下：

曩者，辱賜書，教以慎於接物，推賢進士為務，意氣懃懃懇

懇，若望僕不相師而用流俗人之言，僕非敢如此也㈠。僕雖罷駑，亦嘗側聞長者之遺風矣㈡。顧自以為身殘處穢，動而見尤，欲益反損，是以獨鬱悒而誰與語㈢？諺曰：「誰為為之？孰令聽之㈣？」蓋鍾子期死，伯牙終身不復鼓琴㈤。何則？士為知己者用，女為悅己者容㈥。若僕大質已虧缺矣，雖才懷隨和，行若由夷，終不可以為榮，適足以見笑而自點耳㈦！

【註】㈠前些時，蒙你賜給我一信，教訓我要謹慎的交接朋友，要努力的推舉賢能，引進士人，意思非常之慇懃誠懇，好像是惟恐怕（望）我不能接受你的意見而聽從一般俗人的言語似的，我怎敢這個樣子呢！㈡我雖然拙劣不才，也曾經在長者之旁聽過他們的餘教（遺風）了。㈢但是（顧），自己覺得身體已經殘缺，處境又甚骯髒，只要一動，就受責怨，本想有益，反而招損，所以只有獨自的嘔氣納悶，去和誰訴說苦痛呢？㈣俗話說的好：「為誰個而做呢？叫誰個來聽呢？」㈤所以鍾子期一死，伯牙就終身不再彈琴。㈥為什麼呢？就是因為士人只有為瞭解自己的人所相信，女子只有為喜悅自己的人所容納。㈦像我現在身體已經殘缺不全了，縱然是才智像隨珠和璧那樣的珍貴，德行像許由伯夷那樣的清高，不僅不算是光榮，相反的，適足以見笑於人而自己污辱自己，罷了。

書辭宜答，會東從上來，又迫賤事，相見日淺，卒卒無須臾之閒，得竭志意㈠。今少卿抱不測之罪，涉旬月，迫季冬，僕又薄從上雍，恐卒然不可為諱㈡，是僕終已不得舒憤懣以曉左右㈢，則長逝者魂魄，私恨無窮㈣。請略陳固陋。闕然久不報，幸勿為過㈤。

【註】㈠你的來書，本應該早日答覆，恰好跟從皇上從東方回來，又迫於一些瑣碎（賤）事情，我們見面的機會一天少一天，碌碌忙忙沒有片刻的閒暇，能夠把我內心所要說的話向你和盤托出。㈡現在少卿你遭受生死不測之罪，過了旬月之間，就到了審判執行的季冬了。可是我又要跟從皇上到鳳翔去，那時節恐怕會發生突然的變故（執行少卿的死罪）。㈢這樣我就永遠沒有機會把我內心所有的悲憤和苦痛，全盤發洩，以傾訴於你。㈣那麼，長逝不返之人的魂魄，將會感到無窮的憾恨！㈤所以我現在就要把我的粗陋的意見，陳述於你。很久沒有給你覆信，請你不要怪罪才好。

僕聞之：修身者，智之符也；愛施者，仁之端也；取與者，義之表也；恥辱者，勇之決也；立名者，行之極也。士有此五者，然後可以託於世而列於君子之林矣㈠。故禍莫憯於欲利，悲莫痛於傷心，行莫醜於辱先，詬莫大於宮刑㈡。刑餘之人，無所比數，非一世也，所從來遠矣㈢！

【註】㈠我曾經聽說過：能夠修身清白，就是聰明的徵驗（符：信號，徵驗）；能夠推愛於人，就是仁心的開端；能夠取與不苟，就是正義的表現；能夠知道恥辱，就是勇敢的決定（知恥近乎勇）；能夠植立名譽，就是行為的極致。一個知識份子必須能夠具備這五種條件，然後才可以託生於世而躋身於君子的行列了。㈡所以災禍沒有比貪圖財利更慘烈的了，悲哀沒有比傷碎了心更可痛的了，行為沒有比污辱祖先更醜惡的了。唾罵沒有比遭受宮刑更重大的了。㈢受過罪刑的人，在社會地位上，不能與任何人相比，這不僅是今世如此，就是很遠很遠的過去，也是這樣的啊！

昔衛靈公與雍渠同載，孔子適陳㈠；商鞅因景監見，趙良寒心㈡；同子參乘，袁絲變色㈢；自古而恥之。夫以中才之人，事有關於宦豎，莫不傷氣，而況於慷慨之士乎㈣！如今朝廷雖乏人，柰何令刀鋸之餘，薦天下之豪俊哉㈤！

【註】㈠以前的時候，衛靈公與宦者雍渠同乘一車，而使孔子乘於後車，孔子以為醜，乃去衛而適陳。㈡商鞅利用宦者景監的介紹，而見了秦孝公，趙良以為他進身不正，所以為之寒心。㈢文帝出

行，宦者參乘，所以袁絲為之變色（同子姓趙，名談，與司馬遷之父同名，遷諱之，故用此以代名）。可見宦官自古以來，是被人瞧不起的。㈣以一個普通的人，只要是遇到有關於宦監之事，沒有不搖頭卸氣的，而況自尊心極強的慷慨之士，更其是不屑與宦者相來往了。㈤現今朝廷雖然缺乏人才，但是，怎麼會叫那受過刀鋸的罪人來引薦天下之豪俊呢？

僕賴先人緒業，得待罪輦轂下，二十餘年矣㈠。所以自惟；上之，不能納忠效信，有奇策才力之譽，自結明主㈡；次之，又不能拾遺補闕，招賢進能，顯巖穴之士㈢；外之，又不能備行伍，攻城野戰，有斬將搴旗之功㈣；下之，不能積日累勞，取尊官厚祿，以為宗族交游光寵㈤。四者無一，遂苟合取容，無所短長之效，可見於此矣㈥。

【註】㈠我依靠著先人的餘業，得以在皇帝駕前工作，已經二十多年了（緒業：餘業，餘蔭。輦轂：御駕，皇帝出行之車。）㈡我自己在想，上一等的，我不能夠納進忠誠，表現信用，有什麼奇妙的計策，驚人的才力，被大家所讚賞，以結託於聖明的主上（效：呈現）。㈢次一等的，我不能夠諷諫主上言行的遺失，補救主上施政的缺陷，招致賢良，引進才能，以光顯隱居守道之士（拾遺：諫官一類的職務，遇主上有錯失，則直言相諫，以使君主立於無過之地。補闕之職責，亦相似，都是負言

責之人。巖穴：隱居不仕，藏於山林之高士）。㈣外一面的，我不能夠置身於行伍之中，參加攻城戰鬥與野外戰鬥，建立一些斬殺敵人的大將，拔奪敵陣的旗幟等等大功（搴：音牽ㄑㄧㄢ，拔也）。㈤下一等的，我不能夠熬磨時日，積累功勞，拿到高官厚祿，以替宗族交游們爭取光榮。㈥四樣我沒有一樣，於是乎只好苟且偷生，僥倖取容，像我這種沒有出息的情形（無短無長，平平庸庸），在這裏可以完全看得出來了。

曩者，僕亦嘗厠下大夫之列，陪奉外庭末議，不以此時引綱維，盡思慮㈠，今已虧形，為掃除之隸，在闒茸之中，乃欲仰首伸眉，論列是非，不亦輕朝廷，羞當世之士耶㈡？嗟乎！嗟乎！如僕尚何言哉！尚何言哉㈢！

【註】㈠以前，我也曾經參加於下大夫的行列，陪著大家在外庭（與宮中相對而言）議論政事，在這個時候，我不能拿出重要主張（綱維，大綱大本的建議），發揮心思智慮。㈡現在已經身體殘缺，當一個掃除的僕役，生活在下賤的境遇（闒茸：闒，音榻ㄊㄚˋ。茸：音戎ㄖㄨㄥˊ。猥賤：低賤）。竟然想要仰著頭皮，伸著眉毛，高談闊論，指長道短，那豈不是輕視朝廷，羞辱當世的政論之士嗎？㈢唉呀！唉呀！像我這樣的人，還有什麼講話的資格啊！還有什麼講話的資格啊！

且事本末，未易明也。僕少負不羈之材，長無鄉區之譽，主上幸以先人之故，使得奏薄伎，出入周衞之中，僕以為戴盆何以望天㈠。故絕賓客之知，無室家之業，日夜思竭其不肖之才力，務一心營職，以求親媚於主上，而事乃有大謬不然者㈡！

【註】㈠並且事情的本末原委，不是三言兩語說得明白的。我少年時代，自恃著自己具有不可限量的材質，但是長大了在鄉黨鄰里中並沒有好的名譽。幸賴主上看在先人的情面，給我以承繼父業的工作，使我有機會得以貢獻微弱的技能，出入於主上的周圍。我受了這麼大的恩德不知道如何報答才好，就好像頭上戴著一個沉重的盆子的人，不知道如何看天似的。㈡所以我就斷絕了一切賓客知友的來往，完全不顧家庭生活的經營，一天到晚只是想著如何竭盡我這一份微薄的才力，全心全意要把工作做得好，以求主上的喜歡。但是，事情的實際發展，竟致於大謬不然！

夫僕與李陵，俱居門下，素非能相善也㈠。趣舍異路，未嘗銜盃酒，接慇懃之餘歡㈡。然僕觀其為人，自守奇士，事親孝，與士信，臨財廉，取與義，分別有讓，恭儉下人㈢。常思奮不顧身，以徇國家之急，其素所蓄積也，僕以為有國士之風㈣。

【註】㊀說到我與李陵的關係，我們雖然是同在門下（官署名）工作，但是平素並沒有什麼交情。㊁志趣也不同，他走他的，我走我的，路線完全不同。從來沒有在一塊喝過酒，聯過歡，連絡過感情。㊂不過，我觀察他的為人，以奇節之士自守自律，事奉父母，很孝順，與人來往，很守信，臨到財物之事，很廉潔，對於該取該與的東西，很有道義，遇到有什麼爭執的時候，常能退讓，並且恭敬節儉而屈己下人。㊃他常常想著一旦國家危急，便毅然決然（奮）不顧自己的生命以為國家而犧牲，從他平素的志氣與抱負來看，我認為他確實是一個愛國心極強烈的忠貞幹部的風範。

夫人臣出萬死不顧一生之計，赴公家之難，斯已奇矣㊀！今舉事一不當，而全軀保妻子之臣，隨而媒孽其短，僕誠私心痛之㊁！

【註】㊀一個為人臣者，冒著萬死不顧一生的危險，奔赴國家的危難，這已經是難能可貴（奇）的了。㊁現在由於舉事稍有不當，而那般自私自利，苟且偷生，只知道保全自己的生命，照顧自己的妻子之庸臣懦夫們，隨而加油添醬，製造他的短處，羅織他的罪過，我的內心，實在是痛恨之極！

（媒孽：皆作酒所用之酵母也，言其無中生有，造成其罪，以陷害之也。）

且李陵提步卒不滿五千，深踐戎馬之地，足歷王庭，垂餌虎口，橫挑強胡，仰億萬之師，與單于連戰，十有餘日，所殺過

當㈠。虜救死扶傷不給，旃裘之君長咸震怖，乃悉徵其左右賢王，舉引弓之人，一國共攻而圍之㈡。轉鬥千里，矢盡道窮，救兵不至，士卒死傷如積，然陵一呼勞，軍士無不起，躬自流涕，沬血飲泣，更張空弮。冒白刃，北嚮爭死敵者㈢！

【註】㈠而且李陵手下所帶的步兵不足五千人，深入滿佈敵騎的地方，腳踏匈奴的王庭，等於是垂下了食物於虎口之前那樣的危險。但是，他不顧危險，仍然猛烈的（橫）向強胡挑戰，以不滿五千之兵，向成億成萬的敵人作戰，和單于連續戰鬥，一直支持了十餘日，所殺傷的敵人，遠過於本身的死亡。㈡敵人救死扶傷都來不及，旃裘（旃：音占ㄓㄢ，同「氈」字。毛物編織之衣。旃裘乃其生活之特徵，即指匈奴種族而言。）的君長們都心驚膽戰，於是就召集他們的左右賢王（左右賢王，地位在國王之下，相當於中國古時之諸侯），整個動員他們的射擊手，全面進攻而包圍之。㈢輾轉戰鬥千里之廣，箭也射完了，路也斷絕了，而救兵不到，死傷的士兵們成羣成堆。但是，只要李陵一呼喊，軍士們無不奮然而起，感激流涕，血跡滿面，悲憤飲泣；更有的張著無箭的空弦，冒著白刃，一直往北，向敵人拚死戰鬥著！（士氣悲壯如此，可歌可泣，非素得軍心者，孰能如此！）

陵未沒時，使有來報，漢公卿王侯皆奉觴上壽㈠。後數日，陵敗書聞，主上為之食不甘味，聽朝不怡，大臣憂懼，不知所出㊁。

【註】㊀當李陵還沒有失敗的時候，他派回的使者來報捷，漢家的公卿王侯都舉起酒杯向主上致敬祝賀（奉觴：捧起酒壺。上壽：祝福）。㊁過了幾天，李陵戰敗的消息傳來，主上因而飯也吃不下去了，辦公（聽朝）的時候，也表現出不愉快的樣子，大臣們都擔心害怕不知如何是好。

僕竊不自料其卑賤，見主上慘愴怛悼，誠欲效其款款之愚㊀。以為李陵素與士大夫絕甘分少，能得人死力，雖古之名將不能過也㊁。身雖陷敗，彼觀其意，且欲得其當而報於漢㊂。事已無可奈何，其所摧敗，功亦足以暴於天下矣㊃！

【註】㊀我在這個時候，完全沒有估量自己的地位卑賤，只是看見主上悽慘悲傷的樣子，就想貢獻出我的最誠實的愚忠（怛悼：音達ㄉㄚˊ，悲傷。悼，音道ㄉㄠˋ，傷痛。效：貢獻。款款：純誠的）。㊁我以為李陵平素與將士們同甘共苦，能夠得到大家的拚死效命，就是古來的名將。也不能比他高明（絕甘：有好吃的，自己一口不嘗而讓給大家。分少：有該分的，自己只要很少的一些）。㊂他雖然是陷於重圍而作戰失敗。但是，看他的意思是要找到一個適當的機會而報答漢家。㊃事情已經是無可奈何，但是，他所給與敵人的重大的打擊和挫敗，其功勞也足夠大大的表白於天下了（暴：讀鋪

ㄆㄨˋ，顯露）。

僕懷欲陳之，而未有路；適會召問，即以此指推言陵之功，欲以廣主上之意，塞睚眦之辭，未能盡明㈠。明主不曉，以為僕沮貳師，而為李陵遊說，遂下於理㈡。拳拳之忠，終不能自列，因為誣上，卒從吏議㈢。

【註】 ㈠我心想把這種意思向主上陳述，但是沒有適當的機會；有一天，恰好碰到主上召問，我就根據這種意思，展開說明李陵的功勞，想著藉此來寬慰主上的心，堵塞那些記仇懷恨趁機報復的揑辭惡語，可惜我沒有說得充分明白（路：機會，途徑。廣：寬解。睚眦：。睚，音崖一ㄞˊ。眦，音眥ㄓㄞˋ。怒目看人）。㈡聰明的主上不瞭解我的意思，以為我是毀謗貳師將軍，而替李陵說好話。於是就把我交付審判（貳師：即漢武帝所最寵愛之妃李夫人之兄李廣利也。武帝因愛李夫人而欲封其兄為侯以悅之。但漢高祖有約，非有功不得為侯。武帝欲使李廣利立功，故命其為將軍。領兵征大宛，動員戰士六萬人以上，馬三萬匹以上，結果，戰士生還者只有萬餘人，馬千餘匹而已。五年之後，又以李廣利為大將，征匈奴，而失敗更甚。李陵即失敗於此一奴將之指揮之下。司馬溫公對此事曾有公正之評論，其論曰：「武帝欲侯寵姬，而使廣利將，意以為非有功不侯，不欲負高帝之約也。然軍旅大事，國之安危，民之死生，繫焉。苟為不擇賢愚而授之，欲徼倖咫尺之功，藉以為名，而私其所愛，蓋有

見於封國，無見於置將，謂之能守先帝之約，過矣。」可見貳師不是將才，而武帝之所以寄之以將軍之重者，不過欲博其寵姬之一笑耳）。㊂一片赤膽忠心，始終無法表明，因而變成為欺蒙主上，結果就被判以重罪。（拳拳：誠懇忠謹的樣子。列：陳列，表白。誣：欺罔。吏議：法官的定罪。）

家貧，貨賂不足以自贖；交遊莫救，左右親近，不為一言。身非木石，獨與法吏為伍，深幽囹圄之中，誰可告愬者？此真少卿所親見，僕行事豈不然乎㊀？

【註】㊀我的家境貧寒，沒有足夠的金錢來贖罪，平常交往的朋友們，沒有一個人肯來救我，左右親近，也沒有一個人替我說一句好話。我不像木石那樣的毫無情感，卻獨自和獄吏為伴，深深的幽禁在監牢裏面，向誰個可以訴說我的冤苦呢？這種情形都是少卿你所親眼看見的，我的事情不是這樣嗎？（贖：漢時有金錢贖罪之律。法吏：在監獄中看守犯人的胥吏。囹圄：監牢。）

李陵既生降，隤其家聲，而僕又佴之蠶食，重為天下觀笑㊀。悲夫！悲夫！事未易一二為俗人言也㊁。

【註】㊀李陵既然偷生而投降敵人，敗壞了他們家庭的名譽；而我又被拘繫於執行宮刑的蠶室之中，更被天下人所恥笑（隤：音頹ㄊㄨㄟˊ，敗壞、崩落。佴：音貳ㄦˋ，拘繫。蠶室：男子被執行宮刑之密

室。男子被割除生殖器官之時，最畏風寒，必須幽居密室，蓄火保煖，如養蠶之室，始得保全生命。因以為稱。）㊁傷心啊！傷心啊！事情真是不容易向俗人一一說明啊！

僕之先，非有剖符丹書之功，文史星歷，近乎卜祝之間，固主上所戲弄，倡優畜之，流俗之所輕也㊀。假令僕伏法受誅，若九牛亡一毛，與螻蟻何以異？而世俗又不與能死節者㊁！特以為智窮罪極，不能自免，卒就死耳，何也？素所自樹立使然也

【註】㊀我的先人，並沒有立過可以剖符節賜丹書的功勞，主管的是文史的記載與星歷的觀測，這種工作有近於算卦祝禱之類，原來就是主上所戲弄的玩藝，像畜養娼妓戲子似的，是一般世人所瞧不起的（剖符：凡分封功臣，分剖符節之半，與之以為信。丹書：頒給功臣之鐵券，其文字以丹書之。文史：關於皇帝言行之記載。星曆：關於天文星歷之觀測。祝：禱告）。㊁假定加我以罪名把我殺了，也不過是像那九牛掉了一根毛似的，和死了一條螞蟻有什麼分別呢？而世俗又不會承認我是為正義而死，為人格而死，為氣節而死！㊂我總覺得我已經是到了智窮罪極的絕境了，無法自己解脫，終久是只有一死罷了！為什麼？因為，我平素立身行己的人生觀使我如此的啊！（特以為：特，但是。以為，我總覺得……。這下面的幾句，都是司馬遷自己的感覺。上一段是說自己的生命不值錢，死不死，在世人都認為不值一提，不會有人說他是一個有正義有節氣的人，說他是為正義為氣節而

死。既然如此，死，不死，何必那麼認真呢？但是，想了又想，他還是一心要死，為什麼？人格不能受侮辱，這是他的人生觀如此決定他，這就是所謂「素所自樹立使然也」。）

人固有一死，或重於泰山，或輕於鴻毛，用之所趨，異也㈠。太上不辱先，其次不辱身，其次不辱理色，其次不辱辭令㈡。其次詘體受辱，其次易服受辱，其次關木索，被箠楚受辱，其次剔毛髮，嬰金鐵受辱，其次毀肌膚，斷肢體受辱，最下，腐刑極矣㈢！傳曰：「刑不上大夫」，此言士節不可不勉勵也㈣！

【註】㈠人生原來遲早是要有一死的，但是，有的人死了，其價值比泰山還要重，有的人死了，毫無價值，比鴻毛還要輕。為什麼是這樣呢？因為他們把生命用之於不相同的路線之故。（趨：方向，路線。）㈡最上等的人是祖先不受污辱，其次是本身不受污辱，其次是理色上不受污辱，其次是辭令上不受污辱。（理色：即「禮色」，禮貌與表情。）㈢其次是折腰長跪而受污辱，其次是穿著囚衣而受污辱，其次是戴上刑具，遭受鞭打而受污辱，其次是剔了毛髮，帶上腳鐐手銬而受污辱，其次是毀壞肌膚，截斷肢體而受污辱。最下至於腐刑，那可以說是受污辱到了極點了！詘體：長跪也。易服：判罪受刑之人，不得穿普通人的衣服，必須服紅色之衣，以防其脫逃時容易辨認也。關木索：關：貫穿。木：械具。索：繩索。受刑人身上貫穿以械具繩索。剔毛髮：剃除毛髮，即古之所謂髡刑

也。嬰金鐵：嬰，繞也，以金鐵所製之刑具，如腳繚手銬，或解為鉗刑，即以鐵具束於頸項也。腐刑：即宮刑。㈣經傳上說：「刑罰不可以如於大夫之身」。這就是說，知識分子的人格氣節不可以不尊重而加以勉勵啊！（言大夫如有罪，可以賜他自動的自殺，不可以加刑罰以污辱他。）

猛虎在深山，百獸震恐；及在檻穽之中，搖尾而求食，積威約之漸也㈠。故士有畫地為牢，勢不可入；削木為吏，議不可對，定計於鮮也㈡。今交手足，受木索，暴肌膚，受榜箠，幽於圜牆之中。當此之時，見獄吏則頭槍地，視徒隸則心惕息。何者，積威約之勢也。及以至是而言不辱者，所謂強顏耳，曷足貴乎㈢？

【註】㈠猛虎在深山的時候，百獸見了牠無不驚惶恐怖，及至牠被關進在鐵欄陷穽的時候，搖擺尾巴，乞憐求食，那是由於他遭受了日積月累的恐怖與制服所慢慢造成的。㈡所以儘管是一個很有膽識的士子，只要遇見地下畫有一個像牢獄的樣子，他便一步不敢前進；只要看見一個木偶像獄吏的樣子，他便一言不敢對抗，因為那些樣子所代表的意義太明顯了。（定計：所代表的意義）。㈢現在手足被綁，木索貫身，肌膚暴露，榜箠臨皮，被幽禁於深院高牆之中，這個時候，見了獄吏，就低頭至地，看到徒隸就心神戰慄，為什麼？這也是由於遭受了日積月累的恐怖與制服所慢慢的造成的。到

了這般程度還說是沒有受到污辱，那簡直是臉皮子太厚了，有什麼可貴的呢？（槍地：頭低下來以至於挨到地面。槍：抵也。強顏：厚臉皮子。）

且西伯伯也，拘於羑里；李斯相也，具於五刑；淮陰王也，受械於陳；彭越、張敖，南面稱孤，繫獄抵罪；絳侯誅諸呂，權傾五伯，囚於請室；魏其大將也，衣赭衣，關三木；季布為朱家鉗奴，灌夫受辱於居室㊀。此人皆身至王侯將相，聲聞鄰國，及罪至罔加，不能引決自裁，在塵埃之中，古今一體，安在其不辱也㊁？

【註】㊀並且像西伯以諸侯之長，而被囚於羑里；李斯以宰相之尊，而備受五刑之毒；淮陰以齊王之威，而被縛於陳地；彭越、張敖，也都是南面稱孤之人，而被拘獄中受盡苦痛；絳侯誅諸呂，權勢壓倒五伯，而囚於請室；魏其以堂堂的大將軍也穿著紅色的囚衣，貫著三木的刑具；季布當朱家的鉗奴，灌夫受辱於居室。（西伯：文王。羑里：在河南湯陰縣。李斯：秦始皇時為丞相，二世立，趙高用事，誣其子李由與盜通，腰斬咸陽。五刑：墨、劓、剕、宮、大辟。淮陰侯：韓信也。彭越：漢高祖之功臣，封為梁王，後因有人告其謀反，被捕受戮。張敖：趙王張耳之子：漢高祖之女婿，因趙臣貫高等謀殺高祖事發，被連入獄。絳侯：即周勃，為漢太尉，以誅諸呂安定漢家江山，功大莫比，後

因有人上書告勃反，下獄。漢文帝之母薄太后為絳侯事對文帝痛加責罵，遂得釋。絳侯既出獄，嘆曰：「吾嘗將百萬軍，然安知獄吏之貴乎？」請室：待遇較優之獄。魏其：即竇嬰，孝文皇后從兄之子，景帝時為大將軍，平七國之亂，封魏其侯。後因田蚡之讒，被棄市於渭城。季布：為項羽之將，數困漢王，及項羽滅，高祖懸賞千金捕布，布化裝逃亡，到魯國為朱家之奴。灌夫：字仲孺，任俠使氣，嘗為將軍，後以與丞相田蚡有隙，被縛，拘繫於居室。居室：署名也，屬少府，其後改名，曰「保宮」）。㊁這一些人，都曾經當過王侯將相，聲名之大，鄰國皆知。但是，到了罪狀發覺，刑網加身的時候，不能夠毅然決然，拔刀自殺，反而苟且偷生在塵世之間，從古至今，都是這個樣子，怎麼樣能說是不受辱呢？（罔：同「網」，刑罰之網，刑法之網羅。引決：自殺。自裁：自殺。）

由此言之，勇怯，勢也；強弱，形也，審矣，何足怪乎㊀？夫人不能早自裁繩墨之外，以稍陵遲，至於鞭箠之間，乃欲引節，斯不亦遠乎㊁？古人所以重施刑於大夫者，殆為此也㊂！

【註】㊀這樣說起來，勇敢或怯懦，都是為情勢所決定的，強硬或軟弱，都是為環境所形成的。明白了這種道理，還有什麼大驚小怪之必要呢？（審：認識清楚。）㊁一個人，不能在刑罰未加身之前，早一時自殺；稍微遲疑拖延，到了被鞭打的時候，才想著不如乾脆自殺，表示自己的節氣，那不是已經太晚了嗎？（陵遲：拖拖拉拉，遲疑不決。引節：自殺以完成節義。遠：晚。）㊂古時的人，

所以不輕易加刑罰於大夫者，大概就是為的這種道理吧！（重：難也，特別慎重。殆：大概。）

夫人情，莫不貪生惡死，念父母，顧妻子。至激於義理者不然，乃有所不得已也㈠！今僕不幸，早失父母，無兄弟之親，獨身孤立！少卿視僕於妻子何如哉㈡？

【註】㈠人之常情，沒有不是貪生惡死，念父母，顧妻子的。惟有激於大義真理的人就不然了。他是出於不得已的啊！㈡我是一個不幸的人，早年喪失了父母，又沒有兄弟之親，獨自一身，孤苦伶仃！少卿啊！你看我對於妻子的情形是什麼樣子啊！

且勇者不必死節，怯夫慕義，何處不勉焉㈠？僕雖怯懦，欲苟活，亦頗識去就之分矣，何至自沈溺縲紲之辱哉㈡？且夫臧獲婢妾，猶能引決，況僕之不得已乎㈢？所以隱忍苟活，幽於糞土之中而不辭者，恨私心有所不盡，鄙沒世而文采不表於後世也㈣。

【註】㈠並且勇敢的人，不必一定能夠死節；怯懦之夫，只要能傾慕正義，甚麼地方不可以盡力呢？
㈡我雖然怯懦，想要苟且偷生，但也很能認清生死去就的關鍵，何至於自願陷溺於牢獄的污辱呢？
㈢一個奴僕婢妾，當他激於義憤的時候，尚能夠斷然自殺，而況我是萬分的不得已嗎？㈣但是，我之所以忍氣吞聲，偷生苟活，被幽囚於糞土似的牢獄之中而坦然接受者，是因為痛恨我的心願還沒有達成，深愧畢生永世我的文采不能夠表揚於後世啊！（鄙：慚愧自鄙。沒世：終生一世。《論語》曰：「君子疾沒世而名不稱焉」。）

古者，富貴而名磨滅，不可勝記，惟倜儻非常之人，稱焉㈠。蓋文王拘而演周易，仲尼厄而作春秋，屈原放逐，乃賦離騷；左丘失明，厥有國語，孫子臏腳，兵法修列；不韋遷蜀，世傳呂覽；韓非囚秦，說難、孤憤；詩三百篇，大抵聖賢發憤之所為作也㈡。此人皆意有所鬱結，不得通其道，故述往事，思來者㈢。乃如左丘無目，孫子斷足，終不可用，退而論書策以舒其憤，思垂空文以自見㈣。

【註】㈠古來的時候，有些人在生前雖然大富大貴，但是在死後，他們的名字卻永久消滅，不再為人們所提起，這種情形，實在太多了。只有那些出類拔萃表現非常的人，才能夠為後世所稱道。㈡比方文王拘於羑里，才有《周易》的演化；仲尼厄於陳蔡，才有《春秋》的創作；屈原被放逐於外，才有《離騷》的寫實；左丘眼睛失明，才有《國語》的編纂；孫子雙足被斷，才有《兵法》的修列；呂不韋被流竄於四川，才有《呂覽》的傳世；韓非被囚於秦，而〈說難〉、〈孤憤〉的著作，才更有價

值；《詩經》裏的三百篇，大多數都是聖賢們為了發洩自己的悲憤而創作出來的。㊂這些人們都是內心裏有所鬱結愁悶，不能夠實現他們的主張（道），所以只好述說已往的史事，作為對於將來之人的啟示。㊃至於像左丘明眼睛失明，孫子雙腳被斷，終久是殘廢了，就只好閉門隱居，著書立說，以發洩內心的悲憤，想著留下一點作品來表現自己的生命。

僕竊不遜，近自託於無能之辭，網羅天下放失舊聞，略考其行事，綜其終始，稽其成敗興壞之紀，上計軒轅，下至於茲，為十表，本紀十二，書八章，世家三十，列傳七十，凡百三十篇㊀。亦欲以究天人之際，通古今之變，成一家之言㊁。草創未就，會遭此禍，惜其不成，是以就極刑而無慍色㊂。僕誠以著此書，藏諸名山，傳之其人，通邑大都；則僕償前辱之責，雖被萬戮，豈有悔哉㊃！然此可為智者道，難為俗人言也㊄。

【註】㊀我不自量力，近來想著用我這不善於表達的文筆，搜羅天下的遺事舊聞，簡略的考察它們所行的事蹟，綜合它們的起原和結果，檢討它們成功失敗興盛破壞的必然規律。上從軒轅皇帝算起，下到現在為止，作了十篇表，十二篇本紀，八篇書，三十篇世家，七十篇列傳，總共是一百三十篇。㊁其目的是想著藉此來深切尋究天人相與的關係，澈底瞭解古今興亡盛衰的變化，並且要建立一種體系完

整確有獨立創獲的理論。㊂在我的草創工作尚未完成之時，恰好就遭遇了這種大禍，我痛惜著工作沒有完成，所以就甘心接受這種極人世之慘刑而毫無悔恨怨怒之色。㊃假定我能完成這部著作，藏之於名山大川，傳之於志士仁人，推之於通邑大都，那麼，我就可以補償了以前降志辱身愉生苟活的責難，即使遭受萬次的誅戮，也沒有任何後悔的了。㊄但是這種道理只可以對明白的人講，實在難以對那些俗人們說啊！

且負下未易居，下流多謗議。僕以口語，遇遭此禍，重為鄉裏所戮笑，以汙辱先人，亦何面目復上父母丘墓乎？雖累百世，垢彌甚耳㊀！是以腸一日而九迴，居則忽忽若有所亡！出則不知其所往㊁。每念斯恥，汗未嘗不發背沾衣也㊂！身直為閨閤之臣，寧得自引於深藏巖穴耶㊃？故且從俗浮沉，與時俯仰，以通其狂惑㊄。

【註】㊀並且環境是很難處的啊，如果與下面的人相背而馳（負：負也，相反），就不容易孤立存在，如果與下面的人同流合污，就招致毀謗。我因為多說話，遭受了這種大禍，深被鄉黨鄰里所恥笑，連帶的污辱了先人，我還有什麼面目再上父母的墳墓呢？即使再過了千年百世，也只是更增加其污辱罷了！㊁所以我的苦腸不知道每天要倒轉多少次，在家裏，心神無主，情緒恍惚，好像是失掉

了什麼東西似的！出了門，昏迷悵惘，不知道究竟要往甚麼地方去。㊂每一想到這種恥辱，不由得渾身流汗，濕透了衣服。㊃我今生一世，只有作一個宮闈之中的宦臣而已，怎麼還能夠藏身巖穴，自鳴清高呢？㊄所以我只有跟著世俗上下浮沈，隨著時勢一俯一仰，以表通我內心的狂惑

今少卿乃教以推賢進士，無乃與僕私心剌謬乎？今雖欲自雕琢，曼辭以自飾，無益，於俗不信，適足取辱耳！要之，死日然後是非乃定㊀！

【註】㊀現在少卿竟然要教我推賢進士，那不是和我的私心大相違背嗎？現在即使想著自己把自己雕琢打扮一番，用優美的字眼把自己粉飾一番，那是沒有任何好處的，不僅不能夠見信於世俗，適足以自取恥笑罷了！總而言之，只有到了死了那一天，真正的是非，才能決定。

書不能悉意！略陳固陋。謹再拜㊀。

【註】㊀信裏邊，不能夠完全的說明我的意思，只是大概的陳述我的粗陋的見解。我恭敬的向你致禮。

二、司馬遷的生命旅程及其歷史觀

孟子曰：「誦其詩，讀其書，不知其人，可乎。」我們讀司馬遷的《史記》，首先要瞭解司馬遷之為人，要瞭解司馬遷的生命遭遇，要瞭解司馬遷的歷史觀點，然後纔能瞭解《史記》一書的真正價值，然後纔能瞭解中國傳統文化的真正價值；如果沒有經受中國傳統文化之真正洗禮，就培育不出司馬遷其人，也就寫作不出《史記》其書。所以在本書之後，特別簡介司馬遷的生命旅程如下表，及其歷史觀點如下文。

㈠司馬遷的生命旅程表（司馬遷比漢武帝小十歲）

中曆	西曆	年歲	時代背景	生命遭遇
漢景帝 中元五年	紀元前 一四五	一		生於陝西韓城縣，其父為太史令司馬談。
六　年	一四四	二		
後元元年	一四三	三		
二　年	一四二	四		
三　年	一四一	五	景帝死，武帝十六歲即位為帝	

武帝建元元年	一四〇	六		
二年	一三九	七		
三年	一三八	八		
四年	一三七	九		
五年	一三六	十		誦古文
六年	一三五	十一	田蚡為丞相，尊儒術。	
元光元年	一三四	十二	董仲舒以賢良對策，論天人相與之道。	遷從孔安國誦古文，大概在此時。
二年	一三三	十三	設馬邑之計，誘匈奴，事不成，誅王恢。	
三年	一三二	十四		遷曾從董仲舒受《春秋》，但不知其詳細之年。此事，對遷之學問思想，影響甚大。
四年	一三一	十五		

五年	一三〇	十六		
六年	一二九	十七	遣衞青李廣等出擊匈奴。	
元朔元年	一二八	十八		
二年	一二七	十九	遣衞青擊匈奴，取河南地，立朔方郡公孫弘勸誅主父偃。	
三年	一二六	二十	公孫弘為御史大夫，張湯為廷尉，汲黯以公孫弘為詐。	二十而南遊江淮，上會稽，採禹穴，窺九疑，浮於沅湘，北涉汶泗，講學齊魯，觀孔子遺風，鄉射鄒嶧。
四年	一二五	二一	匈奴入寇代郡、定襄、上郡。	
五年	一二四	二二	公孫弘為丞相，譖汲黯為右內史，遣衞青率六將軍擊匈奴。董仲舒為膠西王相。	
六年	一二三	二三	連年擊胡，漢軍士馬死者十餘萬，財政窮困，令民買爵贖罪。	

元狩元年	一二二	二四	遣張騫使西域復事西南夷。	
二年	一二一	二五	公孫弘死，以李蔡為丞相，張湯為御史大夫，遣霍去病擊胡，董仲舒免歸。	
三年	一二〇	二六	帝招致士大夫常如不及，然性嚴峻，雖親愛，犯法輒誅。	
四年	一一九	二七	財政困難，乃造皮幣、白金、鑄三銖錢，置監鐵官，算緡錢。擊匈奴，李廣自殺。	
五年	一一八	二八	丞相李蔡自殺，趙禹、張湯以深刻為九卿，汲黯出為淮陽太守。	遷為即中，從武帝巡祭天地諸神名山川而封禪焉，入壽宮侍祠神語，究觀方士祠官之意。
六年	一一七	二九	楊可告緡徧天下，中等以上皆遇告，得民財物奴婢以億計，立腹誹之法，公卿大夫多諂諛取容。	

元鼎元年	一一六	三十		
二年	一一五	三一	丞相莊青翟自殺，張湯有罪自殺。	
三年	一一四	三二		
四年	一一三	三三	吏治皆以慘刻相尚。以方士欒大為五利將軍，貴震天下，海上燕齊之間，莫不扼腕自言有禁方，能神仙。	
五年	一一二	三四		
六年	一一一	三五	帝自製封禪儀。平南越置南海、蒼梧等九郡。	
元封元年	一一〇	三六	帝出長城，北登單于台，勒兵十八萬騎，祭黃帝冢。帝往緱氏，登中嶽，東至海上求神仙，封泰山，凡周行一萬八千餘里。	奉使西往巴蜀以南，南略邛笮、昆明，還報命，見父於河洛之間，父病且死，臨死囑其寫成《史記》。

二年	一〇九	三七	帝又往山東求神仙，無所見。詔獄益多，一歲捕人六七萬，吏所增加十餘萬人。	遷從武帝自泰山還。
三年	一〇八	三八		繼父職為太史令。自此歲起，立志寫《史記》一書。以至於死，皆在潤色訂正之中。
四年	一〇七	三九		
五年	一〇六	四〇		
六年	一〇五	四一		
太初元年	一〇四	四二	帝欲侯寵姬李氏，乃拜其兄廣利為貳師將軍以伐宛。造太初曆，以正月為歲首，行夏之時。	遷與大中大夫公孫卿壺遂等造漢曆，改正朔。
二年	一〇三	四三		
三年	一〇二	四四	高祖時，封功臣為列侯，百四十有三人，至今現侯只有四人，網亦稍密焉。	

四年	一〇一	四五	封李廣利為海西侯	
天漢元年	一〇〇	四六		
二年	九九	四七	帝好信用酷吏，作沉命法。遣李廣利擊匈奴，別將李陵戰敗降虜。	因李陵事下獄受腐刑。男子割勢，曰腐刑。
三年	九八	四八	初榷酒酤，禁民酤釀，官自開置，滅李陵家。	悲士不遇賦，謂「無造福先，無觸禍始，委之自然，終歸一矣。」
四年	九七	四九	再遣李廣利等擊匈奴。	遷既刑之後，為中書令，尊寵任職。
太始元年	九六	五十		
二年	九五	五一		
三年	九四	五二		
四年	九三	五三	再祀泰山。	

征和元年	九二	五四		
二年	九一	五五	巫蠱事起，江充害戾太子，太子起兵誅江充，益州刺史任安連坐，被腰斬。	遷答任安書，敍述其隱忍苟活，作《史記》之悲憤。此後，無遷之記載。
三年	九十	五六	李廣利伐匈奴，兵敗降胡。	
四年	八九	五七		
後元元年	八八	五八		
二年	八七	五九	武帝死，昭帝立。	遷之死年不詳，大概武帝死時尚在，享年約有六十歲。

我們在上面的資料中，所看到的關於司馬遷個人生命的故事，似乎並不豐富，但是，司馬遷是一個政治圈中的人物，我們如果比照著表內的時代背景一欄，看到漢武帝在某年做什麼事情，就可以從《史記》各篇中找到司馬遷的評論，他對於漢武帝搆兵匈奴，用武朝鮮，討伐大宛，干擾西南，迷信方士，追求神仙，大興臺觀，封禪泰山，都認為是勞民傷財，破壞國本之舉，持論光明正大，不愧為忠貞敢諫之筆。所以我們雖不能詳細知其私生活之細節，但從《史記》中細心讀之，不難全面窺見其

公生活之有守有為也。

㈡司馬遷的歷史觀

一個歷史家之所以可貴，就在於他具有銳利正確的歷史觀。所謂「歷史觀」者，就是他對於過去、現在、以及未來的歷史發展的看法。有許多讀歷史或寫歷史的人，記誦了一大串的歷史故事，抄寫了一大堆的歷史資料，但是，你問他記誦這些故事幹什麼？抄寫這些資料對人們有什麼啟示？他便完全莫名其妙，答不出一個所以然的道理，這就由於他沒有歷史觀之故。

司馬遷的一部《史記》之所以成為千古不朽的著作，就是因為他具有銳利正確的歷史觀，不論他談什麼政治問題、經濟問題、社會問題，他都是以他的歷史觀為基準，來衡量一切，所以他能夠撥開一切歷史事件的表層雲霧，而透視其真正內幕；他能夠揭穿一切歷史人物的裝腔作勢，而直指其心肺所在。

那麼，司馬遷的歷史觀是什麼呢？簡捷了當的說，就是民生主義的歷史觀，擴大範圍來說，就是三民主義的歷史觀。讀者可能發生這樣的疑問，以為三民主義是近代哲人　國父孫中山先生所發明出來的，怎麼兩千年前的司馬遷就會有三民主義的歷史觀呢？大家要知道三民主義的真理，就是　國父從我們中國文化的正統思想中提煉出來的，自從有了中國文化的正統思想，就給我們帶來了三民主義的真理之光，只可惜因為我們眼光短，識力差，學問淺，智慧低，所以認識不出這項真理之光，必須

等待　國父降世，稟其聰明睿智的天才，奮其學貫中外的常識，才把這項真理之光揭示出來，於是我們大家才異口同聲翕然而讚歎之，事實上，這項真理之光早已在中國文化的正統思想中澎渤鼓盪運行周流了幾千年了。所以說司馬遷的歷史觀是以民生主義為核心的三民主義的歷史觀，決非聳人聽聞之言。下面我將舉出許多論證，以說明司馬遷的歷史觀。

1.結合社會上一切有用分子，創造財富，以充裕大眾生活：

人類歷史之所以能夠長久存在及其不斷進步，是由於社會上一切有用分子的互助合作，動員其聰明才力，發明許多日新月異的生產工具，以克服自然的迫害，利用自然的物資，轉化為社會財富，以改善並充裕人羣生活，使和平與幸福，普照大地，而戰爭與貧困，永遠絕跡於人世，這才是人類歷史協調前進的光明途徑。

司馬遷於其《史記》一百二十九卷專闢〈貨殖列傳〉一篇，敍述中國經濟之史的發展並暢論其民生史觀的見解，他曾這樣的講：

「夫山西（華山以西的地區）饒材、竹、穀、纑、旄、玉、石；山東（華山以東的地區）多魚鹽漆絲聲色；江南出柟、梓、薑、桂、金、錫、連、丹沙、犀、瑇瑁、珠、璣、齒、革；龍門碣石北多馬、牛、羊、旃、裘、筋、角；銅鐵則千里往往山出棊置，此其大較也。皆中國人民所喜好，謠俗被服飲食奉生送死之具也。

故待農而食之，虞而出之，工而成之，商而通之，此寧有政教發徵期會哉？人各任其能，竭其力，以得所欲。故物賤之徵貴，貴之徵賤，各勸其業，樂其事，若水之趨下，日夜無休時，不召而自來，不求而民出之，豈非道之所符，而自然之驗耶？

《周書》曰：『農不出，則乏其食；工不出，則乏其事；商不出，則三寶絕；虞不出，則財匱少，財匱少，而山澤不闢矣。此四者，民所衣食之源也，源大則饒，源小則鮮，上則富國，下則富家。

貧富之道，莫之奪予，而巧者有餘，拙者不足………。』」

根據這一大段的議論而加以分析：

第一節講中國各地區經濟資源之分佈。

第二節講社會上各種有用分子必須各任其能，各竭其力，以共同開發這些經濟資源，來作為被服飲食養生送死的享用。

第三節講社會上各種有用分子彼此間都是互相依存，互相幫助，誰也離不開誰，所以誰也不應當自居於特殊地位而漠視其他有用之人的功能，工人不能漠視農人商人礦人的功能，農人亦不能脫離工人商人礦人的支援，大家都有一分力量，所以也都有一分生存地位。

第四節講貧富之道，在於大家各自發揮其聰明才力，講究技巧，講究創新，有技巧，能創新者，則有餘；反之，沒有技巧，不能創新，雖有豐富之天然資源，而貨棄於地，那就等於「捧著金碗討飯吃」。

這是司馬遷在兩千年以前所講的經濟理論，一直到今日，仍然適用，尤其第三節講農、工、商、礦各種有用分子的互相依存的道理，必須各任其能，各竭其力，然後生產機能，才能活潑運行，而彼此之利益，自在其中，無須乎強爭豪奪了。

第四節講「巧者有餘，拙者不足」的道理，讀之尤使人無限傷感，以我們中國土地之廣，資源之富，而至今猶滯留於「拙者不足」的貧困階段，今後如果再不能從科學技術上研究發展，那我們佔世界上人口第一位的國家，恐怕都要成為沿門乞討的叫化子了。

現在我們把司馬遷的話與　國父在民生主義及實業計劃上的話，拿來加以印證，就知道他們的精神是若合符節了。

在民生主義第一講內，　國父講：

「所有工業生產的盈餘價值，不專是工廠內工人勞動的結果，凡是社會上各種有用有能力的分子，無論是直接或間接，在生產方面或者在消費方面，都有多少貢獻，這種有用有能力的分子，在社會上要佔大多數………。」

在民生主義第三講內，　國父又講：

「國家對於人民的需要，固然是要負責任，至於人民對於國家又是怎樣呢？人民對於國家應該要盡一定的義務，像做農的要生糧食，做工的要製器具，做商的要通有無，做士的要盡才智，大家都能各盡各的義務，大家自然可以得衣食住行的四種需要。我們研究民生主義，就要解決這四種需要的問題。」

我們把　國父這兩段話與司馬遷的話對照起來，不是很契合的嗎？可見經濟活動與社會生活都須要社會上一切有用分子的互助合作，誰也不能脫離羣體，誰也不能自居於主宰地位而漠視其他分子的功能。

基於這種社會依存的認識，所以　國父在民生主義第一講內，便澈底批判馬列主義者所鼓吹的階級鬥爭與無產階級專政等謬論。階級鬥爭徒徒破壞了生產事業的和諧進行，無產階級專政徒徒招致了農民商人及科學家們的憎惡與反抗，最後，徒徒為共產黨作奪取政權的工具，一旦共產黨把政權奪到手，便騎在工人的頭上，以工人的名義，壓迫工人，其壓迫手段之殘酷，比昔日之資本家，不知超過千百萬倍；而且工人在昔日所享受的各種自由，都被今日之共產暴政所剝奪得一絲無餘。由此看來，馬列主義者所鼓吹之階級鬥爭與無產階級專政，表面上是高抬了無產階級的地位，實際上是切斷了工人對其他社會上有用的分子的依存關係而使之陷於孤立，然後再騎在工人的頭上而壓迫之。當工人們踏上了馬列主義者的「賊船」，以後，雖欲「回頭是岸」，而已被擲身於汪洋大海之中，真是「苦海無邊」了。

司馬遷是一個有志於兼善天下普度眾生的大儒，所以他主張結合社會上一切有用分子的勞力才力從事於創造財富，使民生充裕，民智開通，民德善良。在貨殖傳上講：

「倉廩實而知禮節，衣食足而知榮辱。禮生於有，而廢於無。故君子富，行好其德；小人富以適其力，淵深而魚生之，山深而獸往之，人富而仁義附焉………。天下熙熙，皆為利來；天下攘攘，皆為利往。夫千乘之王，萬家之侯，百室之君，尚猶患貧，而況匹夫編戶之民乎。」

這一段話，就是孔子所謂「既庶矣而又富之，既富矣而又教之」的道理。人總是靠著食衣住行以維持生活的，如果食衣住行得不到充分供應，則生命之不保，還講什麼禮義廉恥，仁義道德？所以孔子主張「富之，教之」。孟子也說：「是故明君制民之產，必使仰足以事父母，俯足以畜妻子，樂歲終身飽，凶年免於死亡，然後驅而之善，故民之從之也輕。今也制民之產，仰不足以事父母，俯不足以畜妻子，樂歲終身苦，凶年不免於死亡，此惟救死而恐不贍，奚暇治禮義哉？」可見真正的大儒，都是主張創造財富，驅除貧窮的。不過，他們所謂之創造財富，都是為社會著想的，而不是為自己著想的。一個人，有創造能力，有發明天才，有經濟本領，能夠經營一番大事業，致富千萬兆億，然後再以此千萬兆億之資力，用之於振興教育，培養青年，舉辦公益，救濟鰥寡，這在孔子、孟子、司馬遷、孫中山先生看起來，都是最可表揚的人物。有十百人之聰明才力者，當盡其聰明才力以服十百人之務，創十百人之富，謀十百人之福；有千萬人之聰明才力者，當盡其聰明才力以服千萬人之務，創千萬人之富，謀千萬人之福，這才算是能夠把握了生命之意義的大儒。

為了使社會安定與進步，必須創造財富，繁榮經濟，先解決民生問題，然後振興教育，宣揚禮義，使大眾同風而向善，所以管仲有「倉廩實而知禮節，衣食足而知榮辱」之論，司馬遷又簡言之為「禮生於有，而廢於無」，必須大家生活有了相當的解決，然後才可以要求其行為品德的規律，否則「饑寒生盜心」，為生活所迫，可能走入於越禮犯法的罪惡之途。

所以追求財富，創造財富，並不是一件壞事，要想真正行仁義之道，非有大量財富不可，《易經》上把這種道理，講得很好，所謂「君子體仁足以長人，嘉會足以合禮，利物足以和義，貞固足以幹事」，可見「長人」才算是體仁，「利物」才算是行義，仁義之道不是空口白話能夠實行的，而是實實在在有物有利可以長養眾生普利大眾者才能兌現。所謂「富有之謂大業，日新之謂盛德」；所謂「法象莫大乎天地，變通莫大乎四時，懸象著明莫大乎日月，崇貴莫大乎富貴，備物致用，立成器以為天下利，莫大乎聖人」。所謂「天地之大德，曰生；聖人之大寶，曰位。何以守仁？曰仁；何以聚人？曰財。理財正辭，禁民為非，曰義」。這些話，都是講明仁義之道與民生關係，能解決民生問題，才算是大仁大義；不能解決民生問題而空言仁義，那是唱高調。所以　國父說：民生主義乃是要叫大家發大財的主義。《易經》上最深奧的道理，被　國父這一句最通俗平明的話解釋得清清楚楚了。

不過，社會上有些「為富不仁」的人，那些人，只知自利自私，飽煖淫慾，可以說他們的生命是最卑賤，最下流了，不值一提。

司馬遷最推崇的人，是「富而好行其德」的人，如陶朱公一類的人，貨殖傳上記載其事，謂：

「范蠡既雪會稽之恥，乃喟然而歎曰：『計然之策七，越用其五而得意，既已施於國，吾欲用之家。』乃乘扁舟，浮於江湖，變名易姓，適齊為鴟夷子皮；之陶為朱公。朱公以為陶天下之中，諸侯四通，貨物所交易也，乃治產積居，與時逐，而不責於人，故善治生者，能擇人而任時，十九年之中，三致千金，再分散與貧交疏昆弟，此所謂富好行其德也。」

富而能積德行善，分散其財以救濟貧困孤老之人，這是司馬遷所特別崇敬的，就是 國父所謂「人生以服務為目的，不以奪取為目的」的人，其人最有生命價值。

另外有一種人，在司馬遷看來，也認為是可恥的，就是有一種人，既沒有開創事業的才力，又沒有隱居山林的品操，窮得不像樣子，而又高彈仁義的調子，這種人，是「泥菩薩過河」，自身難保，而又空談救人救世，最是無聊，最是可恥，所以司馬遷說：「長貧賤而好語仁義，亦足羞也！」

後世的儒門中，出了一些四體不勤脫離生產的迂儒腐儒，拍馬吹牛鑽營求官的孌儒佞儒，或則凍結其聰明才智，或則濫用其聰明才智，以致知識與生產脫節，有知識者不致力生產；致力生產者毫無知識，所以我們的國家，儘管有廣闊肥沃的田畝，有儲藏豐富的地下資源，有優秀奇靈的人口，但仍然無救於饑寒交迫，民不聊生的苦境，這完全是由於才力未能用之於科學技術的發明，大好資源未能充分開發利用之故。

國父在《心理建設》一書內，曾謂：「人處於社會之中，相資為用，互助以成者也。中國之為國，擁有廣大之土地，無量之富源，眾多之人力，是無異一富家翁享有廣大之田園，盈倉之財寶，眾多之子孫，而乃不善治家，田園則任其荒蕪，財寶則封鎖不用，子孫則日事游蕩，而舉家則饑寒父迫，朝不保夕，此實中國今日之景象也！……夫以中國之地位，處今日之時會，倘吾國人民能舉國一致，歡迎外資，歡迎外才，以發展我之生產事業，則十年之內，吾實業之發達，必能並駕歐美矣。……衣食足而知禮節，食廩實而知榮辱，實業發達，民生暢遂，此時，則普及教育，乃可實行矣。」

讀了　國父以上的話，可證司馬遷的經濟理論及民生史觀之見，完全與中國文化之正統思想，若合符節。

2.經濟政策以因應輔導為上而以控制壟斷為下

司馬遷在貨殖傳的前段，首先就講：

「夫神農以前，吾不知矣。至若詩書所述虞、夏以來，耳目欲極聲色之好，口欲窮芻豢之味，身安逸樂，而心誇矜勢能之榮，使俗之漸民久矣，雖戶說以眇（妙）論，終不能化。故善者因之，其次利導之，其次教誨之，其次整齊之；最下者與之爭。」

這一段話是說人們的生活欲望，一天一天的在求滿足，求舒服，求安逸，這是自然的趨勢，沒有方法可以強阻的，最好的方法是因應輔導，因民之所欲而與之，因民之所利而利之。什麼時候發現有病態有惡性的滋蔓，便予以輔導糾正，使其不至於危害社會的生活，動搖國家的根本，便算上策。最下策是與民爭利，使用政府的權利以囊括一切，全面壟斷。這種道理就是　國父所定的節制資本的辦法。另外的一個政策，就是平均地權。民生主義這兩個政策的目標，就是「要全國人民都可以得安樂，都不致受財產分配不均的痛苦」。

我們看司馬遷當時所處的社會經濟民生狀況是個什麼樣子呢？據平準書所言，漢武帝初年，其情況是這樣的：

「漢興七十餘年之間，國家無事，非遇水旱之災，民則人給家足，都鄙廩庾皆滿，而府庫餘貨財，京師之錢累巨萬，貫朽而不可校；太倉之粟，陳陳相因，充溢露積於外，至腐敗不可食；眾庶街巷有馬，阡陌之間成羣，而乘字牝者，擯而不得聚食；守閭閻者食粱肉，為吏者長子孫，居官者以為姓號，故人人自愛而重犯法，先行義而絀恥辱焉。當此之時，網疏而民富，役財驕溢，或至兼并豪黨之徒，以武斷於鄉曲；宗室有土公卿大夫以下，爭於奢侈，室廬輿服僭於上，無限度。物盛而衰，固其變也。」

這是說，漢初七十年之間，和平無事，社會經濟自由發展的結果，雖然是繁榮富餘，家給人足，但是漸漸的發生了毛病，貴族宦家，爭於奢侈，兼併豪黨之徒，武斷於鄉曲。這是經濟發展盛極而衰的自然變化。

當此之時，應當採取什麼經濟政策呢？按司馬遷的見解，是應當採取因應輔導的政策，維持自由經濟的發展原則，而以輔導手段，阻止其惡性變化，以租稅方法，節制土地與資本之大量集中，再以社會救濟政策，扶植弱小者之生存，就足以均富裕民。

無如漢武帝及其決策用事者不然，漢武帝以十六歲之青少年而為皇帝，血氣方剛，再加以好大喜功，故而很容易的走上窮兵黷武向外擴張之路，初而用事兩越，繼而經營西南，伸手朝鮮，終而舉兵匈奴，兵連禍結，於是財政虛耗，民間疾苦。武帝呼號地主商人捐囊相助，而一般富商太賈，財或累萬金而不佐國家之急。於是武帝大怒，而其決策用事者又從而變本加厲，於是置鹽鐵之禁，行告緡之令，中家以上，大抵因被告而破產，朝廷沒收民家之財物以億計，奴婢以千萬數，田地大縣數百頃，小縣百餘頃，宅亦如之。這樣一來，政府固然救了燃眉之急，但是武帝末年幾乎崩潰於全國性的農民暴動之怒潮中，這就是司馬遷所謂最下與民爭利者也。

我們把當年漢武帝與民爭利的政治，與今日毛共匪幫在大陸所瘋狂施行之工商管制與人民公社運動，加以對比，則武帝倒行逆施之程度，猶是小巫見大巫也。在毛共暴政之下，無論工人、農人、商人及其他各色人等，都是其奴隸，根本無所謂自由人之存在，隨而亦根本無所謂自由職業、自由經濟之存在，「資產階級」、「地主階級」，都是毛共刑部中大量製儲之御用罪名，隨便一頂帽子加於人們的頭上，就可以使人傾家蕩產，身首異處，經過二十多年來的泡製、檢舉、合併、沒收，中國大陸同胞已經沒有一個可以稱得起是私有財產者了，有之，只有毛酋一人而已，所以 蔣總統直斥毛酋是古今中外最大的一個私有財產者，真是一語揭穿了毛匪的私心及其滔天罪惡。

司馬遷在其〈平準書〉內所主張之因應輔導的經濟政策，而堅決反對與民爭利及暴力的沒收民財，正是民生主義之節制資本與平均地權的精神，其目標在於以和平輔導的方法，消滅貧富的差距，而達成家給人足富強康樂的理想。

3.以王道主義為本，反對武力擴張。

我們中華民族生存於亞洲大陸之上，已經有五千餘年的歷史了，自黃帝以來，我們的生存空間，北至沙漠，南至南海，西至蔥嶺，東至吳越，東北至於遼東，西南至於交阯。在我們生存空間之內，不能忍受他族的侵略；在我們生存空間之外，亦無意侵入他族的地區。這就是我們中華民族一貫的王道主義之精神。

漢武帝之時，有許多對外戰爭都是不必要而且是師出無名的，結果，把漢初七十餘年之儲富，消耗得山窮水盡，幾乎導致於土崩瓦解。這種禍國殃民的行為，在司馬遷看來，完全是錯誤。

司馬遷在〈匈奴列傳〉中敍述與匈奴關係惡化之原因，謂：

「孝文皇帝與匈奴復和親。……孝景帝復與匈奴和親。……今帝（武帝）即位，明和親，約束厚遇，通關市，饒給之。匈奴自單于以下，皆親漢，往來長城下。馬邑人聶臺翁奸蘭（奸，破壞。蘭，同檻，關塞。好蘭者，言其破壞關塞之禁令）出物（私貨）與匈奴交，佯為賣馬邑城以誘單于，單于信之，而貪馬邑財物，乃以十萬騎入武州塞（雁門地區），漢伏兵三十餘萬馬邑旁。單于既入漢塞，未至馬邑百餘里，見畜佈野而無人牧者，怪之。乃攻亭（堡壘），是時雁門尉史行徼（巡察邊塞），見寇保此亭，知漢兵謀單于於得欲殺之。尉史乃告單于漢兵所居，單于大驚曰：『吾固疑之』。乃引兵還。……自是之後，匈奴絕和親，攻當路塞，往往入寇於漢邊，不可勝數。……初，漢兩將軍（衛青、霍去病）大出圍單于，所殺虜八九萬，而漢士卒物故亦數萬，漢馬死者十餘萬。匈奴雖病，遠去，而漢亦馬少，無以復往。……」

由此可見漢武帝以誘詐之術，欲得匈奴單于而殺之，自己首先破壞信約，故而和親斷絕，干戈日尋，「兵連而不解，天下苦其勞」，中外騷擾，百姓疲敝。

再看漢武帝之用兵西域，據〈大宛列傳〉所載，謂：

「宛有善馬在貳師城，匿不肯與漢使。天子（武帝）既好宛馬，聞之甘心，使壯士車令等持千金及金馬以請宛王貳師城善馬。……宛王不肯予漢使。……於是天子大怒。諸嘗使宛姚定漢等，言宛兵弱，誠以漢兵，不過三千人彊弩射之，即盡虜破宛矣。……天子以定漢等言為然。而欲侯寵姬李氏，拜李廣利為貳師將軍，發屬國六幹騎及郡國惡少年數萬人以往伐宛。」

讀此可知漢武帝之用兵大宛，目的是想求取大宛的善馬，並且藉機會封其寵姬李門為侯。按漢高祖初定之法，非有軍功者，不得封侯。於是武帝就派李后之兄廣利為大將軍，統兵出征，欲其凱旋而歸，拜印封侯。無奈李廣利素不知兵，非將帥之材，所以第一次出征，往返兩年，兵馬死者，十分之七八。

於是朝中公卿議，以停止用兵為宜。武帝大怒，以為區區宛國竟不能打下，豈非貽笑外國，乃下令敢言伐宛不便者，處以重罪。於是決定第二次再出師。

第二次伐宛，動員浩大無比，調發囚徒材官，惡少年，及邊地騎兵，經過一年多的時間，而出兵燉煌者六萬人，其外，負私裝而從之人馬，尚未計算在內。牛十萬，馬三萬餘匹；驢、騾、橐駝以萬數，運送軍糧、兵弩，甚為浩繁，天下騷動；又發動甲卒十八萬，以保衛酒泉；又發動天下七科罪犯轉送糧糒，人車連連續續，從內地以至於燉煌萬里不斷，結果，不過是得了數十匹善馬，而士卒能返國者僅萬餘人，軍馬千餘匹而已。

兩次征宛，國家財物損失不計其數，士卒軍馬死傷十分之八，為的是甚麼？僅僅為的是幾十匹善馬，僅僅為的是大舅子封侯，絲毫不帶有民族主義的氣味，真是禍國殃民的大罪人。所以司馬遷在〈平準書〉、〈貨殖傳〉、〈匈奴傳〉、〈大宛傳〉諸篇中，痛切言之。其所以深惡痛絕此種狂悖暴戾之對外挑戰者，以其破壞國家經濟，摧殘人民生命，違背中華文化王道主義的正統思想之故。

所以有眼光有判斷力之史學家，都把漢武帝與秦始皇並列，從不把他們視為國家民族之功臣，而視為禍國殃民之罪人。只有今日之毛匪，才高調秦始皇漢武帝為神聖，以掩飾其本身罪惡。毛匪竊奪大陸二十餘年，傾全國之民脂民膏，以從事於北侵朝鮮，南奪越南之顛覆戰爭，彼美其名目民族戰爭，事實上，不過為其私人威風作孤注之一擲而已。

我們要永遠記著　蔣總統在《中國之命運》一書內所講的：

「我們中華民族對於異族，抵抗其武力，而不施以武力；吸收其文化，而廣被以文化。這是我們民族生存與發展過程裡面最為顯著的特質與特徵。」

仔細研讀之後，就知道我們中華民族對於異族，是以文化取勝，而不以武力取勝；是以王道為本，而不以霸道為能，最好的例證，就是　蔣總統所領導之八年對日抗戰，當我們領土被侵佔，生存被摧殘的時候，我們不惜舉全國之力以與外力相搏鬥，務必達成還我河山確保民族生存之目的而後已。一旦我們得勝，對敵人決不作以牙還牙的報復，而惟寬大為懷，不咎前仇，願與之棄嫌修好，共同生存於和平之世。只有這樣，才是真正的民族主義。

綜合以上三項論證，我們不能不敬佩司馬遷之歷史觀的正確與高明，而這種觀點都是從中華文化之正統思想中培育出來的，與三民主義同出於一個母體之內，所以我們毫無疑義的說，司馬遷的歷史觀就是以民生主義為核心的三民主義的歷史觀，只有具有這種歷史觀的修養的人，才能正確的評論過去的歷史，積極的創造今日的歷史，銳利的展望將來的歷史。簡言之，只有具有三民主義的歷史觀的人，才能正確的衡量歷史，凡不合於民族主義之真精神者，則其一切對外戰爭，切是禍國殃民的；凡不合於民權主義之真精神者，則其一切政治變更，法律措施，切是厲民自私的；凡不合於民生主義之真精神者，則其一切財政舉動，經濟政策，切是勞民傷財的。可以說，以三民主義之歷史觀為基準，則無論對過去歷史之評論，對今日歷史之創作，對明日歷史之展望，均可以有「明若觀火」之快焉。否則，兩眼雙瞎，既不能讀歷史，更不能寫歷史，雖有長篇鉅製，稿盈如山，亦不過一堆廢紙而已。余讀《史記》，深佩司馬遷的歷史觀之正確與高明，故作此文以殿於本書之後，供讀者之注意焉。

㈢司馬遷的人生觀

人活在世上，為的是什麼？追求的是什麼？什麼是有意義有價值的事物？什麼是無意義無價值的事物？關於這些問題，各個的看法不同，所以人生觀也就千差萬別了。

關於司馬遷的人生觀，我們讀他的〈報任少卿書〉一文，可以明白的看出，他說：

「僕聞之，修身者，智之符也；愛施者，仁之端也；取予者，義之表也；恥辱者，勇之決也；立名者，行之極也；士有此五者，然後可以託於世而列於君子之林矣。」

從這幾句話，就可以看出司馬遷的人生觀，是中國正統思想中所視為最積極最高尚的人生觀，以仁義為本，而以智勇行之。所謂仁義者，不是空洞的玄學名詞，而是極實際的愛人利人的行為，仁者愛人，義者利人，這就是　國父孫中山先生所謂：「以服務為目的，而不是以奪取為目的。聰明才力愈大者，當盡其能力而服千萬人之務，造千萬人之福；聰明才力略小者，當盡其能力以服十百人之務，造十百人之福。」

司馬遷就是抱定了這樣的人生觀，從家庭走入於社會，走入於政治場合，處處表現了他的光明磊落的風度，豪邁伉直的品節，急公好義的熱誠，忠君愛國的情操，讀其書，想見其為人，義氣壯烈，千載下，猶栩栩如生。

在《史記》中，他特別闢了專欄，表揚一些為文教界所漠視的人物，而他卻禮讚備至，稱之為極具德行的角色。他說：「今游俠，其行雖不軌於正義，然其言必信，其行必果，已諾必誠，不愛其軀，赴士之阨困，既已存亡死生矣，而不矜其能，羞伐其德，蓋亦有足者焉。」又說：「而布衣之徒，設則予然諾，千里誦義，為死不顧世，世亦有所長，非苟而已也。」這幾句話，都是稱讚游俠之士，言必信，行必果，犧牲自己，以救別人的困難與危險。使亡者再存，死者復生，這是多麼樣的肝膽義氣！但是，他們既不誇功，又不言德，行善惟恐人知，就更其是難能可貴了。這些鄉曲布衣的俠士，比之那些以諸侯卿相的地位而豪俠好義者，尤為可貴，所以在〈游俠列傳〉上又說：「近世延陵、孟嘗、春申、平原、信陵之徒，皆因王者親屬，藉於有土（國家）卿相之富貴，招天下賢者，顯名諸侯，不可謂不賢者矣。比如順風而呼，聲非加疾，其勢激也。至如閭巷之俠，修行砥名，聲施於天下，莫不稱賢，是為難耳。」

至於地方上的一般自私自利，比周結黨，仗勢欺人，以富欺貧，以強陵弱，反抗政府，破壞犯法的人，都是土豪劣紳，算不得是游俠，反而真正有俠骨正氣的人，都以土豪劣紳為可恥、可惡。所以司馬遷又說：「至如朋黨宗強比周，設財役貧；豪暴侵陵孤弱，恣欲自快，游俠亦醜之。餘悲世俗不察其意，而猥以朱家郭解等，令與豪暴之徒，同類而共笑之也。」

關於俠士朱家的故事，司馬遷描寫他的行誼，說道：「魯朱家者，與高祖同時。魯人皆以儒教，而朱家以俠聞，所藏活豪士以百數，其餘庸人不可勝言。然終不伐其能，歆其德；諸所嘗施，唯恐見之；振人不贍，先從貧賤始，家無餘財，衣不完采，食不重味，乘不過軥牛；專趨人之急，甚己之私，既陰脫季布將軍之阨，及布尊貴，終身不見也。自關以東，莫不延頸願交焉。」在司馬遷所描寫之各種典型之人物中，最推崇的是孔子，他說：

「詩有之：『高山仰止，景行行止』，雖不能至，然心嚮往之。余讀孔氏書，想見其為人；適魯，觀仲尼廟堂，車服禮器，諸生以時習禮其家；余祗回留之，不能去云。天下君王，至於賢人，衆矣，當時則榮，沒則已焉；孔子布衣，傳十餘世，學者宗之，自天子王侯，中國言六藝者，折中於夫子，可謂至聖矣。」

由此可見司馬遷心目中所敬佩之人物，首推孔子，為什麼首推孔子？因為孔子是立德立言立功最完全的聖人，為的要救世教人，他發憤忘食，樂以忘憂，不知老之將至，世上有誰個趕得上孔子這樣的積極精神呢？所以司馬遷說，天下君王，活著的時候，好像很光榮似的，但是死了以後，便黯然無光，一點影子都沒有了，只有孔子長留人間，他的軀骸雖然毀壞了，但是他的精神，他的人格，他的學問品德，他的嘉言懿訓，卻永遠留印在人們的心靈中，他的光采足以永遠照亮人寰。

在〈報任少卿書〉一文中，他對於「奮不顧身以殉國家之急」的人，非常尊敬；而對於「全軀保妻子之臣」，非常痛恨，所以司馬遷是一個極其忠君愛國的人。

由於滿腔的忠君愛國的赤誠丹心，所以他主張遇事要正言直諫，決不可自私自利，阿諛苟容，蒙敝君上，歪曲事實，置國計民生於不顧，而一惟以個人的官職祿位為打算。所以司馬遷把官員分作幾種定高下，也說：

「上之不能納忠效信，有奇策材力之譽，自結明主；次之，又不能拾遺補缺，招賢進能，顯巖穴之士；外之，不能備行伍，攻城野戰，有斬將搴旗之功；下之，不能積日累勞，取尊官厚祿，以為宗族交游光寵。」

據此可知司馬遷所認為第一等的官員，是納忠效信，對朝廷的一切政治措施，要本於公理正義，天地良心，作知無不言、言無不盡的忠實報導與建議，務期主政當局能夠明白事理，符合民心，以為治國安邦的憑藉。第二等的官員，是能夠拾遺補缺，檢討朝廷施政的缺點，以期有所補救；再能夠推舉賢能之人，進入朝廷，輔弼治道。第三等的官員，是能夠致力軍事工作，殺敵致果，確保國家安全。第四等即是最平庸的官員，是以積日累勞，混資格，爭年歷，而達到其「取尊官厚祿」之個人目的，談不到國而忘私之忠臣志士的條件。根據司馬遷這種的分類，可知其心目中之所自許者為何等人了。

只要仔細的研讀《史記》中有關人物的各篇評論，就可以很明白的看出司馬遷的人生觀了。由於司馬遷是一個豪邁爽朗的忠臣義士，所以他對於個人的生死問題，看得非常輕淡，可以生，則生；可以死，則死，生不足為喜，死不足為懼，惟求合於義，適於道，成於節而已矣。

在〈報任少卿書〉一文中，曾謂：

「人固有一死，死或重於泰山，或輕於鴻毛，用之所趣，異也。……夫人情莫不貪生惡死，念父母，顧妻子；至激於義理者不然，乃有所不得已也。」

人生遲早總是不免一死，最重要的是把生命用之於最有價值的事務之上，用之於國家民族，用之於社會大眾，用之於公理正義，此乃最有價值之犧牲途徑也。讀司馬遷之書，深敬其為人，爰論其人生觀與生死觀如此。

史記今註　第六冊

主編◆中華文化復興運動推行委員會（國家文化總會）
國立編譯館中華叢書編審委員會

註者◆馬持盈

發行人◆王學哲

總編輯◆方鵬程

執行編輯◆葉幗英 吳素慧

校對◆黃凱筠 徐平

美術設計◆吳郁婷

出版發行：臺灣商務印書館股份有限公司
臺北市重慶南路一段三十七號
電話：（02）2371-3712
讀者服務專線：0800056196
郵撥：0000165-1
網路書店：www.cptw.com.tw
E-mail：ecptw@cptw.com.tw
網址：www.cptw.com.tw

局版北市業字第 993 號
初版一刷：1979 年 7 月
二版　刷：2010 年 7 月
定價：新台幣 620 元

ISBN 978-957-05-2472-7（精裝）

史記今註／中華文化復興運動推行委員會（國家文化總會），國立編譯館中華叢書編審委員會主編；馬持盈
註. --二版. --臺北市：臺灣商務，2010. 07
冊；　公分
ISBN 978-957-05-2472-7（第六冊：精裝）

1. 史記　2. 註釋

610.11　　99001276

《史記今註》

文復會（國家文化總會）、國立編譯館 主編

馬持盈 註

《史記》是中國歷史上蘊藏史學與文學薈萃的首部經典。由漢朝司馬遷撰，共一百三十卷。起自黃帝，訖漢武帝，分為本紀十二、表十、書八、世家三十、列傳七十。為二十四史之一，是我國第一部紀傳體的史書。

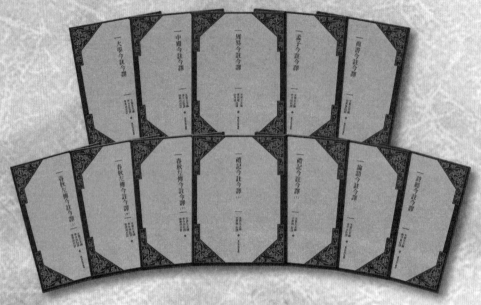

讀者回函卡

感謝您對本館的支持，為加強對您的服務，請填妥此卡，免付郵資寄回，可隨時收到本館最新出版訊息，及享受各種優惠。

■ 姓名：＿＿＿＿＿＿＿＿＿＿ 性別：□ 男 □ 女

■ 出生日期：＿＿＿＿年＿＿＿＿月＿＿＿＿日

■ 職業：□學生 □公務(含軍警) □家管 □服務 □金融 □製造
□資訊 □大眾傳播 □自由業 □農漁牧 □退休 □其他

■ 學歷：□高中以下（含高中）□大專 □研究所（含以上）

■ 地址：＿＿＿＿＿＿＿＿＿＿

■ 電話：(H) ＿＿＿＿＿＿＿＿ (O) ＿＿＿＿＿＿＿＿

■ E-mail：＿＿＿＿＿＿＿＿＿＿

■ 購買書名：＿＿＿＿＿＿＿＿＿＿

■ 您從何處得知本書？
□網路 □DM廣告 □報紙廣告 □報紙專欄 □傳單
□書店 □親友介紹 □電視廣播 □雜誌廣告 □其他

■ 您喜歡閱讀哪一類別的書籍？
□哲學・宗教 □藝術・心靈 □人文・科普 □商業・投資
□社會・文化 □親子・學習 □生活・休閒 □醫學・養生
□文學・小說 □歷史・傳記

■ 您對本書的意見？（A/滿意 B/尚可 C/須改進）
內容＿＿＿＿ 編輯＿＿＿＿ 校對＿＿＿＿ 翻譯＿＿＿＿
封面設計＿＿＿＿ 價格＿＿＿＿ 其他＿＿＿＿

■ 您的建議：＿＿＿＿＿＿＿＿＿＿

※ 歡迎您隨時至本館網路書店發表書評及留下任何意見

臺灣商務印書館 The Commercial Press, Ltd.

台北市100重慶南路一段三十七號　電話：(02)23115538
讀者服務專線：0800056196　傳真：(02)23710274
郵撥：0000165-1號　E-mail：ecptw@cptw.com.tw
網路書店網址：www.cptw.com.tw 部落格：http://blog.yam.com/ecptw

100台北市重慶南路一段37號

臺灣商務印書館　收

對摺寄回，謝謝！